张心科 著

语文有效阅读教学
精要的内容与适宜的形式

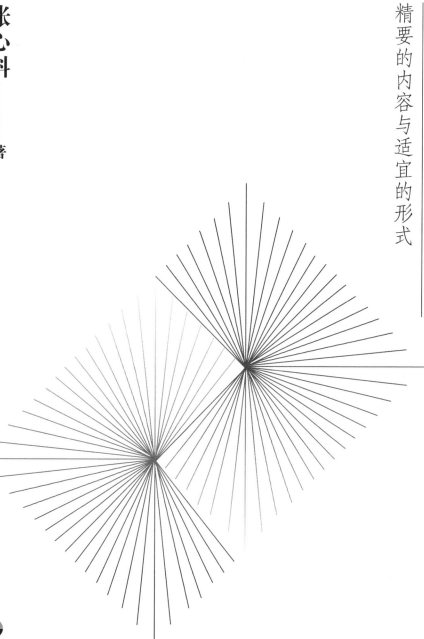

华东师范大学出版社
·上海·

图书在版编目（CIP）数据

语文有效阅读教学：精要的内容与适宜的形式／张心科著．—上海：华东师范大学出版社，2020
ISBN 978 - 7 - 5760 - 0309 - 3

Ⅰ.①语… Ⅱ.①张… Ⅲ.①汉语－阅读教学－教学研究 Ⅳ.①H194

中国版本图书馆 CIP 数据核字（2020）第 090313 号

语文有效阅读教学：精要的内容与适宜的形式

著　　者	张心科
责任编辑	师　文
特约审读	时方圆
责任校对	谭若诗　时东明
装帧设计	俞　越

出版发行	华东师范大学出版社
社　　址	上海市中山北路 3663 号　邮编 200062
网　　址	www.ecnupress.com.cn
电　　话	021 - 60821666　行政传真 021 - 62572105
客服电话	021 - 62865537　门市（邮购）电话 021 - 62869887
地　　址	上海市中山北路 3663 号华东师范大学校内先锋路口
网　　店	http://hdsdcbs.tmall.com/

印 刷 者	上海展强印刷有限公司
开　　本	787 毫米×1092 毫米　1/16
印　　张	24.75
字　　数	437 千字
版　　次	2020 年 8 月第 1 版
印　　次	2024 年 7 月第 5 次
书　　号	ISBN 978 - 7 - 5760 - 0309 - 3
定　　价	68.00 元

出版人　王　焰

（如发现本版图书有印订质量问题，请寄回本社客服中心调换或电话 021 - 62865537 联系）

目 录

1 绪 论
阅读教学：精要的内容与适宜的形式

一、20世纪末语文教学模式重构运动：
　　怎么教比教什么更重要 / 3

二、21世纪初语文教学内容重构运动：
　　教什么比怎么教更重要 / 6

三、重建阅读教学：
　　精要的内容与适宜的形式之间的相互征服 / 9

19 第一章
小说阅读教学

第一节　重回"三要素"：小说阅读教学的问题与对策
　　　　——以《林教头风雪山神庙》为例 / 21

第二节　《不称心的强盗》教学设计、教学实录与课例评析 / 29

第三节　关于小说阅读教学的反思与回应 / 46

57 第二章
诗歌阅读教学

第一节　重建"诵读"：诗歌阅读教学的问题与对策
　　　　——以《雨霖铃》为例 / 59

第二节　《过故人庄》教学设计、教学实录与课例评析 / 71

第三节　关于诗歌阅读教学的反思与回应 / 84

93 第三章
散文阅读教学

第一节　重回"形散神聚"：散文阅读教学的问题与对策
　　　　——以朱自清散文为例 / 95

第二节　《爸爸教我读中国诗》教学设计、教学实录与课例评析 / 107

第三节　关于散文阅读教学的反思与回应 / 133

143 第四章
戏剧阅读教学

第一节　重建"空间·会话·冲突"艺术：戏剧阅读教学的问题与对策
　　　　——以《雷雨》为例 / 145

第二节　《三块钱国币》教学设计、教学实录与课例评析 / 161

第三节　关于戏剧阅读教学的反思与回应 / 196

201 第五章
议论文阅读教学

第一节　抓住"五要素"：议论文阅读教学的问题与对策
　　　　——以《谈骨气》为例 / 203

第二节　《谈写文章》教学设计、教学实录与课例评析 / 214

第三节　关于议论文阅读教学的反思与回应 / 236

239 第六章
说明文阅读教学

第一节　重回"获取信息"的原点：说明文阅读教学的问题与对策
　　　　——以《中国石拱桥》为例 / 241

第二节 《天灾,一直威胁人类安全》教学设计、教学实录与课例评析 / 255

第三节 关于说明文阅读教学的反思与回应 / 278

285 第七章
应用文阅读教学

第一节 "知写促读":应用文阅读教学的问题与对策
——以《人民解放军百万大军横渡长江》为例 / 287

第二节 《为圆女儿公主梦 男子沙漠插旗建国自封国王》教学设计、教学实录与课例评析 / 299

第三节 关于应用文阅读教学的反思与回应 / 315

319 第八章
文言文阅读教学

第一节 重回"言"本位:文言文阅读教学的问题与对策
——以《邹忌讽齐王纳谏》为例 / 321

第二节 《桐叶封弟辨》教学设计、教学实录与课例评析 / 337

第三节 关于文言文阅读教学的反思与回应 / 371

378 主要参考文献

380 后 记

绪 论

阅读教学：精要的内容与适宜的形式

教学内容与教学形式的关系是什么？通过对我国四十余年来语文阅读教学的考察发现：20世纪末掀起的语文教学模式重构运动，由于强调教学过程与方法而忽视了教学内容，在强调教学过程与方法时，由于过于强调其普适性而忽视了与特殊教学内容相匹配的特殊的教学过程与方法的开发。21世纪初开始的语文教学内容重构运动，由于强调教学内容而忽视了教学形式，在强调教学内容时，由于过于强调对特殊文体的体式知识的学习而忽视了对阅读技能的学习。其实，我们不应该将教学内容与形式割裂开来，并区分轻重。这二者之间是一种吁求与征服的关系。语文阅读教学应该根据课文选择精要的内容并采用适宜的形式，建构适合不同文体、语体的教学模型，这个模型本身既能让内容与形式完美统一，其建构过程又能使阅读过程、认知过程与教学过程基本统一。

教学内容指"教什么",包括课文的内容与形式以及借助课文学习所获得的语文知识与技能等。教学形式指"怎么教",包括教学过程、媒介和方法等。那么,教学内容与形式的地位是有轻有重,还是同等重要?二者之间是作用与反作用的关系,还是吁求与加工的关系?

在20世纪末的语文教学模式重构运动中,学者们普遍强调教学形式(尤其是过程与方法),认为"怎么教比教什么更重要"。与之相反的是,在21世纪初的语文教学内容重构运动中,一些学者强调教学内容,认为"教什么比怎么教更重要"。这两种倾向都存在着一定的问题。

下面,将从历史和学理两方面,对语文阅读教学的内容与形式的地位及关系问题进行探讨,在评析四十余年来我国语文阅读教学研究与实践存在的问题的基础上,尝试提出新的解决思路。

一、20世纪末语文教学模式重构运动:怎么教比教什么更重要

20世纪八九十年代,为了改变产生于50年代并长期流行的"红领巾"教学法所采用的"板书、解释课题—介绍作者生平、写作背景—朗读课文—讲解字词—分析课文—归纳中心思想—总结写作特点—布置课后作业"的僵化的教学模式,学者们开启了精彩纷呈的教学模式探索运动。如早在20世纪80年代初,一本有代表性的语文教学论著作就提出:"一篇课文阅读教学的一般过程可以分为四个阶段:预习(感知阶段)—分析(理解阶段)—练习(运用阶段)—复习(巩固阶段)"[①]。创建教学流派最显著的标识是建构教学模式。20世纪80年代中后期到90年代又出现了数十种以"某某法"为名的教学模式,如上海育才中学的"读读、议议、练练、讲讲"八字教学法[②]、钱梦龙的"'三主''四式'语文导读法"[③]、魏书生的"定向、自学、讨论、答疑、自测、自结"课堂教学六步法[④],等等。更准确地说,这些"法"其实就是不同的"教学过程结构"。这些教学模式的出现,一方面是受20世纪50年代以来世界范围内的教学过程理论的变革,

---

[①] 叶苍苓.中学语文教学通论[M].北京:北京教育出版社,1984:178.
[②] 段力佩.段力佩教育文集[M].上海:上海教育出版社,1982:70.
[③] 钱梦龙.语文导读法探索[M].昆明:云南人民出版社,1985:34.
[④] 魏书生.语文教学探索[M].开封:河南大学出版社,1990:128—129.

尤其是苏联教育学家巴班斯基(Y. K. Babansky)1972年所著《教学过程最优化——一般教学论方面》的影响,另一方面是受20世纪八九十年代在我国盛行的科学化思潮的感召,因为优化过程可以提高效率,而效率又是科学化的重要表征。

那么,当时的教学改革为什么侧重在教学形式的探索,而不是教学内容的改革呢?其原因有三。

一是因为"双基"时代①的语文教学大纲已经规定好了相应的知识点和能力点,这些知识点和能力点在语文教材中有明确的规定与呈现,而当时的教学任务主要是落实教材编者所设定的教学内容(教教材),即所谓的"以纲(大纲)为纲""以本(课本)为本",教师创新教学内容的自主意识不强,于是纷纷在教学形式上求新求异。

二是认为内容与形式不仅可以相互独立,而且一种内容可以采用多种形式,或者一种形式可以普适任何内容。认为一种内容可以采用多种形式者称:"语文教学过程的优化关键还在于课堂教学结构的优化。课的结构,指一节课的环节或步骤以及各个环节或步骤间进行的顺序和时间的分配;它必须根据学科性质、教学任务、教材内容、教学方法和学生年龄特点等进行安排和调整。""比如同是讲读一篇课文,教学结构便可多样化:既可用顺向式,即按照注音释词—划段分层—讲析全文—归纳总结的顺序,从头至尾,逐步展开;又可用逆向式,即先讲全文大意,再细读全文,逐段讲析,同时落实字词;也可用跳跃式,即在教学中,根据需要抓住几个关键处,采用'跳跃前进'的形式,组织学生抓住重点,理解课文;还可用中心开花式,即从课文中间拎起一个关键问题,以此展开,前瞻后顾,提纲挈领,统摄全文。这里讲的是一篇课文的讲析教学结构,至于推而广之,整堂课的结构,就更可以变幻无穷了。可以采用导读教学三段式,即教师诱导,学生自学—教师辅导,学生研讨—师生小结,练习反馈;也可以采用'提示—认读—质疑—讨论—精读—练习—参读'这种自学指导的教学程序;还可以采用'四步十环节'课堂教学结构,即定向(含诱发兴趣、明确目标、教给学法三个环节)—感知(学生自学、提出疑问)—深化(教师启发、师生讨论、小结归纳)—迁移(学生练习、参读文章),等等。"②很显然,上述观念的论者认为形式是可以独立于内容之外的,而且相同的内容可以用多种不同的形式来表现。

---

① 1986年颁布的《全日制中学语文教学大纲》将语文课程知识中字、词、句、篇、语、修、逻、文等静态的语言学、文艺学、文章学知识与听、说、读、写等动态的技能性知识分开,以"语文基本能力和基础知识"的名称分别标示,即所谓的"双基"。20世纪八九十年代,语文教学大纲详细地列出语文教学的知识点和能力点,语文教材将这些知识、能力点在导语、练习和知识短文中呈现,教学的主要内容便是这些知识、能力点。
② 周庆元.语文教育研究概论[M].长沙:湖南人民出版社,2005:72—73.

认为一种形式可以普适任何内容者，一方面，要么只考虑教学内容而不考虑教学形式，认为形式是无关紧要的。例如，教小说主要分析情节、人物、环境，有时探究主题；教诗歌就分析意象、意境、情感、语言，基本不考虑形式，而是按照这些内容要素逐一教学。如教小说先梳理情节，再分析人物，最后联系环境来探究作者的旨意；教诗歌就是先选择分析典型意象，再欣赏意境，然后体会情感变化，最后鉴赏语言特色。这种不考虑要素之间的联系，将要素机械割裂然后简单地逐一呈现的形式，其实不能算是"形式"，因为根本就没有思考过这种只是简单排列要素所呈现的"形式"是否能够将要素有机地统一起来，是否能让学生在学习时更容易获取这些要素。

认为一种形式可以普适任何内容者，另一方面，要么只考虑教学形式而不考虑教学内容。以前设计的诸多教学"过程模式""结构艺术"，可能是依据某个教学理论推演或教学经验提炼而成的，通过设计将其转化成依次呈现的不同环节，如"自读—教读—练习—复读""定向—自学—讨论—答疑—自测—自结""讲解规则—示范引导—完善实践""启—读—练—知—结"等，都是一些独立于教学内容之外的教学形式，基本上不考虑其针对的教学内容是否存在差异。

三是认为教学形式应主要依据学生的一般认知规律（学习过程），而非特定的教学内容来确定。这类观点的持有者基本上不考虑教学内容，更不要说进一步考虑根据特定文体、语体的教学内容开发出特殊的教学形式。如上述 20 世纪 80 年代初提出"阅读教学四阶段过程模式"的论著称："（在上述阅读教学的一般过程中）包含着两次质的飞跃：学生由感知到理解是第一次质的飞跃；由理解到运用是第二次质的飞跃。这两次飞跃是密切联系的两个阶段，如果完成得好，能提高学生的阅读能力和写作能力。"[①]显然这种观点主要依据的是学生学习的一般过程，而非阅读（教学）过程，更不要说特殊文体课文阅读（教学）的过程了。又如"自读—教读—练习—复读"过程模式，在小说教学中是这样用，在诗歌教学中也是这样用，在散文和剧本教学中还是这样用，更不要说说明文、议论文、应用文等信息类文本以及文言文的教学了。或者可以进一步说，上述诸多教学"过程模式""结构艺术"并没有根据这些特定的文体、语体的要素及其联系，通过某种教学形式将这些要素组织成一个与学生认知过程相契合的结构。例如，小说、诗歌、散文、剧本等文学类文本以及说明文、议论文、应用文等信息类文本的特点不同，白话文与文言文的特点也不同，它们的教学内容不同，教学形式（过程与方法）也应不同。总之，上述这些"过程模式""结构艺术"可能符合学生的一般认知规

[①] 叶苍岑.中学语文教学通论[M].北京：北京教育出版社,1984：179.

律,但未必适合语文教学,更不要说适合特定文体、语体的教学了。

与之相关的是,当时一些具有代表性的语文教育学教材在介绍教学方法时也缺乏特定文体、语体的针对性,如于亚中、鱼浦江主编的《中学语文教育学》第八章"阅读教学"中的第四节"各类课文教学",在介绍文学作品的教学内容与方法时称:"(一)充分认识文学作品的形象性、典型性、情感性""(二)充分认识各种文学样式的不同特点""(三)根据文学作品的总体特征和各种类别特征选择教学方法"。这与前述各种过程模式重构中不顾及各种文体教学内容的特殊性相比,有了很大的进步,因为提出了要"按照不同文学样式的体裁特点来进行教学",如"讲小说,要讲人物形象、情节、环境;讲散文,要讲形神关系;讲诗词,要讲诗情音韵、意境和炼词;讲戏剧,则要研究台词及戏剧冲突。要通过比较,突出各自的特点"①。不过,其目的还是学习这些不同体裁的作品的文体特点,而不是通过这些不同的文体特点的学习获取不同体裁的作品的信息,即不是将文体特点作为手段来运用,而是当成目的来掌握。而且,与前述各种过程模式重构中所提出的"过程模式"没有顾及各种文体教学形式的特殊性一样,其所提出的"根据文学作品的总体特征和各种类别特征选择教学方法"主要还是激发情感、引起悬念、寓讲于读、板图示意、复述、反复朗读、通体想象、意境描述等普适性的方法。②因为这些方法绝大多数是适应于各种文体的阅读的。他们重点介绍的"情意教学法"(如教学《背影》,以父子之情为中心,将细节描写、文章结构、语言风格的教学融入其中)、"情境教学法"(如教散文《听潮》,通过语言描述、观看实物图画影视、扮演作品中的角色来进入作品)、"框架式读书法"(相当于拟纲要,如学习记叙性作品,可结合作品依次将时间、地点、环境、人物、主题、情节、特色等列出)③,只是适应于文学作品阅读的部分方法,而且不是根据特定文体,尤其不是根据特定文体的要素所开发出来的方法,自然也就不适合于特定文体的阅读教学了。

二、21世纪初语文教学内容重构运动:教什么比怎么教更重要

与20世纪末侧重教学形式的重构不同,21世纪初至今,语文界掀起了一场声势浩大的语文教学内容(语文知识)的重构活动,"教什么比怎么教更重要"的说法颇为流行。这种认识导致了两个与之相关的不当倾向。

第一,认为语文教学低效主要是因为知识陈旧,而又偏狭地理解了语文知识。如

---

① 于亚中,鱼浦江.中学语文教育学[M].北京:高等教育出版社,1992:149—150.
② 于亚中,鱼浦江.中学语文教育学[M].北京:高等教育出版社,1992:150.
③ 于亚中,鱼浦江.中学语文教育学[M].北京:高等教育出版社,1992:150—152.

语文教学内容重构者认为:"语文课程与教学内容的建设,很大程度上可以归结为语文知识的除旧纳新"。① 首先,在课文内容、形式及语文技能三者之间,他们主要从课文的形式出发,重构了大量的静态的文本形式知识,而没有关注到课文内容与语文技能在语文能力形成中所担负的重要作用。其实,在这三者之中,听、说、读、写技能更为重要,也亟待重构。内容性知识支撑了听、说、读、写技能的形成,也是听、说、读、写活动开展的基本对象,所以,虽然因为这种内容性知识的范围广泛而无法在语文课堂上教学,只能在其他各科中学习,在课外生活中积累,但是它也同样重要。② 其次,在重构静态的文本形式知识时,语文教学内容重构者没有较好地遵循在选用语文知识时所应遵循的"精要""好懂""管用"的原则,而建构了一些繁复、难懂的知识。

如语文教学内容重构者还认为:"在中小学语文课程与教学中,小说,除了被拧干了的'人物、情节、环境'这三个概念,事实上已没有多少知识可教了;诗歌,在感知、背诵之外,只有体裁(如绝句四句、律诗八句、几种词牌名称)、押韵等屈指可数而且极为表面的知识;散文,也只有'形散神不散''借景抒情''情景交融''托物言志'等似知识又似套话的几句说法,以不变应万变;戏剧,除了'开端、发展、高潮、结局'的套路简介,再不见有像模像样的知识。"③不过,我们需要追问:这些知识是否足以让学生获取文本信息,以提高语文阅读技能? 如果不足,需要进一步建构哪些知识? 如果足够,但教学仍然存在很多问题,那么问题主要出在哪里? 是不是教学形式出了问题,进而导致学生在学习教学内容方面出现了障碍?

据我们的初步考察,认为已有的语文知识确实需要重构,但是不能完全摒弃,在多数情况下应该对已有的语文知识进行细化或补充。例如,"人物、情节、环境"是小说的基本要素,掌握了这些基本要素就能够获取小说文本中的主要信息。不过,随着小说文体的发展,确实出现了一些论者所说的情节小说、心理小说、荒诞小说之类,但是这些小说的要素并没有完全脱离过去所说的"三要素"的范畴,而只是其中某一两个要素在某类文本中体现得很明显,而其他要素则显得较隐蔽而已。我们可能要针对某一类的小说归纳出相应的文体知识,但是并不是要去否定"三要素"。另外,问题还在于过去的教学将各种文体、语体知识抽象出来和独立开来,没有考虑到这些知识在文本中的关系,更没有思考如何针对其在文本内部的有机联系,既通过合适的教学形式将其呈现出来,也让学生依据这种形式学习时会感到自然而然。这种教学形式其实就是一

---

① 王荣生,等.语文教学内容重构[M].上海:上海教育出版社,2007:5.
② 张心科.语文课程论[M].福州:福建教育出版社,2014:119—123.
③ 王荣生.语文科课程论基础[M].上海:上海教育出版社,2003:260.

种"结构"。教师应引导学生从文本中探求这些知识的结构关系,然后将这些知识要素组织成一种结构去教学,使得学生在下一次学习时能有意识地运用这些包含着各种知识的结构去获取文本信息。换句话说,依据这种结构去学习本身就是一种语文技能(程序性知识),而结构的构成要素是语文知识(静态的形式知识——陈述性知识)。

第二,认为语文教学的高效与形式的关系不大,而将教学形式理解为教学媒介(多媒体等)和方法(如诵读法、讲解法、讨论法、活动法等),没有关注到其中的教学过程。或者说,没有意识到以前教学的低效可能不仅是内容(知识)本身出了问题,而且内容(知识)的组织形式也存在着问题,甚至问题更大。也就是说,以前一直没有采用一种合理的结构将教学内容有效地组织起来,让学生依据这个结构去高效地获取教学内容。

教学内容重构者视教学内容为本而视教学形式为末,所遵循的理论依据是:内容比形式更重要。如称,关于教学内容与教学方法"何者为主导的问题,答案几乎是不言自明的,当然是以教学内容为主导",就像巴班斯基所说的:"是教学目的和内容'选择'方法,而不是其相反"[①]。这种说法自然有一定的合理性。如赵廷为认为:"一种良好的方法,如果入于不善用者之手,便要发生危险;但一种良好的课程,虽为无经验的教师所用,也可产生差强人意的结果。现在国中人士对于新教学法非常热心提倡,什么道尔顿制,什么设计教学法,呼声日高一日,好像方法是挽救中国教育弊病之万应膏。但是我们试仔细一想,什么'制',什么'法',那(哪)一种不是要有谙练的教师去作聪明的处理呢?在现在中国教师标准极低的情形之下,我们如何能盼望这种制或法能通行全国而无流弊?鲁宾司(Robbins)最近在《机械化教育论》一文中明白指出一切善良的方法——如直观法、五段教授法、葛雷制、设计教学法、社会化教学法等——莫不有变为机械的倾向,这实在是可为我们所深省的。但我相信,课程上的改进就没有这种危险了。我可断言,课程的选择与组织苟能得当,本来教的(得)好的教师可以教得更好,本来教得不好的教师也可略加改良。"[②]不过,对此我们应从两方面来看:首先,他并没

[①] 参见王荣生.听王荣生教授评课[M].上海:华东师范大学出版社,2007:10.这种说法就好像说:"一篇(部)文学作品写什么是最重要的,而怎么写则不很重要。"这显然是不当的,"怎么教"虽不能说比"教什么"更重要,至少也是同样重要的。教学内容重构论者在确定教学内容时,恰恰侧重于文本形式的分析,主张基于文本体式确定教学内容,他们所说的"体式"并非指内容与形式的结合体(内容与形式结合后呈现出的风貌特征),而是与文本内容相对的文本形式。也就是说,他们在设计教学时认为教学内容比教学形式重要,但是在分析文本时认为文本形式比文本内容重要。这是一个悖论,没有意识到教学和创作的一致性。很多年前,我在和一位语文特级教师一道评课时听他说:"一堂好课就像一篇好文章!"他道出了二者生成过程的相似性。

[②] 赵廷为.课程改造[J].教育杂志,1924,16(08):2.

有否定形式("制""法")的重要,而主要是批评教师对形式的误用而已。他更强调要善于选择和运用方法(谙练的教师去作聪明的处理)。至于说形式的运用在教学实施的过程中有时会流于机械,那么内容的选择又何尝不会这样?所以,并不能以形式在实施过程中有时会流于机械而否定形式的重要。其次,当内容已经建构完善,接下来要做的事便是选择适宜的形式(组织)。或者说,当教学内容建构完善时,教学形式便比教学内容更加重要。同样的教学内容可以采用不同的教学过程与方法,但是这些不同的教学过程与方法本身有合理与不合理、适宜与不适宜的区别,所以根据教学内容来开发、判断、运用与之紧密相关的合理、适宜的教学过程与方法则显得更为重要了。进一步说,如果以前建构起来作为教学内容的语文知识并不过时,或者说基本上可以满足教学需要,那么还在宣称"教什么比怎么教更重要"显然是不当的。

三、重建阅读教学:精要的内容与适宜的形式之间的相互征服

如果说在 20 世纪 50 年代的"红领巾"教学法及 20 世纪八九十年代语文教学模式建构运动中所建构的各种"教学过程模式"和"教学方法"没有根据各种文体、语体的不同来确定不同的教学内容,或没有根据不同的内容来采用不同的教学过程与方法的话,那么在 21 世纪初的语文教学内容重构运动中,虽然意识到了要根据各种文体、语体的不同来确定不同的教学内容,但遗憾的是,它又将内容与形式割裂开来,并认为内容才是最重要的,而形式是次要的,使其最终忽视了"教学过程模式"和"教学方法"的改革,尤其是忽视了完成不同教学内容的"教学过程模式"和"教学方法"也应不同,进一步说,就是忽视了不同文体的教学内容与"教学过程模式"和"教学方法"各不相同。也就是说,不仅教学内容与教学形式同样重要,而且特定文体、语体的教学内容要有特定的教学形式。那么,教学内容与教学形式到底是什么关系?如何重建教学内容与教学形式的关系?

(一) 潜在的教学内容吁求适宜的教学形式

关于形式与内容的关系,有人认为内容与形式是相互独立的,内容起主导作用,决定着形式,形式起次要的作用,只是反作用于内容;还有人认为内容与形式是一体两面的关系,难以截然分开,任何内容都存在于一定的形式之中,形式是表达内容的形式,和内容一样渗透着创作者的情感、思想、意图。后一种认识较为恰当,但是他们并没有揭示出内容与形式是怎样生成的,也就是说,没有揭示出一个作品产生的机制。

童庆炳在其主编的《现代心理美学》中提出的文艺作品的内容与形式的矛盾辩证关系及其揭示的二者生成机制,可为我们思考教学内容与形式之间的关系及其生成提供参考。他说:"题材(作为潜在的内容)吁求形式,形式征服题材,并赋予题材以艺术生命,从而在形式与题材的辩证矛盾中,生成内容与形式和谐统一的艺术作品。"①假如我们把一堂课或者一篇课文的教学视为一篇"艺术作品"的话,那么其题材相当于生成教学内容前的材料,包括课程专家规定的课程内容(教学大纲、课程标准、课程指南),教材编者预设的教材内容(教科书、教学参考书),以及教师在备课前准备的其他资料。这些题材吁求教师采用一种适宜的教学形式(教学过程、教学方法)来对其进行加工、改造,并最终形成教学内容。也就是说,在题材与内容之间有一个中介,这就是形式。题材与形式之间的关系,是吁求与加工的关系。特定的题材吁求某种适宜的形式去加工它,这种适宜的形式可以将题材加工成一件特殊的产品。形式在某种意义上就成了一种加工的工具,也是内容最终呈现的基本形态,所以形式与内容的关系是工具与结果的关系。"吁求"不是"强求","征服"不是"消灭",也就是说,这要求执教者在选取表达形式(教学过程与方法)时,首先要弄清题材的基本要素,然后寻找要素之间的组织关系,在加工的过程中只是根据要素本身以及学习者的心理特点对要素及其联系稍微进行改造,而不是全盘破坏。只有这样,才能让这些要素"驯服"于形式。

相同的题材可以用不同的形式加工和表现,而教学设计就是要寻找其中最适宜于表达这些题材的教学形式,最终生成恰当的教学内容。我们先看三位老师在教学《烛之武退秦师》时针对重点词句所采取的不同的形式(如表1所示)。

表1 《烛之武退秦师》中对于重点词语和句子的三种教学形式

教学内容	学习课文中的重点词语和句子		
教学形式	(1) 品味重点词句,安排在梳理全文情节、分析人物形象之后 (2) 老师讲解与归纳	(1) 在分析课文之前,通过听录音,让学生找出疑难字词 (2) 师生共同解决问题	(1) 课前布置学生预习 (2) 通过各自查找工具书、同学间互相交流的方式来完成

就呈现的时机来说,如果是疏通词句的意思,就应该在分析课文之前完成;如果是品味词句的意蕴,因为要在理解词句意思的基础上结合语境来进一步赏析其表达效果,就应该在分析课文之中或结束后进行。然而,最好的方式是通过各种手段先疏通词句的意思,然后再品味词句的意蕴。

就教授的方法来说,可让学生在课前预习和课中学习时提出重点、疑难词句,也可

---

① 童庆炳.现代心理美学[M].北京:中国社会科学出版社,1993:508.

以由教师在课上提问。然而，最好的方式是将学生提出的重点、疑难词句和教师的提问结合起来，而且不管是词句意思的梳理还是意蕴的品味，都应将其置于一定的语境之中去落实，就是应结合情节的梳理、人物的分析来进行。

再看这三位老师针对"秦晋围郑"紧迫形势的介绍所采取的不同的教学形式（如表2所示）。

表2 《烛之武退秦师》中对于内容介绍的不同教学形式

教学内容	介绍"秦晋围郑"的紧迫形势		
教学形式	解题时展示"秦晋围郑"形势图（分为手绘和PPT展示两种）	在"夜缒而出"等关键词的讲解中渗透	导入后教师借助史料口头说明形势的危急

就讲授时机的选择来说，背景介绍的主要目的是促进学生的理解，或者说当学生的理解出现障碍时，适当地通过背景的介绍可以使其理解变得准确而深入。所以，无论是在解题时介绍背景，还是在导入后介绍背景，虽然都可以，但是显然不如在分析"夜缒而出"时呈现效果好。试想一个老人要乘着夜色、顺着绳索、沿着城墙出城，而不是在光天化日之下大摇大摆地通过城门出城，到底因为什么？"夜缒而出"反映出了形势的危急。是什么原因导致形势危急？形势又到底危急到何种程度呢？此时学生会急切地想知道，而且适时地介绍"秦晋围郑"的形势，也会使学生对"夜缒而出"这个行为乃至全篇中烛之武的言论及其结果有深切的认识。

就讲授方法的运用来说，介绍"秦晋围郑"的形势，可以图示，也可以口讲，但最好的方法无疑是图示和口讲相配合。图示有两种，一种是用PPT展示历史地图，一种是教师手绘的形势图，很显然后者更好，因为它呈现了形势发展的过程，而且教师可以边讲边绘。

那么，基于内容吁求所生成的形式有哪些基本特点呢？一是完整。能够囊括题材所有的要素，也就是涵盖了绝大多数的教学内容。二是有机。需要将各要素组合成一个有机的整体（或者叫自然结构）。或者说，虽然从其最终结果来看这是一个静态的结构，但是从其生成过程来看这是一个动态的系统。三是适宜。建构系统或者形成结构的过程，符合学生的学习规律（更准确地说叫认知规律）和教师的教学规律。也就是说，在这个结构（系统）中，阅读过程、学习（认知）过程、教学过程三者程序一致并最终融为一体。这一点，下文将进一步申说。

（二）特定的教学内容吁求特殊的教学形式

目前的阅读教学内容和形式都存在不少问题。例如，说明文阅读教学的内容往往是分析说明对象的特征、说明顺序(结构)、说明方法、说明语言,但是掌握这些对于我们日常读懂说明文并无多大的帮助;小说阅读教学的过程往往是先梳理故事情节,接着分析人物形象,再结合环境分析探究作者旨意,然而我们平时根本就不会这样去阅读小说。所以,应该重构语文阅读教学的内容和形式。

在重构语文阅读教学内容和形式时应注意:不同文体、语体的课文,其教学内容不同,其教学形式也应该不同。教学形式是将基本要素用某种结构呈现出来,这个结构既包含了基本的要素,又是一个教学过程,同时这个结构的形成过程又符合学生的认知规律和教师的教学规律。所以,形式的研究主要是寻找要素之间的有机联系,然后将其合理地呈现出来。

当我们说语文阅读教学内容重构或者语文知识重构时,还需要进一步思考以下几个问题。

首先,语文教学内容是不是等同于语文知识?语文教学内容显然包含语文知识,但又不仅仅是语文知识,如果我们将语文知识界定为广义的语文知识,就是我曾经说过的语文知识,包括各种内容性知识(各学科知识、生活常识等)、静态的言语形式(文本样式)知识、动态的言语形式(言语技能)知识[1],那么,教学内容略等于语文知识(因为语文教学内容还包括获得情意、养成习惯等方面);如果将语文知识界定为许多人所认为的言语形式知识,那么语文教学内容远大于语文知识。

其次,在重构语文教学内容时要不要重构语文知识?语文知识是语文教学内容的重点,但是目前要进一步讨论的是,在重构语文教学内容时要不要重构语文知识,或者说,目前的语文知识够不够用?我们在考察后发现,语文知识有时是够用的,有时是不够用的;有些是够用的,有些是不够用的。不够用的,例如:新的事物出现需要新的知识去认识和解决,如非连续性文本、学习任务群,这些学习对象是新的,那么就应该有相应的新的阅读知识;以前建构的有些知识如果过于粗疏,那就需要细化,如过去提出的"阅读作品要学会抓关键句",其中哪些是关键句,抓关键句有哪些具体的方法(位置、表述、内容、体裁等),这些细化的知识就需要进一步建构。目前,语文知识重构的倾向有两类:一是重构言语形式知识而忽视言语技能知识,没有建构文本阅读技能,最典型的就是文本体式论者所关注的那种进一步将诗歌、小说、散文、剧本等各自再细分,并总结细分后的各类文本的体式特征,而不是各类文体的特殊读法。二是引入西方的一些文学理论知识,如叙事学、阐释学、隐喻理论等,但没有意识到,已有的某些特

---

[1] 张心科.语文课程论[M].福州:福建教育出版社,2014:119—123.

定的语文知识其实是基本够用的,如掌握了小说"三要素"就基本能够获取小说文本的主要信息。他们将语文教学的低效,一味地归咎为知识的陈旧,而从目前重构者的努力结果来看,其并没有解决低效这个问题。文本形式论者只不过是细化了以前文章学论者所强调的文体学知识而已,如将小说再分为情节小说、心理小说、荒诞小说等,并强调这三类小说特定的文本体式,其实他们与过去的文章学者是五十步与百步的关系。引进西方叙事学理论者所搬用的知识又极为繁杂,如视点、视角、叙述者、叙述时间等,令人眼花缭乱,而没有意识到小说教学的根本问题是没有弄清楚"三要素"之间的关系以及如何根据这些关系重构解读过程,并在此基础上重构教学过程。如果认清了这一点,那么小说教学内容所要重构的就不是"三要素",而是如何通过"三要素"获取文本内容。换句话说,就是重构教学的过程和方法,即如何组合"三要素"。或者说,当我们说"阅读教学要有文体意识"时,并不是像目前很多人认为的那样,以为阅读教学的内容是掌握不同文体的静态的言语形式特征(形式知识),而是根据不同的文体所蕴含的基本要素来寻找将这些要素组织起来、呈现出来的特殊的方法(阅读技能)。

最后,重构教学内容时是否需要将语文知识分项。我在《论言语形式在阅读与写作教学中的归属》及其他多篇文章中提及[①],目前的语文课,从教学内容上看,既不是阅读课,也不是写作课或口语交际课。我常举的一个例子是议论文《拿来主义》的教学内容的确定。一般老师在教《拿来主义》时,既要教"昏蛋""屠头""废物"等词语的含义,也要教"运用脑髓,放出眼光,自己来拿"等句子的所指,又要带领学生分析、判断作者在文中所表达的对待中外文化遗产的各种态度。此外,还要分析先破后立的论证结构、比喻论证方法、幽默讽刺的语言风格等。这些既不是阅读教学的内容,也不是写作教学的内容。说其不是阅读教学的内容,是因为如果是阅读教学,那么主要教的应是获取信息的技能和策略,也就是说,教授学生各种获取词义、句意以及篇章旨意的方法。说其不是写作教学的内容,是因为如果是写作教学,那么除了应教一些静态的文本样式等文章学知识外,还应设置问题情境,以变式练习(具体任务)的形式让学生将知识转化为能力。如学习了比喻论证方法,接着就应该设置一个片段写作练习,要求学生在其中运用比喻论证方法。

我常举的另一个例子是说明文《国宝大熊猫》的阅读教学。教学生阅读这篇说明文,是要带领学生明白文章到底写了哪些内容,并掌握获取这些内容的方法,如获取文

[①] 张心科.论言语形式在阅读与写作教学中的归属[J].课程·教材·教法,2016(08):60—68;张心科.当前语文阅读教育中"高耗低效"乱象[J].名作欣赏,2018(05):108—111.

中有关熊猫的形态、结构、习性、生长过程、活动区域等信息的各种方法。关于说明顺序（结构）怎么安排、说明方法有多少种类、说明语言怎么运用之类，虽然对获取上述信息有一定的作用，但这些对说明文写作能力的提高作用更大。换句话说，说明文中的说明顺序（结构）、说明方法、说明语言等应该是说明文写作教学的主要内容。总之，同样是教一篇选文，需要明确的是在教识字、写字，还是在教阅读、教写作、教口语交际。教学内容不同，教学的过程与方法也不同。

　　将这三个问题大致讨论清楚后，需要做的就是将各种文体、语体教学的主要内容所涉及的、可以凭此获取文本信息的核心要素提炼出来，再寻找这几个要素之间的有机联系，并将这种有机联系用某种结构表现出来。特定的教学内容吁求特殊的教学形式，最后达到二者的有机结合。这个结构，就既包含了教学内容（要素），而它本身也是一种教学形式（体现了教学过程和方法）。

　　这种设想是完全可以实现的，本书各章所设计出的阅读教学模型就是在这种思想指导下建构出来的。例如，可根据小说阅读教学的内容与形式的特点设计出小说阅读教学模型。多年来小说阅读教学内容一直是分析小说"三要素"，即情节、人物、环境，有时还会讨论主旨；小说阅读教学过程一般是按照梳理情节、分析人物、联系环境、探讨主旨的顺序，分块切割，依次呈现。前文提及，语文教学内容重构者认为小说阅读教学内容陈旧，于是主张将小说再细分成情节小说、心理小说、荒诞小说，并根据不同小说的体式确定阅读教学内容。其实，这只是强调了小说"三要素"中的某一要素而已，并没有脱离"三要素"的范畴。还有人主张引进西方叙事学理论重构小说的阅读教学内容，如分析小说的视角、虚构、隐含作者、叙述者、叙事时间、话语模式、故事、人物、情节、叙事语法等。这些繁杂的知识不仅没有脱离小说"三要素"的范畴，反而违背了语文知识选择应遵循的"精要""好懂"和"管用"的原则。而且，这两种观点都没有注意到应该运用何种教学过程与方法以合理地呈现教学内容。其实，将小说"三要素"作为小说阅读教学的内容并不过时，因为掌握了"三要素"就基本上获取了小说文本的主要信息，关键是如何建构一个模型，能将"三要素"囊括其中，且其呈现过程又与小说文本的阅读过程以及学生的认知过程相统一。鉴于此，我建构了小说阅读教学模型（如图1所示）。

　　当师生把谁（自身以及与人相处时）在什么处境下、出于什么目的，而做了什么事、说了什么话，以及作者对其所写的人物的态度是怎样的弄清楚了，也就基本上把小说读明白了，而"弄清楚"的内容实际上就是"三要素"。不过，这个模型并没有将"三要素"独立出来作为阅读教学内容，也没有将"三要素"割裂开来安排阅读教学过程，而是将"三要素"融入其中，根据"三要素"之间的有机联系，并按照小说阅读过程以及学生

图 1　小说阅读教学模型

的认知过程来安排阅读教学过程,最终使精要的内容与适宜的形式达到完美的统一。

又如说明文教学内容目前多是围绕说明对象、说明顺序(结构)、说明方法、说明语言"四要素"确定的,教学过程也是将"四要素"切块并依次呈现。前文提及,这首先是混淆了说明文阅读教学和写作教学。说明文阅读教学主要是教学生获取文本信息的方法,说明文写作教学才需要教说明顺序(结构)、说明方法、说明语言等方面的知识并让学生能熟练运用。再说,说明文写作最基本的要求就是要说得明白,说明文阅读就是要通过各种方法获得作者在文中没有说明白的信息,或者读者想进一步了解的信息。所以,说明文阅读教学应该重回说明文阅读的目的,即"获取信息"的原点。鉴于此,我们建构了下面这个"获取信息·读写分离·问做促读"的说明文阅读教学模型(如图2所示)。

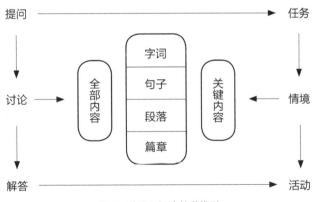

图 2　说明文阅读教学模型

运用这个模型可以对课文中没有说明白的地方进行分析,对读者想进一步了解的地方进行探究:第一步,通过提问、讨论、解答的方式获取文本所含的全部内容信息(从字词到整个篇章);第二步,选择其中的关键内容(语言抽象、程序复杂),通过任务驱动(动脑、动嘴、动手)和情境设置(经验的还原)的方式来深入理解。例如,在教学《中国石拱桥》时,可以先通过提问的形式让学生逐字逐句地弄懂文本写了什么。不过,对于"每道拱圈都能独立支撑上面的重量,一道坏了,其他各道不致受到影响"这样仅根据前后文难以弄明白的内容,则可以用布置任务的形式,让学生通过动手操作、实地调查等形式去理解文本所写。这个模型体现了说明文阅读是为了"获取信息",说明文阅读教学是教学生"获取信息"的方法的目的,并针对这个特殊的教学内容,通过"读写分离"的方式和"问做促读"的方法来落实,从而使得阅读教学内容和教学过程与方法相契合,阅读过程和教学过程相契合。

同理,针对诗歌、散文、剧本、议论文、应用文等其他文体以及文言文的阅读教学内容和教学过程与方法中存在的问题,也均可像对待小说、说明文教学这样,根据不同文体、语体文本的不同特点,提炼其要素,然后围绕要素来确定阅读教学内容,并根据特定的阅读教学内容去安排适宜的阅读教学过程与方法。

(三) 教学内容与教学形式的关系重建

以上建构的各种新型阅读教学内容与教学形式结合体(教学模型),与以往的内容与形式不可分论者对内容与形式的关系的认识不同。内容与形式不可分论者认为,没有脱离形式的内容,也没有脱离内容的形式,两者是依附与表现的关系,内容依附于形式,形式表现内容,或者说,是用一定的方式来组织、呈现内容的。不过,通过以上的分析可以发现,在建构这些新的阅读教学模型时,形式是要素(题材)的组织方式和呈现方式,要素是环节,多个环节如果采用不同的组织方式和呈现方式,便构成不同的形式(动态的过程和静态的结果)。这个形式包含了要素及其组织、呈现方式。如果再从内容的角度来看,这个形式本身就是内容,教学就是围绕各要素及其组织与呈现方式来进行的。其中的要素相当于陈述性知识,即解读的对象;要素的组织与呈现方式相当于程序性知识①,即解读的方法和策略。解读的对象以及解读的方法和策略均是教学的内容。也就是说,内容与形式不可分论者把要素等同于内容,而我们是将要素及其组织、呈现方式一并作为内容。

总而言之,阅读教学重构,并不仅仅是以语文知识(尤其是静态的体式知识)重构为主的阅读教学内容重构,也不仅仅是对脱离阅读教学内容(尤其是不同文体、语体的教学内容)而创造出的一种仍是脱离特殊的教学内容的,却仍试图体现普适性的新形式,应该是要根据不同文体的不同的教学要素,然后选择相应的适宜的组织方式、呈现方式来表现这些要素。换句话说,就是根据特殊的阅读教学内容选择特殊的阅读教学

---

① 根据安德森的知识分类理论,陈述性知识指有关事实、定义、程序以及规则是什么的知识;程序性知识指关于如何行动的知识。

形式,两者相互作用,最终以完成一种可见的"特殊结构"的方式来体现。

这种特殊的结构模式,既可以改变20世纪末语文教学模式重构过程中所建构的模式所涉及的教学内容、过程与方法缺乏特定文体的针对性的弊端,也可以改变21世纪初语文教学内容重构过程中虽然注意到特定文体、语体教学内容的针对性但是忽视了教学形式的重构的弊端。它是针对特定的文体开发出的特殊的结构模式,是将特定的文体、语体的特殊要素,特定的教学过程,特殊的教学方法三者紧密联系在一起,其中,教学过程、教学方法是教学形式,而文体和语体要素、教学过程与教学方法三者在一起又构成教学内容,从而达到教学内容与教学形式的完美统一。

通过对我国四十余年来的阅读教学发展的考察,我们认为专重阅读教学形式而忽视教学内容,或者专重阅读教学内容而忽视教学形式,都是不当的,二者同等重要。通过对二者之间关系的辨析,我们认为二者之间不是阅读教学内容决定教学形式,阅读教学形式反作用于教学内容的关系,而是阅读教学题材吁求教师采用某种适宜的教学形式将其加工成精当的教学内容的这种相互征服的关系。基于这两个认识,我们提出了"语文有效阅读教学:精要的内容与适宜的形式"这个新的命题,用同样的思路根据这个命题,分析小说、诗歌、散文、剧本、议论文、说明文、应用文和文言文八种不同文体、语体的阅读教学内容与形式存在的问题,并针对这些问题建构出八种新的阅读教学模型,然后根据这些新的阅读教学模型设计并实施教学。

第一章 小说阅读教学

近年来,围绕情节、人物、环境,即小说"三要素"来确定小说阅读教学内容被认为陈旧,据此安排的阅读教学过程被认为机械。有人提出可通过区分小说类型和引入叙事学理论来解决,不过二者设定的阅读教学内容并没有脱离"三要素"的范畴。其实,掌握"三要素"就基本能获取小说的主要信息。多年来,小说阅读教学存在的真正问题是将"三要素"割裂开来并逐一分析,而没有认识到"三要素"之间是相互联系、相互影响的关系。小说阅读教学需要根据"三要素"来确定教学内容,并根据"三要素"之间的有机联系来建构新的教学过程模式。

第一节
重回"三要素":小说阅读教学的问题与对策
——以《林教头风雪山神庙》为例

小说阅读教学教什么?多年来一直是围绕情节、人物和环境"三要素"(有时增加一"主题"要素,而被称为"四要素")来确定教学内容的。21世纪初的课程改革伊始,便有人认为以小说的"三要素"作为阅读教学内容不当,如称:"小说,除了被拧干了的'人物、情节、环境'这三个概念,事实上已没有多少知识可教了。"①解决的办法是要根据不同的小说类型去选择不同的教学内容。② 最近,有人认为正是因为"数十年以来,小说课堂总是遵循着'四要素'的内容,根据情节、人物、环境、主题的特点安排教学内容,课堂也随之呈现'板块特征':梳理故事情节、分析人物形象、赏析环境描写、概括中心主旨。"解决的办法是要根据叙事学的理论去重构小说的教学内容,进而重构小说的教学过程。③

多年来,大多数的小说阅读教学确实是通过这种方式来确定教学内容、安排教学过程的。不过,上述两种有代表性的观点虽然发现了小说阅读教学中存在的问题,但是并没有指出小说阅读教学的病根,更没有开出对症的药方。其实,围绕"三要素"(或"四要素")来确定小说阅读教学内容、安排教学过程并无不当,问题出在数十年来我们没有关注"三要素"之间的联系,进而围绕这种联系来确定阅读教学内容、安排教学过程。

问题1

"三要素"是什么?改革为何无效?

对策

重审小说"三要素"的基本地位,确定小说阅读教学内容。

我在《论语文教学内容的确定》一文中主要呈现了语文教学内容的确定的研究现

---

① 王荣生.语文科课程论基础[M].上海:上海教育出版社,2003:260.
② 马雅玲.小说的类型和小说教学的内容[J].语文教学通讯·初中刊,2006(01):4—6;王荣生,李冲锋.小说教学教什么[M].上海:华东师范大学出版社,2015:11.
③ 郭跃辉.转变"要素板块框架",重构小说教学内容——以《林教头风雪山神庙》为例[J].中学语文,2017(03):13—16.

状,分析了问题产生的原因,提出解决这个问题的基本原则,但并没有提出确定教学内容的具体措施。① 就某一课的教学内容确定来说,还应该从以下六个方面去考虑:

一是分析课程专家确定的内容。主要依据课程标准以及一些课程指南的规定,例如,《义务教育语文课程标准》等规定的相应学段的课程(教学)内容,《上海市初中语文学科教学基本要求(试验本)》《上海市高中语文学科教学基本要求(试验本)》规定的具体单元和篇目的教学要点。

二是确认语文教科书编者预设的选文功能。就是弄清楚编者的意图,通过教科书中的助读系统、练习系统以及与之配套的教学参考书判断编者是将某篇课文作为识字、写字、阅读、写作、口语教育中的哪一种材料,或者是将其作为全息、例子、凭借、引子中的哪一种,然后根据已经开发的语文知识系统,教学相应的知识、技能。

三是区分选文的文本样式。例如,如果是作为阅读材料的小说,那么从小说这一文体出发,除了依据上面两点来确定教学内容外,还要注意小说作为文学作品(与实用文章相区别)在阅读教学中应该教的内容,小说这种文体样式(与诗歌、散文、剧本等文体样式相区别)应该教的内容,小说中的某一类(如情节小说与心理小说、荒诞小说相区别,中国古典小说与现代西方小说相区别,短篇小说与长篇小说节选相区别,甚至不同国别、作者、流派的小说之间的区别,等等)应该教的内容,这一篇小说(这一篇小说最为独特的地方)应该教的内容。可见,就文本样式来说,应该从这四个层面来确定其教学内容。

四是确定学生的差异。学生的差异分为学段差异和个体差异。不同的学段和个体在知识、能力基础,生理、心理特点上存在着具体差异,基于学情的教学必须考虑这些差异,然后确定教什么,并明确相同内容的不同学习要求,例如,针对同一内容就可有识记、理解、评价等不同能力层级的要求。

五是教师的教育理念。因为教师个人的教育(教学)理念会影响其确定教学内容,且会存在个体差异。

六是课程性质与类型。如性质是必修还是选修,课型是课内精读还是略读或是其他。

当然,还要考虑其他可能影响教学内容确定的因素。如果要确定某一课的教学内容,就需要综合考虑以上六个方面,寻求六者之间的交集,最终确定。

当我们在说"小说阅读教学教什么"时,显然是就上面第三点在讨论。过去在确定

---

① 张心科.论语文教学内容的确定[J].语文建设,2017(01):21—25.

小说阅读教学内容时，主要是从第三点的第二个层面来思考，即小说作为与诗歌、散文、剧本等不同的文体，根据其文体样式该确定什么教学内容。1902年，美国学者培里(Bliss Terry)在《小说的研究》中说："我们常常都说，任一种小说都包含三种有隐蓄趣味的元素，就是人物、布局，及处景或背景。换言之，说故事的人要指出某种人物在某种情况中干某种事情，而他又要随着他那篇特殊作品的目的或性质，而侧重这几种用以鼓舞及餍足读者的好奇心的元素中之此种或彼种或全体三种。"①只要抓住了人物、情节和环境这"三要素"，确实就能获取文本的基本信息。之所以如此，是因为这三者是故事构成的基本要素。"三要素"在传统小说中是齐全的。在现代小说中呢？有人将现代小说分成情节小说（如《项链》《变色龙》）、心理小说（如《墙上的斑点》）和荒诞小说（如《变形记》）。② 其实无论在哪一类小说中，这"三要素"也都是存在的，只不过有时某一两个要素是显性的，而另一两个要素是隐含的而已。如果"三要素"都是显性的，那么它就是接近传统小说的典型的样式，如情节小说。如果只有其中一两个要素是显性的，那么它就是与传统小说差异较大的非典型的小说样式，如心理小说、荒诞小说。

任何小说的作者都会在文本中或显或隐地通过这"三要素"来表达自己的旨意。换句话说，如果阅读首先是获取文本信息，进而与文本、作者展开交流对话的话，那么在小说阅读教学中只要弄清楚了这"三要素"，也就基本能获取文本的主要信息。

如果我们承认掌握了"三要素"就能基本获取文本的主要信息，那么我们有必要进一步探讨文章开头所述的两类论者所重构的阅读教学内容与他们所批判的过去以"三要素"为主要阅读教学内容之间的关系。

先看文本形式论。依据小说文本形式确定小说阅读教学内容论者，主张根据小说的不同类型来确定不同的教学内容。所谓上述三类小说类型主要是根据"三要素"中的某一两个要素的显隐程度来区分的。相应地，阅读教学也就着重教学其中的某一两个要素而已。但是，其教学内容并没有脱离"三要素"的范畴，只不过关注了"三要素"在"这一类"乃至"这一篇"小说中的显或隐，而重点教学其显性的要素而已。如文本形式论者称："情节类的小说怎么教？重点是把握人物活动的愿望、障碍、行动，从这些方面去读情节。"③就是除了过去教学中的整体感知以梳理概括情节之外，还要局部探讨，以通过分析人物去探究情节。我们再看该论者所举的《林教头风雪山神庙》中值得

---
① Bliss Terry.小说的研究[M].杨澄波，译.上海：商务印书馆，1926：69—70.
② 王荣生，李冲锋.小说教学教什么[M].上海：华东师范大学出版社，2015：21.
③ 王荣生，李冲锋.小说教学教什么[M].上海：华东师范大学出版社，2015：22.

推敲的情节的教学：草料房被雪压倒使得林冲只好到山神庙暂住。林冲发现草场着火准备救火却发现荒郊野外中出现的这三个人可疑,于是他没有去救火而是躲在山神庙里偷听。"他没有出去,在山神庙里面听外面三个人在说话有好多地方可以分析了。其中一个道:'这条计好吗?'这个人是谁? 林冲是一听就能听出来,太熟悉了,为什么作者不讲? 这就是作者的叙述,他故意不讲。其实,这个人肯定是差拨,差拨是管理他的人。记得以前我在教学的时候,第一,让学生知道这个人是谁,这要根据文章来看;第二,要知道这条计为什么好? 这个是情节的需要;第三,你还要知道说这个话的人,这时候是什么心态? 他是一种什么样的语气?"①为什么这条计确实好? 一是智取,毁灭对手于无形。二是嫁祸,即使他没被烧死,也会因为渎职而被处死。差拨的心态、语气是卖弄、讨好。而且"这条计好吗?"这句话与前文照应。前文写陆虞侯和富安来到这个地方,林冲知道后找了好几天都没找到。原来他们是商量计策去了。作者没有明确叙述而是采用"暗场处理"的方式来设置悬念。然而,上述阅读教学内容并没有脱离"三要素",只不过是围绕特定环境中的人物的语言、心理等去探究相关的情节。

再看叙事学视角论。这些论者希望借助西方的叙事学理论,来分析小说的视角、虚构、隐含作者、叙述者、叙事时间、话语模式、故事、人物、情节、叙事语法,等等。如前述叙事学论者指出,"将教学内容从'要素板块框架'转化为'叙述框架',我们便可以发现传统解读中不曾发现的艺术创造。"他以《林教头风雪山神庙》为例,分别从"叙述视角:全与限""叙述时间:显与隐"和"叙述细节:情与理"三个角度来分析。② 其实,最终获取的还是"谁在何种情境中如何行动"这些基本信息。就文本的内容信息获取来说,与围绕"三要素"分析所得的结果并无本质不同。如关于叙述视角,论者分析借李小二所见写陆虞侯、富安两人的出场,因用限制视角,故读者如李小二一样不知二位是谁,以制造悬念;接着转入全知视角,写了街上寻仇、替换老军、看管草场、市井买酒、雪毁住所、栖身神庙等情节,交代了林冲的心理和行为。在栖身神庙时,又转为限制视角,即借林冲所见、所闻交代陆虞侯、富安及差拨及其火烧草料场的目的和过程。③ 用叙事学的理论来解读小说,只不过是换了一个角度来分析"三要素",或者说是以叙事学知识为手段(抓手)来解读"三要素"而已。将叙事学知识引入小说阅读教学并没有

---

① 王荣生,李冲锋.小说教学教什么[M].上海:华东师范大学出版社,2015:22.
② 郭跃辉.转变"要素板块框架",重构小说教学内容——以《林教头风雪山神庙》为例[J].中学语文,2017(07):13—16.
③ 郭跃辉.转变"要素板块框架",重构小说教学内容——以《林教头风雪山神庙》为例[J].中学语文,2017(07):13—14.

改变所获取的小说文本的内容信息,只是解读的方法(手段)改变了。需要大家注意的还有两点:一是叙事学主要是分析小说的叙事艺术而不是内容,阅读小说主要是获取小说的内容信息,阅读时固然可以通过了解怎么写来获取写了什么,但了解怎么写只是小说阅读的手段之一,况且怎么写更应该是小说写作教学的主要内容。二是叙事学知识可以作为教师研读文本的抓手,但不宜作为教学内容交给学生,这就像教师懂得汉字"六书"的规律,目的是便于设计和实施汉字教学(根据规律来设计、实施),但不能用术语向学生讲解"六书"知识一样,因为中小学生难以理解叙事学知识、"六书"知识,遑论运用。从语文知识的选择要遵循"精要""好懂"和"管用"三项原则来看,没有必要将连一般语文教师都难以掌握的西方叙事学知识引入中小学教学课堂作为小说阅读教学的内容。

总之,文本形式论者由于强调"三要素"在不同类型小说中的不同体现,而主张根据小说类型选择"三要素"中的一两种作为阅读教学内容。叙事学视角论者从异域寻来了叙事学这个工具来解读"三要素",从某个方面来说,反而不如直接将三要素作为阅读教学内容而显得简单明了。

问题 2

"三要素"之间的关系是什么?如何重构阅读教学过程?

对策

厘清小说"三要素"的有机联系,安排小说阅读教学过程。

如果以小说的"三要素"作为小说阅读教学的基本内容并无不当,那么小说阅读教学的过程该如何安排?过去的所谓"要素板块框架"的问题出在哪里?恩格斯说:"把自然界分解为各个部分,把各种自然过程和自然对象分成一定的门类,对有机体的内部按其多种多样的解剖形态进行研究,这是最近 400 年来在认识自然界方面获得巨大进展的基本条件。"但是,"这种做法也给我们留下了一种习惯:把自然界中的各种事物和各种过程孤立起来,撇开宏大的总的联系去进行考察,因此,就不是从运动的状态,而是从静止的状态去考察;不是把它们看作本质上变化的东西,而是看作永恒不变的东西;不是从活的状态,而是从死的状态去考察。这种考察方式被培根和洛克从自然科学中移植到哲学中以后,就造成了最近几个世纪所特有的局限性,即形而上学的思维方式"[①]。同理,"要素板块框架"所存在的问题并不在于这四个步骤本身,因为这

---

① 恩格斯.反杜林论[M]//庄友刚.马克思主义原著选读(第2版).苏州:苏州大学出版社,2014:120.

四个步骤就是围绕"三要素"而设计的;也不在于其程式化,因为任何教学模式必然带有相对固定的程序。问题出在设计者的思维方式上。过去一直是将"三要素"割裂开来、静止看待,即先抽取出情节、人物、环境"三要素",然后按线性的顺序逐一教学。换句话说,就是没有看到小说文本是一个有机的整体,"三要素"是融合在一个共同文本中的,是相互依存、相互影响的,因为没有将"三要素"放置在一个结构中立体地观照,所以才会出现所谓的"要素板块框架"。

任何人物都处在特定的时空之中,任何事件也是在特定的时空中发生、发展的。这特定的时空就是作者为小说中的人物和故事所设置的环境。从纵向看,有与时间相关的历史背景;从横向上看,有与空间相关的自然、社会环境。同时,对人物形象的塑造是通过单个人的行为或(和)人与人之间的关系的发展而最终完成的。单个人的行为、人与人之间的关系在事件中发展就构成了基本情节。当然,作者也会对人物本身进行多种描写,以构筑情节、塑造人物。可见,人物、情节和环境这"三要素"是相互依存、相互作用并最终形成一个有机的小说文本的。

内容吁求形式。就像创作时特定的内容会吁求作者选择适宜的形式来表达一样,特定的教学内容要求我们选择相应的教学形式。小说的阅读教学过程就应根据小说的阅读教学内容来安排。当我们认定"三要素"是小说的主要阅读教学内容,而这"三要素"不是割裂、静止、抽象出来的,是相互联系、影响,生成一个文本,或者说融化在一个文本中时,那么小说阅读教学过程就是通过设计一些环节、安排其顺序而把"三要素"及"三要素"之间的关系呈现出来。显然,传统的"要素板块框架"是不合适的,因为其虽然把"三要素"作为主要的教学内容,但是没有看到"三要素"之间的关系进而根据这种关系安排教学过程。此外,近年来出现的文本形式论者所设计的小说阅读教学过程也存在一些问题,因为其在根据小说类型确定阅读教学内容时,一般是先让学生整体感知,接着局部分析(先略读获取文本的基本信息,再根据这一类文本的特征专门进行研读),这不仅是一般阅读教学中常用的过程模式,而且和传统的"要素板块框架"中的四步骤并无实质性的不同,只不过在局部分析时专注传统要素板块中的某一两个要素(步骤)而已。以叙事学视角,从叙事视角、时间、细节等角度来分析小说文本,这些分析角度同样是在割裂、静止地看待事物。前面说过,叙事学视角只是解读"三要素"的手段(工具),以割裂、静止的分析视角来获取"三要素"的相关信息,必然也会把"三要素"割裂开来,静止呈现。换句话说,与传统的"要素板块框架"中的四步骤相似,这只是一种环节的名称是新的,但是环节之间并无有机联系的过程模式。

那么,能让学生准确地获取小说的"三要素"及其关系的小说阅读教学过程是怎样的呢？近两年上海市教委教研室教研员陈祴、曹刚所开发的系列小说课,例如,《草船借箭》《煮酒论英雄》《二十年后》等所采用的阅读教学过程其实就是根据"三要素"之间的有机联系来设计的。在此基础上将其提炼成如图3所示的阅读教学模型。

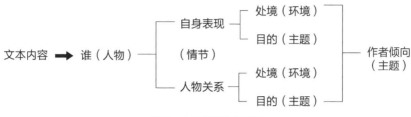

图3　小说阅读教学模型

这种阅读教学模型以获取文本内容信息为切入点,带领学生围绕人物自身的表现及人物之间的关系(情节)来探讨,并分析人物某种言行举止及其处理与他人之间的关系时的处境(通过设置处境来呈现自然环境和社会环境)和目的(通过各种人物的塑造来表达主题的不同侧面),最后结合文本的叙述、描写以及作者对人物、事件等直接评说的文字来探求作者的看法(主题)。这样不仅是围绕"三要素"来设计小说阅读教学内容,而且各个教学环节浑然一体,整个过程自然流畅。

如果以此过程模式来设计《林教头风雪山神庙》一课,那么其教学内容与过程大致如下。

一、解题

这篇课文节选自《水浒传》第十回《林教头风雪山神庙　陆虞侯火烧草料场》。

提问：题目中包含的主要人物有哪些？关键事件是什么？主要地点在哪里？

明确：人物：林冲、陆虞侯等。事件：林冲在山神庙躲避风雪,陆虞侯等火烧草料场加害林冲。地点：山神庙、草料场。

二、由人物分析带动情节和环境的分析

1. **提问**：从风雪山神庙这段文字所描述的林冲言行来分析其心理发生了何种变化？(由过去的隐忍、踌躇到现在的奋起反击、果断杀敌)此时,他的身份是怎样的？(由昔日的"林教头"变成今日的"杀人者")

回溯：(1)地点的变化：东京、酒店、天王堂与草料场、山神庙。(2)事件的发展：东京做官、沧州发配、天王堂与草料场看守、山神庙杀敌。(3)性格变化：仗义疏财、逆

来顺受、随遇而安、果断决绝(结合人物的言行来分析其处境及目的)。

2. **提问**：在以上四个地点中哪两个十分关键？为什么？

明确：酒店和山神庙。在酒店和山神庙中，林冲和东京的旧人发生了直接的关系，即故人李小二、宿敌陆虞侯。除了通过在特定的场所、特殊的人与人之间关系所形成的特别的氛围中的人物言行来表现林冲的性格特征外，还有就是这两个场所是关键事件的策划(陆虞侯要置林冲于死地)和爆发(林冲杀了陆虞侯等人)的场所。

3. **提问**：为什么主要人物会聚集在这两个地点？

明确：林冲借酒浇愁，陆虞侯等煮酒谋事，所以来到小酒店。因为大雪压毁了草料场的房子，所以林冲来山神庙栖身；因为山神庙前檐可躲雪观火，所以陆虞侯等人放火后来到这里。即使处在同一个环境中，因为他们各自的目的不同，言行也有差异。

三、通过分析作者的态度来探究课文的主题

提问：作者对林冲、陆虞侯等人的态度怎样？他借这个故事想说明什么？

明确：除了通过多种描写方式对人物进行刻画(如对"豹子头"林冲与陆谦"五短身材，白净面皮，没什髭须"、富安"也不长大，紫棠色面皮"不同的外貌描写之类)，营造情节将人物置于冲突中来展现以及采用"原来天理昭然，佑护善人义士。因这场大雪，救了林冲的性命"之类的叙述来表达作者自己的情感态度之外，作者还通过"有诗为证"的形式表达自己的好恶，如称林冲是"瑰奇伟丈夫""英雄"，称陆虞侯等人"奸恶""潜为奸计"。不过，作者虽然写了林冲由逆来顺受而被步步紧逼最终奋起复仇这个性格(心理)变化的过程，但他还是把林冲大难不死、陆虞侯等身首异处归结为因果报应："潜为奸计害英雄，一线天教把信通。亏杀有情贤李二，暗中回护有奇功。""天理昭昭不可诬，莫将奸恶作良图。若非风雪沽村酒，定被焚烧化朽枯。自谓冥中施计毒，谁知暗里有神扶。最怜万死逃生地，真是瑰奇伟丈夫。"

很显然，在这个阅读教学过程中，教学内容是"三要素"，教学环节的组织依据的是"三要素"之间的天然关系。与前两种《林教头风雪山神庙》的教学设计相比，学生不仅完全可以获取文本的主要信息，而且更容易获取。这是把小说视为由相互联系的"三要素"动态生成的活的"自然物"，据此设计的教学过程也就相应地成为一种"自然过程"，变得流畅生动了。

可见，小说阅读教学应根据小说"三要素"来确定教学内容，因为"三要素"简单明确，所以便于理解和操作，可避免运用叙事学等西方文学理论的术语所导致的繁难和

无措;又因为"三要素"是小说构成的基本要素,所以也完全可以据此来获取小说的主要信息,可避免因只侧重某一类型的小说文体形式的分析而导致对小说文本理解的偏狭(如将某类小说界定为情节小说,而忽视对其人物、环境的分析)。根据"三要素"之间的有机联系,按照上述模型来安排阅读教学,既使得教学过程自然顺畅,也契合学生的认知心理过程(在一个动态生成的结构中渐进式地理解),避免了将各要素割裂成孤立静止的板块再机械地组合,而导致教学过程变成生硬的拼接,进而阻隔了学生理解的进程。

总之,小说阅读教学应重回将"三要素"作为主要教学内容的宗旨,但是需改变过去分别以"三要素"为板块来组织教学过程的做法,应根据"三要素"之间的有机联系,重新设计一个利于小说文本解读和便于教学实施的模型。

第二节
《不称心的强盗》教学设计、教学实录与课例评析

不称心的强盗

[日本] 浅名朝子(著) 郭允海(译)

有这么一位资产颇丰、独自生活的老太婆。人们传说强盗曾多次光顾了她,可她一次也不曾报警。我便也揣上一把菜刀,选定了个风高月黑夜前往她家。本想撞开门闯进去,又怕她犯了心脏病,便按了门铃。一个白发苍苍、龟背佝偻、五短身材的老太婆把门打开了。我迅速闪进门内,亮出了菜刀。

"哎哟!我的妈呀!"老太婆一边扶正了她的老花镜,一边看了看我。

"按门铃的强盗,天下少见哪!"

"我来干什么,想你会明白的,识相些,免得我动手!"我虚张了一下声势,想穿着沾满泥的鞋进屋。

"不脱鞋就进屋,之后不好打扫!你还是换上拖鞋吧!"老太婆不失庄重地说。我乖乖地照办了。

屋内有个保险柜。她从抽屉里取出一大串钥匙,然后在保险柜的旋钮上左右拧了起来。

"今晚,只有这些了。"老太婆两手捧出一堆钞票放在了桌上。是一千万日元。尽管不太过瘾,但我还是把一沓沓的钞票塞满了各个衣兜,连夹克衫的腹部也被利用上了。

"我为了心中有数,想问一句,你打算怎么用这笔钱?"

"我玩牌欠赌债破产了。有了这笔钱,我除了还账,余下的还能存到银行细水长流,"我把菜刀塞进夹克衫里,站起身来,"多谢了,老妈妈,多保重啊!"

"等一等。"语气像是对自家人一样的柔和。我转回身投以无比亲切温存的一瞥,不料,阴冷的枪口正对着我。

"在警察到来之前,你给我老老实实地呆着!你要反抗我可就开枪了!我的枪法棒着呢!"

"您能不能放我一马?"

"我可以向警察为你美言两句,说你这强盗的举止还大有绅士风度,挺文明的。"

"原来那些传说是假的?"

"传说是真的。"

"那为什么是我你就报警?"

"因为你的口试不及格。在你之前来的那个人,他想抢钱去赌马。他从院子里冷不防出现在我跟前,差点儿没把我吓死。在他之前那个人,玩股票全赔光了,半夜里我一觉醒来,发现那人就站在我的床前,害得我一直失眠。在这人之前的那个人,挖温泉失败了,他是在我洗澡的时候进来的。"

"我不是说过了,把钱存起来慢慢地用吗?他来你不报警,却这样对待我,是不是我有什么地方不称你的心?"

"赌马的那小子,我告诉他说第三跑道的8—8号马能赢头彩,他听我的就赢了。三天后,他便将五倍的钞票还给我了!我们是平分了赢头。"

"玩股票的,我教给了他两手,三个月后,虽然少了点,还是以二分利还钱给我了。另外还送了我玫瑰花。"

"挖温泉那家伙,我鼓励他三点式挖三处。结果挖出了泉水。我打算从明天开始去那儿洗一个月的温泉治治我的神经痛。他每年都要我去呢。其实你的信用卡出了亏空,欠着不还也没什么。如果你说打算用剩下的钱去买六合彩的话,我本来还能放你一马,可是你却说只把剩下的一半钱存到银行里去,还是你自己慢慢用。那我这钱岂不是肉包子打狗,哪还有什么捞回油水的指望呢?!"

选自:江曾培.微型小说鉴赏辞典[M].上海:上海辞书出版社,2016:621—622.

《不称心的强盗》教学设计

教学目标：

通过这篇小说的学习掌握小说阅读的新模型，并能运用这种模型阅读其他小说。

教学内容与过程：

一、听读想象

指名一位同学朗读全文，其他同学闭上眼睛想象。

提示：小说往往采用"画眼睛"的方法来描绘人物，采用截取"横断面"的方式来叙述故事，所以小说里充满着许多未定性和空白点。阅读小说首先要填补这些空白点，确定这些未定性。例如，读"一个农民背着一个布包从城里赶回乡下，半路上树林里冲出几个大汉扭住了他……"农民多大年龄？长相如何？穿着怎样？布包是什么形状？大还是小？里面装着什么？为什么赶回来？从城里到他家距离多远？道路是什么样子的？两旁树林怎样？大汉长什么样子？装束如何？怎么扭住他的？拽胳膊，还是抱大腿？结果怎样？他说了什么？……都需要我们去填补、去确定。读的时候可稍慢，想的时候应稍快，做到设身处地、身临其地。

二、解读小说

（一）解题

提问：作者为这篇小说命名为"不称心的强盗"，这里的"强盗"指谁？他（她）为什么"不称心"？

明确："称心"指"符合心愿，心满意足"，"强盗"指"用暴力抢夺别人财物的人"[①]。"不称心的强盗"直接解释就是"一个人用暴力抢夺别人的财物但是没有心满意足"。初看这里的"强盗"应该指"我"。因为"我"确实去老太婆家抢钱了，而且虽然抢到了钱，但是被老太婆威胁要报警，所以"不称心"。

（二）由人物分析带动情节和环境的分析

1. 提问："我"因为什么原因去抢钱？做了哪些准备？如何去抢钱的？这个"强盗"

---

① 中国社会科学院语言研究所词典编辑室.现代汉语词典(第6版).商务印书馆，2012：162,1041.

手法专业吗?

  明确: 因为赌博输钱破产。他只是道听途说,没有踩点:听说强盗多次关顾一位资产颇丰、独自生活的老太婆,但是她并没有报警,所以决定前去试试。使用的工具简单,手段文明:在一个风高月黑夜揣上一把菜刀前往,怕把老太太吓着了按门铃进入,为了不弄脏地面听从老太太的建议换了拖鞋。他的目的明确,却心生愧疚:明确告诉老太婆抢钱的原因和打算,还称老太婆为"老妈妈",向她致谢,望她保重,像在向一位熟人甚至亲戚临时借钱一样。从整个过程来看,他一点都不像一个职业"强盗"。

  2. **提问:** 那么"我"这个"强盗"有哪些特点?

  明确: 虽然行为是"强盗",但是性格近乎"绅士":(1)单纯。相信传说。(2)"善良"。怕吓着老太婆,按门铃进入;当看到她白发苍苍、龟背佝偻、五短身材时,突然变得"虚张声势",听到老太婆让"我"换上拖鞋又变得乖顺听话。(3)礼貌。按门铃,换拖鞋,称呼她"老妈妈",并致谢、祝愿。连老太婆都说:"按门铃的强盗,天下少见哪!""你这强盗的举止还大有绅士风度,挺文明的。"相反,真正的强盗应该是心思缜密、心狠手辣、粗野凶残的。

  3. **提问:** 老太婆怎样对待、看待"我"与其他去她家抢钱的人?原因是什么?

  明确:

  (1)老太婆对"我"选择了威胁并试图报警;对其他人选择的是给钱并指点:指点赌马的赢了头彩、玩股票的赚了钱、挖温泉的挖出了泉水。

  (2)虽然在"我"眼里自己不算是"强盗",而其他几个人才是"强盗",但是老太婆却相反,她反复称"我"为"强盗",称其他三个人为"那个人"或者分别为"赌马的那小子""玩股票的""挖温泉那家伙",都没有贬义,其中"那小子""那家伙"甚至像长辈对晚辈、平辈之间的亲昵称呼,可能第二个人给她钱少了点让她不太称心所以称他是"玩股票的"。

  (3)之所以有这种不同的对待和称呼方式,是因为"我"虽然性格近乎"绅士",但是目的显示的是一个"强盗"(先还赌债,余下的存在银行慢慢花,没有投入生产,没打算还给老太婆或者与老太婆分红);其他几个人的行为虽然是"强盗",但是结果却显示他们很"绅士":赌马的还了她五倍的钞票平分了赢头,玩股票的还了二分利还送了玫瑰花,挖温泉的每年邀她去泡温泉。"我"对于老太婆来说是真"抢劫"("钱岂不是肉包子打狗"),其他三个人对于老太婆来说是"交易",像"放贷"("捞回油水")。

  4. **提问:** 老太婆提到她之所以要选择报警是因为"我"的"口试"没通过,那么她对其他人也进行了"口试"吗?她有没有报警?她对"我"最后选择报警了吗?

明确： 从行文来看，其他人应该也被老太婆同样地威胁、"口试"过，但是他们都和老太婆达成了交易，所以老太婆没有报警；对于"我"，老太婆可能也不会报警，因为她提示了"如果你说打算用剩下的钱去买六合彩的话，我本来还能放你一马"，这是为达成交易而提条件。在老太婆眼里，"我"还有"绅士"的一面，况且选择报警对于她来说也没什么好处，反而可能失去了一次获利的机会。

5. **提问：** 假如最后老太婆没有选择报警，故事会怎样发展？这篇小说和莫泊桑、欧亨利、契诃夫等小说家的短篇小说的结尾手法相同吗？

明确： 小说之所以吸引人，多是因为有曲折的情节。但是这篇小说的逆转和其他著名的短篇小说的不同之处在于其逆转出现在中间部分而不是结尾——"'等一等。'语气像是自家人一样的柔和。我转回身投以无比亲切温存的一瞥，不料，阴冷的枪口正对着我。"根据对这一句后面的情节分析可以判断，小说情节不大可能出现逆转，但是作者又不明确写出，给人留下想象的空间，显得韵味悠长。也就是说，这篇小说没写出"意料之外，情理之中"的情节是正常的，如果写出"意料之外，情理之中"的结尾，则会让人觉得索然寡味，就创作来说，反而是反常的。

（三）通过分析作者的态度来探究课文的主题

1. **提问：** 2005年，在杭州的一次教研会议上，有位老师也用过这篇小说作为课文上示范课。课上有同学说，真正的"强盗"是老太婆，题目及小说正文写老太婆这个"强盗"对"我"的说法"不称心"。不过，执教的这位老师坚持认为老太婆是一个高明的"教育家"。对此，你怎么看？

明确： 老太婆显然也"不称心"，文中"我"明确问过老太婆"是不是我有什么地方不称你的心"，老太婆也明确表示对"我"的不满——"还是你自己慢慢用，那我这钱岂不是肉包子打狗，哪还有什么捞回油水的指望呢"。老太婆用枪对着别人，威胁报警以和别人达成交易，这个行为又很像是"强盗"。关于老太婆是不是"教育家"，可从两方面来看，可以说她有可能鼓励"我"不被破产压垮，指点"我"像其他人那样重新创业，不能不劳而获，指点其他几个"强盗"获得了成功，这种激励、指点的方式及其效果堪称"教育家式"的；也可以说，她是通过教育他人的这种手段来获取利益，所以实质上只是"商人式"的狡猾的谈判手段。

2. **提问：** 如果"不称心的强盗"就是这第四个去老太婆家抢钱的人，那么作者为什么不用"有个赌博破产的人"或者直接用"有个强盗"来称呼，而是用"我"呢？

明确： 小说中的"我"不是作者，而是叙述者，借"我"在事后追述，以"我"的眼光来审视、叙述人物和事件，其实非常明显地体现了作者的态度。作者塑造的"我"虽然身份是"强盗"，但是处处显示出"绅士"的一面，这除了通过情节的构筑来展现外，还体现在对特定时空中的人物（"我"、老太婆以及其他三个人）的行为、语言的描写中，写出了人物的两面性："强盗"的两面性是明显的，自不赘述。同样的，在对老太婆的叙述和描写中也写出了她的两面性，即虽然外表显得衰老、柔弱，但是很有心机和手腕。大概作者是想用这个惊险、有趣的故事来表现人性的复杂性。

三、总结模型

读一篇小说最主要的任务是要了解作者到底想要表达什么主旨。为了表达这个主旨作者选择了一个或几个主要人物，并通过这些人物自己经历的事情以及与其他人物之间发生的事情来表现，在叙述故事的过程中，会对人物的言行进行描写。我们除了找出几个人物、弄清他们之间的关系、梳理事情的经过外，还要特别注意分析人物在什么环境下发出的何种言行，其目的是什么。这种解读对象和过程可以用小说阅读教学模型来表示。我们并没有像过去的小说阅读教学那样，采用先梳理故事情节再分析人物形象然后结合环境（背景）来分析主旨的做法，这堂课就是带领大家按照这种新的小说模型来学习这篇小说，希望能以此学习阅读小说的方法。当然，还要注意"这一篇"小说的特别之处，例如，逆转、结尾问题；甚至有时可以借鉴一点叙事学的知识来辅助分析，例如，关于采用"我"作为叙述者及人物，与作者对人物的态度之间有何关系？

《不称心的强盗》教学实录

时　　间：2018年9月26日
地　　点：华东师范大学第二教学楼217室
执 教 者：张心科
教学对象：华东师范大学中文系2016级公费师范生

（教师打开多媒体，展示小说《不称心的强盗》）

师：今天我给大家上一篇小说，选自《微型小说鉴赏辞典》，是日本作家浅名朝子写的《不称心的强盗》。（板书课题、作者）读小说啊，还是要先读。读呢，就要一边读，一边去想。我们班哪个同学的朗读水平最高？

（学生推荐）

师： 那我们就邀请你吧。有一个要求。什么要求呢？我们在上一次课讲了，小说写作往往通过"画眼睛"的方式描绘人物，通过截取"横断面"的方式来叙述故事，所以小说文本里面充满了许多未定性和空白点，那么我们在阅读的时候就要填补这些空白点，确定这些未定性。怎么来填补空白、确定未定呢？方法是通过想象和联想。例如，有一句话："一个农民背着一个布包从城里赶回乡下，半路上树林里冲出几个大汉扭住了他……"当我在说的时候，如果你去想，应该怎么去想？要想哪些东西？这个农民有多大年龄呢？他的长相如何？例如，他的头发是怎样的，脸型是怎样的，眉毛是怎样的，鼻子是怎样的，嘴巴是怎样的，体型是怎样的？然后，穿的什么衣服？刚刚讲他是背了一个包的，是吧？这个包是什么形状的？大还是小？里面装的是什么东西？还有"从城里赶回乡下"，为什么要赶回来？赶回来的时候，从城里到他家这段距离有多少？道路是什么样子的？道路两旁是什么样子的？半路上有几个大汉冲出来扭住他，那这几个大汉的外貌是怎样的？是怎么扭住他的？抱住他的哪个地方？包括他从城里赶回乡下这个情节之前以及之后发生了什么？所以，我们在读的时候，要慢读，然后，想的人呢，在脑海里面，要快想。那下面，我们就按照说的那样，请这位同学来读。她读的时候，请大家闭上眼睛来想。

（学生朗读）

师： 嗯，读得很好。我为什么要叫大家去想？我在前面说过，我们在读文学作品的时候，首先要入乎其内，那么入乎其内就要想象和联想，只有这样才能做到设身处地或身临其境。不然的话，这个小说我仅仅是看了一下，那最后得到的是什么？只是这里面有几个人物，做了什么事情，仅此而已。也就是说，我们的感受是不深的。

好，那我们看这篇小说的标题，叫"不称心的强盗"。我专门查了一下词典。什么叫"称心"，《现代汉语词典》里面是这样说的，"符合心愿，心满意足"。我又查了一下什么是"强盗"，强盗是"用暴力抢夺别人财物的人"。好，那我们看一看，如果把这两个词组合一下，"不称心的强盗"的直接解释就是"一个人用暴力抢夺别人的财物，但是又没有心满意足"。我问你，这个标题"不称心的强盗"中的"强盗"指的是谁？这还不明确吗？

生： "我"。

师： 这个是最简单（明显）的。"我"去抢老太太的钱，抢钱那不就是强盗吗？然后，去抢劫的时候，已经抢到了，但是被老太婆怎么样？

生： 威胁报警。

师：对，威胁着要报警，是不是啊？所以没有心满意足。从这个角度看"不称心的强盗"是"我"。那我再问问大家，这地方的"我"，因为什么原因去抢钱？

生：赌博输了钱。

师：赌博输了钱。但是这个"我"，这个"强盗"，去抢钱的时候，和一般的"强盗"不大一样。从原文里看，他在抢劫之前，做了哪些准备？或者说，有没有做准备？

生：有，"揣了把菜刀"。

师："揣了把菜刀"，好。那这个准备太简单了点吧。一般来讲，如果是一个很专业的强盗，他要去抢一个东西的时候，我们估计他会做哪些事情？

生：踩点。

师：踩点，我听见有人讲踩点。也就是说，他会设计抢劫的路线，怎么去抢。为了防止发生什么事，他要设计好逃跑的路线。这里面的这个人有没有这样？他讲得很简单，他只是听别人说的，道听途说啊，听别人说有几个强盗去抢这个老太婆的钱，抢到钱之后老太婆也没有报警，是不是啊？而且去的时候就像大家讲的，带的工具非常简单，揣一把菜刀就过去了。很简单地揣把菜刀就在月黑风高的夜里去抢劫了。本来想撞开门闯进去，但是又怕她犯了心脏病，便按了门铃。既然是抢劫的话，就没有必要这样，他也不是去做客，对不对？他还去按了门铃。他发现这个老太婆是个什么样的人？

生："白发苍苍、龟背佝偻、五短身材"。

师：在这个时候，我们发现，按正常来讲，如果"我"去抢一个人的钱，那个人肯定要反抗，是不是？但是"我"看到的这个人，从"我"的位置上看，她会不会反抗？不会。所以在判断对方不会反抗的时候，你看他怎么说的——"我来干什么，想你会明白的，识相些，免得我动手"。书上用了一个词——"我……"。"我"怎样？

生："虚张了一下声势"。

师：也就是说，"我"仅仅是想吓唬人。不仅是这样，大家往下看，"我"的行为是怎样的？"我"本来想进去的，是吧？但这个老太婆怎样？要"我"换鞋子，是吧？然后"我"怎样？"乖乖地照办"。所以"我"虚张声势，"我"乖乖地照办，也就是说，"我"的这种行为给人的感觉是什么？按门铃，对她说话时也不是那种很凶的样子，然后换鞋子，给人感觉怎样？很文明啊。好，那再问大家，后面当那个老太婆把钱给了"我"之后，又问"我"到底有什么用处的时候，"我"是怎么说的？如果是一般的强盗会怎么说？我把钱抢到了嘛，那我就走人了，是吧？我有必要跟你讲这些东西吗？但是我们发现这里的"我"怎么样？直接告诉了这个老太婆，"我"之所以来抢劫是因为"我"玩牌输了，并且还告诉她这个余钱"我"准备怎么用？"我"准备存到银行里面去。所以我们从这里可看出,这个人,这个强盗和一般的强盗不太一样,是不是?他走的时候,说了一句什么话?"多谢了,老妈妈,多保重"。给人感觉像什么?这是一个强盗准备来抢钱吗?这感觉好像是到一个长辈家里去干什么啊?去借钱啊,是不是?而且,又是感谢她,又是让人家多保重。所以,从这里来看,整个过程中,从这个强盗的行为和言语中,我们似乎发现,这个强盗不是一个职业强盗,而是一个非常业余的强盗,是不是?如果叫大家总结一下,这个强盗有哪些特点?

生: 没有经验。

师: 没有经验,好,这是一个。这是一个根本没有前科的强盗,是吧?还有什么呢?

生: 思维简单,头脑简单。

师: 单纯。那还有呢?他怕撞门进去吓到老太太,按门铃进去。

生: 善良。

师: 你觉得是"善良",但这个"善良"我觉得不应该就是纯粹的善良,可能人性里面有,但是这个"善良"要加一个双引号的,所以它不是纯粹的善良,是不是?它是一个人的恻隐之心。这个"善良"不光体现在这个地方,还有就是他看到老太婆长成那个样子就突然变得虚张声势,听到老太婆让他换上拖鞋,又变得乖顺听话。好,那还有一点就是,按门铃、换拖鞋,称呼这个老太婆为"老妈妈",如果是在日常生活中碰到这么一个人,那这个人是?

生: 文明人,有礼貌。

师: 对,很有礼貌的一个人。关于按门铃这个事老太婆是怎么讲的?她说:"按门铃的强盗,天下少见"。而且,在后面我们还看到,老太婆也说这个强盗的举止大有绅士风度,挺文明的。相反,如果是一个真正的强盗,就是我们讲的那种职业强盗,一般会怎样?心思缜密,心狠手辣,对吧?

生: 粗暴凶残。

师: 粗暴凶残。好。那这里面有一个很好的信息,就是这个老太婆面对"我"这样一个单纯的、"善良"的、文明的强盗,是怎么样对待的?还有一个就是,对待其他那些强盗,老太婆又是怎样的?老太婆对"我"选择的方式是什么?

生: 报警。

师: 报警。那么对其他人,老太婆选择的方式是?

生: 给钱放走。

师: 放行。也就是说,对"我",首先是威胁,然后试图报警。对其他人,她不仅给了钱,而且指点了他们,例如,赌马的人赢了,玩股票的人赚了钱,挖温泉的挖出了泉水。但是,我们看这里面有一个很好玩的现象:老太婆自始至终有没有称那三个人为"强盗"?她都分别怎么称呼那三个人,你们仔细看看。

生:"那小子"。

师:"那小子","赌马那小子"。还有呢?

生:"玩股票的"。

师:"玩股票的"。还有?

生:"挖温泉那家伙"。

师:"挖温泉那家伙"。我问大家,"那小子""那家伙",从一个老人嘴里说出来,是一种什么样的感觉?

生:亲切的。

师:亲切的。也就是一个长辈对晚辈的亲昵的称呼,是不是?里面提到的有一个"玩股票的",她没有称呼"那小子""那家伙"的原因是什么?你仔细看看,她为什么没有这样亲切地称呼他?

生:因为钱少。

师:因为钱少,是不是?没给她什么钱,是不是?所以她还是有一点生气的。好,那我再问大家,在这里面,老太婆称"我"是什么?称"我"是"按门铃的强盗""有绅士风度的强盗",但不管怎么样,"我"都是"强盗"。那我再问大家,这里面的"我"认为自己是强盗吗?有的同学在摇头。那我再问大家,这里面的"我"在看那三个人时,认为他们是强盗吗?

生:是。

师:是,这三个人是强盗。小说里面就直接讲,"传说强盗曾多次光顾了她",也就是说,在"我"看来,那几个人才能称为强盗,"我"可不是强盗,这就跟老太婆是正好相反的,她很喜欢那几个人,但认为"我"是一个强盗。那么,从这种不同的对待方式,或者称呼方式中,我们看出了什么?为什么老太婆会有这种区别对待?再回到前面我一开始讲的什么是"强盗"——"用暴力抢夺别人财物的人"。你用这种标准来判断"我"以及那三个人,发现了什么?"我"在干什么?如果以这个标准来衡量,"我"是不是强盗?"我"肯定是强盗,是不是?因为"我"拿了一把菜刀,来胁迫这个老太婆,叫她拿钱给"我"。如果以这个标准来衡量,那几个人是不是强盗?不是,为什么不是?

生:他们最后把钱还了。

师:对。这篇小说的最后也讲了,这几个人的行为是强盗,但结果是很绅士的:赌马的人还了她五倍的钞票平分了赢头；玩股票的人还了她二分利，而且还送了她玫瑰花；还有挖温泉的人邀她去泡温泉。也就是说，在这里，"我"才是正儿八经的抢钱。就像老太婆讲的，这个结果叫什么？"肉包子打狗"——有去无回。但是这几个人对于老太婆来说是什么？或者说，对于老太婆来说是在干什么？

生：交易。

师：对，其实是一笔交易。做生意啊！那老太婆把钱给他们等于什么？

生：投资。

师：对，就像银行放贷一样，她要回报，也有回报。所以就像老太婆讲的，可以捞回一点油水，如果把钱给第四个强盗——"我"，那一分钱都不会捞到。那么老太婆为什么要报警？

生：口试不及格。

师：是因为第四个强盗的口试没有及格。我们可以大致猜想，她对其他的几个强盗有没有进行口试？大家都点头，肯定一一地经过了口试。但是对那些人有没有报警？显然没有报警，要报警了的话这几个人都进监狱了，哪还有什么赢了赛马、挖到了温泉之类，那都是不可能的事情。那么老太婆对于第四个强盗，对于这个"我"，她有没有报警？

生：没讲。

师：没讲。当然是没讲了，课文要讲了我就不问大家了，那我们可以推测她有没有？

生：我觉得没有，她都讲得这么明白了，你该怎么做才能获得我的欢心。

师：首先是说得很明白，要以那几个强盗为榜样。这里面还有一句话，"如果……"，看到了吗？"如果你说打算用剩下的钱去买六合彩的话，我本来还能放你一马"。其实在这个地方她预设了一个条件，也就是给他找了个退路，更何况在老太婆眼里，她自己也反复在讲，如果警察来了以后，我给你美言几句，因为你还有绅士风度嘛。我们再来看，老太婆跟强盗相处的目的是什么？是为了赚钱的，所以你看如果真的报警了会有钱吗？所以我估计不大会报警。因为报警了就会失去一次获利的机会。假如老太婆没有选择报警，故事会怎么发展？估计会怎样？

生：把钱给第四个强盗，教他买六合彩。然后赚了钱，给她一笔很大的利润。

师：这是一种。那还有呢？这是我们从前面推断出来的，如果不报警她会给他一大笔钱，让他去赚一笔钱。那还有呢？如果这个人要是买六合彩失败了呢？可能不可能失败呢？

生：不可能吧。

师：为什么不可能失败？因为前面那几个人经过老太婆的指点都赚了钱，是吧？那我问大家，假如他失败了呢？没有赚到钱，那么后面会发生什么事情？

生：报警。

师：有人讲，老太婆会选择报警。

生：不会报警。

师：如果不会报警，她会怎样？

生：会把他灭口吗？

师：把他灭口，这个想象太大胆了。老太婆不大可能把他灭口。你是讲老太婆把这个人灭口，还是这个人把老太婆灭口？

生：不是还有三个被老太婆骗了的强盗嘛，她可能以这个为条件要挟其他的三个帮忙把第四个强盗灭口了。这样老太婆就可以保持那种既有强盗来"抢"她，而她又不会报警的传说，就可以骗更多人来"抢"她的财产。

师：要是把人灭口的话，她是要担更大的风险的，是吧？还有没有其他的可能？既然老太婆指点别人都有胜算，智者千虑必有一失，即便这一次"我"失败了，对于老太婆这种人来说，估计她下面要做的是什么？

生：再给他一点钱。

师：对，很有可能是再给他一次机会。那么下一次可能不是买六合彩，而是干其他的，对吧？投资做其他的事情。那我们想想，有没有其他的可能？我估计……大家再想一想。她可能有多种多样的方式，但这个文本里写没写？这个文本里没写，给人什么感觉？这篇文章似乎没有结尾。

生：有。

生：没有。

师：小说创作要吸引人，情节必然十分曲折，是不是？例如，世界三大短篇小说家，他们在写小说的时候，曲折在哪？结尾。就是结尾的突转。不管是欧亨利、莫泊桑，还是契诃夫，都是这样。你看《项链》，是不是？最后女主人公发现项链是假的。还有欧亨利的《麦琪的礼物》，最后女主人公把她的头发剪掉买了一条表的链子，男主人公把他的表卖掉然后换了一把梳子，最后两个人在过生日的那天一看，她把头发剪掉了，但丈夫给她买了一把梳子，他把表卖掉了，但妻子给他买了一条表的链子。就是这种，让我们感到在意料之外又在情理之中的突转。那我问大家，这篇文章有没有突转？

生：有。

师：突转在哪里？

生：中间。

师：就是老太婆把枪拿出来。他把前面写得非常好，"'等一等。'语气像是自家人一样的柔和。我转回身投以无比亲切温存的一瞥"，到这个地方给人感觉，整个抢劫的过程还是非常顺利的，是不是？心满意足了。但突然又讲："不料，阴冷的枪口正对着我。'在警察到来之前，你给我老老实实地呆着！你要反抗我可就开枪了！我的枪法棒着哪！'"在这个地方有逆转，所以有波澜。因此，这篇小说的这种结尾是很奇特的。一篇小说的结尾有两种方式，正如汤显祖在评董解元《西厢记》的时候，称戏剧的结尾有两种方式：一种叫"度尾"，一种叫"煞尾"。（板书）

师：什么叫"度尾"？他讲"度尾"就像是你在江边看到一条船，远远地走近，然后呢，又远远地离开。这是"度尾"。什么叫"煞尾"呢？就是戛然而止。我们这篇小说，结尾给人的感觉，是"度尾"还是"煞尾"？

生：煞尾。

师：有人讲是"煞尾"。"煞尾"是突然就停止了。这篇小说的结尾突然停止又转折了吗？我刚刚讲的"煞尾"是哪一种？就是类似于《麦琪的礼物》和《项链》，这两篇小说的结尾叫"煞尾"。突然转折，戛然而止。这篇小说是不是？想想，是不是？

生：是。

师：是吗？我刚刚还在讲，我们的转折是在哪个地方？

生：中间。

师：在中间是吧，那显然不是"煞尾"。那我问你是不是"度尾"？

生：好像也不是。

师：刚刚讲过，"度尾"像一条船一样，渐渐地靠近，然后又渐渐地远去，孤帆远影的那种感觉。这种感觉一般是哪种文体的结尾？

生：散文。

师：对，有的同学讲散文。《项脊轩志》的最后一段："庭有枇杷树，吾妻死之年所手植也，今已亭亭如盖矣。"这种韵味悠长的感觉，是不是？有没有这种结尾的小说？我国现当代作家中谁喜欢用这种？

生：沈从文。

师：沈从文，对啊。还有，当代作家里面哪一个？是和沈从文相关的。

生：汪曾祺。

师：对。我可以读一段，最明显就是《受戒》的最后一段。《受戒》是一篇很好的小说，结尾是这样写的："英子跳到中舱，两只桨飞快地划起来，划进了芦花荡。芦花才吐新穗。紫灰色的芦穗,发着银光,软软的,滑溜溜的,像一串丝线。有的地方结了蒲棒,通红的,像一枝一枝小蜡烛。青浮萍,紫浮萍。长脚蚊子,水蜘蛛。野菱角开着四瓣的小白花。惊起一只青桩,擦着芦穗,扑鲁鲁鲁飞远了。"这种结尾叫"庹尾"。但是在这篇小说中,有没有用一段景物描写结尾?

生:没有。

师:没有。好。所以大家要注意。我刚刚讲,我们这篇小说选自《微型小说鉴赏辞典》,是一篇经典小说。不过,这篇文章给人的感觉是它没有结尾。我刚刚请大家去预设它的结尾。那我想问大家,作者为什么没有写结尾?换句话说,如果他写了,就像大家想的,这里面的"我",就是这个强盗,去买了六合彩,然后赚了一大笔钱,分了一大半给老太婆,这样不就是我们讲的"大团圆"的结局吗?那为什么作者没有写结局?换句话说,没有好在哪里?

生:给大家一个想象的空间。

师:对,给大家一个想象的空间,也就是说,文章虽然结束了,但是那种韵味还依然是在的,是吧?这种韵味它并不是像散文那样设计一个写景的方式,不过这种空白仍旧给人一种言犹未尽、意味深长的感觉。所以这种结尾方式非常高超。(板书:"空白结尾")好,我在一开始就问大家,这个标题"不称心的强盗"中的"强盗"是谁?大家一看就说是"我","我"这个强盗不称心,有没有人对此表示怀疑?2005年,我在杭州听过一堂公开课,上这堂公开课的老师就是拿这篇课外小说作为课文来上的。上课的时候,有听课的同学讲,老师,这里面的"不称心的强盗"是老太婆。大家看有没有可能?

生:有。

师:为什么?你在文章里能否找到相应的证据吗?老太婆选择报警时"我"说了一句什么话?他自己讲,"我"把钱存起来,换了他们你不报警,换了"我"你就报警,"是不是我有什么地方不称你的心?"所以老太婆不称心,是不是?而且后面老太婆还在讲,"我"把这个钱给你,最后的结果是什么?"肉包子打狗",所以老太婆肯定是不称心的。对他的行为的口试,老太婆是不称心的。那我问你,就"不称心"这一点来看,她确实是不称心,但是老太婆是不是"强盗"?

生:是。

师:那么在老太婆身上体现出强盗的特点了吗?前面讲过,"强盗"是什么?"是用暴力抢劫别人财产的人"。那我问你,小说中的老太婆有没有用暴力?

生:枪。

师:所以从这里说,老太婆确实也是一个"强盗",就是"不称心的强盗"。可能是这样。在那堂公开课上,有学生也提出这一点,而这个上课的老师认为,这篇小说是赞扬老太婆的,所以他就引导学生朝这方面想,突然有学生得出来一个结论——老太婆是一个教育家,而且是一个高明的教育家。(生:老太婆是个黑社会)从教育家这一点来看,她有没有一个教育者的行为?我们对学生应该怎样?就像我现在面对你们,我在教你们怎样上课,对不对?她有没有教育家这个行为?

生:有。

师:我们看一下她的行为,她面对三个强盗,实际上就是指点他们赚钱和生活的方法,对不对?那她对"我"有没有这样指点?

生:有。

师:她说,其实你信用卡亏空了也没什么事,你再接着去努力嘛,也可能赚到钱,而且她还讲,你还能给我老太婆点钱。这是在鼓励,也是在教育。所以从这个角度讲,她确实有一种作为教育者的行为。但是我再问大家,她的教育的目的是什么?是为了帮助别人吗?她的目的最终还是为了自己获利,是不是?所以从这个角度来看,她又有一种商人式的狡猾的特点。所以,我对那位老师还有同学们说的:这是一位高明的教育家就很怀疑。(生:就是个黑社会)还有一个问题,刚刚讲到从这个地方上看"不称心的强盗",既指"我",也指老太婆。我推测作者是这样的想法。那作者在使用人称的时候非常好玩:既然是"不称心的强盗",那么为什么作者在小说中不用"那个赌博输了的人""第四个强盗",却用了一个"我"?这里的"赌博输了的人""第四个强盗"是不是文中的"我"?

生:是。

师:但作者不用"第四个强盗""那个赌博输了的人"而用"我"。大家想一想,这是一个叙述者而不是作者,作者借助这个叙述者事后的追述,以"我"的眼光看待其他人,以"我"的口吻来叙述整个事件的经过,所以你发现了什么?或者说,作者为什么要这样做?或者再说得明白点,就是作者是怎么看待"我"这个形象的?在小说里,他是怎样来写这个强盗的?刚才大家都总结过了,就是"我"的行为是一种强盗行为,但"我"的身上体现了哪些特点?单纯的、善良的、礼貌的,对不对?而那个老太婆,她虽然是个受害者,但是在她身上体现了什么特点?

生:强盗。

师:强盗的特点,商人的特点。所以,在这里,通过"我"的眼光来观察,通过"我"的语言来叙述,所以从这个地方我们可以看出来作者到底想表达什么?一个强盗,按正常理解应该是罪大恶极,但作者却赋予了他绅士的特点。而老太婆作为一个受害者,按正常来讲我们应该怜悯她,但是作者又让我们感觉到她非常的狡猾。在这里,作者其实是在讲什么?就是在一个人身上体现出来相反的性格特征,这说明了什么?

生:人是矛盾的。

生:人是复杂的。

师:说明了人是矛盾的,对。我也推测作者就是想用这种惊险的、非常有趣的故事,来表现人性的复杂。

师:我问大家,如果我们过去的老师讲这篇小说,一般是怎么讲的?我们学了那么多小说,回忆一下一般老师是怎么讲的?

生:梳理情节,分析人物形象,表达了什么样的主题,中心思想。

师:也就是说,教学内容是这样,教学过程也是按这个来的,是不是?那我再问大家,刚才张老师是怎么来讲这篇课文的?大家刚才读小说的时候是不是按照我们语文老师那样来的?不是吧。其实,当我们带学生读一篇小说时,可能就是要这样来教:读一篇小说,当然是要了解作者要表达什么主旨,然后,要了解作者为了表达这个主旨选择了一个或几个人物,写人物自身的言行以及其在人物之间的关系中的表现。在叙述故事时,作者会对这个人物进行描写,也会对其他人物进行描写。那么我们在读小说的时候,就要抓住这点。同时,要想弄清这些关系,还要注意人物是在什么样的情境下做出这样的言行的,他的目的是什么。其实我这堂课就是按这种模型来组织的(如图4所示):这篇小说写了谁?最主要写了"我"和老太婆。然后,"我"的表现是怎么样的?"我"跟这个老太婆在相处的过程中发生了哪些事情?"我"为什么要做那样的事,说那样的话?是在什么样的环境下?目的是什么?老太婆又是在什么样的环境下,说了哪些话,做了哪些事,她的目的是什么?然后,我们从作者对这两个人物的塑造、故事本身的叙述,以及他的表现方式,看出来作者的意图是什么。使用这种模型的整个步骤很简单:第一个就是按照一般文学作品的教学,让大家听读想象来进入这个文本。第二个就是解题,因为题目往往会涉及主要人物、主要事件,再由人物分析来带动

图4 小说阅读教学模型

情节、环境的分析。在这个基础上,最后通过分析作者的态度来探究小说的主题。所以,你几乎看不出来过去的那种小说的阅读教学方法——先梳理故事情节,再分析人物形象,再结合背景探究小说主旨。是不是?好,我们今天的课就上到这里。

《不称心的强盗》课例评析

张老师有着深厚的学术功底和多年的一线教学经验。他执教的这节课打破了传统小说阅读鉴赏无目的的"漫游"状态,将目标聚焦于"掌握阅读小说新模型"的高度,通过学习支架的搭建,在老师"绳墨"的有效引导下,帮助学生逐步建构起阅读小说的新模型,从而实现了从"这一篇"到"这一类"阅读策略的迁移。这节课除了按照他所建构的模型的流程来选择教学内容、设计教学过程外,我觉得其中还有三个值得老师们在文学作品阅读教学,尤其是小说阅读教学中借鉴的地方。

一、就表层特征切入,走进小说内核

阅读《不称心的强盗》,如果只是浏览、消遣式阅读,或许只能关注于人物的特征、小说情节的吸引处。但如果作为专业阅读,就不能仅仅是追求阅读所带来的愉悦感而停留在"反射性阅读"阶段。阅读的要求不仅仅是了解"写了什么",而是要探究其背后的"为什么"。

小说的魅力之一在于把人物打出常轨,让读者看到其面具下的模样和表情。张老师带领学生以专业阅读的探究方式思考了一个核心问题:人物在什么情况下做出这样的言行,目的是什么?围绕这个主问题,张老师搭建了一系列问题支架:"我"为什么去抢钱?做了哪些准备?如何去抢?手法专业吗?"我"这个强盗有哪些特点?老太婆是怎样对待"我"的?原因是什么?老太婆报警的原因是什么?这些问题都是围绕人物来探讨的,引导学生从人物言行的表层进而思考"为什么"会有这样的言行,在这种从反常的、逆转的情节中分析深层的原因。这是符合学生认知特点的,因为学生关注于人物外显化的言行,教师通过问题逻辑链建构立体的思考模型,有利于引导学生细读文本,与文本对话,品味出深层次的意味。从教学的实际效果来看,这一模型中层层递进的路径就像脚手架一样,使学生的能力得以一步步提升。

二、通过想象还原,沉浸文本深处

课堂上出现了一种全新的阅读小说的方式,即通过调动学生的想象,让其在听、读

情节中想象，并对结尾进行预设。课堂开始的想象听读，打破了过去通过文字的视觉形象进入文本的做法，而是通过声音媒介，调动大脑的想象力，来还原故事的情节，给学生阅读小说提供了一种全新的体验。在情节探究结束前让学生预设小说的结尾，让学生对留白进行填充、假设。针对作者未写出的内容，教者设置了开放式的活动，使学生以参与式、互动式的学习方式阅读小说，这种阅读不再是理解性和接受性的，而是一种创造性的阅读。这种教学方式不仅调动了学生的积极性，也有利于学生深度解读作品。

三、借助思辨探究，理解多元内涵

通过截然相反的主题解读，引导学生进行思考，使其体会短篇小说言简意丰的特点，并理解小说的意旨。本次教学的重点之一是训练学生小说阅读的思维方法，使其不"执于一隅"，而是在尊重文本的基础上，在内涵可能丰富的地方进行思辨性的探究，使其体会到思考过程以及基于过程的解决问题的学习方式往往比结论本身更重要。这是提升学生思维品质的一条重要途径，也是多元化主题解读的价值之一。

总之，以上三种做法规避了一般的小说阅读教学中因只粗略地关注主题、情节、人物与环境而只获得印象式的阅读感受的弊端，将学生对文本的理解引向深入，有利于提高学生的阅读审美能力。

（上海市正高级语文特级教师、松江二中副校长　陈　赣）

第三节
关于小说阅读教学的反思与回应

从教学内容和教学过程来看，上面这堂课达到了教学设计中预设的教学目标。不过，学生的课堂参与不够理想。虽然在教学过程中我几次提醒学生要把自己当成高中生一样积极参与、踊跃发言，但是可能因为大学生长期习惯于听讲，也可能是第一次采用这种形式上课（我变成了中学教师，他们变成了高中学生），所以学生不太习惯，最终是我讲得多，学生讲得少。

小说的文体特征是什么？在理论阐述部分，我提出要根据小说的文体特征确定其阅读教学内容、选择其教学形式。不过,在和同行交流的过程中,不少人就指出:"关于小说的文体特征到底是什么"是有争议的,关于"三要素"的说法是否成立也是有争议的。有人就认为"三要素"根本就不是小说的特征,而是所有记叙性文本的特征,"虚构"才是小说的特征。叙事学就是将小说当成一种虚构的艺术,小说叙事学就是专门研究小说文本是如何被"虚构"出来的。所以,从这个角度来说,应该将叙事学知识引入小说的解读及教学。然而,有人认为"虚构"不是小说的特征,例如,志怪的《搜神记》可能是虚构的,而志人的《世说新语》就近乎实录,自觉虚构只是我国唐传奇后的小说以及西方现代小说的一个重要特征。主张小说的特征是"三要素"的人认为,小说就是一种通过叙述完整的故事情节、描写具体的环境、塑造多种人物形象来反映社会生活的艺术。如前述培里的《小说的研究》不仅明确地提出小说的特征是"人物""布局""处景"(或背景)三个"元素",而且专辟三章分别阐述。① 我国近年出版的权威的工具书也多如此界定小说。如《现代汉语词典》对"小说"的解释是:"一种叙事性的文学体裁,通过人物的塑造和情节、环境的描述来概括地表现社会生活。一般分为长篇小说、中篇小说和短篇小说。"② 不过,有人认为存在着虽然"三要素"不全,但是仍然可称之为"小说"的文本,最起码其中的"环境"就不能成为一个要素,根本不应该也不能与"人物""情节"并列,例如,《世说新语》中的文本往往就只记一件事或者一段话,而没有任何关于"环境"的记述(场景交代)、描写(景物描写),甚至即便是情节,也很难说就一定是小说的"要素"之一,例如,在《世说新语》中,有时一个文本只是描述一个人的长相之类,没有叙述任何事件,也就无所谓"情节"。相反,有人认为任何人物都是处于一个空间的(自然的、社会的),任何情节的发生、发展也是在特定的空间里的,"空间"就是"环境"。不仅人物、情节与环境依存,而且有时自然环境的变化甚至可以引出人物、引发事件,例如,地震、风雪之类。这些争议很多是因为对到底该以哪一种文本作为小说的标本进而界定的认识不同而引起的,在确立标准、界定概念时论者往往会以"应然"否定"实然",会根据现代小说的特征否定古代那些被称为"小说"的文本的归属,如有人干脆就认定《世说新语》是据实"笔记"人事,而不是"创作"的"小说",不能因为其有"志人小说"之名就认为其为"小说",所以也就不能以《世说新语》为例来证明或否定小说的特征到底是什么。总之,小说的文体特征问题大家还可以继续讨论。

在理论阐述部分的写作过程中,我搜集了我国四十多年来的1 900多篇(个)《林教头风雪山神庙》的教学设计、教学视频以及文本解读(第一至八章在评析案例时常会搜

---

① Bliss Terry.小说的研究[M].汤澄波,译.上海:商务印书馆,1926:68—137.
② 中国社会科学院语言研究所词典编辑室.现代汉语词典(第6版)[M].北京:商务印书馆,2012:1435.

集到成百上千与此相关的文本)。在阅读、观看后发现,多年来的小说阅读教学确实如王荣生、郭跃辉两位老师所说的那样,主要是围绕"三要素"切块组织教学:先梳理故事情节,再分析主要人物林冲的性格特征,然后结合风雪等自然环境和作品所涉及的社会环境等分析其对人物形象塑造和情节发展所起的作用。所以,为了避免重复,本章理论阐述部分也就没有再结合此前本人已发表的《林教头风雪山神庙》的教学案例来分析多年来小说阅读教学在内容选择和形式安排方面存在的问题,而是直接从王、郭两位老师的观点和设计的路径开始分析,根据他们有关小说教学内容和形式方面存在问题的论述表达出我的观点,并针对目前小说阅读教学内容和形式方面存在的问题,提出了新的看法,设计了新的路径。

在理论阐述部分,我对"文本形式论"和"叙事学视角论"这两种重构小说教学内容和过程的观点进行了剖析,认为虽然它们批判目前的"三要素"教学陈旧机械,但其提出的"区分小说类型"和"引入叙事学理论"并没有脱离"三要素"的范畴。其实,掌握了"三要素"就可以获取小说的基本信息,只是旧有的"三要素"教学将三者割裂开来,忽视了它们之间的联系,在现实中几乎没有人按照先梳理故事情节,再分析人物形象,最后结合背景归纳主旨的步骤来阅读小说。如果说阅读教学应该基于自然阅读并以提高自然阅读能力为目标的话,那么我们首先要考虑的是我们平时是如何阅读小说的。换句话说,如果有一种阅读方式只存在于语文课堂而与现实中的阅读无关,那么这种阅读教学几乎没有存在的必要,因为其除了便于教师完成教学或者应付基于这种教学的考试外,并无多大价值。所以,应当重回"三要素",通过重审小说"三要素"的基础地位,确定小说的教学内容;通过厘清小说"三要素"之间的有机联系,安排小说阅读教学过程;最终,建构一个本章第一节所呈现的新的小说阅读教学模型。这种阅读教学模型以获取文本内容信息为切入点。阅读一篇小说,如果先从标题入手,确定主要人物,然后分析人物自身的表现及其与其他人物的关系(情节),并分析其是在何种情况(环境之一)出于什么目的(主题的某一方面)而表现出某种言行举止的,最后结合文本的叙述、描写以及作者对人物和事件等直接评说的文字来探求作者的看法(主旨)。围绕"三要素",确定阅读教学内容,设计教学形式,不仅能够获取小说的基本信息,而且可使小说的阅读过程、学生的学习认知过程与教学过程融为一体。

在请同行和学生对本章理论阐述部分进行批评指正时,我附言道:"我提出的'三要素关联说'及据此设计小说教学过程的观点和思路,可能问题不大,但是关于'三要素够用说'和'叙事学无用说'的判断,可能过于绝对。大家可围绕'三要素'到底够不够用、叙事学有没有用的角度来继续探讨,纠正我可能不当的说法,弥补我的不足。"他们的反馈意见引发了我对这两个重要问题的进一步思考。我已将这些新的思考落实到了上述教学设计和实施中。这里再就这两个重要的问题并结合《林教头风雪山神庙》和《不称心的强盗》的教学稍作说明。

一、关于"这一类"与"这一篇"的问题

首先是"这一类"与"这一篇"教学内容的确定。

有人说,我在理论阐述部分建构的小说阅读教学模型主要针对的是"这一类"小说,凭借这个模型所获得的信息往往是粗略的,就像分析一个人一样,如果只从头、躯干、四肢去观察,那么所获得的只是这个人的大致印象。初看确实如此。不过,我在正文中提及,确定教学内容时还要注意"这一篇小说(这篇小说最为独特的地方)应该教的内容",只是在正文中对"这一篇"层面的教学内容的确定,没有重点强调,也没有展开论述。其实"三要素"是对小说阅读对象的大致规定,只是一个阅读的凭借或路径。就像观察一个人,从头、躯干、四肢去观察他是没有问题的,但是若要观察有所得,还要分别观察他的头、躯干、四肢与他人的头、躯干、四肢有何不同,甚至要观察得更细致一点,如观察他头部的特征——头发、眉毛、眼睛、鼻子、嘴巴、脸色——与其他人有何不同,这种不同,除了关注外形不同之外,还要关注其中所体现的品性人格、精神状态、心理特征等方面的不同,所以还要在"这一类"的基础上关注"这一篇"的特色。例如,针对《林教头风雪山神庙》这篇课文,在小说"这一类"文体这个层面上来看,要教学"三要素"及其组成关系。在"这一篇"课文这个层面上来看,还要在教学"三要素"及其关系的基础上,考察主要人物(林冲)、主要事件(被逼反抗)、主要环境(风雪及山神庙)以及传统章回体小说的其他特征,甚至包括探究一些细节,例如,为什么要把草料场设置在沧州城东十五里外,为什么是山神庙而不是别的建筑,风、雪、火、大石头、酒葫芦、花枪、解腕尖刀等有什么作用,草厅和大门上的钥匙最后弄到哪儿去了,等等。又如《荷花淀》这篇小说的"三要素"和一般的小说不同,呈现出自然环境意境化、社会环境散点化、人物写意化、情节片段化的"诗化特征"[①]。教学时需要在"这一类"小说的基础上关注"这一篇"的特殊之处。

关于《不称心的强盗》"这一篇"的特色,教学时已在多处提及,如中间突转、结尾空白等。还有一点是值得探讨的,就是其对戏剧笔法的借用。如果说契诃夫将短篇小说的笔法引入了戏剧创作,那么浅名朝子在《不称心的强盗》中可能无意中运用了戏剧的

---

① 张心科,戴元枝.从孙犁的《荷花淀》看其诗化小说的特征[J].安庆师范学院学报(社会科学版),2002(01):116—118.

笔法，包括戏剧的文本结构安排（"三一律"——故事发生的时间在一天之内、地点在一个场景之中、情节围绕一个主题展开）、内容设计（类似于多幕剧中的"高潮居中"①）和表达方式（以对话为主）。这在短篇小说创作中是一种创新。

尤其是其中以对话为主的表现方式，使其既不同于一般的小说，也不同于一般的戏剧。如果说小说是以作者叙述为主，而戏剧是以人物对话为主，那么这篇小说显然是以对话为主的。如果说戏剧作者在写人物对话时，"还必须描绘语调、面容、手势，即他们的讲话所伴随的东西"②，那么在这篇小说中，前半部分的对话还是像一般戏剧那样，通过舞台说明在人物对话前"讲述"一些诸如说话时的表情、手势之类的提示语，后半部分的对话则完全是用毫无修饰的对白来"显示"。

所以，在解读这篇小说及确定其阅读教学内容时，既要注意小说"这一类"文体的特征（体式），又要注意作者创作的"这一篇"的特点（体性），也就是要兼顾普遍性和特殊性。

其次是"这一类"与"这一篇"教学形式的选择。

不仅阅读教学内容的确定要兼顾"这一类"与"这一篇"，教学形式的选择也应如此。也就是说，要在每种文体的阅读教学模型的基础上针对具体的文本进行设计。

2019年4月，我开始以本专题为基础，以"语文阅读教学设计"为名，申报学校和教育部的在线开放课程建设。我的设想是我先讲理论部分，然后让我指导的教育部首届名师领航工程的学员——青岛二中的语文特级教师郝敬宏老师来重新设计我在理论阐述部分所提到的经典课文的教案，并进行课堂教学。这样做的目的，一方面是将理论具体化，另一方面也借机再次来验证理论的普适性，并修正理论阐释部分的某些不当，补充理论阐述部分的不足。我告诉他我在设计新的阅读教学模型时已经对课文进行过初步设计，但是很粗略，他可在我设计的基础上大胆地创新、细化、优化。我最初想两人的设计肯定是不一样的，因为影响教学设计的不仅只有文体这一种因素，还有课标的规定、编者的预设，尤其是学生的不同等其他因素。郝老师认为我提出的要用适宜的形式表达出精要的内容很有道理，没有方向性的大问题；小说阅读教学内容确实主要还是围绕"三要素"解读文本，关键是看怎么来组织"三要素"。他在读了这一章的理论部分后提出了《林教头风雪山神庙》的大致设计思路："我的设计是通过林冲的行程路线图把小说'三要素'完整地关联起来，我觉着这样更顺手，而且有吸引力，更重要的是让梳理文章内容有一个具体的抓手。事实上画出路线图的过程就是在梳理

---

① 安东•巴甫洛维奇•契诃夫.契诃夫独幕剧集[M].李健吾，译.上海：上海译文出版社，2014：3（导言）.
② 韦恩•布斯.小说修辞学[M].华明，胡晓苏，周宪，译.北京：北京联合出版公司，2017：3，8.

情节发展并发现问题,在问题发现中体会环境的作用,并分析人物,在人物身上看到作者的写作主题,这是一个完整过程。"可见,他意识到传统的章回体小说讲究故事的完整,而这篇小说又有意地设置了人物活动的清晰路线(一条是林冲的,一条是陆虞侯等人的,两条线索或明或暗,同时展开)。在这个精心设计的特定的路线上,风雪交加,各种人物相继登场,大小事件依次展开(明暗线索交替推进)。这篇文本的教学形式设计,考虑到了要在"三要素"及要素间有机联系的基础上,再根据章回体"这一小类"及《林教头风雪山神庙》"这一篇"的特点来设计,这样才能更好地呈现、传达教学内容。

可见,具体教学时还需要在我建构的小说阅读教学模型的基础上进行细化,甚至完全不用我建构的这个阅读教学模型,而是在"精要的内容与适宜的形式"的命题下重新设计小说"这一类"文体的阅读教学模型。他的反馈给了我很大的启发。作家在文学创作时殚精竭虑寻找创作中规律性的东西,其实更多的是寻找最能表达某种题材的文本形式。题材是一个,可形式有多种。几乎每个作家都认为自己采用的形式是最佳的,最能表达这个题材。不过,在理论上只可能有一个形式是最佳的。这个"最佳"便是教学设计者们追求的根本目标,这也是教学设计让人着迷的地方。我在理论阐述部分建构的小说阅读教学模型,只是众多的小说阅读教学模型中的一种,我认为是最佳的,但实际上可能还不是最佳的。我希望有人能够继续思考,并开发出其他最能够适合小说这种文体的阅读教学模型,进而在这个基础上开发出适合某一小类甚至某一篇的阅读教学模型。

总之,不仅在教学内容的选择上要在"这一类"文体的基础上顾及"这一篇"文本的鲜明特色,在教学形式的安排上也应如此。

再从模式与模式化的角度来看这个问题。

无论是强调选择教学内容时关注"这一类"与"这一篇",还是强调确定教学形式时也要关注"这一类"与"这一篇",都是主张教学要有模式,而反对模式化。教学模式是教学理论与实践的中介。它既符合也反映出某种教育规律,是理论推演或实践总结的结果。模式既可引导实践,也需要在实践中检验与修正。它是理论的外化形式,也是实践操作的抓手。没有模式,教学实践会变得盲目和无序。模式本来就是一种结构,是一种根据一定的目的、对象而用不同环节组成的一个结构。任何教师执教的任何一堂课都会呈现出某种结构(不存在没有结构的课,只存在结构合理不合理的课)。不过,有结构不一定就是有模式,或者说不一定必然会形成模式,因为这种结构不是这位教师在长期的理论学习和实践归纳中总结出来的,不具备相对稳定性(固定化)和普适性(类型化),而仅是根据这篇课文的某些特点进行设计的,又因设计时多追求内容的解读要"创新"和过程安排、方法运用要"出彩",即与旧不同、与众不同,所以这个结构往往带有明显的随机性、个别性。但模式必定是以一种结构呈现的,而且作为"模式"的结构一定会有相对的稳定性和普适性。一方面,就阅读教学来说,在遵循某种科学理论的基础上,所开发的某种模型要适合某一类文体的教学,而不仅仅是某一篇课文的教学,其运用的时间也是相对长期的,而不是临时多变的(某一类文体的每堂课教学都用一种全新的)。否则,不能成为也不能被称为"模式"。另一方面,如果认为这个模式可以在任何情况下能适应任何对象,就又往往会使教学内容流于偏狭,使教学过程变得机械。鉴于此,要保持模式建构的开放性和运用的灵活性。不仅在确定教学"这一篇"文本的模型时,要在"这一类"文体的基础上关注"这一篇"文本的特点,甚至本书诸多针对"这一类"文体设计的阅读教学模型都不是确定不移的,可在它们进一步得到修正、完善的基础上,开发出更多的"子模式"。

另外,郝老师让学生围绕沧州城、草料场、山神庙、市井连成的路线图思考三个大问题:林冲在每个行程点上遇到了什么人?发生了什么事?这些人是什么性格?郝老师特意让学生计算了这四个地点之间的距离,相应地,过去一般不被读者注意的问题凸显出来了,例如,市井与沧州城为什么不是一个方向?山神庙为什么在草料场和市井中间?林冲为什么不去沧州城而到了山神庙?草料场离沧州城很远(15里)而离市井很近(2.5里),山神庙在草料场与市井之间,且山神庙与草料场之间的距离很近(0.5里),所以火烧草料场之前去市井买酒途中能够发现山神庙,草料场被烧之后可以就近去山神庙。又如,为什么林冲先到山神庙,陆虞侯等人后到呢?林冲为什么能搬动大石头抵门,而其他三个人却推不开?林冲从沧州城出发到最后栖息山神庙一共走了20.5里,林冲酒足饭饱,且先行到达,所以精力充沛;差拨三人走了45.5里,筋疲力尽。所以,即便风吼雪紧,躲在山神庙里的林冲能够近距离地、清晰地、完整地听到门外三人的交谈内容,知悉他们的毒计,他的怒气被激发出来,使他有足够的勇气,也有足够的体力杀死这三人。也就是说,过去解读小说多从时间性(情节)和社会性(社会环境)入手,也会结合情境(自然环境)去分析人物、情节,但是多分析情境中的景物的作用(作为人物活动的背景或推动情节发展的物象,如风雪),而很少分析地理位置的表意功能(例如,人物之间以及人与物之间的空间距离)。郝老师则抓住了环境中的空间位置,以此探讨与之相关的人(人物)与事(情节)。

郝老师并没有有意识地运用现代"空间理论"来解读《林教头风雪山神庙》并设计教学,不过他的教学启发了我们:是不是可以引入"空间理论"以解读小说,甚至可以按照"空间理论"来设计教学过程与方法?这是一个极有价值的话题,可继续探讨。

二、关于叙事学知识引入的必要性与有效性问题

针对我在正文中提出叙事学知识的引入可能是多余甚至有害的看法,有人认为:首先,以熟悉"写法"辅助掌握"读法"是恰当的。其次,将叙事学引入小说阅读教学可促进学生对小说文本的理解。例如,教学《孔乙己》,学生很有可能在完成对小说"三要素"的读解后,就认为自己已完成了整篇小说的读解。假如再引导学生从叙事学的视角来分析,则他们可能会获得更多的、更深的理解。如小说中的"我"往往是一个特殊的人物,是叙述者,有时也是剧中人。例如,作为《孔乙己》中的一个人物,童年的"我"是一个麻木的酒店伙计的形象,而作为一个叙述者,成年的"我"则对这种麻木有一些反思。童年的"我"如何看孔乙己,成年的"我"如何看孔乙己,成年的"我"如何看童年的"我",等等,都可深究。可见,这种运用叙事学理论,尤其是从叙事视角去分析以增加鉴赏小说的手段的主张是可取的。不过,如果以叙事学理论在解读作品中有一定的作用就据此来否定"三要素"在小说阅读中的作用则是不当的。2019年7月17日,郭跃辉老师在微信公众号发表文章《小说教学不能仅有"三要素"》,提到了拙文《重回"三要素":小说教学的问题与对策》,并重点分析了徐建英老师的《小说教学要不要"三要素"》。我觉得郭老师关于"小说教学不能仅有'三要素'"的说法是公允的,他在这篇文章中提出引入叙事学知识教学小说,但不能就此否定保留传统的"三要素",同样的,我主张要重回"三要素",但也不能因此完全否定叙事学知识的引入。

我一直认为,首先,叙事学知识主要属于小说写作教学的内容;其次,叙事学的知识可以作为阅读教学中获取信息的一个抓手来运用,但不宜引入过多,更不能讲授过深。语文知识的选用应该遵循"精要""好懂"和"管用"的原则,所以我主张可以像《不称心的强盗》这篇小说的阅读教学设计中这样,既不否定以"三要素"作为获取文本信息的主要凭借,又适当地引入叙事视角来分析,而不是全部用叙事学的知识来分析《林教头风雪山神庙》。《不称心的强盗》并没有像中国传统小说一样通过"有诗为证""异史氏曰"之类的表述来体现作者的观点,也没有直接用议论、抒情的语句来阐发作者的判断,而是将作者的倾向性通过叙述者"我"的设置及故事的参与者"我"的观察来体现。当然,课上不必讲述这些名词术语,可以让学生尝试将原文中的叙述者"我"由第四个强盗换成老太婆,再以老太婆的口吻叙述整个故事经过,然后比较二者表达效果的差别,最终体会出原文作者的倾向性。例如,用"我"来指称第四个强盗并作为故事的叙述者,可以看出,作者对这第四个强盗有某种理解、有一定的同情,否则他会直接

称之为"第四个强盗"或者"那个可怕的家伙"之类。我们可进而由作者对作品中人物的倾向性来判断小说的主旨。

三、关于文本的内容与形式及教学的内容与形式问题

在我将本章第一节的内容发表后,有人在文章中赞同我提出的"三要素够用说"以及我所评述的文本形式论者和叙事学视角论者的观点[①],也有人认为有些说法应商榷:他认为文本形式论者只关注了小说的内容要素且分类过于粗略;叙事学视角论者提出用叙事学理论设计小说阅读教学内容只关注了小说的形式要素且想法过于激进;同时,评述了我的观点:"'三要素'教学模式本身并无太大问题,只是实施时人为割裂了三者之间的联系,导致教学模式僵化。解决的办法是以人物为中心将'三要素'有机串联起来。这种提法也只关注了小说的内容要素而忽略了形式要素,而且所谓'割裂',很多时候只是分析的需要,并不等于不清楚三者是一个统一体。"

针对这种看法,有几点需要说明一下:一是我主张将"三要素"有机地串联起来,但并没有刻意以人物为中心,在前文所建构的模型中,人物分析是这个模型中所遇到的第一个要素,而情节、环境是紧随其后要分析的两个要素。不过,经他的提醒,反观这个模型,确实给人感觉似乎是在以人物为中心,因为教学从主要人物分析入手,最后又回到通过考察作者对人物的塑造和评价来判断作者的旨意。不过,话说回来,以人物为中心也无不当,因为没有"人物"的文本似乎也不能称之为"小说"。我们读小说时首先关注的也是人物,想知道写了什么人、做了什么事、结果怎么样。二是我并非只关注内容要素,而主要是反对混淆小说阅读教学内容和写作教学内容的做法。在上述反思中,我也提出有限引入如视角等叙事学的理论,提出关注"这一篇"的特点;我和上述论者的认识分歧主要在于如何认识教学中文本的内容(写了什么)与形式(怎么写的)问题。他根据传统的"读写结合、以写促读"的理念,认为小说阅读教学既要关注内容信息,又要关注形式信息。在我看来,应将小说阅读教学与小说写作教学进行必要的区分。关于文本的内容与形式的关系及其在阅读与写作教学中的作用与地位问题,我曾在多篇文章中有过辨析。在我看来,在阅读教学中理解"怎么写的"对获取"写了什么"确实有帮助,但帮助不大,而且理解"怎么写的"只是获取"写了什么"的诸多凭借和手段中的一种;获取"写了什么"以及用什么方法获取"写了什么"才是目的和归宿。也就是说,从教学内容的层面来看,二者并非地位相等,而是有主次之别;如果是在写作

---

① 徐建英.小说教学要不要"三要素"[J].中学语文教学参考·高中刊,2019(05):52—54.

教学中,理解"怎么写的"与获取"写了什么"的作用和地位,则与其在阅读教学中是相反的。

这就好比欣赏画作,一般人是欣赏画作的颜色、意象、构图所传递的情思,而主要不是绘画技法;而画家在欣赏一幅画时,会更多地关注绘画技法。这里的一般人是欣赏者,画家类似于研究者。另外,掌握一些绘画技法对欣赏是有用的,而且往往知道得越多,甚至能熟练运用,对一幅画作的理解会越深。如画家往往比普通人更能理解一幅画作。但是,不能希望每个人都能像画家那样欣赏画作,也不能奢望每个普通人在成为画家之后才能欣赏一幅画作。在一般情况下,如果带学生欣赏画作的目的是让其成为画家,那肯定是不当的。如果要求学生只能在成为画家之后才能欣赏一幅画,那更是不可能的。中小学的阅读教学与写作教学的目的不同[1],阅读教学的目的是让学生获取文本信息进而与作者交流与对话,并掌握获取信息以及交流与对话的方法,这好比带领儿童欣赏画作的目的只是让他们学会如何去欣赏画作,并在欣赏中获得审美享受,而不是要他成为画家。中小学阅读教学与大学教学生研究学术时的阅读要求也不同,它是教学生阅读文本而不是专业研究,这就好比教一般人去欣赏一幅画,而不是去研究一幅画。所以,中小学阅读教学与写作教学和大学的研究性阅读的内容与方法也不同:中小学的写作教学以及大学里的研究性阅读,要关注文本形式并研究写作技法,就好像看一幅画,要掌握其中的绘画技法;中小学阅读教学则主要是教学生获取信息的方法,而不是静态的文本形式知识,就类似于去教一位不会画画的人如何欣赏一幅画,要教他欣赏的方法,而不是用术语教他绘画的技法。

另外,教学形式要依照"三要素"的有机联系来设计并非小事。正如我在理论阅读阐释部分反复强调的,当教学内容确定好之后,运用什么样的教学形式(过程与方法)则显得更为重要。如果这个教学形式违背了自然阅读的过程,违背了学生的认知心

---

[1] 在20世纪前期,语文考试主要是考查一篇文章的写作,有时再提供一段不加标点的文言文,要求断句或译成白话。受考试的影响,当时的语文教学主要是以读促写,除了讲解文章内容为写作积累素材外,还将课文作为范文分析文本形式,以为这样就可以提高学生的写作能力。社会思潮、政治势力也不时地影响着语文教育,又导致课堂教学常围绕文本内容来讨论。20世纪30年代,夏丏尊提出了"学习国文应着眼于文字的形式"的著名观点,并和叶圣陶编写出"侧重文章的形式的"讨究的著名教科书《国文百八课》。夏丏尊在特定的历史语境中提出的这个观点,有助于抵御外在势力对语文学科的侵扰,以维护语文学科的独立性,自有其进步性,不过也有很大的局限性,体现在当时他没有意识到语文学科和其他学科还有一个不同,也是更为重要的不同,在于语文学科要借助课文教学听、说、读、写等语文技能,而不应仅仅在于有时要结合课文分析文本形式。后来,一些著名学者没有考虑到这种观点提出时的特定语境及其本身的局限性,而一味地变换着说法去重复夏丏尊的观点,这也是导致至今没有系统地建构出听、说、读、写等语文技能的一个重要原因。关于言语形式在阅读教学和写作教学中的不同功能、位置及解决办法,我曾在《论言语形式在阅读与写作教学中的归属》(《课程·教材·教法》,2016年第8期)一文中有过专门的论述,可以参阅。

理,那么对文本信息的获取必然是低效的。不能够简单地只顾教学过程完整、清晰或环节设计精巧等所谓的教学"需要"。"怎么教"必须建立在"合理学"的基础上,而不是将"教"与"学"割裂开来,甚至让"学"屈从于"教"。

四、关于教学目的、要求与教学形式之间的关系

我在前文中提出,课程专家确定的内容、教科书编者预设的选文功能、选文的文本样式、学生的差异、教师的教育理念、课程性质与类型六方面的因素影响了教学内容的确定,教学内容又影响了教学形式(过程与方法)的选择。上海市教委教研室教研员陈祯老师在和我探讨教学内容与形式时认为,教学形式固然与教学内容相关,但教学目的和要求对教学形式的选择也很重要。陈老师的说法给了我很大的启发。确实如此,即便是同一个教学内容,教学的目的和要求不同,所安排的教学过程和所运用的教学方法也不相同。读一篇小说,同样是凭借"三要素"获取其中的信息,如果有感受、理解、评价三种不同的层级要求,那么其阅读教学过程和方法也应不同。我在正文中只是阅读从教学内容与形式的关系角度去思考教学形式的选择,并没有撇开阅读教学内容而只从教学目的、要求的角度去思考教学形式的选择。不过,教学目的、要求又与选文的功能、学生的差异等有关,而选文的功能、学生的差异等又与教学内容的确定有关。这说明教学的内容与形式是一个非常复杂的问题,需要进一步去探讨。目前,我们还是先沿着内容吁求形式、形式加工内容的基本思路去探讨如何确定各种文体和语体的文本的精要的教学内容,如何选择与内容相适宜的教学形式。

第二章 诗歌阅读教学

目前的诗歌阅读教学存在很多问题：在确定诗歌阅读教学内容（含目标）时，没有区分语文与其他学科、写作教学与阅读教学的不同，且过分强调"这一类"，只重视特殊文体的静态的形式知识的学习。在安排诗歌阅读教学过程、运用教学方法时，一味地提倡反复诵读、涵泳，或一味地切块串讲，或形式上读讲结合而实际上读讲分离。诗歌是一种"个人性"及"音乐性"极强的文体。读者对诗歌的理解不可能一次性完成，也不可能单靠默读就可真正理解。诗歌阅读教学的主要内容是让学生获得一种审美愉悦并掌握获得这种审美愉悦的方法。为了解决上述问题，并基于对诗歌的文体特点、学习规律及其阅读教学内容的认识，可以建构一个诗歌阅读教学模型：疏解的读—逻辑的读—审美的读。这个阅读教学模型既能够涵盖情感、意象、意境、手法、风格等诗歌的基本要素，又能将这些要素自然地联系起来成为一个有机的整体；以诵读为主，结合涵泳、评点和讲解；在不同的理解阶段，不同的主体运用不同的方式诵读，有利于促进学生对诗歌的深入理解。

第一节
重建"诵读":诗歌阅读教学的问题与对策

——以《雨霖铃》为例

多年来,有关诗歌阅读教学"教什么""怎么教"的问题一直争论不休,但如何将"教什么"与"怎么教"有机地统一起来却少有人关注。诗歌的特点,决定了诗歌阅读教学内容的特殊,教学内容的特殊又决定了教学方法的特别。那么诗歌的特点是什么?其特殊的教学内容是什么?特别的教学方法又是什么?能否建构一个融合诗歌阅读教学内容与过程、方法的教学模型?下面,结合近年来对柳永的《雨霖铃》教学设计的考察,重新梳理、分析诗歌阅读教学所存在的问题,并在已有研究的基础上尝试提出新的对策。

问题 1

在确定诗歌阅读教学内容(含目标)时,没有区分语文与其他学科、写作教学与阅读教学的不同,且过于强调"这一类",只重视特殊文体的静态的形式知识的学习。

目前,诗歌阅读教学的内容一般仍是教学生寻找意象、体会意境、揣摩情感、品味语言、总结手法、探究主旨等。有人统计过 2001—2016 年所发表的 11 篇《雨霖铃》教学设计,发现都是围绕"情感、意境、手法、意象"等构成要素展开,少数还对其写作背景、婉约风格、语言特点、构思方式进行了探讨,并批评这种诗歌教学内容的选择似乎成了"集体无意识"。[①] 不过,把《雨霖铃》作为诗歌(词属诗歌的一种)来看时,这种阅读教学内容的选择并非绝对不当。目前诗歌阅读教学内容选择及其对策的不当主要表现在以下三方面。

一、没有区分语文和其他学科的教学内容,把教学内容的"语文味"当成教学文体形式知识

近年来,语文教育界批评所谓的"非语文""泛语文",主张语文教学要有"语文味",以体现学科的独立性和教学的专业化。这本无可厚非。但是,不少人误解了"语文味"

[①] 郭跃辉.《雨霖铃》教学内容辨析与重构[J].语文教学与研究,2017(06):27—28.

的内涵，将其窄化为"文本形式知识味"。语文学科和历史、地理等学科的区别，从教学内容层面来看，不仅在于其他学科主要是学习文本的内容性知识，而语文学科主要是学习文本形式知识（静态的言语形式知识），更主要的是语文学科还要学习听、说、读、写等语文技能（动态的言语形式知识）。更何况，在生活中或从其他学科中获得的有关文本的内容性知识也能算作语文学科知识，因为其对听、说、读、写能力的提高起着重要的作用（这类知识越丰富，能力往往越强），也是听、说、读、写行为发生的对象（例如，听音乐、读故事，没有音乐、故事之类，则听、读行为不可能发生和存在），只不过因为这些知识的范围太广，在课堂上难以教学，所以只能由教师引导学生广泛地接触生活、大量地阅读书籍以积累。如果说文本内容知识是 a，文本形式知识是 b，语文技能是 c，那么语文教学内容（体现"语文味"）应该是 a+b+c。将语文教学内容定位于 a 固然难以将语文学科与其他学科完全区分开来，但是如果抛开 a，而仅仅教学 b+c（更不要说只有 b），虽然能将语文学科与其他学科完全区分开来，但是区分开来之后所得的根本就不是完整的"语文"学科的教学内容。我在《夏丏尊、叶圣陶的语文教科书选文教学功能观评析——兼说"教教材"与"用教材教"》中就曾对这种将选文功能确定为单一静态的文本形式知识学习的观点进行过分析并提出批评。①

二、没有区分阅读教学与写作教学的内容，把本属于阅读教学内容之一的文本形式知识当成阅读教学内容的全部

我国的语文教学多年来一直读写不分，导致阅读教学没有把阅读技能当成主要教学内容，反而把本应该属于写作教学重要内容的文本形式知识当成了主要教学内容。我在《论言语形式在阅读与写作教学中的归属》中分析过，写作教学的主要内容是写作知识技能的学习及有针对性的写作训练，其中，通过具体的文本分析静态的文本形式知识对写作能力的提高有一定的作用，所以应该是写作教学的主要内容；文本形式知识在文本阅读中对获取文本信息只能起一定的作用，只是手段之一，通过文本形式知识获取文本信息只是众多阅读技能中的一种，所以掌握文本形式知识不是阅读教学的目的，更不是阅读教学的主要内容。② 就诗歌的教学内容来看，首先要区分课程是诗歌阅读教学还是诗歌写作教学。诗歌阅读的最主要的目的还是获取其意（作者内在情感、思想的变化），产生审美愉悦，诗歌阅读教学就要教学生获取其意的方法；如果是诗

---

① 张心科.夏丏尊、叶圣陶的语文教科书选文教学功能观评析——兼说"教教材"与"用教材教"[J].中学语文教学,2008(05)：13—17.
② 张心科.论言语形式在阅读与写作教学中的归属[J].课程·教材·教法,2016(08)：60—68.

歌写作教学,那么必须教学生学习其言(外在的言语形式知识)。由言及意是获取其意的方法的一种。此处的"言"只是获取其意的凭借(手段),而不是目的,也就是说,教学重点不必是促进学生对诗歌言语知识的学习(归纳和总结),而是教会学生针对其"言"获取作者情感、思想及其变化的方法。

总之,诗歌阅读教学中所体现的"语文味"不仅仅是诗歌特殊的文本言语形式知识(文本形式知识)的教学,诗歌阅读教学不是诗歌写作教学,诗歌文体形式知识只是获取诗歌文本信息的手段之一,误把诗歌教学的"语文味"当成凸显诗歌文体形式知识味,误把诗歌阅读教学当成诗歌写作教学,误把手段当成目的,而专门教学诗歌文体形式知识,是选择诗歌阅读教学内容时普遍存在的不当做法。如有教师在初次执教《雨霖铃》时出现了上述问题,她将整首词的学习目的确定为学习其"融情于景和虚实结合的艺术手法",将整堂课的"核心鉴赏任务"设置为讨论"词人在这首词中运用了哪些艺术手法使得自己的离愁更加动人",其结果是"整堂课呆板、凝滞,学生的鉴赏活动偏重于艺术手法的判别鉴定,虽然帮助学生辨析了诸多艺术手法,但是概念性的语言充斥着课堂,把这首经典诗歌搞得支离破碎,凄婉的离情荡然无存"。[①] 诗歌阅读教学的主要内容应该是让学生通过鉴赏诗歌获得审美愉悦,并学会鉴赏诗歌的方法,而这位老师初次上课,将其弄成了学习诗歌的艺术手法。

三、过于强调"这一类",把根据文本体式确定教学内容当成只学习特殊的文体形式知识

阅读教学注重文本体式并无过错。不过,体式并非单纯的静态的文本形式(体裁、手法之类),而是文本内容和形式作为一个整体所呈现出的总的特征。诗歌作为文学作品与实用文章相比,或者作为文学作品的一种与小说、散文、戏剧等相比,其最大的特点是个人性,主要体现在作品语言的私人性、模糊性、多义性,作者情感的隐秘性。当然,还有人认为诗歌和其他文体相比还有一个重要特点是其音乐性,主要体现在讲究对仗、节奏和音韵。不过,对于要注重文本体式正确的理解应该是:应根据不同的文体选择不同的特定的教学内容,并根据这些不同的特定的教学内容采用适宜的教学过程和方法。阅读诗歌最主要的是要根据诗歌的上述特点把握作者内在情感(思想)的变化,获得审美愉悦。诗歌阅读教学就要采用相应的过程与方法,引导学生由言及意,即通过诗歌的言语内容(包括意象、意境等)和言语形式(包括体裁形式、各种手法

---

① 单晓蕾.从名句到赏读——三教《雨霖铃》[J].中学语文教学参考,2016(10):40.

等)把握作者的情感和思想。

新世纪语文教学内容重构论的倡导者认为教学内容("教什么")比过程、方法("怎么教")更重要,又因为其受夏丏尊、叶圣陶等人的语文学科"专责论"以及学习单一静态的文本形式知识的选文功能观的影响,强调要根据文本体式确定教学内容。和上述两种做法一样,这种观点不仅没有将语文与其他学科的教学内容、将写作教学与阅读教学的内容区分清楚,最终反而常常把阅读教学的内容窄化成特定体裁的文本的特殊的静态的形式知识的学习,只不过与前述两种做法稍有不同的是,其主张将各种文体再细分成不同的小类而要求学习这些不同的小类的静态的形式知识而已。王荣生老师曾在《依据文本体式确定教学内容》等论文、《语文课程与教学内容》等著作中一再主张确定教学内容主要依据文章体式和学生学情,在文章体式方面又强调应将不同的文体再细分成小类。例如,他曾针对近几年柳永的《蝶恋花》的教学评价道:"据我对课堂的观察,现在我们老师教'词'跟教'诗'差不多,而教'诗'往往又教得如同'散文',一句句地解释诗句(语句)的意思。我提出:今天备课,能不能把柳永这首词教出一点儿词的味道、词的特色来?我的意思是,按照词这种体式,最需要读什么地方呢?"①

在他的影响下,出现了两种可能需要重新审视的做法:一是受其强调文本体式的影响,将词当成一般的诗歌,而学习有关诗歌的静态的文本形式知识。例如,有老师在其撰写的《据文体定目标,品词句悟情怀——〈雨霖铃〉教法新探》一文中提到,"'依据文章体式定终点目标,依据学情定教学起点'的阅读教学理论"进行《雨霖铃》的教学设计,根据教材分析和学情分析,"确定本课的终点目标:体验和欣赏虚实相生、层层虚写来淋漓尽致地传递出作者复杂的思想感情的写作特点"。② 从教学内容的确定看,这和上述那位老师将《雨霖铃》的教学目标确定为"融情于景和虚实结合的艺术手法"并没有本质区别,都是主观上教学生诗歌鉴赏方法,而客观上是在教学生诗歌写作知识(静态的文本形式知识),只不过教学的方法有区别:前者是"判别鉴定",后者是"体验、欣赏"。二是受其强调文章体式应细分小类的影响,突出词的特点,而学习与一般诗歌不同的静态的文本形式知识。例如,郭跃辉在《〈雨霖铃〉教学内容辨析与重构》中摘引了上述关于诗与词的教学内容应有区别的这段话,进而认为传统的诗歌教学围绕"情感、意境、意象、手法"确定教学内容虽然不算是错误,但是存在"固化与僵化"的嫌疑,"反观近十几年《雨霖铃》的教学内容,确实存在着忽略词的文体特征的现象。诗和词具有不同的文体特征,在词的内部,也存在着小令与慢词等不同的体式。对《雨霖

---

① 王荣生.语文课程与教学内容[M].北京:教育科学出版社,2015:248.
② 王从华,刘婷婷.据文体定目标,品词句悟情怀——《雨霖铃》教法新探[J].现代语文,2015(05):31.

铃》教学内容的重构,应该建立在对以往教学内容扬弃的基础上,建立在词本身的文体特征上"。横向建构教学内容,主要是将诗与词区别开来。他发现此前的诗歌多选取横断面,借助典型景物的描绘来抒发情感,而《雨霖铃》采用的是慢词独特的铺叙手法;此前的诗歌里的时空转换是单向度的(单一明快),而《雨霖铃》呈现出时空交错、反复渲染、层层推进等曲折、变化的慢词独特的文体特征。纵向建构教学内容,主要是"依据于词的发展脉络"。他发现从《雨霖铃》开始标志着"宋词的抒情主人公发生了巨大的转折",即从此前的红粉佳人到此时的漂泊游子;从句式和音乐性上看,"柳永的《雨霖铃》写得也很专业"(符合平仄、讲究韵律)。①

这两种基于"教学内容重构"的教学设计在教学内容的选择上存在一些可供商榷之处,除了都强调静态的文本形式知识的教学而忽视阅读技能的教学外,前者主要是在学习一般文学作品的形式知识,后者虽然意识到了词的文体特殊性,但是否定将词作为诗歌的一种,忽视一般性的诗歌教学内容,而专门强调词的文体特征,突出其特殊的教学内容。其教学内容的选择应该是在诗歌教学内容的基础上再突出(顾及)词这种特殊文体的教学,是二者兼顾,而不是非此即彼,不能本末倒置,更不能舍本逐末。仅仅强调词的特点来确定其阅读教学内容是无法真正鉴赏这首词的。根据文体确定阅读教学内容,需要将"这一类"与"这一篇"结合起来,"这一篇"是单个的文本,而"这一类"的"类"又可进一步区分成"大类"和"小类"。例如,"诗歌"按不同的标准可以分成不同的种类。从"诗歌"这个"大类"来看,本节开头时提及郭跃辉老师所批评的围绕"情感""意境""意象""手法"展开,对其写作背景、婉约风格、语言特点、构思方式进行探讨,对诗歌文本信息(尤其是作者情感、思想的变化)的获取是基本够用的(只要不将"意象""意境""手法""语言"等要素割裂开来,并且不将其当成静态的文本形式知识来学习,而当成获取文本信息的手段即可)。当然,如果郭老师是在诗歌这一"大类"基本阅读教学内容的基础上,引导学生进一步关注慢词这一"小类"、《雨霖铃》"这一篇"的文体特征所传达出的柳永别样的思想情感则更好。

问题 2

在安排诗歌阅读教学过程、运用教学方法时,一味地提倡反复诵读、涵泳,或一味地切块串讲,或形式上读讲结合而实际上读讲分离。

如果说上述一般教师因为没有区分语文学科与其他学科、写作教学与阅读教学的

---

① 郭跃辉.《雨霖铃》教学内容辨析与重构[J].语文教学与研究,2017(06):28—31.

教学内容，而在阅读教学内容的选择上存在不当，而且在无意中忽视了与不同文本体式相关的特殊的教学过程的安排和方法的运用，那么教学内容重构论者则是因为割裂了教学内容与教学过程、方法，且认为教学内容比教学过程、方法更重要，而有意忽视（漠视）了教学生学习诗歌（甚至细化到词之类）的过程与方法。

前文提及，诗歌的主要特点是其语言的私人性、模糊性、多义性以及作者情感的隐秘性，甚至音乐性。诗歌阅读教学的主要内容是让学生获得一种审美愉悦及掌握获得这种审美愉悦的方法。诗歌阅读教学过程的安排和方法的运用，要根据诗歌的特点及其特殊的教学内容来确定。诗歌阅读教学固然离不开讲解，但是讲解只能让学生停留在"知"（理解）的层面，而非"感"（体验）的层面，要让学生获得审美愉悦，首先要让其进入诗歌文本所描绘的情境之中（入乎其内），设身处地、身临其境；其次才是理解其精妙所在（出乎其外）。借助想象、联想进入文本的最好方法是传统诗歌阅读教学中常用的诵读法、涵泳法；鉴赏其精妙之处的最好方法是评点法、讲解法。从教学过程来看，阅读诗歌时对诗歌中情感和思想变化过程的把握，是随着诗歌的言语内容与言语形式的线性延展体现出来的，也就是说，读者每次从诗歌标题读到末尾标注的发表时间，可以从中感受到作者的情感、思想在一首诗中的变化。不过，因为诗歌语言的私人性、模糊性、多义性，又导致读者不大可能在一次性阅读中就能真正地把握作者的这种情感、思想的变化，所以需要通过多次阅读、渐进体验才能基本把握。诗歌的音乐性也不是在默读中就能够把握的。照此看来，目前大多数诗歌阅读教学存在以下三种问题。

一、反复诵读、涵泳

虽然这种极端的教法在中小学诗歌阅读教学中极为少见，不过有人在文章中曾以词学名家唐圭璋在教学柳永的《八声甘州》时运用的"体验语文法"来提倡："只见他老人家端坐在黑板前，一遍又一遍地将名篇诵读。'对潇潇暮雨洒江天，对潇潇暮雨洒江天，对潇潇暮雨洒江天……'这抑扬顿挫的吟诵声，把我们渐渐地、静静地带入了美妙的诗境；然后，'柳永啊，他想啊，想啊，想啊……'想什么呢？唐老未做一字解释，只让我们全班同学由着性子自己去想像，去补充。这种'教法'，如今恐怕过不了'教学评估'大关，但当年我们委实获益良多，一个个青年学子都跟着唐老做了'美好的心灵的远游'"。[①] 我曾对这种一味地提倡反复诵读、涵泳的主张提出过不同的意

---

① 杨启亮.体验语文：一种教学方法论的解释[J].语文教学通讯，2002(10)：6.

见。① 同时,我曾在《论诵读的内涵、意义及要求》中,在对"诵读"进行历史梳理、概念编写的基础上,将其界定为"一种将声音与意义有机结合的表达方式"。② 也就是说,阅读诗歌可以通过诵读时的不同的声音(语调的高低、语速的快慢、语气的停连等)来表达自己不同的理解,也可以通过诵读时不同声音的运用反过来促进自己对诗歌的不同理解。唐圭璋面对的是诗歌鉴赏能力很强的大学生,而且是偶一为之,未尝不可。如果是教中小学生,整堂课只是教师在示范或让中小学生反复诵读、涵泳,不将讲解、评点穿插其中与之结合,那么学生对诗歌的理解只能是浅薄的,虽然反复在诵读、涵泳,但其对诗歌的理解基本上是在平面滑移。

二、切块串讲、评点

多数教师把诗歌当成一般的文章来安排其阅读教学过程和方法:首先介绍作者生平和创作背景,其次朗读全诗整体感知,再次局部鉴赏分析,最后拓展迁移。还有的教师则按诗歌要素切块讨论,如前文所述,先寻找意象,然后体会意境,之后揣摩情感,再品味语言,最后总结手法并探究主旨。例如,一份《雨霖铃》教案设计中的教学过程与方法如下③:

一、由"中国诗词大会"视频导入。

二、学习目标介绍。

三、复习词的知识。

四、品音韵。

五、赏意韵。

六、析手法。

七、教学小结。

八、拓展运用。

有的教学是按诗歌的文本结构切块串讲。如一份获得某省教学竞赛一等奖的《雨

---

① 参见张心科."体验语文"不可矫枉过正[J].语文建设,2004(03):32.
② 张心科.论诵读的内涵、意义及要求[J].教育学报,2009(01):60—65.
③ 刘超.《雨霖铃》教案[J].学校教育研究,2017(25).(注:此文从图书馆网站以"文献传递"的方式获得,文件没有标明原始页码)

霖铃》教案的主体部分的教学过程与方法如下①：

分上下阕，逐句推敲。如分析上阕开头三句，提问："上片（阕）开篇三句写景渲染了怎样的气氛？表达了怎样的感情？"然后讨论明确。接着分析第四、五、六句："都门帐饮无绪，留恋处，兰舟催发"。提示："'处'在这里不作'地方'讲，当'时候'讲。"提问："诗人为什么'无绪'？"讨论明确："'无绪'是因为诗人仕途不得意，被外放任小小员外郎，被迫离京，想到和情人离别在即，满腹的离愁别恨使他食不甘味，可以说'无绪'是因为'有情'，有的是无穷无尽的感伤之情。"再提问："在这两句中，有一个词用得好，你能找出并赏析一下吗？"提示："'兰舟催发'的'催'字用得好。'催'字与上文'骤雨初歇'在事理上紧密照应，铺叙层次很清楚。长亭饯别，两情依依，趁骤雨留恋片刻，可是偏偏'雨歇'，雨一歇，船家自然要开船启程。一个'催'字表明船家提醒这对恋人快快结束饯行，写出了双方不忍离别却又不得不马上分开的万般无奈之情。"再以此赏析"执手相看泪眼，竟无语凝噎"；"念去去，千里烟波，暮霭沉沉楚天阔"句。下阕也是如此逐句赏析。

以上两份教案以讲解、评点为主，以诵读、涵泳为辅，显然难以让学生获得审美愉悦。而且按诗歌的要素切块分析的做法不符合认知规律（正常读诗时是不可能按照音韵、意韵、手法的顺序进行的）；按诗歌的文本结构切块串讲的做法虽然有时符合阅读一般文章时的认知规律，但不符合阅读诗歌的认知规律（诗歌的特点决定其不可能在一次性阅读中被理解，必须经由渐进式的反复阅读）。

三、读讲分离

有人指出："古诗词教学，课堂的常见内容和程序，往往是教师介绍背景，然后按部就班地整体感知，逐句理解、赏析，再留些拓展、练习的作业。"但是，"在古诗词教学中，应该从文本特点出发，努力关注教学内容的具体化和教学方法的适切度，以提高学生学习古诗词的实效"②。下面是其所列举的《雨霖铃》教学设计③：

一、导入，引用同时代人对柳词的评价来统括全文。
二、用心朗读全词，读出词中蕴含的情感。

---

① 罗树根.中学语文教学竞赛指南[M].长沙：湖南师范大学出版社，2003：327—335.
② 夏宇.依据文本特点 有效鉴赏诗歌[J].中学语文教学，2018(06)：25.
③ 杨大忠.《雨霖铃》教学设计[J].中学语文教学，2018(06)：25—26.

三、以师生逐句讨论的方式进行课堂互动教学。

四、在理解全词的基础上有感情地朗读。

五、拓展延伸。

六、师生再次齐声朗读全词。

评析者认为本教学设计的优点之一是"充分诵读","教学方法上,诵读环节要充分引起重视……诵读活动的设计要注意具体化、问题化,不能只是给出总体要求,简单要求读一读。本案例中呈现的,就是以诵读促进对具体诗句的理解,以诵读促进思考、带动审美的方法,教师做得很好"[①]。不过,单从教学设计来看,这种诵读教学可能并无多大实效(实际教学不太清楚),也许在形式上做到了诵读与讲解(品味)的结合,而实际上诵读与讲解(品味)是分离的。前文提及,诵读是声音和意义的结合,这个教学设计一开始就要求学生"用心朗读全词,读出词中蕴含的情感",在学生还没有真正进入文本(更谈不上对文本意义的理解)时不太能读出其中所蕴含的感情。类似的教学还包括:如在正式鉴赏前通过教师范读、听诵读录音、集体朗读、指名朗读、接力朗读等多种形式让学生去读。如果不是把对文本意义的理解与读者出声的表达结合起来,那么这种只重声音表达的诵读即便主体再多、形式再多、次数再多,对学生理解文本也无实质的作用。虽然这个教学设计的第四步是要求"在理解全词的基础上有感情地朗读",试图将意义的理解与声音的表达结合起来,但这单一的步骤显然不能体现前述诗歌要多次阅读、渐进体验的理念。虽然最后又有"师生再次齐声朗读全词"的环节,但这可能只是一种流于形式的诵读,因为只不过是多读了一遍,此时与第四步相比,学生可能并没有对文本有更深刻的理解,而且集体朗读的形式也不可能让学生用声音表达出个人的某种更深刻的理解。

对策

构建符合诗歌阅读教学特点的教学模型。

鉴于以上诗歌阅读教学内容以及教学过程、方法本身存在的诸多问题,以及教学内容与教学过程、方法不适切的问题,借鉴前人的做法,针对诗歌文体特点和学习特点可设计如图5所示的阅读教学模型[②]:

[①] 夏宇.依据文本特点 有效鉴赏诗歌[J].中学语文教学,2018(06):29,31.
[②] 张心科.诵读教学的历史演变与现实运用[J].语文建设,2018(7—8):41.

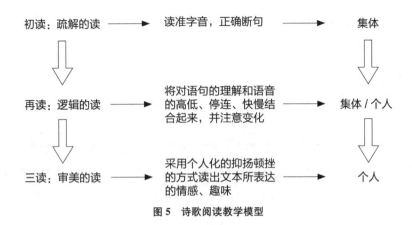

图5　诗歌阅读教学模型

从总体上看,如果采用诵读作为一首诗歌的主要教学方法,那么一般可循序渐进地分为模型中的三大步骤,每个步骤中的教学内容和要求,以及诵读的主体都不相同:初读,即疏解的读。学生在这个步骤中初步了解了诗歌的大意。教师应要求学生读准字音、正确断句等。可以集体诵读,也可以指名个体诵读。再读,即逻辑的读。在这个步骤中,先是通过读让学生展开想象和联想(再现意象),以做到设身处地、身临其境(感受意境);然后要求每个学生写出所想象的画面和自己的感受(体会情感);最后在此基础上通过诵读表达自己的理解(把握主旨)。教师应要求学生将对文字意义的理解与语音的高低、语速的快慢和语流的停连结合起来,并注意其变化。以个体诵读为主,也可集体诵读。三读,即审美的读。在这个步骤中,教师应要求学生深入地理解诗歌的特色(揣摩手法、风格),并呈现自己对诗歌内涵的个性化的解读结果(体味意蕴)。要求学生采用个人化的抑扬顿挫的声调,并辅以变化多样的肢体语言读出自己所感受、理解的文本所要表达的情感、趣味。这一步骤完全由个人诵读。

这个诗歌阅读教学模型既能够涵盖诗歌的基本要素(旨意、情感、意象、意境、手法、风格),又能将这些要素自然地联系起来,成为一个有机的整体。每个步骤都是对诗歌整体进行把握,没有按诗歌的要素或者构成来分割教学。以诵读为主,结合涵泳、评点和讲解,各种解读方法综合运用、相辅相成。让学生听读想象诗中的画面、感受其中的氛围、体会其中的意涵及趣味等,是涵泳;让学生将头脑中所想象的画面写出来,也是涵泳。学生说出自己的初感和评说自己最喜欢的词句,是评点;甚至教师精炼的讲解、精当的点拨,有时也是在评点。层次化地设置诵读,既可让学生用诵读来表达自己在不同学习阶段对诗歌的不同层次的理解,也可以借助诵读来促进其理解的逐层深入,所以层次化地设置诵读符合学生学习的认知规律,其层次感恰恰反映了理解的渐进过程。最终达到教学内容与教学过程、方法浑然一体。

语文特级教师程红兵的《雨霖铃》教学设计就与上述诗歌阅读教学模型基本一致。①

教学目标：

通过学习宋词婉约派代表词人柳永的作品《雨霖铃》，使学生对宋词有进一步的了解。在诵读、赏析的同时，把握诗作的景与情，运用联想和想象，探究它的意境，并体会婉约词的风格特色。

教学过程：

一、介绍作家作品。包括词的发展、流派、风格特点、代表作家、柳永的生平与创作、《雨霖铃》词牌特点与创作背景。

二、朗读全词。在前述对《雨霖铃》大致了解的基础上，首先让学生听朗读录音，提醒注意句末"歇""咽"等入声字押韵，或以"处""绪"等仄声字收句，以及"凄切"等双声齿音词，初步感受其在表情达意方面的效果。再领读，提示注意句子的完整性。

三、尝试背诵。提示："在诵读的过程中，推敲字、词、句的意思，体会作者在作品中所要表达的感情。这是十分重要的。"此时，学生应运用想象和联想，初步进入作品，体会诗作的景与情。

四、鉴赏探究。学生就"在字面的理解不会有太大的问题"之外的有关内容和形式方面的疑惑进行提问、讨论。分两个阶段：第一阶段讨论疑惑。如"'念去去，千里烟波，暮霭沉沉楚天阔'一句，我觉得此句应当出现在豪放派的词作当中，而现在出现在婉约派词人的代表作之中，是否有些矛盾呢？"又如"'都门帐饮无绪，留恋处，兰舟催发'这句话是什么意思？作者写这句话，有什么用意？"再如"古人一般晚上不行船，但词作开头有'对长亭晚'，作者在这里是不是故意说成'晚'呢？"第二阶段鉴赏佳句。说说自己"印象最深刻"或觉得"写得最美"的句子，并"讨论为什么这句话会给人这样的感觉"。如"我最喜欢的一句是'念去去，千里烟波，暮霭沉沉楚天阔'。'千里烟波'让人联想到烟波缥缈的江面，想到江面上的一叶孤舟；黄昏已过，暮色沉沉，诗人正像在黑暗中前行，前途不定；空有望不到边际的辽阔楚天，却不知道下一步该走向哪里。诗人的这种忧伤、无望、彷徨的复杂心情，跃然纸上。"又如"我印象最深刻的是'执手相看泪眼，竟无语凝噎'。首先，我认为这句话生动地刻画了离别时两人恋恋不舍的情态，很是传神。另外，作者在这里'无语凝噎'的描写极能打动人。试想，在这样一个离别

---

① 语文报社.30年教学理论与实录精华（中学卷）[M].北京：华夏出版社，2010：427—430.

的时刻,'无语'明显要比互道珍重的效果好得多。白居易有'此时无声胜有声',苏轼有'相顾无言,唯有泪千行',和这一句堪称有异曲同工之妙"。

五、齐读课文。提示:"注意要把作者的感情融入其中"。

六、总结全词。对这首词的内容和形式方面的特色加以总结,最后提示:"全词语言清新,节奏鲜明,音韵和谐,很适合于歌唱。"第二天的课上,"请一位很善于朗读的同学很有感情地诵读《雨霖铃》,体味词作的意境"。

这堂课虽由一位学生担任"主持",但课前肯定是由师生共同设计的。其第二步的朗读,是疏解的读。涉及对主要意象、诗歌大意的了解。第三步的背诵,是逻辑的读。涉及对诗歌意境的体味、形式的鉴赏。第四步的鉴赏探究、第五步的全班齐读及第二天的个人朗读,是审美的读。主要是领悟诗歌特色,读出个人的体验。从总体上看是以诵读法为主,而实际上兼顾了传统的涵泳法和评点法。整个思路是以诵读贯穿全课的,就是因为诵读是一种声音和意义结合的表达方式,学习诗歌要逐渐深入地理解诗歌,而这堂课的结构模式就是通过不同的主体用不同的方式在不同的时机(理解的程度深浅)的诵读,将学生对诗歌的理解引向深入。如果在第四步中能在学生讨论、鉴赏相关语句后让学生诵读该句,通过语音表达自己新的感受或理解则更好;但第五步中的齐读是值得商榷的,因为此时最应该让每个学生通过个性化的诵读来表达自己的体会,不过第二天让单个学生诵读恰好弥补了这个不足。

无独有偶,程翔老师在"全国学校创新教育暨中小学语文教学改革研讨会"上教授的《将进酒》也基本上是按这三个步骤进行的。第一步朗读。在问答此前学生所学李白的诗歌及其主要特点之后,让学生默读、批注课文;然后,进入诵读环节:先指名学生诵读,此时学生声调很平,读完之后,教师只指出节奏处理得不错,然后对"将进酒"之"将"字正音;接着,要求全班集体诵读,读前指点学生在读古诗时节奏要舒缓一点,再就"还复来"之"还"的读音进行讨论;最后,要求个人放开喉咙随意诵读。第二步吟诵。首先,要学生讨论怎样读才能把这首诗的味道读出来,指出李白抒情诗的豪放、飘逸风格;然后,分别指名两位学生先后诵读,读完后点拨学生注意李白写作此诗的情境:大背景是他遭受排挤,小情境是他正在酒桌上和朋友们愤激地批评着朝政、世事,酒兴正浓,诗兴大发,所以,诵读这首诗要读出酒味、醉意;接着,指名学生诵读,读完后点拨学生注意字的重音、节奏等,读出感情的起伏变化,如"黄河之水天上来"之"天"的声调要高,"高堂明镜悲白发"之"悲"的语速要慢。第三步唱读。指示学生以生命投入诵读之中,要把李白的诗变成自己的语言,要让"你"变成李白,李白变成"你",读出"天生我材必有用"之自信、"千金散尽还复来"之气概,读出由悲到欢,再由愤激到狂放的内心变化! 读的时候声音要完全放开,随心所欲! 经历这三个步骤的教学,学生对文本的理解逐渐深入,对教师指点的诵读方法逐渐熟练,读的方式在变化,读的水平也在提高。

第二节
《过故人庄》教学设计、教学实录与课例评析

过 故 人 庄
彭　彪

我在外面流浪,回来时
故乡瘦了一圈——
墩子叔走了,门前的池水
干了一半。
屋后驼背的柳树
头发散落了一地,
老房子蹲在坟边,屋顶的白云
仍在风中奔跑。

(湖北美术学院)

选自澎湃新闻网,2014年10月14日。

《过故人庄》教学设计

教学目标:

1. 通过这首诗的学习,掌握诗歌鉴赏的一些基本方法:想象、联想、扩写、批注、互文比较、知人论世等,入乎其内、出乎其外两个阅读过程,尤其是疏解的读、逻辑的读和审美的读的三个诵读层次。

2. 激发学生鉴赏和创作诗歌的兴趣。

教学内容与过程：

一、导入：人生总要写首像样的诗

2014年5月13日，上海交通大学的学生自发举办了一场面向全球在读高校学生的原创中文短诗比赛，主题为"人生总要写首像样的诗"。截至2014年10月10日，全球共有828所高校的学生创作了近7000篇诗歌参加比赛。

请同学们说说你认为哪首诗歌是你喜欢的现代诗人一生中的"像样的诗"！试着背出其中精彩的诗句。

我自己喜欢海子的《日记》："草原尽头我两手空空。悲痛时握不住一颗泪滴。姐姐，今夜我在德令哈。这是雨水中一座荒凉的城。"我妻子喜欢席慕蓉的《送别》，女儿喜欢食指的《相信未来》。

华东师范大学胡晓明老师担任了这次诗歌大赛的评委，最后他们选出一个特等奖——《过故人庄》。

二、初读

（一）集体朗读

正音，读准字音。断句，正确停顿。

（二）个体朗读

（板书：初读——疏解的读：读准字音、正确断句。读通文意）
问：这首诗好不好？美不美？好在哪里？美在哪里？

三、再读

解说：诗歌的美，首先在于文本中有许多的空白点和未定性，鉴赏诗歌就是要填补这些空白，确定这些未定。

（一）读想

同学互读。一个同学读：读得要慢，一句停半秒（包括题目），读完停一秒；一个同学听：闭上眼睛，想象和联想——哪些人？哪些物？哪些景？哪些事？然后互换角色。

(二) 读写

景物美不美？事件感不感人？好！那么请每位同学把自己脑海中依次出现的人、物、景、事写出来，尽量写得具体一点(200 字左右)。

互换着看一下，推荐四五位同学，说出自己写的文字。每位同学说出之后，紧接着再读一下这首诗。

(板书：再读——逻辑的读：将对语句意义的理解与语音高低、停连、快慢结合起来，并注意变化。读出文本气势的转变、作者情感的变化，读出自己的体验)。

四、三读

(一) 鉴赏

请说出你最喜欢的地方在哪？或者你认为这首诗最特别的地方在哪？（哪一句？哪个词？）

1."过故人庄"

提示："过"是什么意思？为什么不用"回"？"故人"是谁？是老朋友吗？是死去的人吗？还是过去的自己？是谁的"庄"？（与孟浩然的诗题"过故人庄"比较）

2."故乡瘦了一圈"

提示：（此句运用了拟人的表现手法）人离开了、故去了，人少了，禽畜也少了，房子也少了——新时代的"空心村"。

3."墩子叔走了，门前的池水干了一半"

提示：为什么是"墩子叔"，不是王大爷，也不是二狗子？"门前的池水干了一半"：池水干涸（生机不在），人死去（生命逝去），一道消亡！

4."屋后驼背的柳树，头发散落了一地"

提示：为什么是"柳树"？在你学过的古代诗歌中有没有写到回乡（或离乡）见到柳树的（补充《诗经·采薇》)？

5."老房子蹲在坟边"

提示：为什么用"蹲"而不用"站"或"立"？（房子很矮，又是土墙，坍塌了）为什么不说坟蹲在老房子边？为什么不埋远一点？为什么不修整房子？墩子叔家里的人呢？

6."屋顶的白云仍在风中奔跑"

提示：自然永恒，人生一瞬。是墩子叔的一生吗？大概也是作者自己的境遇！让人惆怅、落寞！（联系作者所在的学校：湖北美术学院，联系崔颢在湖北写的《黄鹤楼》）我是谁？我从哪里来？我看到什么？我想到了什么？我往哪里去？

（二）诵读

1.（背诵）各自用方言读，用自己的心去读。

2. 推荐湖北籍的同学诵读：假如作者就是你，请你读出自己的感受和体验（如出己手，如出已口）。

（板书：三读——审美的读：采用个人化的抑扬顿挫的方式读出文本所表达的情感、趣味，读出性情）

五、结语

有关鉴赏的方法，已经写在黑板上了，请同学们回去把上课时我们讲的对诗歌内容的理解整理成笔记，写在书上，例如，对标题中"过""故人庄"的理解。也想一想，我们学习这首诗歌有哪几个基本步骤，用了哪几种方法。

人生总要写首像样的诗。希望我们每个同学在课后或者未来能够写出像《过故人庄》这样好、这么美的诗歌！

《过故人庄》教学实录

时　　间：2014年11月3日

地　　点：华东师范大学师范生教学技能训练室（第一教学楼433室）

执　教　者：张心科

教学对象：华东师范大学中文系2013级公费师范生

（打开多媒体，展示《过故人庄》）

过 故 人 庄

（彭 彪）

我在外面流浪，回来时
故乡瘦了一圈——
墩子叔走了，门前的池水
干了一半。

> 屋后驼背的柳树
> 头发散落了一地，
> 老房子蹲在坟边，屋顶的白云
> 仍在风中奔跑。

师： 在今年的 5 月 13 日，上海交通大学的学生组织了一项活动，叫原创诗歌比赛，我们学校的胡晓明老师担任了评委，这场活动的主题是"人生总要写首像样的诗"。大家想想，现在就你的阅读范围来判断，你觉得哪位著名诗人的哪一首诗，是他这一生中"像样的诗"?

生： 我第一反应是海子的《面朝大海　春暖花开》。

师： 请背诵一下这首诗，（学生背）你觉得这首诗是他写得"像样的诗"，那么，这其中的哪几句是你认为他写得"像样的"?

生： 从明天起/做一个幸福的人/喂马劈柴/周游世界。

师： 噢！你认为这是《面朝大海　春暖花开》里"像样的"几句诗。其他同学还有什么想说的吗？

生：《一代人》。

师：《一代人》，是谁写的？

生： 顾城。

师： 这就不要背"像样的"几句了，就一句吧！

生：（笑）。

师/生： 黑夜给了我黑色的眼睛/我却用它寻找光明。

师： 还有呢？大家应该知道很多吧。尤其是海子的《面朝大海　春暖花开》。在我的心目中，我觉得最"像样的"是他的《日记》。《日记》里写道："今夜我在德令哈/草原尽头我两手空空/悲痛时握不住一颗泪滴/姐姐，今夜我在德令哈/这是雨水中一座荒凉的城"，这写得太好了。

这次活动，选了一个特等奖，特等奖换句话说就是在"人生总要写首像样的诗"的比赛里面最"像样的"一首诗，我们今天就一同来欣赏一下这首最"像样的诗"。

这首诗叫什么呢？叫《过故人庄》。大家集体读一下，从标题开始，作者不要读。

（学生朗读）

师： 大家刚才读的音倒是对的，这个字读什么，"散（sàn）落"还是"散（sǎn）落"？应该是"散（sàn）落"，发散（sàn），落向四周。散（sǎn）是松开的意思。

这是一个读音问题。第二要注意停顿，标题和正文之间是要停一下的，你们停没停? 没停。还有一个"干了一半"和下面的句子,你们停没停? 没停。在读的时候我们一定要注意音,音要读准确,读准字音。第二个就是正确的停顿。这地方一定要注意。

好! 刚才大家读过了,请再读一遍,注意:一个是字音,一个是停顿。开始。

(学生朗读)

师:比刚才好多了。我们来看这首诗写得美不美? 写得好不好? 大胆一点。

生:好!

师:"美"和"好",说得太空洞了。我想,一首诗歌之所以"美"和"好",一定是有许多空白的地方,还有许多未定的地方,这些空白点和未定性,就赋予我们解读诗歌的多种可能,所以才能体现出它的好来。

下面,我们同桌之间,一个同学读给另一个同学听。听的同学,请闭上你的眼睛。读的同学,请你注意在每句话后面停半秒。听的同学,请你展开想象和联想:这首诗写了哪些事? 写了哪些人? 写了哪些景? 写了哪些物? 等读的同学读完了,我们再反过来。

(学生朗读,同桌互读)

师:好! 大家差不多都读完了。刚才有同学真的是在读,另一个同学是在想。下面请大家拿一张纸,拿一支笔,把你刚才想的写成一篇200字左右的小文章(小片段),同时写上你的名字。

不要太多,200字,不要写议论性的话,就写你想的内容。三分钟时间。

(学生写片段)

师:好,大家把笔停下来。没有写完的同学也停下来。下面,我们请同学把刚才写的说出来。跟大家分享一下。有没有哪位同学愿意分享?

生(柳浪):我写了四句话。

师:不要四句话,要一段一段的。

生(柳浪):第一句:墩子叔抽烟吗? 旱烟还是水烟? 第二句:猪圈上的白云在猪背上奔跑。第三句:柳树的长发滴着水。第四句:墩子叔的烟屁股把大裤衩烧了一个洞。

师:好! 这是他的,其他同学有吗? 还是这位同学,就你刚才写的和你自己的理解,来读一下这首诗。

(学生柳浪朗读)

师:其他同学,还有人能跟我们说一说你刚才想的吗?

生:我风尘仆仆地从外地流浪归来,想看到我心爱的故乡,我去找墩子叔,可是别人说他走了,我很难过。门前的池水似乎比我走的时候干瘦了,我在屋的周围转了转,希望能找到从前的气息,只是入眼的满是萧瑟之景,驼背的柳树枝条散落了一地,低矮的老房子旁新增了墩子叔的坟,迎接我的只是屋顶孤寂的白云。

师: 根据你的理解来读一下这首诗。

(学生朗读)

师: 最后一句诗,按照你刚才说的,是不是应该读得慢一点更好? 我们再找找其他同学。

生: 我背井离乡四处漂泊,饱经沧桑后回到故乡……

师: 是,是饱经沧桑。她也读出来了,我也读出来了,说实话,我读出来的是这个无形的"我",我觉得这个"我"应该和我差不多大,四十多岁。请继续读。

生: 也许那是我人生的港湾,是我灵魂的归宿,是我唯一能够有倾诉安慰的地方,不想故乡竟然老了,我眼中的光环都熄灭了,我的亲人已离我远去。

师: 好,我的亲人已离我远去,这是你读出来的。"我的亲人已离我远去"在诗中有没有? 没有! 对不对? 请继续。

生: 尽管他那音容笑貌仍在眼前,我曾经在其中嬉戏过的河水也已干涸,多年的柳树亦是年老枯黄,老房子与坟为邻,满目萧然! 我的心中间被掏空了,连故乡都已经不是熟悉的模样,望着屋顶的流云,我多想去追寻。

师: 你来再读一遍,读得抒情一点。

(学生朗读)

师: 读得非常好,说得也非常好,说了许多诗里面所没有的内容,和第一个同学一样,但第一个同学说得跳跃性太大了。我们来看这个"我"是谁?"我"的穿着怎样?"我"的身份是什么?"我"与其他人的关系如何?"我"在哪个地方流浪?"我"做了什么事情?"我"为什么会说自己会流浪?"我"为什么回来?"我"回来要见到谁? 见到了什么? 除了故乡瘦了一圈,除了见了老房子、墩子叔之外,还见到什么? 墩子叔是个什么样的人? 他的穿着怎样? 长相怎样?"我"小的时候他带"我"干过什么事? 是去挖菱角呢,还是游泳呢? 我们要这样来想象这些内容。好! 现在再来两人互换着读一下。

(同桌互读,一人有感情地朗读,一人闭目想象)

师: 我相信大家的理解肯定比刚才要深多了,我从哪些地方能判断出来呢? 从刚才大家写过之后,三个同学说的和读的内容可以看出来,和最初读的不一样了,也就是说,大家在慢慢读时,这三个同学把自己的理解与自己声音的高低、快慢、停连给结合起来了。

下面,我们看第三个问题:在这首诗里,你最喜欢哪个地方?某个词或某个句子?

生:我最喜欢的是最后"屋顶的白云仍在风中奔跑",我小的时候很喜欢看天上的云,云是不断在动的。

师:你的意思是说,他确实是把云的奔跑写出来了?把这个情态写出来了,所以最好?

生:不是,而是那时候我特别小,就觉得,世界好大啊,我觉得这句话中的景象给我的印象非常深刻,让我深深地理解了白云见证了时间的消逝。

师:也就是说,从你小时候到现在,天上的白云不停地奔跑的景象是没有消逝的,但诗中讲的是,人已经不在了,这给人一种什么感觉?大家学了这么多年的语文,这是什么感觉?

生:物是人非。

师:对!物是人非,给人一种非常怅然、留念的感觉。这让我们想起了另一首诗。你们要知道,作者是什么学校的?湖北美术学院。我们已经感受到他的诗歌很有画面感。同时,这个学校在湖北。在古代,在写湖北的诗里,哪首诗的结尾与这里写的差不多?

生:"白云千载空悠悠"。

师:这是哪首诗?

生:《黄鹤楼》。

(师生共读此诗)

师:我们看,第一,这里面写的是回乡的乡愁。第二,回乡后为什么有乡愁呢?我想他回去后,家乡的人可能变了、物可能也变了,天上的白云、黄鹤楼都还在,但是人不在了。你讲得很对,这首诗整个的感情基调是非常低落、惆怅的,在故乡似乎找不到自己最初的故乡了,因为人不在了。如果你回到故乡,一个人都不认识,那你就不是那个故乡的人了,你就是什么?客!所以你回去的时候小孩看见你,就像《回乡偶书》里的那句"笑问客从何处来",之所以你还是那个地方的人,是因为那里还有认识你的、你认识的人。除了这个地方,还有哪个地方是你们喜欢的?

生:我觉得是"故乡瘦了一圈",我刚开始读的时候觉得他像是把故乡当成一个人来看,很久没有见面,见到时说他瘦了一圈,是衬托自己的思念,但是直到最后他说老房子蹲在坟边,这个时候我明白,"故乡瘦了一圈"的意思是人已经不在了。

师:对。我不知道大家有没有这样的感受。我是在农村出生长大的,我就感觉到我们那里的村子越来越小。原因是什么?年轻的都去打工了,家里的都是年老的人,他们去外面定居不回来,房子坍塌了……房子的倒塌给我们的感觉是怎样?萎缩了,是不是?除了房子,还有村民,人不仅仅在村庄里劳动,还向外面去扩散。也就是说,人也是到处活动的。人少了,活动范围就收缩了。除了这个之外呢?如果有许多的人在劳作,有家禽,"鸡鸣桑树颠",这是一种什么样的情景?是热闹非凡的,是生机勃勃的。这首诗给我们的感觉,除了房子少了、人少了之外,还有什么?人少对应的是什么?整个气象不同了,是消退的,整个的精神是萎靡的。还有什么?

生:我觉得最有感觉的是"老房子蹲在坟边"。结合整首诗,结合我的亲身体会,它给我们建造了一个意象就是:坟头和屋头到底谁在陪伴着谁?

师:我们来换一下,你讲是谁在陪伴着谁?

生:我觉得这个坟头和屋头的关系是相互陪伴着,故人庄已经寂寞、萧索到只剩下驼背的柳树、坟头和屋头了,是一种很凄凉、萧瑟的意象,更加给人一种萧索、落寞、悲凉感。

师:这样,我们把这个"蹲",换成老房子"立"在坟边或者"站"在坟边呢?

生:结合整首诗的意境,是萎缩、枯萎、消退的感觉。

师:这不仅仅是萎缩、枯萎。为什么用"蹲"?说明房子怎么样?一是本身就破旧,本身就不高,再就是倒塌、坍圮,所以用"蹲"。其实按常理来讲,应该是谁在"蹲"?坟在"蹲",是不是?坟应该是"蹲"在老房子旁边,而不是老房子"蹲"在坟边,既然用这个"蹲",说明房子怎么样?

生:坍塌了。

师:既然房子坍塌了,我就想问,那么这个人为什么不埋得远一点?为什么人要埋在房子旁边?

生:老师,我觉得这里不应该理解为房子坍塌了,这只是作者艺术化、陌生化的处理方式,因为诗歌的语言讲究陌生化的处理,这里其实表现的是房子不再那么高了。

师:你这个是从技法上来讲的,我们从意义上来讲。为什么埋在附近?为了流浪的人回来能找到?那埋在村子的后山,流浪回来的人就找不到了吗?我们再来想想墩子叔是个什么样的人?我小时候,见到有很多人家家人去世后就埋在房子旁边,原因是什么?没有人去给他送葬。

生:老师,为什么墩子叔是"死了"呢?他只是"走了"而已,为什么要理解成是"死了"?

师:如果你说他是离开的话,理解是对的,因为诗歌就是多义性的,我们可以有不同的理解,"走"可以是离开,也可以结合上下文,理解为死的一种讳饰。如果我们将

"走了"理解成"死了",为什么要埋在房子旁边?如果他家里有儿女、孙子会这样吗?也就是说墩子叔有可能怎样?

生:墩子叔是个孤寡老人,他可能没有儿女,或者儿女不在了,没有人管他。又因为村里也没有什么人,所以没有办法把他送到比较远的地方或葬到其他地方。

师:村里就没什么人了,房子也更没人住了。这是一种解释,还有没有?

生:因为他不想离开这个房子,有安土重迁的感觉。

师:还有没有其他感受?除了这个之外,还有哪里比较好?

生:老师,我有个问题。他开头第一句写了故乡,但为什么是"过故人庄",这个我就很奇怪。那到底是墩子叔的庄,还是作者的庄,还是作者跟墩子叔共同的庄?

师:这个问题太好了。就是这个"故人"。我也想问一下,我们学过一首孟浩然的《过故人庄》,它那个"故人"指什么?老朋友。"故人"也可以是什么?死去的人。在这个地方,不管是死去的人还是老朋友。为什么是"过",而不是回来,还是"过故人庄",似乎不是自己的村庄一样。我们怎么来看这个问题?为什么要用这样一个词?

生:老师,我觉得,因为他的故人已经不在了,这个家乡已经没有了他所关心、熟悉的人,这个故乡对他来说就是客乡,他自己是客一样。

师:也就是说,自己回来后找不到家乡的感觉,没有归属感。你们有没有这种感觉?我有。我每次回去时都找不到自己的家,我家当然还在,我姐姐他们还在那里,爸爸妈妈也一起回去,但我每次回家都不出门,我出门看见那些小孩见到我,感觉他们会觉得莫名其妙的,村子里怎么来了这么个人,在村子里头逛一下,到田野里面看一下。他们觉得我这个人很莫名其妙。我都是等中午别人睡了才去我小时候玩的地方看看,没有几个人认识我,年轻人都到外面去了,他们的爸爸妈妈也都到外面去了,年纪大一点的大部分都去世了。除了这个之外呢?

生:我想到了李零《丧家狗》里的第一句:"在现实生活中,丧失精神家园的人,都叫丧家狗。"为什么是"过故人庄",而不是"回故乡"。他用这个题目我是能体会到他的心酸,因为作者是从生他养他的故乡走出去了,当他回去的时候,却发现从故乡剥离了的那个他,有着已经再也不能像以前一样融入故乡中的那种心理落差。还有最后的"屋顶的白云仍在风中奔跑",这其实是说:生活还在继续,你和家乡的关系,也还在背离当中。但从他的角度来说,他很想和故乡重新再建立一种"生和养"的亲情关系,但是已经不能够了。

师:(没有上次你讲的时候那样令我感动,请你再想一想①)除了这之外还有哪些? 我比较喜欢"墩子叔走了,门前的池水干了一半"这句。为什么是"墩子叔"? 我们换一个:王大爷走了,二狗子走了,会怎样呢? 对于这个时代,这个"我",如果那句是"王大爷七八十岁死"也无所谓,墩子叔就六十岁多一点,或者七十岁左右,二狗子如果和"我"年龄差不多大,"走了"也可以,所以我在想这个问题。我很有感触。

还有"门前的池水干了一半",如果墩子叔还在,门前的池水会是怎么样的? 为什么用这种意象来写? 除了这个之外还有"屋后驼背的柳树,头发散落了一地",大家都知道在回乡的时候写到柳树的,有《诗经》(生:昔我往矣,杨柳依依),在《采薇》中写征战的人回到家乡。在这里写柳树,这种感觉,也是一样的。具体的大家回去之后再揣摩。

通过我们刚才讲的,大家个性化地理解了这首诗之后,请再自己读一下,按自己的理解去读。

(学生朗读)

师:好! 读得差不多了吧,大家读得太"平"了,应该要有自己的感情在里面。我们有没有湖北的同学? 好,请这两位同学读一下。

(男同学用恩施方言朗读,同学鼓掌)

师:你是湖北哪里的?

生:和他一样也是恩施的。

师:没事的,你可以用恩施的方言读出你的特殊感受。

(女同学用恩施方言朗读,同学鼓掌)

师:读诗就应该这样,用自己的家乡话来读,这才是真正的读诗。

我们来回顾一下这首诗是怎么来学的? 我们读一首诗歌,往往要经过三个步骤:第一步是集体疏解的读,把一些字音读准确、停顿读正确。第二步是在集体读的基础上,让一位同学读给另一位同学听,我们让同学先说出自己写的小片段,然后再读这首诗,让大家把自己对诗意的理解与语音的高低、语速的快慢和语气的停连联系起来,这和前面就不一样了。第三步让同学用方言来读的时候,就是把优点讲出来后让大家再读,这时候理解就更深一层了。而且,我们在读时要读得"如出己口",就像自己写的一样,所以这两个同学读的就是湖北人写的诗的感觉。这就是审美的读,完全是一种个性化的读。

---

① 此前在我负责的一个小班的选修课上,我让同学们读过这首诗,当时这位女同学也参加了这个小班学习并表达了自己对于这首诗的理解。当时她即兴表达的对这首诗的理解瞬间触动了我。

我们在鉴赏诗歌时一定要注意,为什么要设计一个同学读、一个同学想象这个环节?为什么让大家去写?因为鉴赏诗歌第一步就是"入乎其内",第二步是"出乎其外"。你要是"入乎其内"就要用两种方式:第一种就是想象、联想;第二种就是把它写出来,再把它读出来,读出自己的感情。所谓"出乎其外",就是鉴赏分析它哪些地方好,哪些地方不好。同时,在座的各位,如果我们以后这样教学生也许更好一点,而不是像现在一些老师上诗歌阅读课一样,一开始就是读一遍,然后是这地方好,那地方也好,老师讲给你听,这就与整个诗歌游离了。(板书:有知无感)今天是大家都先进入诗歌,然后出来,我们再分析。所以,我们在鉴赏诗歌时,一定要注意想象和联想,同时要注意将诵读与它们相结合。

另外,还要注意诗歌的多义性,诗歌是充满未定性、空白点的,同学们会有不同的理解,比如,墩子叔是不是抽烟啊?水干了一半吗?这个"走了",就是"死了"吗?等等。这就是见仁见智,这也是我们鉴赏诗歌的方法。

好!最后,建议大家把它背下来,背下来再想想。同时,回去之后再想想:"人生总要写首像样的诗",假如让你写这首"像样的诗",你该怎么去写?

《过故人庄》课例评析

张心科教授执教的《过故人庄》一课,和这首诗歌本身一样,是一堂内涵丰富、结构精致、很有设计感,且充分体现了他的诗歌阅读教学理念的好课。除了落实了他设计的"诵读教学三步法"外,可借鉴之处还主要表现在以下几个方面。

一、以对诗歌情感主旨的探寻,带动学生对诗歌进行深度解读

在这堂课中,教师将对诗歌内容的理解放在首位,并以此来培养学生的诗歌阅读能力,教会他们阅读诗歌的方法,激发学生鉴赏和创作诗歌的兴趣。

在探寻诗歌内容的过程中,教师利用文本的"召唤结构"带领学生对诗歌中"空白的地方""未定的地方"进行解读,进而读出"它的好来"。于是,他让学生思考诗歌"写了哪些事?写了哪些人?写了哪些景?写了哪些物?"然后将想的内容"写成一篇200字左右的小文章"。在教师的引导下,学生读出了"饱经沧桑"。接着,教师进一步引导:"我"是谁?"我"穿着怎样?"我"的身份是什么?"我"与其他人的关系如何?"我"在哪里流浪?"我"做了什么事?"我"为什么回来?"我"回来要见到谁?"我"见到了

什么？等等。提醒学生"要这样来想象这些内容"。于是，学生读出了"物是人非"的感觉，等等。

二、在读与思的交互作用中，培养学生阅读诗歌的能力

在追寻诗义的过程中，教师采用了一系列针对诗歌言语形式的教学方法。首先，带领学生读，把诵读作为理解诗歌内容的主要手段。这里的诵读不是简单朗读，它包括读准字音、读准节奏、根据自己的理解来读、用乡音来读等，在反复的诵读中把握诗歌的感情脉络，切入文本的内核，体会诗人表达的思想感情。其次，利用诗歌的文体特征，教会学生阅读诗歌的方法，引导学生通过想象、联想、扩写、批注、互文比较、知人论世等具体的方法理解诗歌的主旨。如"同桌之间，一个同学读给另一个同学听。听的同学，请你闭上眼睛。读的同学，请你注意在每句话后面停半秒。听的同学，请你展开想象和联想。"讲课中，他也多次提醒学生进行想象。在最后的总结中，教师也提醒学生采用联想、想象的方法，而这正是诗歌教学的正确路径。此外，教师调动学生已有的知识，把本诗与《黄鹤楼》《回乡偶书》《归园田居》《采薇》及孟浩然的《过故人庄》等进行对比、印证，意境的叠加、情感的勾连，激活了学生大脑中存储的诗句，这样既拓宽了学生的阅读视野，又使得这些诗句转化为学生新的阅读能力和审美鉴赏能力。

三、紧扣诗歌的语言，训练学生的思维

这堂课最突出的特点是教师在探寻诗歌的内容时，没有空洞地讲诗歌的情感和思想，而是通过语言的路径走进文本，走进诗人的内心，走进学生的心灵，培养学生对语言的感悟力和思辨力。首先，课堂开始的"把你刚才想的写成一篇200字左右的小文章"，就是把学生思考的内容固化下来，把思维的内容用文字的形式呈现出来，这既训练了学生的思维，又训练了学生的语言表达。其次，他抓住文本中的关键词，提醒学生："这首诗里，你最喜欢哪个地方？某个词或某个句子？"于是，学生找到了"故乡瘦了一圈""老房子蹲在坟边""屋顶的白云仍在风中奔跑"等，然后，再对一些词语进行辨析，如"我们把这个'蹲'，换成老房子'立'在坟边或者'站'在坟边呢？"这样，在对语言的品味与揣摩中，学生读出了文字背后所表达的情感。我们知道，语言是思维的物质形式，教师抓住了语言，并由此引导学生去分析、理解、想象、联想、概括和总结，就是抓住了训练思维的正确路径。

总之，这堂课对于诗歌阅读教学来说，在教学内容的确定、教学过程的设计、教学方法的选择等方面，都具有很好的示范作用。

（上海市正高级语文特级教师、闵行区教育学院中学语文教研员　王　林）

第三节
关于诗歌阅读教学的反思与回应

本书收录的其他七篇课文的教案和实录都是我在2018年设计并教学的，唯独这篇《过故人庄》的教案和实录是2014年完成的。就像我反复说过的，教学设计就像文学创作，如果一个作品是作家用生命去创作的，那么对于这个作家来说它就是独一无二的，甚至是"不可重复"的。我想很多作家是不愿，也不会去改作或者复制他的作品的。因为特别珍惜初次执教时的体验，特别害怕再次教学会破坏这种感觉，所以这学期我不愿再完整地上这首《过故人庄》，而是在讲授教学设计的知识和技能时常以此为例，进行过几次片段教学。

我在正文中反复强调，无论是教学内容的选择，还是教学形式的安排，都要在"这一类"文体特征的基础上顾及"这一篇"的文本特点。从"这一类"这个层面上说，《过故人庄》作为诗歌中的一篇，其教学内容与形式的运用，无论在何时何地，都是可重复的，例如，"诵读教学三步法"；但从"这一篇""这堂课"这个层面来说，某次《过故人庄》教学中的某些教学内容和形式往往又是不可重复的，师生个人对这首诗的解读、教学现场的情境变化等，都决定其有不可重复性。

由于强调教学内容的选择和形式的安排都要根据诗歌的特点来确定，而诗歌的最大特点就是语言的私人性、模糊性、多义性以及作者情感的隐秘性，对其理解不是一次性能够完成的，也有人称其具有音乐性，对其理解不能仅靠默读，所以针对诗歌文体特征，我设计了上述三步式的诗歌阅读教学模型。针对我执教的《过故人庄》，课后有学生向我提起他读到的赵思运老师提出的"'诗性'阅读"；这几年我在用《过故人庄》的课例来讲授诗歌教学设计时，常有学生谈到他们所见其他人在教学诗歌时所用的"'诵读'教学"；2019年3月，我又读到程翔老师的《〈春江花月夜〉教学思路》，他在文中也提出了朗读教学的三个步骤。下面，就"'诗性'阅读""'诵读'教学"以及诗歌阅读教学模型——"诵读教学三步法"，再多说几句。最后，也会提及《过故人庄》这首诗的背景资料等。

一、关于"'诗性'阅读"

赵思运老师在《回归诗性的阅读》一文中认为,首先,读诗不应该只探求其中深刻的"思想",而是要"让诗歌阅读回到'诗性'阅读",即"尊重诗歌的情感情绪性、想象性、象征性、超现实性"等特质。此外,他还提到诗歌是否可以教的问题。他说:"机械的填鸭式教育,当然是无法完成诗歌教学的。但是,我们是不是可以换个思路,把人的体悟性的东西(如情绪、情感、想象、直觉)激发出来?让这些体悟与诗歌的基本构成(如意象、象征、结构、语言、叙事、反讽、视角)发生有机的联系?单纯的理论讲述是不可以的,因为诗歌本身非常直感,是气象万千的生命的流动场,过多的理论会把一个神奇的生命抽象化。我们可以采取'范文点读'法。"[①]这里提出根据诗歌的特点选择特定的教学内容和教学方法的主张是正确的,尤其是他提出教学时要将诗歌的基本要素与学生的心理结合起来的思路醒人耳目,这也正是我所追求的。我在正文中所探求的就是如何将诗歌的基本要素有机地组织起来形成一个框架,而循着这个框架去学习,不仅能获取诗歌的主要信息,而且符合学习者的认知规律。不过,赵老师的设想有些地方可继续讨论:是否可以进一步思考如何根据诗歌要素之间的有机联系来建构一个框架,并将这个框架作为诗歌学习的过程模式?赵老师的做法是将诗歌的要素分为意象、象征、情智、想象、叙事、结构、语言、反讽、视角九项,就是"诗歌文本的九个侧面",然后设置成九个单元,每一单元用优秀的诗歌作品作为范文来落实某一要素的学习,以达到"透视诗歌的各个构成要素"的目的。[②] 这种先各个击破后融会贯通的"分进合击"的想法是好的,但是实施起来,其以下两方面的问题也是明显的:

首先是教学内容与过程方面存在的问题。一是每次教学只依靠单一要素的学习(以此要素为解读诗歌的抓手)难以全面、深入地获取诗歌的信息(尤其是作者的情感及其在诗中的变化过程)。二是容易导致将工具当成目的。例如,容易将学习意象当成诗歌学习的目的(如提问:意象是什么?意象的作用有哪些?诗中有哪些意象?呈现的方式是怎样的?),而不是将根据意象分析情意作为鉴赏诗歌的一种手段。三是没有找到这些要素之间的联系并建构一个分析框架,导致的结果将是:虽然学生将上述九个要素全部学习完了,但是最后在鉴赏一首诗歌时,即便这首诗歌全部运用了这九

[①] 王荣生,等.语文教学内容重构[M].上海:上海教育出版社,2007:167,169,171.
[②] 王荣生,等.语文教学内容重构[M].上海:上海教育出版社,2007:172.

个要素，教学也可能是按照从意象开始到视角终结的顺序来逐一分析的，这种按要素组织的九板块阅读教学过程模式和小说按"三要素"或"四要素"逐一组织而形成的四板块阅读教学模式一样，既割裂了要素之间的有机联系，导致教学过程中各环节的衔接生硬、机械，又不符合学生阅读诗歌的心理规律，或者说，这九个板块的安排往往并不能自然地促进学生对诗歌理解的深入。

其次是教学方法存在的问题。单一的方法难以应对不同对象的学习。赵思运老师认为："'范文点读'法，就是结合优秀作品，对它的特色进行点评，诱导读者思考全诗。"[①]那么点评的"特色"是不是诗歌某一方面的特点呢？他接着写道："如果把范文按照特定的框架组织起来，对于解读诗歌就有了非常系统的启发意义。"这里的"把范文按照特定的框架组织起来"是不是我刚才提到的由九个要素组织而成的一个框架呢？不是。他是将九要素分解，构成其所编《新诗阅读》教材的十个单元的主题（知识点）。可见，所谓"特色"就是诗的单一要素，并不是诗歌的文体特点；所谓"框架"，即教材框架，并不是根据诗歌的文体特点而设计的特定的教学形式。我们接着要追问的是，评点法是否足以适合意象等所有诗歌要素的学习，评点完成后是否就足以能激发出读者的情绪等体悟性的东西？如果不能，那该怎么办？

二、关于"'诵读'教学"

首先，诵读的主要目的是获取文本信息。诗歌具有音乐性，但是我强调诵读主要不是通过学生的读展现其音乐性，也并非单纯地为了让学生体会其音乐性。虽然诗歌的音乐性与作者的表情达意相关，但是我更强调把握文字本身所传达出的思想和情感，即强调获取文本的义而非音。因为诵读是声音与意义的结合，我更希望读者通过多次诵读表达出其对文本意义的不同理解，有时读者完全可以用独特的有声读法展示自己的独特理解，此时读者有声的表达方式可以在一定程度上摆脱诗歌文本自身的音乐性的束缚（就是不完全受诗歌本身的节奏、重音、平仄、押韵、复沓等与其音乐性相关的限制）。每个人的理解是不同的，读的声音自然是各异的，这也是我反对有人标榜自己的"吟诵"才是"正宗"的或称颂某位名人的读法是有"师承"的"古法"的原因。

其次，不能单一地运用诵读法，而要将其他有利于促进理解文本的方法也融进诗歌的阅读教学中。在本书建构的诗歌阅读教学模型——"诵读教学三步法"中，虽然教学（解读）方法最主要的是诵读法，但又不仅仅是诵读法，而是将诵读与涵泳、评点等传

---

① 王荣生，等.语文教学内容重构[M].上海：上海教育出版社，2007：171.

统的诗歌鉴赏方法综合在一起运用。在教学时,诵读与问答、讲解、讨论、评点、涵泳等方法结合在一起,交替运用,逐渐向前推进,这样学生对文本的理解逐渐深入,诵读也会渐入佳境。我们在讨论教育问题时,要有"既没有包治百病的理论,也没有包打天下的方法"的意识。任何方法都有其特定的适应对象和范围。使用单一的方法往往会带来认知的偏狭和操作的失误,乃至结果的低效。各种方法应综合运用,取长补短,相辅相成。

最后,诵读不是变换各种主体读,也不是采用各种形式去读,而是将读者的声音与对文本意义的理解结合起来读。音义结合是诵读的根本。诵读既可以通过将文字转化成声音的方式,进而增进个体对文字所表达的意义的理解,也可以通过不同的声音将对文本意义的理解表达出来。正因为这样,在上述教学过程中,我在让学生想象、联想并写一写、说一说自己想象和联想的画面之后,接着就让说的学生再把这首诗读一遍;在学生说出并赏析最喜欢的词句后,也接着让这位学生把相应的诗句读一遍。这些做法都是为了做到真正意义上的音义结合。因为如果想象、联想是为了感受和体会文本意义,紧接着的读就是通过声音表达自己对文本意义的感受和体会;如果学生的说是用语言来直接表达自己对文本意义的理解,紧接着的读就是通过声音来表达自己对文本意义的理解。另外,在教学过程中,教师通过多种手段引导学生逐步深入地理解文本意义,诵读时声音的高低、快慢、停连等应随着理解的深入而发生变化。上述"诵读教学三步法"是根据学生对诗歌文本解读理解的深入过程设计的,也可以促进学生对文本理解的逐步深入。如果割裂音义,只单纯地注重诵读主体的变换和形式的变化,而未将其与对文本意义的渐进理解联系起来,那么这种"诵读",就其对读的人对文本的理解的影响来说几无作用,即便读的次数再多,读的人对文本的理解也可能只是在平面滑移。

三、关于"诵读教学三步法"

正文中提到"诵读教学三步法"中的三个步骤的名称接近于 1909 年蒋维乔在《论小学校以上教授国文》中的提法。他在文中将诵读分为"机械读法""论理读法"和"审美读法"三种,认为其分别适合于"知的文章""情的文章""美的文章"三种不同文体的文章。不同文体的文章具有不同的功能与特征:"知的文章","表吾人之理性,以交换思想",故以"明晰"为宗旨;"情的文章","表吾人之感情,使读者中心激昂,而不能自已",故以"势力"见长;"美的文章","表吾人之嗜好,本乎明晰势力,而加以锻炼修饰,务使辞藻秀美、音响圆转,以取读者之娱乐",故以"优丽"取胜。他还提及,不同文体的文章所适合的学段也不同,相应地,其教学内容、方法和要求也不同:小学一般学习的是"知的文章",而中学一般学习的是"情的文章"和"美的文章"。"知的文章"侧重表达自己的认识,也用来相互交流思想,学习的目的主要是得其"思想",教学的方法主要是教师讲解,学生诵读次之,诵读时主要用"机械读法",即"就文字读之,琅琅上口①,可以练熟口齿,使敏而确"。"情的文章"要能体会文中作者的情感,所以要在弄清"思想"的基础上,弄清其"文气"(声调、节奏),教学时需要教师讲解,更需要学生诵读,诵读时主要用"论理读法"(中学有时也用"审美读法"),在运用"论理读法"时应"一字一句,析之至明,使文字意义,跃于心而发诸口,期其思想与文字联络"。"美的文章"要在弄清"思想"和"文气"的基础上揣摩"文辞",教学主要是让学生诵读,诵读时用"审美读法","注意音节之抑扬顿挫,使古人之声调,拂拂然与我喉舌相习,以畅发作者之感情"②。1922年,北京女高师附小教员张席丰在《国语文诵读法答案的修正案》中也已经提到相似的三种诵读法——"器械的"(白话文的"正音的读法",文言文的"音读")、"论理的"(白话文的"谈话的读法",文言文的"达读")和"审美的"(白话文的"演讲的读法",文言文的"美读")。③ 不过,不仅对这三个概念的理解我与他们不完全一致,而且他们都没有像本书这样将三者作为一个循序渐进的过程,统一运用于某一种文体(某一篇文本)的阅读教学中,更没有对每个步骤中诵读的主体、学习的内容以及诵读、讲解、评注等各种阅读方法运用的时机等作出规定和区分。在蒋维乔、张席丰等人论述的基础上,我在《诵读教学的历史演变与现实运用》中提出,应将疏解的读、逻辑的读与审美的读作为理解的三个渐进的层次并运用于一个文本的阅读之中。同时,对诵读的主体、学习的内容,以及诵读、讲解、评注等各种阅读方法运用的时机等进行了区分。④

在《诵读教学的历史演变与现实运用》中,我还认为程翔老师就是有意地在按疏解的读、逻辑的读与审美的读这三个步骤来组织教学的,并据此评析了程翔老师的《将进酒》诵读教学过程。⑤ 后来,我发现程翔老师在《〈春江花月夜〉教学思路》中已有与"诵读教学三步法"类似的提法,不过他在《〈春江花月夜〉教学思路》中明确提出的"三步朗读法"与我在《诵读教学的历史演变与现实运用》中对其教学思路的判断又有点不同。他说:"《春江花月夜》是一首很美的诗,教师如何引导学生欣赏它呢?""应从朗读开始,

---

① "琅琅上口"应为"朗朗上口"。
② 蒋维乔.论小学校以上教授国文[J].教育杂志,1909(3):37—40. "论理"即逻辑。
③ 张席丰.国语文诵读法答案的修正案[J].教育丛刊,1922,3(01):17.
④ 张心科.诵读教学的历史演变与现实运用[J].语文建设,2018(07):41.
⑤ 张心科.诵读教学的历史演变与现实运用[J].语文建设,2018(07):41.

以解读为基础,从而达到鉴赏的目的。""首先是朗读。本诗没有生疏字词,正适合朗读练习。第一步是疏通式朗读,目的在于读流畅;第二步是熟练式朗读①,把握好节奏;第三步是抒情式朗诵,即引导学生将作品的感情转化成读者的感情,借助实声、气声、拖音、颤音、抑扬等朗读技巧传达出来,遵循汉语开口度规律,将无声的语言转换成有声的语言。教师可以安排学生男女分部错位朗读,比如男生部朗诵'春江潮水连海平',女生部错后一字重复朗诵'连海平',至'何处春江无月明'变为同步朗诵。""其次是整体把握诗的内容。全诗写了景、人、情。这个划分很重要,使学生对全诗内容有一个清晰的认识,也有利于下一步根据内容逐项鉴赏,使课堂环节清晰有序。""再次是鉴赏,依韵分节,按节鉴赏。"②如果说他在教学《将进酒》时是按照"疏通式朗读""熟练式(技巧式)朗读"与"抒情式朗诵"来组织整个教学,并把对"诗的内容"的理解与"朗读"结合在一起逐层推进的话,那么从这篇《春江花月夜》的教学设计来看,并非像我一直坚持认为诵读是"声音"和"意义"的结合那样,而是将二者割裂开来了。在我看来,有声的读并非仅是技巧,也没有必要每堂课特意将诵读作为一个技巧来专门训练,它只是一种手段,是促进和表达对文本意义理解的手段,对文本意义的理解才是诵读教学的主要目的。就阅读诗歌来说,最主要的是把握诗中作者的情感及其变化。所以,在实施时,出声的读与对文本的理解是紧密结合的,理解的程度不同,读的方式就会不同,读的方式不同,表明理解的程度也不同。二者不是分离的,不是先反复训练"朗读",再"整体把握诗的内容",然后"按节鉴赏"。当然,在实际教学时,程老师可能还是会像前述教《将进酒》那样来处理。因为如果不将对"内容"的理解(他称之为"解读")与"朗读"结合起来,那么朗读是不会读"通"的,更不要说读得有"技巧"、能"抒情"了。所以,与其将程老师在文中说的"朗读"与"解读"看成是教学的两大步骤,还不如将其看成是教学的两项内容,即既要训练朗读技巧,又要引导理解文本内容,估计在实际教学时,他会将对诗歌内容的理解融入"三步朗读法"的过程中,而不是分开实施。

  同样是强调诵读,也同样是围绕诵读设计三个大的教学步骤,因为郝敬宏和我对

---

① 网络版程翔《〈春江花月夜〉赏析》和期刊文章《〈春江花月夜〉教学思路》的内容大致相同,但是上引文字部分多有不同,尤其是三步的名称及内涵有明显的差异。《〈春江花月夜〉赏析》中写道:"《春江花月夜》是一首很美的诗,作为中学生如何欣赏它呢? 首先是朗读。本诗没有生疏字词,正适合练习朗读。第一遍是疏通式朗读,目的在于把诗句读通畅,读连贯。第二遍是技巧式朗读,目的在于把握节奏,讲究语调。第三遍是抒情式朗诵,要有拖音、颤音、抑扬等;可以安排学生尝试错位分部朗读,比如一男生朗诵'春江潮水连海平',一女生错后一字跟上重复朗诵'连海平',至'何处春江无月明'变为同步朗诵。""其次是总括诗的内容。全诗写了景、人、情。这个划分很重要,使学生对全诗内容有一个清晰的认识和把握,也有利于下一步根据内容逐项赏析,使课堂环节清晰有序。"
② 程翔.《春江花月夜》教学思路[J].中学语文教学,2018(03):16—18.

诗歌这种文体的特点的认识稍有不同,所以我们设计的诗歌教学的具体步骤也不同。我理解的诗歌的最大特点是"个人性",不是一次就能理解的,所以要设计成"疏解的读""逻辑的读""审美的读"三个渐进的步骤。郝老师根据《诗·大序》中关于诗歌创作的论述,认为既然诗歌创作最初是用口头的言(声音)来表意,那么诗歌阅读就同样要采用以音表意的诵读。那么这种理解下的诗歌诵读的步骤怎么安排呢?郝老师同样是根据诗歌表意的三个渐进的方式来安排诵读教学的三个步骤的。《诗·大序》曰:"诗者,志之所之也。在心为志,发言为诗。情动于中而形于言,言之不足故嗟叹之。嗟叹之不足故咏歌之,咏歌之不足,不知手之舞之足之蹈之也。"他根据这段论述,认为诗歌是抒情言志的艺术,诗歌创作时以"言"表"情",随着"情"的浓烈,表"情"的"言"也应该变化:由"嗟叹",到"歌咏",到"舞蹈"。可能是基于这种认识,在我相关论述的基础上,郝老师将《雨霖铃》的诵读教学分成朗读、吟唱、表演三大步骤,这是一种新型的"诵读教学三步法"。他的朗读相当于我的"疏解的读",他的吟唱相当于我的"审美的读"。将我与他的设计对照,会发现他设计的朗读、吟唱中间缺少了我设计的逻辑的读这个环节,因为跨得太快,学生在理解上会出现困难(虽然其中提到了诗歌的内容、情感、手法、风格),我设计的"审美的读"虽然可以融入表演(类似于程翔老师说的课后可拿个空纸杯当酒杯在一个树林里对天吟唱《将进酒》,估计此时的吟唱者会"手之舞之足之蹈之"),但并没有将表演当成一个独立的环节。也就是说,能不能将我们俩的设计整合成"诵读教学四步法"?或者仍然保留我设计的三大步,但是将他设计的表演环节整合到我设计的"审美的读"之中,且表演必须得到落实。我们在实践中可进一步探索。

关于"诵读"及其教学,除了本章文字外,我在论文《论诵读的内涵、意义及要求》《诵读教学的历史演变与现实运用》和专著《语文课程论》的第七章"语文课程文化论"中有过专门论述,在《接受美学与中学文学教育》中的"诗歌教学设计"一节中也曾提及。这些论著从多个角度探讨过"诵读"的历史、价值、内涵、种类、对象、要求、过程、方法及其与其他教学方法的综合运用等,大家可以参阅。

四、关于诗歌《过故人庄》的创作背景及其他解读

2019年3月,我在郑州指导年轻教师进行教学设计时,曾和他们讨论过这首诗的教学。与《过故人庄》的作者彭彪同龄的朱会娟老师竟然设法和彭彪取得了联系,并了解到了一些与本诗相关的背景信息。这些信息有助于读者深入理解这首诗。例如,诗

歌写作于他大学二年级时,当时他的一位一百多岁的女性长辈去世,他回到老家,看着温柔慈祥的长辈的坟头,看到乡村衰败的景象,触发小时候的故乡留给他的许多美好的记忆,于是写了这首诗。在美术学院学习的彭彪毕业后到南方仍在从事设计、摄影工作,这样我们就能理解此诗为什么会给人强烈的画面感。他还特别喜欢古典诗歌,这样我们就能理解这首诗歌为何沉郁蕴藉,及其与孟浩然的《过故人庄》、崔颢的《黄鹤楼》之间可能的互文关系。还有,他说诗中的墩子叔和村庄并不是确指,这样我们就能理解为什么这首诗能让读者产生共鸣,墩子叔是亿万朴实农民的代表,村庄成了成千上万空心村的缩影,这些农民在无声地逝去,村庄在急速地衰落。因为亲(熟)人的逝去、村庄的改变,故乡成了永远回不去的远方。因为其所写是典型的景物、事件,所抒发的是特定族群甚至是人类的某种普遍的情感,使这首诗极有可能成为现代版"乡愁"的经典之作,所以极易引发读者的共鸣。

2019年4月16日,朱老师在公开教学此诗时,对《过故人庄》的解读与此前我和同学们在教学时的解读不同:首先,她认为这些诗句就像一个个镜头,开始是从村外高处俯视村庄的全景,然后转到了村中,来到门前,走到屋后,再遥望远方,最后仰天长叹。人走了,水干了,树枯了,房倒了,云远了。一片衰败!其次,她对某些诗句的解读也很有新意。例如,在鉴赏"屋后驼背的柳树/头发散落了一地"时,她让学生联系《诗经·氓》中的"桑之未落,其叶沃若。桑之落矣,其黄而陨"来理解,认为柳树历经磨难,由润泽变得干枯,就像一个人被生活的重担压弯了腰,人生的坎坷在她脸上留下道道皱纹。再次,她设计了很多别致的教学环节。例如,让学生想象过去"丰腴"的村庄的模样,让学生给现在的村庄重新涂色,如"门前的池水——""屋后的柳树——""远处的老房子——""孤独的土坟——",将其与目下的村庄对比,凸显作者对故乡过去的依恋和对其未来的希望。最后,她让学生用数学图形来表达自己对人与故乡的关系的理解。有学生说,是圆和圆心的关系——故乡是圆心,我是圆,思念是半径。无论我走到哪里,故乡都在我的心间。有学生说,是两条交叉的直线——人生的发展是一条直线,故乡的发展也是一条直线。两者发展路径往往并不一致。在你出生时你和故乡有了一个交点,但随后便渐行渐远。这让人特别无奈。还有学生说,是两条射线——二者有共同的起点,从故乡出发去追求希望,故乡便落在了我的身后,再也回不去了。这些都很有新意,给了我很多启发。

我曾在一篇题为"想象里的故乡与感觉中的家"的随笔里写自己对"故乡"与"家"的理解。其实,"故乡"不仅是一个空间概念("乡"),它还是一个时间概念("故")。作为一个时间概念的"故乡"更多是与"童年"联系在一起的。有关"童年"的记忆又是与童年时的"人""物"联系在一起的。其中"人"是关键。如果童年时与"我"相关的"人"给"我"留下的是美好的记忆,那么成年的"我"对故乡多是眷念的。不过,作为时间的概念,"童年"是回不去的,所以我们只能在回忆中重温或者通过还健在的那些过去与我相关的"人"来再现。如果当年的"人"给"我"留下的是不怎么美好乃至痛苦的记忆,那么"故乡"对于成年的"我"来说,就会变成另一种时空概念——"过去的家",而这个"家"又仅是表示空间概念的"房子"的意思,虽然不能说此时故乡那无尽的远方、那些无数的人们都与"我"无关,但是回不回去确实意义不大,能不能回得去也似乎不那么重要了。

第三章 散文阅读教学

目前,散文阅读教学存在的主要问题包括:研究者认为"形散而神不散"的认识过时,教师教学应专注"这一篇"文本;没有且反对有确定的教学内容和固定的过程模式,主张进行"文本细读"。其实,应该重回"形散而神不散"的认识起点;教学内容的确定应兼顾写人叙事类、写景状物类、抒情励志类散文"这一类"文体与"这一篇"文本的特点,如:写人叙事类散文关注今昔视角、人我情感、事物发展,写景状物类散文关注游踪、风貌、观感,抒情励志类散文关注其特殊的结构特点、表意方式和语言风格;教学过程应注意"形""神"结合;教学方法应兼顾讲解、诵读、涵泳(整体把握"这一类"层面的信息,文本细读"这一篇"层面的内容);然后建构一个由"欣赏性阅读—鉴赏性阅读—研究性阅读"三大环节构成的散文三级阅读教学模型。

第一节
重回"形散神聚":散文阅读教学的问题与对策
——以朱自清散文为例

散文是什么?众说纷纭。散文阅读教学教什么?莫衷一是。散文阅读应该如何教?百人千样。

散文不易定义,然而初步认识它的办法有以下三种。

一是否定排除。当说"散文是什么"出现困难时,说"它不是什么"就显得容易一些。一方面,散文不是内容可以虚构的小说,不是讲究语句节奏、韵律的诗歌,不是在固定空间里用人物会话推动剧情冲突的戏剧,不是目的明确、语言精确地阐述道理或说明事物等的实用文章。但另一方面,散文又兼有其他不同文类的特征,与小说相同的写人叙事,与诗歌相同的情感真挚,与戏剧相同的语言自然。

二是分类、比喻和举例。这也是说明事物的重要方式。分类是为了明晰化。不过,比喻虽可以使对象形象化,又往往会导致含混化(在无法准确说明时就有含混的必要,或者说在任何解说、阐释都难以准确、全面地表达一个对象时只能含混)。举例则可以用个体代指类别。例如,散文可以分成几类:写人叙事散文,如《背影》;写景状物散文,如《春》《荷塘月色》;抒情散文,如《给亡妇》;励志散文,如《匆匆》,等等。

三是梳理历史。概念只能历史地有限地反映所要指称的特定对象的特征。当我们定义某一类文体时,首先,常常是从某个时间段针对具体的某个(类)对象而言的,但是文体又是不断发展的,它会突破原有的形式吸纳新的元素,这些新的元素有些是从其他文体中借鉴来的,有些则是新产生的,这样就形成了"你中有我,我中有你"的文体互涉的现象,出现所谓"定体则无,大体则有"的文体不定的情况。其次,在定义时往往会以"应然"否定"实然",或者以"实然"否定"应然",这都是不正确的。低级与高级、现实与理想的形态都是事物的形态。蝌蚪和青蛙从外形上看固然很不同,但是蝌蚪是青蛙的幼体,蝌蚪发育成熟后就变成了青蛙,而长着尾巴的青蛙更是兼具蝌蚪和青蛙的双重特征,也就是说,事物会在发展的每个阶段呈现出不同的形态特征,我们不能根据其在某个阶段的特征来否定其在其他阶段的存在。20世纪20年代的"絮语散文"、60年代的"抒情散文"是散文,80年代再次出现的"书话散文"、90年代初全新出现的"文化散文"也是散文。可见,用某个固定的标准来衡量,进而准确地界定散文是十分困难的。

所以，只能凭印象式地概括，将散文视为一种真实、自然地表达人、事、物、景、情的文体。它的文体特征就是真实，具体表现为作者内在情感的真挚和文本外在语言的自然（相反则是虚假的情感、造作的语言），前者是"神"（语言直接表达出的情感、思想或者通过"意象"所寄寓的情感、思想），后者是"形"（语言以及语言所表达的"意象"，即可观察到的题材、结构、线索、表达方式、修辞手法等），整个文本呈现出"形散神聚"或者叫"形散而神不散"的风貌。

下面，将结合一些散文阅读教学的观点和朱自清散文的教学案例，对目前散文阅读教学中所存在的问题进行分析，并试图提出相应的对策。

> **问题**
>
> 认为"形散而神不散"已过时，主张教学专注"这一篇"；反对确定的教学内容和固定的过程模式，主张进行"文本细读"。

一、散文阅读教学的内容

2003年，王荣生老师提出一个著名的观点："在中小学语文课程与教学中，小说，除了被拧干了的'人物、情节、环境'这三个概念，事实上已没有多少知识可教了；诗歌，在感知、背诵之外，只有体裁（如绝句四句、律诗八句、几种词牌名称）、押韵等屈指可数而且极为表面的知识；散文，也只有'形散神不散''借景抒情''情景交融''托物言志'等似知识又似套话的几句说法，以不变应万变；戏剧，除了'开端、发展、高潮、结局'的套路简介，再不见有像模像样的知识。"[①]此后，在他的带领和参与下，掀起持续多年的语文知识（教学内容）重构运动，取得了许多重要的成果，也改变了我们对语文知识（教学内容）的认识。

那么，教学内容该如何重构？王荣生老师又主张将文体进一步分类并根据不同小类的文本体式来确定教学内容。如何根据散文的体式来确定其阅读教学内容呢？他在《散文教学教什么》一书中分析了散文的"言与意"，又将"意"分为两方面："（1）高度个人化的言说对象，即作者眼里的主观的人、事、景、物。（2）在散文的记述、描写中所灌注的作者主体的思想、感情，他对社会、对人生的思量和感悟。"并认为（1）和（2）"归结为一点，就是作者独特的人生经验：'这一位'作者依其独特感觉和知觉所见、所闻，

---

① 王荣生.语文科课程论基础[M].上海：上海教育出版社，2003：260.

'这一位'作者依其独特境遇所生发的所思、所感。而所见、所闻、所思、所感,落根在'这一篇',通过独抒心机的谋篇、个性化的言语表达、流露心扉的语句(表达出来),作者的人生经验,融汇在他的语文经验里"①。这里的"言"与"意","语文经验"与"人生经验",就相当于此前散文中的"形"与"神"。换句话说,这里所讨论的散文教学的"着眼点"仍然没有脱离"形散而神不散"的范畴,只是将其当初反对的"形散而神不散"换了一种说法而已。

不过,他在确定散文教学内容时,和对待其他文体完全不一样的是,并没有像对小说教学内容的确定那样主张要进一步将现代小说分成情节小说(如《项链》《变色龙》)、心理小说(如《墙上的斑点》)、荒诞小说(如《变形记》)等几类,并根据"这一类"的体式特征来确定小说的教学内容②,没有将散文分成不同的小类并选择相应的教学内容,采用具体的解读方法,而是主张采用文本细读派所推崇的针对"这一篇"的文本细读法。他强调因为现代散文不拘一格,所以"在散文阅读教学中,决不能用一种固定的套路去对付所有散文",因为现代散文张扬个性,所以"在散文阅读教学中,必须找准'这一位'作者散文的特质,必须找到'这一篇'散文的特质,包括所谈论的话题,所抒发的情思,所运用的言语"。③ 很显然,这里他无意也反对将散文再分类,进而在"这一类"层面上确定散文的阅读教学内容,而是认为散文是"不拘一格""张扬个性"的文体,主张针对"这一篇"确定教学内容。确实,散文的最大特点是"真","真"主要表现在语言的自然和情感的真挚,那么因为作者的个性及情感各不相同,表述的个性化色彩更浓,所以散文应多关注"这一篇"而其他文体多强调"这一类"。不过,任何"这一位"作者创造的散文,既有"这一篇"的特色,也必然会有"这一类"的特征。所以,在确定教学内容时不能忽视"这一类"的特征而仅仅突出"这一篇"的特色。

二、散文阅读教学的过程与方法

目前,散文阅读教学在过程与方法方面也存在不少问题:一是割裂了"形"与"神",先"形"而后"神"。一般是先梳理并分析题材、结构、线索、表达方式、修辞手法等,然后总结其中的思想、感情。没有意识到"形"与"神"的融合,所以就没有将题材、

---

① 王荣生,步进.散文教学教什么[M].上海:华东师范大学出版社,2014:29.
② 参见王荣生,李冲锋.小说教学教什么[M].上海:华东师范大学出版社,2015:21.
③ 王荣生,步进.散文教学教什么[M].上海:华东师范大学出版社,2014:34.虽然王荣生在这本书中曾提出要"强化文体意识,根据文体特征,分野小类,形成可依循的相应的解读理路",但是令他失望的是"离形成可操作的具体解读方法尚有距离"(第18页)。然而,放弃对"这一类"的探索,沉湎于"这一篇"的解读,显然是在回避分类建构解读路径的难题。

结构、线索、表达方式、修辞手法与思想感情结合起来,由"言"及"象",由"象"及"意",在鉴赏"言""象"的同时体味其中的"意"。二是缺乏相应的相对确定的教学过程模式。目前教散文多数像教一般性的记叙文那样:解题—介绍作者生平和创作背景—正音—解词—划分层次结构—总结段意—归纳思想主旨—总结写作特色。或者像教普通文章那样:首先整体感知内容和结构,然后局部分析语言和手法,最后围绕主旨或关键内容拓展延伸。其实,应该有一种符合散文这个文类特征的阅读教学过程模式,甚至在此基础上设计出更小的类的散文的阅读教学过程模式。目前,有针对性的解读和教学方法也很缺乏,多数散落在一些课文的解读文章和教学案例之中。不过,王荣生老师认为散文"不拘一格","无规范",所以就"不能用一种固定的套路";认为散文"张扬个性",是"这一位"作者的"这一篇"作品,所以可操作的解读和教学方法"目前只能从这些个案中寻觅、探测"。①

其实,如果认为散文"无规范"而只强调"这一篇",那么也许就不需要寻找针对"这一类"的相对普适性的解读方法和教学方法。如果只要落实"这一篇"的教学内容,其相应的解读以及教学的对象和方法就不是文章体式论者所注重的文章体式学习的分析和归纳,而只能是文本细读论者所注重的词句推敲的"文本细读"。正因如此,王荣生老师反复强调要"细读""体味"散文的语言:"散文阅读教学,始终在'这一篇'散文里,要驻足散文里的'个人化的言说对象';严防跑到'外在的言说对象',演变为谈论'外在的言说对象'活动。""要着眼于主体,触摸作者的情思;严防滞留在所记叙、描写的客体,演变为谈论那人、那事、那景、那物的活动。""要关注作者独特的情感认知,引导学生往'作者的独特经验'里走;严防受既成经验的遮蔽,演变为谈论各抒所见的活动。""要由言及意,往散文中的个性化言语所表达的丰富甚至复杂、细腻甚至细微处走;严防脱离语句,跑到概念化、抽象化的'思想''精神',演变为谈论口号的活动。"②如果认为"无法就是法"(即认为既然无法从某一"类"上确定教学内容,干脆就从这一"篇"的角度去解读,这种做法看起来是没有固定的方法,实质上恰恰是阅读散文的方法),而将散文阅读教学内容确定为"这一篇"而不是"这一类"散文的内容,那么学生将无法用阅读某一类文章的方法去阅读同类的其他文章(用阅读某一类散文的方法去阅读某一篇散文),而永远只能以揣摩词句的细读方式去阅读所遇到的所有不同的散文。另外,不能将"这一类"与"这一篇"对立起来,而是可以在掌握"这一类"文体的一般教学内容的基础上,再着力完成"这一篇"文本的特殊的教学内容。

---

① 王荣生.步进.散文教学教什么[M].上海:华东师范大学出版社,2014:34,18.
② 王荣生.步进.散文教学教什么[M].上海:华东师范大学出版社,2014:34.

对策

重回"形散而神不散";教学内容兼顾"这一类"与"这一篇";教学过程注意"形""神"结合;教学方法兼顾讲解、诵读、涵泳(整体把握"这一类"层面的信息,文本细读"这一篇"层面的内容);然后建构一个新的散文阅读教学模型。

鉴于目前散文阅读教学及研究的现状,可将散文分成写人叙事类、写景状物类和抒情励志类,先根据不同类别的散文的体式特征确定不同的精要的教学内容,然后据此开发出相应的教学过程。同时,在确定教学内容和形式时,要在"这一类"散文体式的基础上兼顾"这一篇"文本的特点。图 6 显示的是不同类别散文的阅读教学要素与过程。

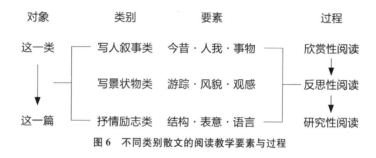

图 6　不同类别散文的阅读教学要素与过程

一、散文阅读教学的内容

关于教学内容,我曾在《语文课程论》中讨论语文知识建构时指出,不能只关注某类文体的普遍性而忽视了单个文本的特殊性,也不能只关注单个文本的特殊性而忽视了某类文本的普遍性。以小说类文本样式知识的建构(小说教学内容的确定)为例,其建构至少应该有四个层次:第一,小说作为文学文本中的一种,其所具备的与其他类别文学文本共同的特点。第二,小说这一种文体的共同特点。第三,小说这一种文体所包含的不同类别的各自特点(如分成情节小说、人物小说、心灵小说等)。第四,某个作家某部(篇)作品的特色,即在符合前三方面规范基础上创新的部分,这一部分显得尤为重要,但常被忽视。因为文本是言语,而阅读、学习文本时要关注作者的言语行为和言语结果,所以在英语中"文体"拼写为"style",译为"文体",或"语体",或"风格"。如果从前三个层次来确定语文教学内容,就只关注到了文本形式的共性;如果仅从第四个层次来确定语文教学内容,就只关注到了文本形式的个性。从前三个层次出发所建构的是确定性的教学内容,从第四个层次出发所建构的是不确定性的教学内容。

"语文教学内容的确定"提倡者多关注前三点,"文本细读"提倡者多关注最后一点,二者都有偏颇,应相互结合,行走在依据"样式"与寻找"精妙"之间。①

散文阅读教学内容的确定应先注意散文"这一类"文体所具备的"形散而神不散"这类特征,抓住"言"(形)、"象"(形神结合体,也可视为形神的中介物)、"意"(神)三要素。然后再将散文细分成写人叙事散文、写景状物散文、抒情励志散文,提炼其要素,在"这一类"的基础上顾及"这一篇"的特色,并依此确定教学内容。

(一) 写人叙事散文

其中最典型的是回忆性散文。这类散文的文体特征是"表达作者主观感情、自我个性鲜明、两重叙述视角、追求自我同一性"。② 教学主要分析与"我"相关的"人物"(言、形、神)和"事件"(人物写意化、事件片段化),从今昔两个视角探寻"我"的情感变化("今日之我"与"昔日之我")。可以通过概括内容、梳理思路、发掘意图的方式来落实。然后,在此基础上,关注"这一篇"的特色。

夏丏尊、叶圣陶说:"文章是多方面的东西,一篇文章可从种种视角来看,也可应用在种种的目标上。例如,朱自清的《背影》可以作'随笔'的例,可以作'抒情'的例,可以作'叙述'的例,也可以作'第一人称的立脚点'的例,此外如果和别篇比较对照起来,还可定出各种各样的目标来处置这篇文章。"③他们主要是从写作的角度,将《背影》作为教学"随笔""抒情""叙述""第一人称的立脚点"等写作知识的范文,目的是让学生学写文章。后来也曾有人从写作教学的角度来设计《背影》教学内容。④ 如果将《背影》作为一篇回忆性散文阅读教学的材料,那么应该教学哪些内容?下面是语文特级教师黄厚江老师设计的《背影》的教学内容。⑤

1. 说说课文中让自己感动的句子。
2. 这些句子都围绕一个什么内容?(背影)
3. 文章写了几次、几个、怎样的背影?(四次、一个)
4. 出示一幅背影图片,询问是根据文中哪段文字画的。
5. 指名读片段,交流让自己感动的词("蹒跚""攀"等)。

---

① 张心科.语文课程论[M].福州:福建教育出版社,2014:120—121.
② 王荣生,步进.散文教学教什么[M].上海:华东师范大学出版社,2014:121.
③ 中央教育科学研究所.叶圣陶语文教育论集(上)[M].北京:教育科学出版社,1980:178.
④ 王松泉.《背影》教学设计[J].语文教学与研究,1982(01):19—20.
⑤ 黄厚江.《背影》:我们教什么?[J].语文教学通讯·初中刊,2015(09):10—11.

6. 教师读片段,让学生猜老师感动的词("不容易")。

7. 为什么不写父亲的眼睛,如果写会是什么样子的?

8. 出示背景事件。找出和课文相关的信息;说说父亲的特点;联系背景发现父子关系的距离;联系课文内容回答：父子关系有没有发生变化?谁是主动者?父亲是如何主动化解关系的?作者有没有理解父亲?这种理解和感动表现在哪些地方?什么时候作者才真正理解父亲?

9. 讨论：这是一个什么样的父亲?他的"不容易"不仅仅表现在翻过月台,还表现在哪里?

10. 回顾那个背影,思考"背影"背后的意义(这是一种沉重的爱的象征)。

11. 用一个比喻说说对父爱的理解。

这里既有一般写人叙事散文的教学内容,如梳理事件、人物描写、环境描写、抒情方式等(1—7),也有回忆性散文特有的教学内容,就是运用"今日之我"与"昔日之我"的双重视角分析"父亲"与"我"(8—11)："昔日之我"(1917年浦口送别,19岁)作为一个年轻的尚在求学的男孩、一个生活体验主体对父亲很不满("总觉他说话不漂亮""心里暗笑他的迂"等),以为自己很聪明;"今日之我"(1925年写作《背影》,27岁)作为一个面临中年且早已进入社会的男人、一个文学创作主体体会到的是父亲的"不容易"(有显性的家道中落、生活困顿、精神颓唐、年老体衰等"不容易",有攀爬月台时行动不便的"不容易",还有隐性的为了和儿子和解而通过买橘子、攀月台向儿子示爱、示弱的"不容易",以及写信给儿子告知近况而含蓄地表达自己想念儿子、希望儿子回家看望自己时维护一个父亲的矜持的"不容易"),意识到"昔日之我"真是"聪明过分"(由反抗父亲到反思自我,对父亲的态度由不满到接纳最后是同情)。当然,还可以补充《背影》作为朱自清的回忆性散文中"这一篇"的特色的教学内容,如揣摩《背影》中对四次"流泪"的记叙、"背影"意象的选择、买橘子行为的设置等。

最后要提及的是,王荣生老师在《散文教学教什么》中提到,步进等人曾从回忆性散文、鲁迅的散文、《朝花夕拾》系列散文这三个角度解读《藤野先生》,并据此制定教学目标、确定教学内容。[①] 其实这就是在将"这一类"与"这一篇"结合起来确定教学内容,因为回忆性散文是脱离单个作者的一类文体,而鲁迅的散文、《朝花夕拾》系列散文则是鲁迅"这一位"作者的系列散文。

---

① 王荣生,步进.散文教学教什么[M].上海：华东师范大学出版社,2014：18,95—123.

(二) 写景状物散文

其中最典型的是游记。1980年,顾黄初先生在《游踪·风貌·观感——怎样读游记》一文中认为,游记"总是由'游踪''风貌''观感'这样三个要素组成的",品评游记的内容与形式应该从这"三要素"入手。[①] 其中,"游踪"既指具体的游程,也指整个作品对游访对象的连缀和布局。它是组合题材的线索,体现着事物之间的时间联系和空间联系,体现着作者的思路,或以时间顺序安排结构,或以空间顺序安排结构。"风貌"指游访对象的风姿和状貌。这种风姿和状貌不是实录而是表现所得。首先是对表现的对象有所选择,然后根据所选择的对象的特点和自己寄寓于其中的特殊感受而表达出来的(观察点的选择和虚实手法的结合),甚至搜求、运用对表现对象有用的"资料"(如历史、传说、歌谣等),所以最后呈现的不是自然"物象"而是心中的"意象"。"观感"就是文中所体现的作者的"美学评价、生活情趣和社会理想"。一般有三种表达方式:一是"移情于景",把感受渗透在景物描写之中。二是"即景生情",在叙事绘景时随时穿插自己直抒胸臆的文字。三是"画龙点睛",也可叫"卒章显志",在结束处直接点出自己总的观感,揭示主旨。

1995年,顾黄初先生在《把握游记散文的"三要素"——帮你学〈威尼斯〉》一文中,再次指出"读游记,抓住这'三要素',大致可以读出真趣和真味来"[②]。抓住"三要素"体现的是游记"这一类"文体的教学内容,不过顾先生并没有忽视"这一篇"课文的教学内容,他说:"读游记,首先就要根据这'三要素',边读边思考,边读边设疑,努力去发现它的艺术个性,发现它处理'三要素'的独特之处。"他还以朱自清的游记《威尼斯》为例来呈现如何兼顾"这一类"与"这一篇"的教学内容。

设疑:《威尼斯》一文有没有明确的、连贯的游踪线索?
解疑:没有。换句话说,作者并不是按照自己游览威尼斯城的实际过程,用"移步换景"的方法来结构作品,而是根据自己游览、观赏、翻阅有关资料之后所获得的主要印象(即城中水、水中城、文化艺术之城),用"定点观察"的方法来安排材料的。他隐去了游踪而突出了风貌描写,这样就为精细地描写威尼斯的风貌特征留出了足够的空间。
设疑:朱自清有没有用大段的抒情文字来倾吐自己在观赏过程中的情怀和评价?

---

① 顾黄初.顾黄初语文教育文集(上)[M].北京:人民教育出版社,2002:251—255.
② 顾黄初.顾黄初语文教育文集外集[M].南京:江苏教育出版社,2013:176—177.

解疑：也没有。换句话说，作者的情怀或美学评价，多半隐含在风貌描写的笔墨之中，而尽量不外露。例如，描写圣马克教堂左右那两溜儿楼房，说它们："式样各别，并不对称；钟楼高322英尺，也偏在一边儿。但这两溜房子都是三层，都有许多拱门，恰与教堂的门面与圆顶相称；又都是白石造成，越衬出教堂的金碧辉煌来。"用三个"都"，写出了作者"异"中见"同"的喜悦；用一个"恰"和一个"越"，写出了作者在对比中发现美的激动。从这里，我们便可以读出朱自清这篇游记语言运用的特点：朴素、清新、工细。

设疑：《威尼斯》的风貌描写，有哪些特点？

解疑：观察点处理得好；观察与感受结合，绘景状物，形神兼备；详略得宜，巧于穿插，形成一种舒缓优美的节奏。写威尼斯是"海中的城"，观察点安排在圣马克广场的钟楼上；写威尼斯的建筑艺术，观察点安排在圣马克广场的圣马克堂，以这座教堂为中心，向各个方位辐射。每写一处，又都有明确的观察点。由于观察精细，又附着观察中获得的感受和体验，所以描绘的景物不但显其形，而且溢其神。在这里，比喻、移觉这些修辞手法发挥了极好的作用。例如，描写威尼斯是"海中的城"一段，历来被认为是形神兼备的写景名句；写公爷府最上层的整块墙面，"墙面上用白的与玫瑰红的大理石砌成素朴的方纹，在日光里鲜明得像少女一般"，也都是富有神韵的笔墨。材料的详略处理，是不难明白的，只有写威尼斯运河之夜一段，显然是适应构思需要的一种穿插。写建筑艺术、绘画艺术，重在反映威尼斯丰厚的历史积淀。穿插写了这一段，不仅写了音乐艺术，而且反映了朱自清眼见的当代威尼斯人的艺术素养和生活情趣，历史和现实在这里汇聚，同时也使全文的风貌描写形成一种错落有致的节奏。

以上从游记的"这一类"文体所具有的"三要素"入手，考察了朱自清的《威尼斯》"这一篇"游记的精妙之处。顾先生在文下注释中交代了其缘起和教学效果："我应邀为朱自清游记散文名篇《威尼斯》作些'点拨'，由该篇出发，提出阅读游记的一般方法（即'三要素'）。据扬州中学语文组高潮老师说，借此组织游记散文的教学，竟然'屡试不爽'。"

（三）抒情励志散文

其中最典型的是散文诗。郑桂华老师在《散文的特性与教学内容的开发》一文中提出，要根据散文的文体特点来选择散文的教学内容。[①] 从文体特点来看，"散文是处

---

① 郑桂华.语文教学的反思与建构[M].北京：商务印书馆，2012：223—233.

于诗歌和小说之间的过渡性文体，它反映的往往是一定生活中的某些时空、情绪或思考的片段过程，"诗歌、散文和小说三者之间应该是渐变的关系，并没有截然的界限"。她还列表比较了三种文体的特征以示区别，并作为教学内容确定的重要依据（如表3所示）。

表3 诗歌、散文、小说的文体特征

文 体	诗 歌	散 文	小 说
时空关系	非叙事性	叙述片断①过程	叙事性
表现方式	主观表现	主客观融合	客观再现
表现材料	谋词	谋句	谋篇
特点	以点状之象抒情	以片段之景、事表意	以完整故事观照社会
核心概念	意象	意境	人物、情节
代表作品	《雨巷》《再别康桥》	《荷塘月色》《背影》	《项链》《阿Q正传》

可见，抒情励志类的散文应该兼有诗歌和散文两种文体特征而且更偏重于诗歌的文体特征，甚至可以直接叫"散文诗"。郑老师分析散文教学内容和过程时所列举的诗人余光中的散文《听听那冷雨》就是一篇典型的"散文诗"。郑老师以余光中对"诗性"散文的三个评价维度分析了这篇散文：一是结构跳脱（内容组织）。在时空关系上采用点的切换而少连续时空的叙写，"追求多方向自由联想、奇特意象的叠加、电影蒙太奇剪接和快速闪动的节奏等"，因而"在结构上呈现出很强的跳跃性"。二是情感浓烈。表现方式侧重于抒写主观感受而非描摹客观世界。即便是"在一个段落、一个句子中，甚至一般的景物描写，都饱含感情"。三是语言陌生。讲究弹性、密度和质感。讲究"弹性"是将不同文体的结构方式、句式特点、语气语态融入散文；讲究"密度"是在相对的篇幅中尽可能多地营造意象；讲究"质感"是指字词"有质地、可触摸，新颖独特，不要平庸无味"。这种散文会"以大量陌生化的词语和句式传达主观感受，给人以铺天盖地、应接不暇之感"，并以《听听那冷雨》为例来分析在上述三方面所表现出的特点。其实，这类抒情励志散文（"散文诗"）特殊的结构特点、表意方式、语言风格也就是其三大教学内容，因为通过对这三者的鉴赏可以全面、深入地获取文本所表达的情感和思想。

例如，教学朱自清的《匆匆》，应该把主要教学内容放置在跳脱的结构（反复咏叹，思绪流动，不停地追问、反思、探寻）、浓烈的情感（紧张、震惊、惋惜、感叹、迷茫、无奈）和陌生化的语言（意象密集，叠字重现，句式简短，设问、比喻、拟人、排比等修辞手法多

---

① 此处"片断"应为"片段"。

样,全文采用复沓的章法,也可以按余光中的说法来分析)的鉴赏上。因为"散文诗"虽然有时可以根据一些过渡性的环节(如文本中插入的特殊的物象、情境,或者直接抒情、议论性的句段)来判断其前后的抒情转折①,但是"散文诗"本身的跳脱的结构在很多情况下是很难把握的,而《匆匆》这篇"散文诗"出现的学段多数是小学六年级,无论从文体还是学情来看,都不宜将此作为主要阅读教学内容,所以目前所见《匆匆》的阅读教学设计多将教学目标确定在赏析语言和体会情感两方面②,很少见到要求"感知结构特色"③或"理清文章的脉络"④,因为太难感知也很难理清。在赏析语言和体会情感时,可进行这样的文本细读:"'燕子去了,有再来的时候;杨柳枯了,有再青的时候;桃花谢了,有再开的时候。'作者用一气呵成的三个分句组成排比,寥寥几句便勾勒出一幅淡淡的冬去春来、春去春又回的季节更替画面。诗人先运用传统的起兴手法——借物起兴,从燕子的来去、杨柳的荣枯、桃花的开谢,来渲染时间的来去匆匆,造成一种紧迫的氛围;紧接着是一连串的四个设问,问而不答,由此追寻自己日子的行踪。可是'我'的日子却'一去不复返',看不见,摸不着,是被人'偷了'还是'逃走'了呢?读者稍加思索,自可得出答案。这种表现方法新颖别致,同时也耐人寻味。作者用自然的新陈代谢的迹象和无形的日子相对照,在一连串疑问句中透出诗人怅然若失的情绪。"⑤这是在围绕"散文诗"特有的浓烈的情感和特殊的陌生化的语言进行鉴赏。

二、散文阅读教学的过程与方法

散文总的阅读教学过程与方法可采用我在《接受美学与中学文学教育》一书中结合接受美学理论而提出的三级阅读教学过程模式(如图7所示)⑥。

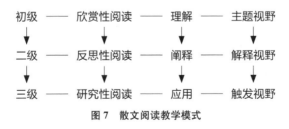

图7 散文阅读教学模式

---

① 孙玉石.现实的与哲学的——鲁迅《野草》重释[M].北京:北京大学出版社,2010:22—23.
② 闫学.阅读经典就是见识经典一番——朱自清《匆匆》教学解读[J].小学教学(语文版),2011(01):15—16.
③ 闫玉良.引导适时 对话精彩——《匆匆》课堂教学简介[J].小学语文教学,2005(05):45.
④ 黄金城.形散神聚 以诗言志:人教版六年级下册《匆匆》文本解读及教学核心价值定位[J].福建教育,2015(1—2):73.
⑤ 任艳普:朱自清《匆匆》赏析[J].中学语文园地(初中版),2006(07):20.
⑥ 张心科.接受美学与中学文学教育[M].合肥:合肥工业大学出版社,2005:74—82.

初级,欣赏性阅读。可视为复现(复活)作者、文本的意象世界(主题视野),即"作品对我说什么"的阶段。阅读是由言明象、据象味意的过程。读者接触的文本是一套语言文字符号系统,所以首先要把言转换成象。读者可以根据自己的生活体验积累、阅读审美经验积累,运用诵读、涵泳等方法,通过再造想象复现文本营构的意象世界。通过言语解读从整体上把握文本的意象世界,并能身临其境、设身处地地感知和体味其中的意蕴。

二级,反思性阅读。通过重构作者的意象世界,创造自己的意象世界(解释视野)。即"我对作品说什么"的过程。文本是一个未完成的"空框结构",充满着众多的未定性和空白点。阅读时要在作者的暗示、意旨及文本的制约下去确定未定、填补空白,进行有意识地误读、创读,以自主阐释来丰富和超越文本。此时,阅读的自主意识已明显加强。然后从第一阶段的移情认同转向理性审视,将两个意象世界进行比较,体味两个意象世界的内容与形式的异同与优劣。

三级,研究性阅读。联系历史意象世界。和自己以前阅读的作品进行比较,阅读其他人的评析文章,判断其内容和形式对传统文学有哪些摒弃、继承或超越。阅读其他相关材料,了解本文创作的背景和旨意。对文本形成更加全面、深刻的认识。

上述三种类型的散文的阅读教学都可采用以上这种模式,区别主要在第二步。第一步,三者均需要通过诵读、涵泳、想象、联想进入文本描绘的世界。第二步,各自依据"这一类"的体式总结、概括获得基本理解,依据"这一篇"的特色细读、体味获得深入理解。如读回忆性散文,分别从"昔日之我"与"今日之我"两个视角切入,考察所写的人和事。如教读游记,就像前述顾黄初先生所说的,让学生根据游踪、风貌、观感这"三要素","边读边思考,边读边设疑",通过文本细读努力发掘其"艺术个性"、写法的"独特之处。"[①]教读"散文诗",就像郑桂华老师所说的,很难梳理全文的逻辑思路、弄清各部分的层次关系,而只能以一个"联想意段"为单位探究"联想源"与"联想物"之间的联系通道,感受每一个段落的联想方式与作者的身世、情感态度、审美意趣的关系,品味作者在描摹对象上所作的种种语言尝试。"在教学中,如果以一个联想段落为典型材料,弄清楚作者的描写与表意模式,就可以算是把握住全文的特点了,而不必逐段逐层解析。"[②]第三步,三者均应该研读其他作品、他人解读文字,以及相关的研究材料从而获得对作品的全面理解。如可在《匆匆》教学的最后一个环节引入林清玄的《和时间赛

---

① 顾黄初.顾黄初语文教育文集外集[M].南京:江苏教育出版社,2013:176.
② 王荣生,步进.散文教学教什么[M].上海:华东师范大学出版社,2014:55—56.

跑》、普希金的《一朵小花》、崔护的《题都城南庄》以及郁达夫等人的评论文章,目的是打开学生的阅读视野,将其对文本的理解引向深入。①

第二节
《爸爸教我读中国诗》教学设计、教学实录与课例评析

爸爸教我读中国诗

程 怡

　　上海师范大学人文学院要举行我父亲程应镠②百岁冥寿的纪念会,要我们写些纪念文字。想起父亲教我念中国诗的情景,父亲的音容笑貌如在眼前。

　　我十个月的时候,得了一场可怕的脑膜炎,高烧刚退,同病房住进了一个出痧子的小孩,于是我又因为感染,炎症卷土重来,结果在广慈医院的隔离病房住了四十多天。当时父母在浦东高桥教书,每天他们轮流在探视的时间渡江来看我,"只能隔着一扇玻璃窗户看你哭,看你睡,看你玩自己的小手小脚,看你自己吃饼干。"爸爸说,"心都是痛的!"据说抱我回家的时候,医生说不确定将来会不会有残疾。我到了一岁半还不会说话,走路也比别的孩子晚得多,父母非常担心。有一天,爸爸看报,我坐在他的膝上,指着某一个标题中的"上"字,爸爸说:"上?"我对他表示满意,赶紧从他的膝上爬下来,拽着他走到他的书箱前,那是中华书局印行的《竹简斋本二十四史》,两个书箱摞在一起,上面一箱为"函上",下面当然就是"函下",我得意洋洋地指着"上",表明我知道什么是"上",这对我的父母来说,简直就意味着"上上大吉"! 于是,爸爸就指着书箱上的字一一念了一遍。据说只此一回,我就能分辨书箱上全部的字,哪个是哪个,从不出错。于是爸爸认定我有很好的记忆力,当然就不再担心我有智力障碍了。

　　以后,爸爸总是教我背诗,往往他念两遍,我再跟着念一遍,记一遍,也就记住了,过几天,爸爸只要念出第一句,我就能接着往下背,这使爸爸非常高兴,我为了让他高兴,背得也很积极。这些童年时跟爸爸念过的诗,至今还能脱口而出。爸爸常常教我念两个人的诗,一个是杜甫,一个是陆游。据母亲说,抗战时漂泊西南,父亲刚刚认识

---
① 闫学.阅读经典就是见识经典一番——朱自清《匆匆》教学解读[J].小学教学(语文版),2011(01):16.
② 程应镠先生,历史学者,上海师范大学首任历史系主任。

母亲的时候,曾经手录他所喜欢的《剑南诗钞》送给她。我的母亲是联大心理系的,中国文学的底子很差,但父亲手录陆游的诗送给她这件事本身,让她喜欢,虽然,她后来还是不读中国诗,当年父亲送她的手抄本,也早就丢了。

  我现在只要读杜甫和陆游的诗,想到的就是我的父亲。好多年以前,我曾经对一个外国朋友说,爱国主义是一种文化血液,我自己造了一个很生硬的词:culturalblood,他对我说,这个比喻让他感动。确实,在我尚未识字的时候,父亲教我念过的那些诗,就和父亲对我的关爱一起,融进了我的血液,塑造着我的灵魂。"文革"当中,在未被抄走的书里,发现了朱东润先生作于五十年代的《陆游传》,那时对于书有一种饥渴感,抓到什么看什么。冯至先生的《杜甫传》,也是那时候看的。小时候还看过一本小人书,讲的是钗头凤的故事,当时印象很深,觉得陆游的母亲太坏了。还由此想到了孔雀东南飞的故事,很不理解陆游为什么很像那个焦仲卿,而唐琬为什么不能成为刘兰芝,问我父亲,父亲觉得我小小的年纪,这事儿跟我讲不清,说是以后你长大了就知道了。"城上斜阳画角哀,沈园非复旧池台,伤心桥下春波绿,曾是惊鸿照影来。"很多年以后,当我懂得了陆游此诗中的深切情感,真的很为他在七十五岁的高龄,仍能如此苦吟而感动。人生无非家国之情,杜甫、陆游,我父亲他们这一代的知识分子,对家国,都有一种深情。

  我小时候一直体弱,有什么传染病,就得什么传染病。三年困难时期,我得了百日咳,当时妈妈大病住院,爸爸就在家里照顾我们。一开始,怕传染弟弟,爸爸让姐姐带着弟弟睡在另一个屋子,而我就睡在爸爸身边,晚上我常常整夜地咳,气管里发出鸱鸺般的啸鸣音,咳得剧烈的时候,鲜血和胃囊中的食物一起呕吐出来,喷得爸爸的枕头上、身上都是。我记得爸爸不停地拍我的背,喂我喝水吃药,给我换上干净的枕巾,擦干净我的呕吐物。因为是"百日咳",我这一番折腾的时间也很久。不过,爸爸后来从来没有跟我们谈起那一段艰难。那是 1959 年的上半年。

  我是 1959 年秋天上小学的。记得那年的冬天,爸爸和妈妈都不在家,妈妈出院以后,因为学校到家要斜穿整个上海市区,她的体力难以支撑,就住在了学校的集体宿舍里,每星期只能回家一次。当时上海市委统战部把高校划了右派的教授集中在颛桥的社会主义学院学习,所以爸爸也有很长一段时间不在家。哥哥上初中,父母不在,他正好自由自在,经常住在几个要好的同学家。小学六年级的姐姐带着我和弟弟在家里,晚上我们害怕,就三个人一起睡在爸爸妈妈房间的大床上,大床正对着房门,房门上有一个气窗,正对着走廊那头的家门,老式的学校公寓的大门上也有一个气窗,气窗外是楼梯顶棚上的电灯,但那个灯长年都是坏的。冬天的晚上,非常冷,我们三个孩子早早地就钻进了被窝。我小时候非常怕黑,姐姐关了灯以后,我睁着眼睛想着种种可怕的故事,真的害怕了,就会闭上眼睛,就会睡着。可那一天,我怎么也睡不着。突然,气窗上有淡黄的光晕一闪一闪的……"也许是贼,他大概想趁我们家没有大人的时候进来!也许是强盗?他会不会拿着刀子?"我闭上眼睛,心"蹦蹦"地跳,再睁眼,气窗上的光不见了,我高兴地拍打着睡着了的姐姐,大叫:"好了!好了!那家伙走了!"姐姐被我弄得摸不清头脑,生气地说:"再吵把你踢下去!"我说:"刚才有光在气窗上闪,现在没……"话还没完,气窗上又有亮光在晃动,姐姐也看见了,她一声不响地抓住我的手……突然,我仿佛觉察到了什么,跳起来光着脚冲到走廊上去了,果然我听到大门外有钥匙哗啦啦响动的声音!"爸爸!爸爸!是爸爸回来了!"姐姐也跑出来了,她一把拉住我,我们俩在门边站了几秒钟,这时候,我们听见爸爸轻轻地叫:"小妹,小妹呀!快给爸爸开门!"我们争先恐后地扑过去给爸爸开门。爸爸穿着一件列宁装大棉袄,地上放着一大捆行李,行李上放着一只打开的手电筒。爸爸说:"我在门口找了半天钥匙,不知道把钥匙塞在哪里了。又开不开门,你们上了保险吧?你们这么早就睡啦?"爸爸摸摸姐姐的头,她是长女,爸爸妈妈不在家的时候,她照顾我和弟弟。我和姐姐欢天喜地合力把爸爸的行李往屋里拽,爸爸把行李带回来了,说明爸爸不会很快离开家。"快!快!快!回到床上去,看看,衣服都没有穿,要生病了!"爸爸把我们赶到床上,掖了掖我们的被子,看了看熟睡的弟弟,就关了灯,出去了。我和姐姐很久都没有睡着,姐姐说:"爸爸叫的是我!"我说:"是我最先想到那是爸爸!"不管怎么说,明天我们醒来的时候,爸爸在家!

后来跟爸爸念杜甫的诗:"遥怜小儿女,未解忆长安。"爸爸问我懂不懂这一句的意思,我说:"我懂的,不过爸爸想念我们的时候,我们也想念爸爸的。那天晚上爸爸从颙桥回来的时候,是我最先想到门外是你!"爸爸说:"你怎么知道外面是我呢?"我说:"因为你的手电在外面闪了半天,你不敲门,不叫我们是因为你不想叫醒我们。"爸爸不再说话,只是听我继续背他教我的诗。

小时候念过的大多数诗都是夏夜乘凉时跟爸爸学的。"僵卧孤村不自哀,尚思为国戍轮台……"依稀记得,念陆游的这首诗,是在一个夏天的晚上,我已经困极了,还不肯回屋子睡觉,趴在爸爸的膝盖上,爸爸摇着大蒲扇,满天的星斗都朦朦胧胧的。突然,爸爸那江西乡音很重的深沉的声音使我睁开了眼睛,我不知道那奇特的吟啸中有什么,但我一下子记住了这首诗。我记得我还没有上学的时候就会背那首《示儿》:"死去元知万事空,但悲不见九州同。王师北定中原日,家祭无忘告乃翁。"爸爸问我懂不懂最后那句,我很得意地嚷嚷说:"那意思就是烧香磕头的时候别忘了告诉你爸爸!"爸爸笑得眼泪都流出来了。

　　爸爸生命最后的那几年,因为"文革"中受的伤而瘫痪了,一开始,右手还可以动,他就每天用小楷抄陆放翁的诗,五大本诗集,他能背诵的几三成,可是他还要我一本一本拿给他,然后说:"好的我都读过的,好句子常常在这里那里重复。"那时候我已经在华东师大教古代文学作品选,已经能够感觉到父亲教我念过的杜甫、陆游的诗中儒家精神的一脉相承。然而其时我真正感兴趣的已不再是他们的诗,而是阮籍与陶渊明的诗。"独坐空堂上,谁可与亲者?出门临永路,不见行车马……日暮思亲友,晤言用自写。""挈舟无须臾,引我不得住。前途当几许,未知止泊处……"我都活到了念这种诗的时候,爸爸的心境就可想而知了。

　　爸爸完全卧床不起的时候,我就让他躺着听音乐。我们的老邻居、老朋友杨立青从上音给我录来了德沃夏克的大提琴协奏曲,那悲怆的旋律在蕉影婆娑的窗边响起的时候,爸爸会吟诵杜甫的诗。他告诉我,那音乐让他想起了故乡老宅,想起了祖母和母亲;可惜的是,我不记得他当时吟诵的是杜甫的哪首诗了。我把这事告诉一起听音乐的朋友,他们都让我好好想一想,但我无论如何想不起来了。然而那音乐与爸爸吟诗的声音,却永远留在了我心底。

　　很多年以后,我看见报上某篇文章里引了一首非常有味道的绝句,我的感觉就好像遇到了一个老熟人,我没有念过那首诗,但我熟悉那种风格,那种非常流畅的朴素与自然的风格,回来一查,果然是陆游的诗,"驿外清江十里秋,雁声初到荻花洲。征车已驾晨窗白,残烛依然伴客愁。"我当时的感受真是难以名状,爸爸在我童年时便种在我生命里的东西,突然宣告了它的无可移易的存在!

选自《文汇报》,2016年4月17日。

《爸爸教我读中国诗》教学设计

教学目标:

1. 掌握一般性散文阅读的三大步骤:"欣赏性阅读—反思性阅读—研究性阅读"。
2. 学习运用"今日之我"与"昔日之我"双重视角阅读回忆性散文的方法。

教学内容与过程:

一、导入

　　今天我们要学习华东师范大学中文系非常受学生欢迎的程怡老师的回忆性散文

《爸爸教我读中国诗》。这篇散文我读过十几遍,程怡老师写得非常好,让我非常感动。有学生在文章中提到,程老师是典型的南方人,却有着北方人豪爽的性格。我没有见过她,不过有同学告诉我,程老师上课时曾对他们说起过自己的父亲,还说了一个细节,就是父亲去世多年后,自己经常半夜惊醒,不自觉地走到父亲曾经睡过的床边,因为以前父亲瘫痪在床时,她每天晚上都会起来替父亲翻身。有同学回忆程老师在上课分析文学作品时常对他们说:"看待历史人物是要用到心理学的,从一个人的角度去理解。"她在指导学生写有关嵇康的论文时说:"当你写到嵇康被杀的时候,你会热血沸腾吗?如果有,那么你真正理解了他!"今天,我们就试着理解这篇散文中的程怡老师和她爸爸的内心。

二、欣赏性阅读

(一) 一人朗读,其他人静听,通过想象和联想进入文本所描绘的意象世界

(二) 说说最让人感动的地方,并读出相关的语句

明确:先同桌或邻座讨论,然后可指名分享。不要求学生解释让自己感动的原因,可以在学生说完、读完后提示:散文打动人的地方,往往是一些细节中所流露出的真情。

三、反思性阅读

(一) 解题

"爸爸":程应镠(1916—1994),上海师范大学历史系教授,著名的历史学家、教育家。青年时代相继在燕京大学、西南联大学习,参加"一·二九"爱国运动,而后投身抗日战争;抗战胜利后,在昆明、上海投入民主运动。长期研究魏晋南北朝史、宋史,主要著作有《南北朝史话》《范仲淹新传》和《司马光新传》等。

"我":程怡(1952—),在华东师范大学中文系学习并留校任教,长期研究汉魏六朝文学,讲授"古代文学作品赏析"课程。主要著作有《汉魏六朝诗文赋》等,发表散文多篇。

"中国诗"指什么?"爸爸"是怎么教的?"我"是怎样看待"爸爸"以及"爸爸教我读中国诗"的?

(二)"昔日之我"眼里的"爸爸"及其教"我"读杜甫、陆游的诗

1. 提问："我"小时候,"爸爸"对"我"及家庭中的其他成员是怎样的?

明确:"爸爸"对"我"及家庭中的其他成员都很"关爱":"我"10个月得脑膜炎时,"爸爸"每天探视"我"、为"我"心痛;7岁得百日咳时,"爸爸"悉心照料;7岁那年冬天的一个晚上,"爸爸"从社会主义学院回来,怕敲门把孩子们吵醒而在房子外翻找钥匙,徘徊不进。

2. 提问："我"小时候是怎样看待"爸爸"教我读杜甫、陆游的诗的?"我"是怎么理解杜甫、陆游的诗歌的?

明确:年幼的"我"以为"爸爸"教"我"读杜甫、陆游的诗,是因为"爸爸认定我有很好的记忆力",而且自己确实没有因为脑膜炎影响智力,诗背一两遍就记住了。"我"背诗的主要目的是为了让父亲高兴,或者因为被父亲"那奇特的吟啸"吸引,并不是因为理解诗歌的含义,甚至根本就不理解:对杜甫《月夜》中的"遥怜小儿女,未解忆长安"以及陆游《示儿》的解读,显然是一个孩子从自己与父亲的亲情的角度去理解的,是一种充满童趣和温情的"误读"。还有,小时候对钗头凤的故事也不理解,对陆游《沈园》中的"深切情感"不能体会。对陆游的《十一月四日风雨大作》中壮志未酬、渴望报国的情怀不理解。"文革"中偶尔读到《陆游传》和《杜甫传》,也并非有意为之,只是因为"对于书有一种饥渴感,抓到什么看什么"。

(三)"今日之我"眼里的"爸爸"及其教"我"读杜甫、陆游的诗

1. 提问:文中哪几个表示时间的词显示出"我"对"爸爸"以及对读杜甫、陆游的诗歌的认识发生了很大的变化?又有哪些变化?

明确:"现在"、"爸爸生命最后的那几年"、"爸爸完全卧床不起的时候"、"很多年以后"等。

"爸爸"生命最后的那几年,"我"在大学里讲授古代文学作品选时,感受到杜甫、陆游的诗歌有兼济天下的入世情怀("已经能够感觉到父亲教我念过的杜甫、陆游的诗中儒家精神的一脉相承"),此时的"我"更喜欢阮籍、陶渊明的那种追求个性自由、亲友私情、隐逸生活旨趣的诗歌,但是"爸爸"即使是年老、瘫痪,仍不改其志,抄背陆游的诗歌。

"爸爸"完全卧床不起的时候,听悲怆的大提琴协奏曲时会吟诵杜甫的诗,会由此想起故乡的老宅和故去的亲人。

很多年以后,"爸爸"不在了,"我"偶然看到一首从没读过但是像老熟人一样的绝句,回家一查,果然是陆游的诗:"驿外清江十里秋,雁声初到荻花洲。征车已驾晨窗白,残烛依然伴客愁。"此诗写陆游在崇安县驿想起当年在外为国征战、不时思想家乡的情景。

过去"我"以为杜甫、陆游的诗主要表达了"爱国主义"("好多年以前,我曾经对一个外国朋友说,爱国主义是一种文化血液,我自己造了一个很生硬的词:culturalblood,他对我说,这个比喻让他感动"),而现在"我"意识到其中还有对家人的爱("确实,在我尚未识字的时候,父亲教我念过的那些诗,就和父亲对我的关爱一起,融进了我的血液,塑造着我的灵魂")。也就是说,现在"我"终于意识到了杜甫、陆游的诗歌里同时兼具爱家、爱国两种情怀(如杜甫对妻子的思念、为官军收复失地的喜悦,陆游对唐琬的思念、坚守戍边的决心、对收复失地的渴望。他们的诗歌里有"小儿女"的"小爱",更有"爱国主义"这个"大爱");"我"意识到"爸爸"身上也兼具爱家、爱国两种情怀("人生无非家国之情,杜甫、陆游,我父亲他们这一代的知识分子,对家国,都有一种深情");"我"更意识到,在"爸爸"看来,爱家、爱国两种情怀是一致的(他教女儿读杜甫、陆游的诗歌,手抄《剑南诗稿》送给爱人),而这种家国情怀因为"爸爸教我读中国诗"而得以延续("我当时的感受真是难以名状,爸爸在我童年时便种在我生命里的东西,突然宣告了它的无可移易的存在")。

2. **提问**:为什么标题中用的是"爸爸"不是"父亲",用的是"中国诗",而不是"杜甫、陆游诗"?

明确:(文章第一段两次用"父亲",标题和正文中的其他地方均用"爸爸")用"爸爸"表示亲昵,用"父亲"过于庄严,用"爸爸"称呼体现他爱家的情怀,并与读"中国诗"体现他爱国的情怀相应照。用"中国诗"而不用"杜甫、陆游诗",从表面上看是为了简洁,其实主要是因为杜甫、陆游的诗歌兼有家国情怀,是"中国诗"的典型代表;杜甫、陆游是中国古代知识分子的典型代表,爱读杜甫、陆游诗的"爸爸"则是中国现代知识分子的典型代表。而"我"也因为"爸爸教我读中国诗"而承继了这份家国情怀("我现在只要读杜甫和陆游的诗,想到的就是我的父亲。好多年以前,我曾经对一个外国朋友说,爱国主义是一种文化血液")。

四、研究性阅读

深入理解课文,探求"这一篇"散文的独特之处。

（一）搜集背景资料，深入理解课文中的人物

1. 提问： 课文中对"爸爸"爱家的一面着墨很多，多是从侧面来写，即通过"我"的感受来写；但是，对其"爱国"的一面似乎写得不多。能从文中找到吗？

明确： 课文其实也从侧面写到他爱国的一面，如早年就喜欢读杜甫、陆游的爱国主义的诗歌，教自己的子女念杜甫、陆游的诗歌；又如虽然被打成"右派"参加劳动改造，虽然因为"文革"中受的伤落下病根导致瘫痪，但是他并没有怨天尤人；在卧床时阅读充满家国情怀的杜甫、陆游的诗歌。可以说，其爱国情怀终生不渝。

2. 从其他媒介搜集程应镠的生平资料。

明确： 百度百科的"程应镠"条目中分"志存家国嗤心性"（1916—1939）、"斗争文字疾风雷"（1940—1949）、"得失久谙关世运"（1949—1971）、"报国谁知白首心"（1972—1994）四部分，详细记述了他为国家奋斗的一生。

3. 阅读作者其他的回忆父亲的散文。

明确： 程怡写父亲的其他散文，如《父亲、叔叔和那个时代的人》《老房子》《夜窗犹忆惊风雨——（龙年）父亲节写我的父亲程应镠》。

（二）阅读同类作品或研究类著作，深入研究课文的独特之处

1. 推荐阅读其他人以父亲为题材创作的散文和小说，散文如鲁敏的《以父之名》、朱自清的《背影》、潘新和的《书魂》，小说如林海音的《爸爸的花儿落了》，建议学生将其与本文进行比较阅读。

明确： 例如，《爸爸教我读中国诗》和《以父之名》都是女儿写作为知识分子的父亲的，所写的父亲却迥然不同：前者是一个有家国情怀的知识分子；后者是只追求个人生活的知识分子，谈不上爱国，更不顾家。它们表达的情感也迥然不同：前者是思念、感激；后者有思念，也有怨恨。

2. 有人称，程怡老师在上课时，"嵇康、阮籍、王羲之……这些千年以前的人，在她的口中似乎又'活'了过来"。她写人能做到栩栩如生、记事能让人身临其境，其中一个最重要的原因是注意细节描写。请结合全文来分析。

明确： 如语言："'只能隔着一扇玻璃窗户看你哭，看你睡，看你玩自己的小手小脚，看你自己吃饼干'。爸爸说，'心都是痛的！'"（来的次数多，才能看到不同状态下的"我"；或看的时间长，看得很仔细；表达父母对"我"的怜爱）如行为：翻找钥匙开门，不惊醒儿女。如动作："爸爸把我们赶到床上，掖了掖我们的被子，看了看熟睡的弟弟，就

关了灯,出去了。"如心理、神态:"爸爸不再说话,只是听我继续背他教我的诗","爸爸笑得眼泪都流出来了",等等。

五、总结全文

提示学生,应掌握在阅读一般散文时所应采用的欣赏性阅读、反思性阅读和研究性阅读三个步骤,阅读回忆性散文要从"今日之我"与"昔日之我"两个视角入手,还要在掌握"这一类"散文体式的基础上探究"这一篇"散文的特色。

《爸爸教我读中国诗》教学实录

时　　间:2018年10月24日
地　　点:华东师范大学第二教学楼217室
执 教 者:张心科
教学对象:华东师范大学中文系2016级公费师范生

师:今天我们要学习在咱们华东师大中文系多年从事古代文学作品选教学的女教师程怡老师写的一篇回忆性散文《爸爸教我读中国诗》。程老师的教学非常受学生的欢迎。这篇散文我读过十几遍,程怡老师写得非常好,让我非常感动。有学生提到程老师是典型的南方人,却有着北方人的豪情。我没有见过程老师,没有接触过她,不过有同学告诉我,程老师上课时有一次提到自己的父亲,还说过一个细节,就是父亲去世多年后,晚上自己会突然从梦中惊醒,不自觉地走到父亲曾经睡过的床边,因为父亲晚年时瘫痪在床,所以她每天晚上都会醒来给她父亲翻身。还有同学回忆,程怡老师在上课分析文学作品时常说:"看待历史人物是要用到心理学的,从一个人的角度去理解"。她在指导学生写有关嵇康的论文时说:"当你写到嵇康被杀的时候,你会热血沸腾吗?如果有,那么你真正理解了他!"也就是说,按照她说的,无论是写作还是解读一个作品,我们都要走近这个人物,走进他的心灵,然后才能够真正地理解他,才能够真正地被感动。我不知道大家在课前预习阅读这篇文章的时候感受是怎样的,我刚才说过我是特别感动的。我还是想把它读一遍,读到有些场景时大家想一想,该是什么场景;我在读的时候,你把你最喜欢的地方,也就是最能触动你的地方标注出来,稍微想一想到底是什么原因。我来读一下。

（教师朗读）

我刚才完整地读了一遍，我不知道大家对这篇文章的感受是什么样的，大家相互交流分享一下。

生：（学生活动，讨论交流）

师：感动是肯定的，是吧？

生：嗯。

师：大家看一下，哪些是感动你的地方？原因是什么？

生：（继续讨论）有什么感受吗？许多细节……

师：我看到一些同学把自己喜欢的地方划出来了，还写了一些评注。我们大致说一说，你认为哪些地方是非常让人感动的地方？

生（一位男生）：老师，我提一点不同的看法，我觉得这篇文章其实写得挺平淡的，这种平淡不让我感动，不是像《项脊轩志》，实际上那也是一种平淡，但那种味道一下子就出来了，对他几个亲人的叙写。像我们现在还不至于被她感动。

生（众人）：啊？

师：读一篇文章可以有不同的感受。他说是平淡，我不知道大家对他这种说法是怎么看的？你觉得这是一种平淡吗？……你在摇头，那你说说。

生：不是平淡的……

师：我们怎么来看待"平淡"这两个字？我记得苏轼讲过有关陶渊明的诗，他是怎么说的？

生（前面说本文平淡的那位男生）：看起来是平淡的，实际上是丰腴的。

师：（板书："质而实绮，癯而实腴"，"外枯而中膏，似淡而实美"）一个说是平淡的，另一个说不是平淡的。我相信绝大多数同学都不同意说这篇文章是平淡的这个说法。就是我们该怎么来看"平淡"这两个字。除了这个之外，还有哪位同学说说你的感受，然后我们再进一步讨论。

生：我想先评价一下刚才那位同学说的"平淡"，我想他指向的"平淡"背后应该是这篇文章中的真情，像《项脊轩志》的风格是平淡，但是平凡小事中有真情，刚才那位同学说的"平淡"可能指向的是情感比较真。我刚才在讨论时听到有同学说了其他印象深刻的地方。我可能和他们不太一样。我觉得在这个文本之中，给我印象比较深刻的是，她对她生病时的父亲的描述，一个是她小时候得脑膜炎住进医院那段时间，她爸爸说隔着玻璃窗户，看她吃，看她睡，看她玩小手小脚，看她吃饼干这段，看起来写得很平淡，但是如果真正和孩子接触过，你会觉得孩子的一举一动都是能够打动你的心的，但是他作为一个父亲只能以局外人的身份去观看的时候,那种感情,我想孩子她自己体会不到,但是对于一个真正养过孩子的人来说,是能够打动内心的。

师:尤其是一个父亲。

生:对的。

师:这是很简单的话:"'只能隔着一扇玻璃窗户看你哭,看你睡,看你玩自己的小手小脚,看你自己吃饼干'","'心都是痛的!'"我们看这一句,他每天探视的时间是很少的,爸爸一下子说了这么多,这说明了什么?

生:他已经去过很多次。

师:对,去过很多次,而且每次去的时候,"看你哭,看你睡,看你玩自己的小手小脚,看你自己吃饼干",尤其是后面这两句,一个父亲对女儿的怜爱,在这后面两句中一下子就体现出来了。所以,像我们刚才说的,就像读陶渊明的诗,看起来是平淡的、自然的,实际上是很丰腴的,有一种深情在里面。除了这个之外,还有哪些?刚才说的是对这篇文章的大致的感受,随着我们慢慢地走近这个两个人,大家对这篇文章或者说对这两个人的理解会更深些。(播放PPT)我们先看文章中写的"爸爸":

> 程应镠(1916—1994),上海师范大学历史系教授,著名的历史学家、教育家。青年时代相继在燕京大学、西南联大学习,参加"一·二九"爱国运动,而后投身抗日战争;抗战胜利后,在昆明、上海投入民主运动。长期研究魏晋南北朝史、宋史,主要著作有《南北朝史话》《范仲淹新传》《司马光新传》等。

大家看一下程应镠年轻时候的照片,给你的感觉是怎样的?(生:帅)有同学说"帅",风神潇洒,是吧?再看1976年之后的这张照片。他旁边这两人是谁?不知道啊?沈从文、张兆和。程怡老师在其他文章里提到过他们家和沈从文之间的关系。因为沈从文当年在西南联大当过老师。再看这张照片,是"爸爸"晚年读书时的一个场景,大家看他手上拿的是线装书,放在桌上的一叠,我不知道是不是陆游、杜甫的诗,很有可能是。

我们再看作者"我":

> 程怡(1952—   ),在华东师范大学中文系学习并留校任教,长期研究汉魏六朝文学,讲授"古代文学作品赏析"课程。主要著作有《汉魏六朝诗文赋》等,发表散文多篇。

她已经退休了,我在华师大中文系工作的时候都没有见过她,但我们都知道她的"存在"。

大家对这篇文章的理解有多深。文章中的"中国诗"指什么?怎么教?然后,"我"是怎样看待"爸爸"以及"爸爸教我读中国诗"的?这是一个很关键的问题。我们首先看第一个问题:过去"我"是怎么看"爸爸"以及"爸爸教我读中国诗"的?

板书:

"我"小的时候,"爸爸"对"我"及家庭中的其他成员是怎样的?课文中用了哪个词?

生:"关爱"。

师:哪些地方、哪些事情体现了"爸爸"对"我"、对家人的关爱?

生:刚才那件事。

师:刚才那个,"我"小时候生病,"爸爸"和"妈妈"每天在浦东劳动,在劳动的间隙还要过来看看。要知道那时的浦东不是现在的浦东,是很落后的,尤其是刚才提到的"'只能隔着一扇玻璃窗户看你哭,看你睡,看你玩自己的小手小脚,看你自己吃饼干'","心都是痛的!"还有呢?讨论一下,找一找。

生:(学生讨论)十个月的时候自己得脑膜炎,"爸爸"每天来探视。

师:这个是。还有呢?

生:得了百日咳,还有开门那一次。

师:为什么开门那次体现了"爸爸"的关爱?

生:找钥匙,推门。

师:这就是做父母的人和一般的人不一样的地方,非常非常不一样。如果是一个和你家没有什么关系的人到你家,肯定是直接敲门了,是不是啊?在这个时候,父亲知道家里面住着孩子们,知道孩子们还在睡觉,所以他首先是自己找钥匙开门,找不到就再推,推的时候发现门上了保险。我们古代的时候讲"推敲,推敲",那个典故还记得吧?有人讲:用"推"好,还是用"敲"好,主要是看那里面有没有住人。如果住的是别人,可能是用"敲"好;如果住的仅仅是那个僧人自己,就是"推"。一个做父亲的,他知道自己的孩子在里面睡了,宁愿自己摸摸索索地找,找半天,也不愿去把孩子们吵醒,从这里可以看出父亲对子女的关爱。后面写的更不用说了,父亲进门之后,发现小孩爬起来了,把"爸爸"的行李往回搬,"爸爸"是怎么说的?

生:"快!快!快!回到床上去,看看,衣服有没有穿,要生病了!"

师:还有"爸爸摸摸姐姐的头"。因为她是长女啊。"摸摸姐姐的头",除了怜爱之外(生:肯定),有同学说是"肯定""赞许",可能还有一种歉疚。你看,本来应该是家里大人在家照顾小孩的,但是他和"妈妈"都不在家,所以只有让"姐姐"在家照顾"弟弟妹妹","姐姐"也是一个小孩。除了这个,还有哪一个?

生:掖被子。

师:"掖了掖我们的被子,看了看熟睡的弟弟,就关了灯,出去了。"这个动作,说明他怕我们着凉了。还有哪些?如果说这两处是对孩子的关爱的话,我觉得里面还有一个地方挺让人感动的。

生:给母亲手抄《剑南诗钞》。

师:给母亲手抄他所喜欢的《剑南诗钞》。我在读程怡老师写他的父亲、他的叔叔的文章时,都非常感动,在她的笔下这两个男人是非常有情义的男人。手抄《剑南诗钞》给母亲,能体现他对母亲的爱。

师:第二个问题是:"我"小时候是怎么看待"爸爸"教我读杜甫、陆游的诗的?"我"是怎么来理解杜甫、陆游的诗的?"爸爸"教我读杜甫、陆游的诗的最初缘起是什么?

生:"我"小时候得了脑膜炎。

师:得脑膜炎,走路慢,说话晚,医生也说不能保证以后智力不出问题,我想父母看到这种情况肯定特别担心。但是有一天,她突然看到父亲读的书上有一个"上"字,她竟然把父亲拽到写有"上"字的装二十四史的箱子旁指着那个"上"字。作者把这个事情说完之后,紧接着说父亲教"我"读诗?她认为父亲教自己读诗、背诗的原因是什么?哪一句话说出了这个原因?

生:"于是爸爸认定我有很好的记忆力。"

师:对。我估计她自己小时候肯定以为"爸爸"认为自己的记忆力好、智力不差,所以"爸爸"教自己读中国诗、背中国诗。而且,真的是这样,"爸爸"教"我"读中国诗的时候,"往往他念两遍,我再跟着念一遍,记一遍,也就记住了",更坚信了她的这种想法。她自己背杜甫、陆游的诗的目的是什么?

生:让"爸爸"高兴。

师:"爸爸"一高兴,她就背得很积极。你看"我"的记忆力多好,多能干,"爸爸"终于可以不操心了。这说明,"我"小时候背诗,目的就是为了让"爸爸"高兴,让"爸爸"确信"我"的智力没有问题。但是,"我"对杜甫、陆游的诗理解不理解?

生:不理解。

师:哪个地方体现了不理解?她说"文革"的时候读朱东润的《陆游传》,读冯至的《杜甫传》,是不是因为她很喜欢这两本书?

生:不是。

师:是不是要在这个时候,在"爸爸"面前证明自己的记忆力好,让"爸爸"高兴?

生:也不是。

师:是什么原因。

生:因为那个时候没有书。

师:因为那时候没有藏书,有一种饥渴感,抓到什么看什么。也就是说,这也是无意中去看的,并不是有目的的,或者受"爸爸"的影响才去找的。对诗歌的认识更是这样。这里面首先提到陆游的一首诗,我让大家在课前去找来读的。

> **沈 园 二 首**
>
> 陆 游
>
> 城上斜阳画角哀,沈园非复旧池台,
> 伤心桥下春波绿,曾是惊鸿照影来。
> 梦断香消四十年,沈园柳老不吹绵。
> 此身行作稽山土,犹吊遗踪一泫然。

这首诗怎么来理解?关于陆游与唐婉的故事,大家都很熟悉。《钗头凤》这首词,大家也很熟悉。大家看,这首诗里到底表达了陆游的哪种情感?你要知道,这时候陆游已经七十五岁了,我们经常讲"人到七十古来稀",现在活到八九十岁没什么问题,在古代活到七十岁意味着什么?人随时会离开。在这个时候他写了这首诗,他要表达什么情感?"惊鸿照影"是谁?他和唐婉是结发夫妻,是在很小的时候,他现在七十五岁了,也就是说已经过了几十年了。几十年,沈园肯定在物的方面有变化,画角是变的,池台也是变的,但是那上面的斜阳、桥和流水是不变的。我猜想"惊鸿照影"写的是唐婉。也就是说,物是而人非,流水还在那地方流,阳光还在那地方照,但是人已经不在了。尤其是后面写得更明显,"梦断香消四十年,沈园柳老不吹绵。此身行作稽山土,犹吊遗踪一泫然"。写自己行将就木。"泫然"是流泪的意思。你看,一个七十五的老人经历过那么多事情,但当他想起自己的过去,想起唐婉时,不禁流泪,这种深情可能是大家体会不到的。我经常跟别人开玩笑,判断一个人是否喜欢另外一个人,就看他是否在生命即将结束的时候还惦记着这个人,或者说,在要远离人世之前最不放心的某个人,可能是他这一生中最爱的人。

当她在读《沈园》的时候,当她在读《钗头凤》的时候,她是不太明白的。她觉得唐婉应该像刘兰芝那样去"举身赴清池",她觉得陆游更应该像焦仲卿那样"自挂东南枝",这是她作为一个年轻人对爱情的理解,和年老的陆游对爱情的理解是不一样的。什么是"真情"?她在文章中写道:"很多年以后,当我懂得了陆游此诗中的深切情感,真的很为他在七十五岁的高龄,仍能如此苦吟而感动。"她以前的理解是流于表面的,以为男女之情是轰轰烈烈的,而不知道"真情"是什么。还有一个地方也显示出她不懂陆游的诗,写得挺好玩,大家知道是哪里吗?

生:《示儿》。

师:我们首先来看《示儿》这首诗。

> **示 儿**
> 陆 游
> 死去元知万事空,但悲不见九州同。
> 王师北定中原日,家祭无忘告乃翁。

这首诗是陆游在他八十五岁时写的。当"爸爸问我懂不懂最后那句,我很得意地嚷嚷说:'那意思就是烧香磕头的时候别忘了告诉你爸爸!'""爸爸"听到后是什么反应?"爸爸笑得眼泪都流出来了。"为什么笑得眼泪都流出来?是欣慰的笑,还是怎样的笑?"爸爸"很欣慰,你看,到过年的时候孩子还给"爸爸"烧纸钱。(学生摇头)那为什么会笑?

生:小孩子的理解。

师:这完全是一个小孩的理解,充满着童趣的。她不理解这首诗中陆游的情感。陆游中年戍边,征战沙场,晚年退休,栖居家乡,所以晚年一直对金人入侵,对国破家亡,念念不忘。这首诗表达的主要是对国家还没有统一、对自己壮志未酬的那种无奈和悲愤,并不是对人生的眷念,并不是要让自己在另一个世界还要家人做什么,但是小孩子的理解很简单:过年烧香磕头的时候别忘了告诉你爸爸。在一个孩子的眼里,没有其他的意思。

还有一个地方:"后来跟爸爸念杜甫的诗:'遥怜小儿女,未解忆长安。'爸爸问我懂不懂这一句的意思,我说:'我懂的,不过爸爸想念我们的时候,我们也想念爸爸的。那天晚上爸爸从颠桥回来的时候,是我最先想到门外是你!'爸爸说:'你怎么知道外面是我呢?'我说:'因为你的手电在外面闪了半天,你不敲门,不叫我们是因为你不想叫醒我们。'爸爸不再说话,只是听我继续背他教我的诗。"同学们,杜甫的《月夜》,"爸爸"问"我"懂不懂,这是"我"的回答。那么,在"爸爸"的眼里,"我"读懂了这首诗吗?我们先一同来欣赏这首诗。

月　夜

杜　甫

今夜鄜州月,闺中只独看。

遥怜小儿女,未解忆长安。

香雾云鬟湿,清辉玉臂寒。

何时倚虚幌,双照泪痕干。

　　这首诗写于公元756年,那一年杜甫48岁。好像是他当时追寻肃宗,后来被官兵俘虏到长安去了。在长安的时候写了这首诗。"今夜鄜州月,闺中只独看。"这在写谁?(生:妻子)妻、子,鄜州是妻子和儿女生活的地方。我们在大学上"古代文学作品选"这门课的时候,老师会说这里用了一个特殊的手法,叫"从对面来写",也就是说,不是先写自己,而是写妻、子。"香雾云鬟湿,清辉玉臂寒",说明妻子在房子外面看长安,看的时间非常久。在看谁?看杜甫,在看"我"。"遥怜小儿女,未解忆长安",这是谁的口吻?(生:我)对,"我","我"在这么遥远的千里之外,心疼"我"的这一双小儿女,他们不知道"妈妈"为什么会思念长安。其实是写自己思念妻子和儿女。

　　这时"爸爸"没有再说下去,一方面,也许是这个小孩能理解当时"爸爸"为什么不把自己叫醒,对"爸爸"怜惜自己的这层意思是读懂了的,另一方面,"爸爸"作为一个男人,因为父亲对自己的女儿,那种感情的传递是非常含蓄的,当自己的女儿直接说出来后,他并没有去接话,只是自己读自己的书。同时,一方面,父亲对女儿的这种理解是认可的,另一方面,这首诗是杜甫在为了国家被俘虏的背景下写的,这层意思是作为小孩的"我"所不懂的,所以"遥怜小儿女,未解忆长安",他们不懂自己的母亲为什么思念。一个男人在外征战、奔波,身陷囹圄。关于"家"的含义她(小时候的"我")是能够体会的,但关于"国"的情感她是体会不了的。

还有一个地方:"依稀记得,念陆游的这首诗,是在一个夏天的晚上,我已经困极了,还不肯回屋子睡觉,趴在爸爸的膝盖上,爸爸摇着大蒲扇,满天的星斗都朦朦胧胧的。突然,爸爸那江西乡音很重的深沉的声音使我睁开了眼睛,我不知道那奇特的吟啸中有什么,但我一下子记住了这首诗。"

我问大家,作者明白了这首诗吗?作者记住这首诗是因为她懂得了这首诗的意思吗?

生:不是。是因为父亲的吟啸声。

师:如果她很明白这首诗,很喜欢"爸爸"背的这首诗,我想她肯定是很兴奋地去听,很努力地去记,但是这时她"困极了",觉得"满天的星斗都朦朦胧胧的"。那么,她一下子就记住了,是不是因为这首诗本身?不是吧。是因为父亲的吟啸声。

那你看这首诗:

十一月四日风雨大作

陆 游

僵卧孤村不自哀,尚思为国戍轮台。
夜阑卧听风吹雨,铁马冰河入梦来。

这首《十一月四日风雨大作》是68岁的陆游退居家乡山阴时写的。"僵卧孤村不自哀":我直挺挺地躺在偏僻的小山村里面,我并没有为自己的处境而伤心。"尚思为国戍轮台":我还在想着能不能像自己壮年时那样为国家戍守边疆。"夜阑卧听风吹雨,铁马冰河入梦来":夜深的时候我还是睡不着觉,我迷迷糊糊地听到外面的风声雨声,似乎是千军万马,慢慢地就睡着了,梦中出现披着铠甲的战马一路踏着冰河而去。这在写陆游的什么?这肯定不是写有关他与唐婉的爱情。如果是我们年老了,衰朽之年首先想到的是什么?我的这一生将要过去了,个体的生命将要消逝了。但是他想的仍然是国家。然而,"我"并没有因为陆游年老还在思考报国这一点而感动,仅仅是因为父亲的吟啸声让"我"一下子就记住了。

从这里可以看出,作者写过去,对"爸爸教我读中国诗"以及"爸爸"所教"我"的中国诗本身,都是不理解的,或者说,有些是"我"的"误读"。

这个是"昔日之我"的看法,那么今天的"我"是怎么看"爸爸"以及"爸爸教我读中国诗"的?

板书:

这里面有几个表示时间的词,反映了这种变化。哪几个词?肯定是与"我"小时候相反的嘛。找到了吗?写小时候,从文章开头一直写到"眼泪都流出来了"。那么与这个相反的是哪些?这个不知道啊?标志性的词语一般出现在哪些地方用来表示时间的转变?在段落的第一句。

生:"爸爸生命最后的那几年","爸爸完全卧床不起的时候","很多年以后"。

师:"爸爸生命最后的那几年"。他78岁去世,我估计"那几年"是70岁之后,瘫痪在床的时候,要抄陆游的诗,要背陆游的诗。作者写她自己那时正在我们华师大中文系教古代文学作品选。我刚才提到,一个人到老了的时候,尤其像我们这种人,更多的是哀叹自己的这一生,我们看看这里面写的"爸爸"是怎样的?1959年的时候,那天晚上他是从哪里回来的?颛桥社会主义学院。颛桥社会主义学院是做什么用的?是让"右派"学习的地方。我们再往前看,程应镠先生是1916年出生的,1959年他多大年纪?43岁。一个男人43岁正是身强力壮、风华正茂的时候,他却被打成"右派"。如果是一般的人,到老年的时候会怎样?1976年之后,他在上海师大创立历史系,成为首任系主任,然后写了大量的历史著作。我们没有看到他怨天尤人。在人年老的时候,即便不是瘫痪在床,就像我要是老了(其实我现在这个年纪都有那种感觉),我应该干什么?就像周作人那样,在苦雨斋里面,喝喝茶、看看书、听听音乐。你看他在干什么?他在读杜甫、陆游的诗。你看这地方写"我",写得非常精彩:"我已经能够感觉到父亲教我念过的杜甫、陆游的诗中儒家精神的一脉相承。"也就是说,作者在这个时候理解了什么?从过去不理解杜甫、陆游的诗,或者说就是一个小孩的理解,到现在"我"理解了其中有一种儒家精神。儒家精神是什么精神?"知其不可为而为之","修身齐家治国平天下",永远是一种"大我"的精神。程怡老师写她自己是怎样?她自己更喜欢什么?最喜欢的是阮籍、陶渊明的诗。我们来看看阮籍的诗:

咏　怀

阮　籍

独坐空堂上,谁可与欢者?
出门临永路,不见行车马。

> 登高望九州，悠悠分旷野。
> 孤鸟西北飞，离兽东南下。
> 日暮思亲友，晤言用自写。

这首诗表达了一种什么样的情感？"独坐空堂上，谁可与欢者？"有一个"独"字。如果是现在的我们，能感觉到孤独吗？此刻你能感觉到孤独吗？老师在呱啦呱啦地讲，大家也都在一起，孤独吗？不孤独。尤其是"登高望九州，悠悠分旷野"，写的是他所见。这首诗写的是人生的孤独和所见的荒凉。再看陶渊明的诗：

杂诗（其五）
陶渊明

> 忆我少壮时，无乐自欣豫。
> 猛志逸四海，骞翮思远翥。
> 荏苒岁月颓，此心稍已去。
> 值欢无复娱，每每多忧虑。
> 气力渐衰损，转觉日不如。
> 壑舟无须臾，引我不得住。
> 前途当几许，未知止泊处。
> 古人惜寸阴，念此使人惧。

一开始写自己年少的时候心里充满了远大的志向，但是到了这个时候，想到的更多的是人生的短暂和生命的无常。

所以，我们看，不管是阮籍的诗歌，还是陶渊明的诗歌，所体现的是一种什么样的情感？

生： 关心自己。

师： 想到的是自己。我们现在有"文人"与"知识分子"之分。如果这样简单地来分，杜甫、陆游可以归入哪一类？阮籍、陶渊明可以归入哪一类？我们经常说"知识分子"。"知识分子"是一种什么样的人？张老师是不是？显然不是。因为我只是追求一种精神、一种趣味，所以顶多是一个"文人"，甚至还算不上"文人"，因为我不像中文系的老师们那样吟诗作词。按正常来说，作者应该像你们现在这样喜欢指点江山、激扬文字，但是恰恰相反，她给人一种暮气沉沉、超脱自然的感觉。而父亲按正常来说应该是另外一种,经历了人生的苦难之后有一种超脱,一种回归自我的那种心境,就是到了应该关照自己的生命、关心自己的生活的时候,他却相反,在病榻之上,身体都不能动了,仍在读杜甫、陆游的诗,这是非常让人感动的。

还有父亲"完全卧床不起的时候",我们让他听音乐,听的是德沃夏克的音乐。父亲听了会吟诵杜甫的诗。里面有句话非常让人感动,是哪句话?你们现在都很年轻,如果到了我这个年龄,或者比我这个年龄更大一点的时候,你猜猜哪句话最让张老师感动?

生:"想起了故乡老宅,想起了祖母和母亲。"

师:对。如果说前面写父亲读杜甫、陆游的诗,虽然自己年老衰弱,还是想着对国家的奉献的话,那么这里的"老宅"是家,"祖母和母亲"是家人。这里写的德沃夏克,是捷克的著名作曲家。我们听的《第九交响曲》是他写的。他曾经到了美国,晚年的时候重新回到了故乡,读了许多捷克民族的传说和故事,写了《野鸽》《午时女妖》等一组充满着童趣的曲子。他回归自己的故乡,回归自己的童年,回到自己的亲人身边,这是最让人感动的。你们现在对父母、对故乡可能是没有什么感觉的,只有在自己经历了很多很多的事情之后,例如,当你年龄大了父母随时可能离去的时候,甚至已经离去了,你的那种感觉。或者你年纪大了、奔波久了的时候,你对故乡的感受。你们现在没有这种感受。有句话叫"一个战士如果不战死在沙场,就应该回归故乡"。所以,她的父亲,在我们看来,是以一种有国也有家的情怀的战士的身份出现的。

后面又说:"很多年以后,我看见报上某篇文章里引了一首非常有味道的绝句,我的感觉就好像遇到了一个老熟人,回去一查,果然是陆游的诗"——《崇安县驿》。《崇安县驿》是陆游在福建做官的时候写的。

> **崇 安 县 驿**
> 陆 游
> 驿外清江十里秋,雁声初到荻花洲。
> 征车已驾晨窗白,残烛依然伴客愁。

我们从这首诗里读到什么样的情感?"驿外清江十里秋",古代驿站作什么用的?

生:传递信件。

师:为百姓传递信件吗?是为官府传递公文,或者为官员来往提供休息的地方。所以,"驿外"说明他在外为国家奔波。"雁声初到荻花洲",雁是哪里的?我们经常说

"雁南飞"，所以雁是北方的，塞外的。我猜想陆游在驿站里、在奔波中看到了芦花、听到了雁声，他马上会想到当年自己戍守边疆、征战在外时的情景。看后面这句"征车已驾晨窗白，残烛依然伴客愁"。什么叫"客愁"？什么叫"客"？和"客"相反的词是什么？和"客人"相反的词是什么？

生：主人。

师：家人。"客"在外，相反就是在家。"客愁"也许是写在外奔波思念自己的家人、家乡。所以，在这首诗里，既有对国家的那种情怀，也有对家人的那种思念，这就是我们平时讲的，不管是陆游的诗歌，还是杜甫的诗歌里面都有一种家国情怀。这种家国情怀除了这些诗体现了，除了前面提到"已经能够感觉到父亲教我念过的杜甫、陆游的诗中儒家精神的一脉相承"外，还有哪个地方提到了？

生："好多年以前……"

师："好多年以前，我曾经对一个外国朋友说，爱国主义是一种文化血液，我自己造了一个很生硬的词：culturalblood，他对我说，这个比喻让他感动。确实，在我尚未识字的时候，父亲教我念过的那些诗，就和父亲对我的关爱一起，融进了我的血液，塑造着我的灵魂。"在这地方她提到了爱国主义，爱国主义是很多年前自己对父亲以及对父亲读诗的理解。我们刚才说了，父亲所读的杜甫、陆游的诗里面不仅仅有爱国主义这一面，还有哪一面？我们看看《月夜》里面对自己妻子的思念、对儿女的思念，陆游的《沈园》里对唐婉的思念，再看最后陆游写的诗对家乡、对亲人的思念，这里面也有一种"家"的情怀。其实，这里写的父亲也是这样的，这么多年一直为国家奉献，尤其是写他晚年听德沃夏克的音乐想起老宅、想起祖母和母亲。你要知道他也是一个生命即将走向终点的人，他想起了祖母、想起了母亲，我想他肯定是想起了他小时候的一些情况。所以，我说我在读这一句时很感动。刚才有同学说这篇文章写得很平淡。感觉平淡也许是觉得文章没有深情，也许是认为文章的情感不强烈、不真挚，没有《项脊轩志》写得有深情。我在读这篇文章时似乎感觉到和《项脊轩志》末尾那句"庭有枇杷树，吾妻死之年所手植也，今已亭亭如盖也"一样的这种感觉。过去的时候，"我"以为杜甫、陆游的诗主要表达的是爱国主义，但是，"很多年以后，当我懂得了陆游此诗中的深切情感，真的很为他在七十五岁的高龄，仍能如此苦吟而感动。人生无非家国之情，杜甫、陆游，我父亲他们这一代的知识分子，对家国，都有一种深情。"作者在这个地方用了一个词非常好——"知识分子"，而不是"文人"。还有就是作者从父亲读杜甫、陆游的诗，从自己读这些诗、自己读父亲中，体会到杜甫、陆游的诗里面有一种家国情怀，而自己的父亲身上也有一种家国情怀。尤其是文章最后写道：自己有一天读到一首诗，觉得熟悉，回去一查，果然是陆游的诗，我想在这一刹那，作者肯定特别感动。文章写到这也就结束了。作者想要告诉我们什么？或者反过来说，作者凭什么判断这首诗是她曾经读过的或者很熟悉？是什么原因？人在什么情况下才觉得这东西"我"似曾相识？即使这首诗"我"没读过，但是"我"能很准确地判断出，说明这首诗从整体上肯定是属于某一类诗，而这一类诗"我"是熟悉的，所以"我"能很准确地来判断这首诗的归属。这说明，就像作者自己所说的，父亲当年教"我"的东西，似乎变成了血液，所以文章最后一句话："我当时的感受真是难以名状，爸爸在我童年时便种在我生命里的东西，突然宣告了它的无可移易的存在！"也就是说，这种家国的情怀，通过父亲教"我"读中国诗，通过"我"读中国诗，通过"我"读父亲，潜移默化地在"我"身上得到了一种传递。所以，对父亲的教育方式，对父亲，对杜甫、陆游的诗的理解，在刹那之间达到了一种融合。

还有几个问题要问大家。大家看文章的开头："上海师范大学人文学院要举行我父亲程应镠百岁冥寿的纪念会，要我们写些纪念文字。想起父亲教我念中国诗的情景，父亲的音容笑貌如在眼前。"你发现了什么？人物的称呼是"父亲"，如文中有"父亲程应镠""父亲教我念中国诗""父亲的音容笑貌"。我们再看一下文章的标题是"爸爸教我读中国诗"，文章的主体部分也是用"爸爸"，为什么文章标题要用"爸爸"而不用"父亲"？

生：前面因为正式，还是比较重视，但是后面她带有自己的情感，自己的情感越来越凸显……

师：对。"爸爸"和"父亲"，一个是口语，一个是书面语。书面语一般有特殊的对象，用在一种很正式的场合，因为是写一篇纪念性的文章，所以她一开始是用"父亲"，但是在写的时候，写着写着不自觉地，觉得自己不是在写一个历史学家，不是像在官方地纪念一个历史学家、教育家，而他只是一个家庭的成员，只是"我"的父亲，这是她的亲人，所以写着写着，很自然地转化成"爸爸"。用"爸爸"也体现了他对家人的关爱。我再问大家：为什么叫"中国诗"不叫"杜甫、陆游的诗"？你看文章里写的不都是杜甫、陆游的诗吗？你改一下看看，"爸爸教我读杜甫、陆游的诗"，感觉怎么样？

生：狭窄。

师：为什么狭窄？不狭窄呀。文章就是写杜甫、陆游的诗呀！我们先不看字面意思，来读一读"爸爸教我读中国诗"，"爸爸教我读杜甫、陆游的诗"，首先从语言上看，有什么感觉？

生：简洁。

师：简洁仅仅是表象。我们再来看内容，"中国诗""杜甫、陆游的诗"，杜甫、陆游和中国之间是什么关系？这是一个很有趣的问题。中国的诗人很多。当然也有比杜甫、陆游更著名的诗人，像比杜甫著名的有同朝代的李白，比陆游著名的有同朝代的苏轼，是吧？为什么不用"杜甫、陆游的诗"而用"中国诗"，除了简洁之外，还因为什么？我刚才说过，读书人分成两类，一类是文人，一类是知识分子，那你看一看，杜甫、陆游与李白、苏轼这两类人其实都有家国情怀，但是家国情怀体现得更明显的，我估计是杜甫、陆游。你看李白他有"仰天大笑出门去，我辈岂是蓬蒿人"，苏轼因为谈论政事被卷入了"乌台诗案"，都有传统知识分子的特点，但是把国放在第一位，再兼顾家的，在杜甫和陆游的身上体现得特别明显。换句话说，在作者"我"的眼里，传递中国精神的，或者像鲁迅说的作为"中国脊梁"的，是这一类人，是杜甫、陆游这种有家国情怀的人，是"我"的父亲程应镠这一类有家国情怀的人，以至于像我们这一辈有家国情怀的人，不是那一种只顾着"小我"，只顾着自我超脱的那种人。所以文章的标题是一个很值得大家去揣摩的问题。

还有一个问题：我在反复读这篇文章的时候，有个地方我觉得很好玩，不是说家国情怀吗？刚才人物简介里提到程应镠参加"一·二九运动"，参加抗日战争，但是你在这篇文章中读到了这些东西吗？似乎没有。如果是我们，有些子女为父亲写传记，写的是父亲参与了国家的大事，参加了几次大的战役，写的都是这些内容。但是作者并没有写他早年的革命活动以及1949年之后的一些事迹。那怎么能体现他为国奉献的这种情怀呢？这里有没有直接、正面地来写？没有。作者是从侧面来写的。什么叫"侧面描写"？正面描写是直接来写那个人做了什么事，长得什么样，那么从侧面来写怎么写？假如我们说某个人很威严，说某某人身材高大、说话声音洪亮是从正面来写，还有一种写法是写我在他面前根本不敢看他，这就是侧面描写。侧面描写就是通过描写其他人的感受来写。作者在这里面写父亲，并没有写他轰轰烈烈的革命，也没有写他1976年之后那种为学术建设鞠躬尽瘁的精神，而是就写读杜甫、陆游的诗。为什么这样写？刚才说了，杜甫、陆游的诗里面有一种家国情怀。还有一种更深层次的东西。程应镠是1916年出生的，1949年时他多少岁？33岁。1959年时他多少岁？43岁。你再算一算1976年"文革"结束时他多少岁？60岁。也就是说，33岁到60岁之间，是一个人，尤其是一个男人最年富力强的时候，而这一段时间他在干什么？检讨、劳动。和整个学术，和为国家奉献，是隔绝的。那么我们再看1949年之前，如果说这是一个热血的年轻人，为了这个民族参与革命是一种"本能"的话，那你再看一下1976年之后的父亲还在从事学术研究，还在从事行政工作，这可能就不是一种年龄决定的行为，到这个时候,当他躺在病床上,自己的生命都快消逝了,他还在读杜甫、陆游的诗。这不是只关注自己的"小我",而是关注他人、国家的"大我",这种精神境界是不一样的。我后来查了一下百度百科,百度百科里对程应镠的介绍是以下四方面:

> 一、志存家国赤心性(1916—1939)
> 二、斗争文字疾风雷(1940—1949)
> 三、得失久谙关世运(1949—1971)
> 四、报国谁知白首心(1972—1994)

我们看到的是一个志士的形象,但我没有看到一个"爸爸"的形象。而这篇散文之所以感人,是因为我们看到了一个"爸爸"的形象。

还有两个问题。第一个问题:我前几天读到华师大中文系赵志伟老师为《仰止三峰笔架高——陈贻焮〈杜甫评传〉荐读》[①]一文写的评析文字,大家自己去看一看,比较一下。赵老师说他年轻时不喜欢杜甫而是喜欢李白,但是到了现在却很喜欢杜甫。原来不喜欢杜甫,现在却成了"杜迷"。赵老师由不喜欢到喜欢的原因是什么?

在"文革"时,只有两本讨论古人的书公开发行,一是章士钊的《柳文指要》,一是郭沫若的《李白和杜甫》。我系统读过郭著,深受他"扬李抑杜"的影响,喜欢李白而不喜欢杜甫。八十年代初,读大学时,我们接受的是"天宝诗人诗有史""诗圣""伟大的现实主义诗人"的一系列概念,读"三吏""三别"、《茅屋为秋风所破歌》《北征》,实在不怎么喜欢。读研时听老师介绍说:"只有千家注杜,没有千家注李","杜甫是中国古典诗歌集大成者,他各体皆备,是学诗的最佳范本,近体诗到杜甫达到一个无人企及的高峰,李白的格律诗不如杜甫。""什么叫温柔敦厚?什么叫诗教,读了杜甫就知道。"于是认真读了萧涤非先生的《杜甫诗选》,大开眼界,彻底变成一个"杜迷"。刘勰赞扬屈原说:"惊才风逸,壮志烟高。山川无极,情理实劳。金相玉式,艳溢锱毫。"(《文心雕龙·辨骚》)用来赞扬杜甫也是很恰当。多少年来,我淘了很多"杜集",现在我几乎每天要背背杜甫、苏东坡的名句,为什么?我总觉得,一个诗人的诗好,人品也要好,人品不好诗文再好没有人喜欢。杜甫、欧阳修、苏轼是典范,故今人仍然喜欢读;相反,严嵩的诗也写得淡泊高雅,然而,"巨奸为忧国语,热中人作冰雪文",一涉造假,是没有多少人会喜欢的。

---

① 张华峰.仰止三峰笔架高——陈贻焮《杜甫评传》荐读[J].语文学习,2018(10):82—84.

第二个问题：程怡写父亲的其他散文《父亲、叔叔和那个时代的人》《老房子》《夜窗犹忆惊风雨——（龙年）父亲节写我的父亲程应镠》大家要去看一看，看看和这篇散文相比，有哪些地方写的是不一样的，哪些是一样的？

还有，同样写父亲的散文或小说，有鲁敏的《以父之名》、朱自清的《背影》、潘新和的《书魂》、林海音的《爸爸的花儿落了》，我自己最喜欢的是第一篇鲁敏的《以父之名》，这么多年读的写父亲的文章，我觉得除了《爸爸教我读中国诗》之外，这一篇写得最好，大家有空去看一看。

课程的最后我来做一下总结。我们以后教学生怎样来读散文，我想可能是这样：首先要把散文分类，写人叙事类的、写景状物类的、抒情励志类的。写人叙事类的散文可以像我们今天学的这种，从两个角度来看，"昔日之我"与"今日之我"是怎么来看待自己和他人的，怎么来看待发生在自己和他人身上的事情；写景状物类的散文主要抓住三个要素：游踪、风貌和观感；抒情励志类的散文主要是看那种跳脱的结构、那种表情方式、那种语言。对照现代散文，第一类就像朱自清的《背影》，第二类就像朱自清的《荷塘月色》，第三类就像朱自清的《匆匆》。这三类散文的内容选择是不一样的，我们要关注"这一类"散文的内容，同时我还专门讲了《爸爸教我读中国诗》这篇散文的细节，这篇散文的表现方式，所以更要注意"这一篇"的特点。

另外，大家想一想在这堂课上我的教学步骤是怎样安排的？你看，开头的时候是我来读文章，让你们来想一想，谈一谈感受，是吧？这是第一步。第二步是叫你们围绕"昔日之我"与"今日之我"这两个点来思考课文的主要内容。第三步，最后的时候，我让大家读百度百科里的词条和赵志伟老师的文章，读程怡老师的其他文章，读写父亲的文章，是不是啊？这是研究性阅读。我们在读一篇散文的时候，按照这三个步骤，根据不同散文的文体来选择内容，大致能把散文读好，我们在教学生的时候也应该这样地教。

我们再问刚才那位男同学，你刚才讲这篇文章很平淡，你现在怎么想的？说说自己真实的感受。

生：形式上很平淡，情感上很真挚。

师：形式上很平淡，形式上写的都是些家庭小事，然而，情感上很真挚，其实这篇文章的风格和《项脊轩志》是相似的，只不过没有像《项脊轩志》写得那样。你要知道，《项脊轩志》的作者归有光写这篇文章的时候，他遭受的家庭变故远多于程怡老师，作为"唐宋派"代表的归有光，他的这种古文的笔法自成风格。如果你以归有光的那个标准来看，确实我们这篇文章是平淡了一点，但是你把这篇文章和其他成千上万篇的写人记事的文章相比，它其实并不平淡。

《爸爸教我读中国诗》课例评析

　　心科的散文阅读教学还是有别于中学散文阅读教学的；心科的散文阅读教学是完全能够印证他的散文阅读教学主张的；心科的散文阅读教学主张对中学散文阅读教学有诸多的借鉴作用。

　　说心科的散文阅读教学有别于中学散文阅读教学，或者说，是不能等同于中学散文阅读教学的，道理很简单，执教者所面对的对象是不同的。正因为"有别"或"不能等同"，才显示出"这一课"的教学内容和方法的确定是有针对性的，而"针对性"在散文阅读教学，抑或所有教学中的重要意义无需多说，成功的教学一定是有针对性的。在大学上这堂课，提到陆游，会读《沈园二首》《示儿》；提到杜甫，会读《月夜》……这样的教学内容的确定，却符合心科的散文阅读教学主张。

　　在他所从事研究的接受美学理论的观照下，他提出了散文的三级阅读教学过程模式，即欣赏性阅读、反思性阅读、研究性阅读。他认为写人叙事类散文等多种类型散文的阅读都可采用以上这种模式，区别主要在第二步。这一步，需依据"这一类"的体式总结、概括获得基本理解，依据"这一篇"的特色细读、体味获得深入理解。就这一篇回忆性散文而言，就是分别从"昔日之我"与"今日之我"两个视角切入考察所写的人和事。而适时引入《沈园二首》《示儿》《月夜》等诗篇的阅读，正是深入理解"爸爸"教"我"（昔今之我）读中国诗的必需。这样的例子在这篇课堂实录中很多，比如阮籍、陶渊明相关诗篇的引入，都是为达成教学目标的"有意为之"，都能体现执教者散文阅读的教学主张。可见，心科创建的散文阅读教学理论不是"灰色"的，是可以得到他的教学实践的佐证和支撑的。

　　这里，我更想说的是这样的散文阅读主张与实践对中学散文阅读教学的意义。心科的眼神是有些毒辣的，他看到了中学散文阅读教学目前存在着的或者说是中学散文阅读教学曾有的问题：一是割裂了"形"与"神"，先"形"而后"神"；没有意识到"形"与"神"的融合，缺乏由"言"及"象"，由"象"及"意"，并在鉴赏"言""象"的同时，体味其中的"意"的做法。二是缺乏相应的相对确定的教学过程模式。其实这两个问题是互为因果、互相作用的。第二个问题可能用"教学过程模式化"更能说明问题。遇到散文，先入为主的是"形散神聚"的特点，在教学设计中往往先"找到"散的"形"再挖掘聚的"神"，如此这般，几可大功告成。一篇如此，篇篇如此，久而久之，必然走向散文阅读教学过程的模式化，也必然无法形神融合，由"言"及"象"再及"意"。而心科这堂课是给我们以启示的：在掌握"这一类"文体的一般的教学内容的基础上，再着力完成"这一篇"文本的特殊的教学内容。我们可以从一个贯穿或呼应课堂前后的小细节——一开始一位学生认为本文"很平淡"到最后感觉本文"形式上很平淡，情感上很真挚"——发现这样的改变不是强加的，而是老师在前面两步阅读的基础上，又设置了与研究性阅读相应的教学内容，引导学生读出"这一篇"之"特殊"的结果。

（上海市正高级语文特级教师、国家"万人计划"教学名师、国务院特殊津贴获得者、上海市教书育人楷模、上海市名师基地主持人　王伟娟）

第三节
关于散文阅读教学的反思与回应

散文的种类太多，讨论起来也比较困难。以上理论阐述还不够细致、深入，教学实践也只是选择回忆性散文这一种在做尝试。下面几点反思，尤其是第二点关于散文阅读教学形式的重构、回忆性散文的文体特征以及《爸爸教我读中国诗》这篇散文的教学还需要进一步探讨。

一、教学方式的改革

这是本学期我第二次上示范课，学生还是习惯于听讲，不愿主动回答问题，大都在等待、记录我的"分析"。有些人听记时的认真确实让人感动，但不主动参与教学也是真实存在的问题。我一直不习惯于点名提问，本堂课只点名提问过一次，不过发现回答问题的学生其实很有自己的想法；在回听录音时，发现学生在窃窃私语时说的内容也基本上是正确的。所以，下次讲课我准备让学生先上，然后自己再来重上，算是"同课异构"吧。不过，如果说一堂好课就是一篇好文章，那么仅就教学实录来看，从教学内容的确定到与之相应的教学过程的安排与方法的选择，都已达到上述正文所述的散文阅读教学的基本要求。

二、教学形式的重构

本章理论部分发表之后，有人说我在有关散文阅读教学内容确定方面的论述，可能有拨正之功,但是关于散文阅读教学形式的建构方面做得还很不够。也就是说,完成了本书整体思路中的确定"精要的内容"的任务,但是没有找到其中所说的"适宜的形式"。确实如此。"欣赏性阅读—鉴赏性阅读—研究性阅读",这个三级阅读过程模式是 2002 年我在撰写《接受美学与中学文学教育》一书时,在接受美学三级阅读理论的基础上提出的,针对的是所有的文学作品的阅读教学。在我看来,目前的阅读教学,尤其是散文和小说这两种文体的阅读教学普遍存在着一个非常不当的做法,就是一开始就让学生整体把握,了解课文写了什么,大致分成几部分,然后局部分析,就其中的一些所谓关键的句段进行鉴赏。这种有"知"无"感"的阅读教学方法,其实只适合实用文章而不适合文学作品的阅读教学。文学作品的阅读,第一步必须是入乎其内。教学时,可以采用一人诵读,一人静听并想象、联想课文所写,再将想象、联想的画面、情境写出来的方式。这样,学生基本上就能做到设身处地、身临其境,即"入乎其内"了。然后,分析、鉴赏文本。最后,借助其他相关的文学文本或论著深入研读。经历这三个渐进的步骤,文本的信息就基本获取了。目前的文学作品的阅读教学多数省略了或者说跳过了第一个步骤,这样整堂课师生一直在进行理性的分析,学生根本就没有获得审美的感受。散文作为文学作品中的一种,当然也适合于运用这三步教学法。诗歌、小说、戏剧的教学自然也可以这样。不过,能不能像本章前后的几章那样,也建构出与诗歌、小说、剧本等不一样的,专门适合散文文体特征的阅读教学模型呢?如果能,那么能不能进一步根据散文的不同类别再建构出不同的教学过程与方法(子模型)呢?这些还需要进一步研究。

  我的学生喻正玮提醒我:如果说散文的特征是"真",那么以"寻真"来设计散文阅读教学的过程可能是一个很好的思路。这种说法给了我很大的启发。叶圣陶在《语文教学二十韵》中写道:"作者思有路,遵路识其真。作者胸有境,入境始与亲。"[①]这几句诗用在散文阅读教学上可能是最为贴切的。如教学回忆性散文,先以"昔日之我"的视角观照别人、自己、事件、物体,再以"今日之我"的视角反观、审视昔日与今日的别人、自己、事件、物体,这不就是在寻"真"吗?其实是在探寻人的真实面貌与内心、还原事件的真相、分析事物暗含的真理等。又如教学写景状物类散文,先梳理游踪,再结合游踪鉴赏景物的风貌,最后分析寄托在景物描写之中和直接抒发的情感和思考。作者在写作写景状物类的散文时往往不就是在通过游踪串联景物,再在记叙游踪、描写景物之中或之后表达自己的感受、体悟的吗?按照这样的步骤来教学,就是沿着作者的思

---

① 中央教育科学研究所.叶圣陶语文教育论集(上)[M].北京:教育科学出版社,1980:7.

路一步步地探寻其胸中之"真"(真情、真理)。又如抒情励志类散文的特征就是跳脱的结构、浓烈的情感、陌生化的语言,教学时,如果从头至尾顺着作者的心绪变化,感受其浓烈而深沉的情感的流动,品味与其情感相匹配的新奇的词句的相继出现,这不就是在探寻这类散文的"真"吗?总之,散文这类文体的阅读教学过程与方法以及其中的三个小类散文的阅读教学过程与方法,值得进一步研究。

郝敬宏老师就在我关于写人叙事类散文阅读教学的相关阐述的基础上重新设计了《背影》一课的教学,他在教案中部分落实了我关于从"昔日之我"与"今日之我"两个角度切入以带动全篇理解,并沿着欣赏性阅读、鉴赏性阅读、研究性阅读三大步骤渐进理解的教学思路,但又不止步于此,而是对此进行了细化、补充和改造。我们看下面他针对《背影》设计的阅读教学步骤,其实也可以作为写人叙事类散文阅读教学的三大步骤。

一、文本初读:以对照"昔日之我"与"今日之我"来切入

让学生预习并要求简要地复述这篇文章中涉及的人、事,说说表达了作者怎样的思想感情。然后,教师追问是什么触动了作者的感情?等到学生回答:是作者看到父亲买橘子时的背影感动了,这时教师让学生把文中相关文字再朗读一遍,尽量带着情感,让同学们在阅读中再次体会作者看到父亲背影时的心情。面对父亲的背影,作者感动地流下了泪水,这是第一次流泪,是感动的泪。文中还有一次流泪,为什么多年后回忆起来时还会流泪?因为多年后更加理解了父亲的不容易,担心、惦念父亲,于是流下了泪。一处是"昔日之我":此情此景,情不自禁;一处是"今日之我":岁月沉淀,体会加深。

【读法小结】阅读时注意并围绕叙事类散文以及这一篇散文的特点进行解读——以"昔日之我"和"今日之我"双重叙述视角,以背影为中心意象,重现相关的人、事、情,从而体现散文"形散而神不散"的特征。

二、情境再现:以比较"他人"与"自我"来深化

追问学生是否真感动于这篇文章所表现的伟大的父爱。在有同学摇头后,请同学上台表演,再现文本所描写的情境:请一位身材很像朱自清在文中描述的父亲的同学上讲台来再现文中父亲买橘子的过程——越过讲台,拿到站在另一边教师手上的橘子之后,再越过讲台放回去。请其他同学仔细观察这个同学的动作。教师观察同学们的

表情。教师评点、追问,促进学生关联"他人"与"自我":刚才大家都笑了,大家的笑都是善意的,这没有什么,仅仅是个表演。可大家有没有想过,如果这不是在教室里,而是在公共场合,特别是在人多的公共场合,比如火车站,你愿意这样做而被人笑话吗?可是有一个人愿意,那就是"父亲"!如果这个被大家笑的人是你父亲,而你就在他不远处,看着大家在笑他,你又是什么感觉?如果我们再进一步想,父亲现在正好失业,家境也陷入困顿,老人又刚去世,儿子也要和他离别,而且儿子与他的关系并不好,请问这个时候作为儿子的你又是如何想的?所以,面对父亲的背影,作者不仅仅有感动,还有内疚,甚至还有一丝的同情,甚至还会生出一种要保护父亲的冲动。请大家在心中默读(涵泳文字)文中描写父亲越过月台去买橘子的情形的文字,体会父母那份为了儿女不顾自我形象的深情!

【读法小结】阅读散文要通过想象和联想(甚至亲身模拟)再现文本所写的情境,做到设身处(他)地、身临其(他)境,从而深入理解、体会文中所写的人、事、物、景、情。

三、联系生活:以关联"文本情境"与"真实生活"来拓展

再次阅读《背影》,相信大家一定会有更多的感触,甚至很多人会想到自己的父亲母亲,那么在你的记忆中父母给你印象最深刻、让你最感动的一幕是什么?你能给我们分享一下吗?学生A:……学生B:……学生C:……教师总结:刚才通过几位同学的描述,我们发现,父(母)的爱是如此深沉,以至于我们必须要用回忆再现的方式重新认识、重新发现,但是当我们对父(母)的爱有了新的认识之后,我们也不再是原来的我们了,我们会为自己以前对待他们的行为感到内疚、反思,甚至会流下泪水。一个澄澈的心灵是必须要经历泪水的洗礼才能完成的。这就是经典的力量,这就是真情的力量。

【读法小结】要深入理解散文,还需要将文本所写与自己的现实生活联系起来,比较、反思。

最后,郝老师总结了自己的想法:传统的叙事性散文阅读教学,往往会忽视散文的文体特征,把散文当作小说,梳理分析情节、人物、思想感情。从这三方面来说,叙事散文与小说确实有许多相似之处,但二者的不同也非常明确:小说是虚构的,而叙事散文是真实的。因此叙事散文往往是真实的经历、真实的情景、真实的情感,所以叙事散文的阅读教学就要抓住这一区别于小说的不同之处,以情境为中心,梳理与这一情境相关的人、事、物、景、情,体会散文"形散而神不散"的文体特征,从而突出散文与小

说文体的不同之处。同时要把"昔日之情境"与"今日之情境""作者之情境"与"自我之情境""文本之情境"与"生活之情境"相联系,调动自我相似、相关的真实生活经历,从而达到"物我两忘、惺惺相惜"的效果,实现散文阅读教学以"形"为抓手,以悟"神"为目的的教学思想。本文教学,以梳理文中的人、事、物、景、情为起点,但不止于梳理,而是以"背影"为中心意象,让相关人、事、物、景、情都围绕着这一中心意象组合再现,从而体会散文"形散而神不散"的文体特征。然后,以这一意象为抓手,把文中这一"背影"在课堂之上情境再现,并与学生的父母相关联,让学生联想生活中父母之爱的影像,从而调动起学生相关的生活经历,把文章阅读与情感教育结合,达到深化散文之"神"的目的。

总之,他的教学设计紧紧抓住了"散文"这一大类、"写人叙事散文"这一小类以及《背影》这一篇的特点,进行教学内容的选择和教学形式的安排。如围绕情感、自我、情境、生活等思考,显然是抓住了散文这类文体的"真实""形散而神不散"等特点。

比较我的《爸爸教我读中国诗》与郝老师的《背影》的教学设计,会发现我们之间有一个明显的不同:我在教《爸爸教我读中国诗》时只专注于我们要理解作者(昔日之事件的参与者与今日之散文的写作者),我自始至终是把作者、文本当成一个观察、理解的对象,我与作者、文本之间是"看"与"被看"的关系。我在教学过程中没有提醒学生关联自我,我和学生都只把自己当成了一个阅读的主体,而不是一个被审视的对象。郝老师以我说的不同时间段的作者为切入点(起点),通过联系读者(学生)不同时间段所处的不同社会情境以及自己的不同心境("昔日之我"与"今日之我"),并去理解不同时间段的作者所处的不同社会情境以及自己的不同心境("昔日之我"与"今日之我")进行比较,从而让学生既理解了作者的内在情感的真挚、记述的人事的真实,又认识了真实的自我以及与自己相关的人事。这样一来,我与作者、文本之间就不是简单的"看"与"被看"的关系,类似于熊秉明在《看蒙娜丽莎看》中所阐述的那样,我们在看朱自清、在看《背影》,我们也在看自己、看自己的父亲,朱自清、《背影》也在看我们。可以说,郝老师对我所设想的写人叙事类散文的阅读教学内容与形式进行了改造,纠正了我的不足,把我们对这类散文乃至整个散文的阅读教学的认识又推进了一步。

如果说郝敬宏老师是以课例的方式来对我的部分说法和做法进行修正,那么王伟娟老师在课例评析中则是在委婉地提醒。她可能是在提醒我要特别注意将文中所涉及的古诗词原文引入,并分析古诗词的内容与情感是否恰当的问题。因为这是散文阅读教学不是古诗词阅读教学。这个意见是十分中肯的。在设计时我也犹豫过。我当时考虑这篇散文的主要教学内容是让学生学会用"昔日之我"与"今日之我"双重视角观察、理解散文中所写的人和事的方法,并通过散文内容的学习获得一种审美愉悦。

不过，就像王老师说的，《爸爸教我读中国诗》"这一篇"散文很特殊。我想它和一般的写人叙事的回忆性散文最大的不同，就是文中提到了大量的杜甫、陆游以及与之相对的阮籍、陶潜的诗词，而这些古诗词又不仅仅是提及而已，杜甫、陆游的诗词中叙写的诗人的际遇及其所表达的"家""国"情怀对刻画这篇散文中的人物、表达这篇散文的主旨起着重要的作用，如果不引入、不讲解，学生的理解不会深入，会跳过去。他们可能会仅凭杜甫、陆游的诗词篇名以及自己在平时学习中所获得的有关杜甫、陆游的刻板印象，而用一个"忧国忧民"的标签来附着在"爸爸"身上，不会关注其爱家的一面，也不会理解他们是如何忧国忧民的。我最初的设想是，既然作者是借"爸爸"教"我"读陆游、杜甫的诗来写父亲，那么也可以将解读文中所涉及的古诗词作为一个教学手段（理解、体会"爸爸"以及"我"对"爸爸"的内心情感），所以在课上我只是分析这些诗词的内容，没有完全将其当成大家习惯性的古诗词那样鉴赏，没有带学生分析其好在哪里，也不让学生去诵读之类。不过，引入过多确实有使诗词解读本身就成了教学内容的嫌疑，甚至有时可能会冲淡学生对散文所写的主要人、事的理解。课后我问过一个学生有什么感受，他说如果教中学生，是有必要讲解这些古诗词的内容，如果是教大学生，则不宜多讲，因为在古代文学课上老师带他们研读过这些诗词。所以，散文这一类文体以及《爸爸教我读中国诗》这一篇散文的阅读教学内容到底如何确定，确实还需要进一步探讨。王老师在评析中并没有批评我所涉及的三级阅读过程模式所存在的针对性问题，不过，正如我在上文说的，一般性的散文甚至更小类的散文的阅读教学形式如何安排，是急需思考、建构的。

三、回忆性散文的文体特征

关于写人叙事散文中的回忆性散文，多采用"昔日之我"与"今日之我"的双重视角来呈现文本中的人、事及"我"，部编版初中语文教科书的编者也已关注此文体特征，如编者将《从百草园到三味书屋》中的"我"分为"小"鲁迅和"大"鲁迅，将《阿长与〈山海经〉》中的"我"分为成年的"我"和童年的"我"。从双重视角入手教学回忆性散文的做法，也引起了学者们的关注，例如，有论者和我一样，指出黄厚江老师在《背影》的教学中采用了这种方式，不过和我称之为"双重视角"不同的是，他称之为"抒情离间"，并按写作与事情发生所隔时间的长短将回忆性散文的写人记事方式分为"长久离间""中度离间"和"即时离间"。[①] 这种区分、细化将我们对这种文体的认识推进了一步。不过，

---

① 郭跃辉.叙事散文的"抒情间离"及其教学运用[J].中学语文,2019(07):6.

借用布莱希特(Bertolt Brecht)有关"离间效果"的说法来代指回忆性散文中的双重视角似乎不太恰当。"离间效果"更多的是指编剧通过设置舞台与观众席,将演员与观众隔离开来,通过添加旁白、字幕等提醒观众自己是观赏者,而不是剧中人,从而将观众与演员区分出来。首先,"离间"之"离",主要是空间的"离",而不是时间的"离"。然而,回忆性散文中的"今日"与"昔日"的最主要区别是时间而不是空间(当然有时空间也已变化),其所写的是在不同时间里"我"对所写对象的观察、感受和认识的变化。所以,用"长久""中度"和"即时"三个表示时间的词与表示空间的"离间"组合不太合适。其次,"离间"的目的是将演员与观众、将戏剧情节与当下的生活(观众的日常生活,包括其正在观戏)区隔开来。然而,在回忆性散文中的"我"并不像戏剧的观众那样纯粹是局外人,虽然"我"一直有着观察者的身份,但"我"一直与文中所记叙的人、事相关,如果说"今日之我"是有关人、事的叙述者,那么最起码"昔日之我"与他人都是事件的参与者。换句话说,在回忆性散文中,"我"过去是"演员",现在是"观众"或"演员"。所以,用以区分演员与观众的"离间"来指称回忆性散文的写作手法也不太恰当。

　　有人称:如果要比附,回忆性散文的创作源于类似在"雾海航行"中产生的心理效应——当船在充满危险的雾海上航行时,身处其中的乘客心中充满着焦虑乃至恐惧,但如果你将此当成美景来欣赏,你会顿时觉得前方景物若隐若现、美不胜收。布洛(Edward Bullongh)认为这两种看法上的差异,是由于"心理距离"从中作梗而造成的,距离介于我们自身与我们的感受之间。即便是时空距离没有变化,也会因为主体在心中拉开与对象的距离而引发感受的变化。

　　其实,只要存在可能危及你的身体、生命、功利之类的因素,"在场"的你是很难实现上述两种心境的转换的。不过,如果你只是一个身处岸边的游客,那么你会觉得此时的雾海美若仙境;或者你仍是前述雾海中的乘客,而此时你已远离雾海,或者浓雾已经消逝,那么你也会觉得雾海很美。随着时空距离,尤其是随着时间距离的拉开,危及主体的身体、生命、功利等因素消除,主体便对当时的空间及空间里的人、事采用"欣赏"的眼光看待,空间及其中的"它"及"他(她)"便变得"美好"起来。其实,我们从很多人不满当下而羡慕远古的心理也可以看出这一点。回忆性散文的写作,就是"我"在"雾海航行"后,追忆昔日的"现场",或记叙今日重返的"现场"。因为远离了昔日现场中的人和事对"今日之我"可能会造成的威胁,所以"它"及"他(她)"会在"今日之我"的眼里变得"美好"起来,而"今日之我"可以反过来审视甚至批判"昔日之我",这种审视、批判不仅不会触及"今日之我"的身体、生命、功利等,反而会因为这种在一定程度上"美化"别人、"丑化"自己的行为而获得一种同情、赞许。

如果说"抒情离间"的指称没有注意到回忆性散文中的叙述者"我"也是参与者，"雾海航行"的说法没有注意到只有存在时空距离才能真正地产生"心理距离"，那么回忆性散文是以"今日之我"与"昔日之我"双重视角来观察自我、他人和事件的说法，既体现了回忆性散文中"我"作为文本的叙述者与事件的参与者的双重身份，又呈现了其构思和生成的过程：时空距离的变化使创作主体与对象之间产生"心理距离"，即对其中的自我、他人和事件的感受、认识发生变化，最终产生积极的审美效果。

四、关于朱自清的散文及《爸爸教我读中国诗》的补充评析

散文的特色是"真"（内容的真实、情感的真挚、语言的自然）。关于散文的"真"，我在《谈写文章》（见第五章）的教学实录里顺带评析了朱自清的散文，引用了王尚文先生关于朱自清的优势不在设比而在白描的说法。[①] 夏志清在论述琦君的散文时曾批评过朱自清早期的散文，认为"他早期的散文实在写得不好"，主要是因为写得不自然，或所抒的情感难说真挚，或所用的词语修饰过多而失"真"，如《荷塘月色》全文'美'得化不开"，"即使最著名的《背影》，文中作者流泪的次数太多了……亏得胖父亲上下月台买橘子那段文字写得好，否则全文实无感人之处"[②]。

再就《爸爸教我读中国诗》的内容说一下关于"爱国"的"真"。不问世事苍生、独抒一己性灵的袁宏道在《显灵宫集诸公，以"城市山林"为韵》中写道："野花遮眼酒沾涕，塞耳愁听新朝事。邸报束作一筐灰，朝衣典与栽花市。新诗日日千余言，诗中无一忧民字。旁人道我真聩聩，口不能答指山翠。自从老杜得诗名，忧君爱国成儿戏。言既无庸默不可，阮家那得不沉醉？眼底浓浓一杯春，恸于洛阳年少泪！"[③]他说自己之所以不作忧国忧民之诗（"新诗日日千余言，诗中无一忧民字"），是因为反感有人借此而沽名钓誉（"自从老杜得诗名，忧君爱国成儿戏"）。其为己辩护固然不尽合事理，但其抨击的借读写忧君爱国的诗文而沽名钓誉的现象不仅部分是事实，且历代存在。在他人面前整天刻意把"爱国"挂在嘴边，那多是在标榜欺世；如果只是在自己家中、身体力行，那该是发自其内心的。程应镠读杜甫、陆游的诗，当属后者。

按理说，我应该像前述朱会娟老师找到《过故人庄》的作者彭彪那样，去拜访程怡老师。不过，因为我不擅长交往，还是没有前去，所以没有能掌握更多的背景性材料。有关程应镠先生的生平事迹，除了见于上述程怡老师的多篇散文外，还可参阅程应镠

---

① 王尚文.朱自清散文语言笔记[J].语文学习,2018(10)：43—45.
② 夏志清.人的文学[M].福州：福建教育出版社,2010：141,142.
③ 任巧珍,译注.三袁诗文选译(修订版)[M].南京：凤凰出版社,2011：145—146.

的弟子——上海师范大学教授虞云国编著的《程应镠先生编年事辑》一书及其撰写的文章《流金师与李埏先生的学谊》①《书迹与诗词里的靳文翰》②《陈志让先生的别样乡愁》(《文汇报》,2019年10月10日)③。虞之书与文,叙事一详一略,写人一实一虚。

另外,作家潘向黎的《梅边消息》中有一篇《杜甫埋伏在中年等我》也写得很好。这篇散文回忆自己及父亲读杜诗,写父亲——复旦大学教授潘旭澜,也写了自己,写父亲一生痴迷杜诗,也写了自己年少时不喜欢杜诗,而当人到中年父亲故去时突然读懂了杜诗,喜欢上了杜诗。

---

① 程应镠笔名"流金"。
② 此文主要记靳文翰事,提及靳文翰向程应镠赠送书法作品杜诗《观公孙大娘弟子舞剑器》。
③ 此文主要记程应镠在西南大学的同学、后旅居美欧从事学术研究的陈志让事,提及陈志让以研究中国史著称,又曾在致程应镠的信中说:弟子"既是华裔,对祖国的感情自有不同",在某种意义上差不多是夫子自道。

第四章 戏剧阅读教学

目前的戏剧阅读教学在选择教学内容时：把戏剧当成小说，分析其"三要素"；把戏剧当成散文，进行文本细读；把戏剧当成语言研究或口语交际的材料，进行学术探讨或会话训练。在安排教学过程与方法时：将剧本当成"教学文本"，按小说的要素切块拼接；将剧本当成"影视文本"，播放据此改编的完整的影片或片段；把剧本当成"线性文本"，侧重讲授和鉴赏。我们应该认识到，戏剧是一种在特定的空间里通过会话推动冲突发展的艺术。戏剧阅读教学可分为文本鉴赏和戏剧表演两大步骤。在文本鉴赏环节要围绕寓居空间、历验空间、景观空间和社会空间，分析人物的对话和聚谈，理解人物之间的冲突，探究作者写作的意图。

第一节
重建"空间·会话·冲突"艺术：戏剧阅读教学的问题与对策
——以《雷雨》为例

戏剧是一种综合艺术，它包含了文学、表演、舞蹈、绘画、音乐等。狭义的戏剧多指话剧，广义的戏剧还包括歌剧、戏曲等。作为一种与诗歌、小说、散文并称的文体，戏剧又称"戏剧文学"，简称"剧本"。本文所说的"戏剧"就是话剧文本。

多年来，中小学语文教科书中收录的戏剧并不多，戏剧阅读教学中存在的问题却不少。其中一个最重要的原因是：没有根据戏剧文体的特点选择恰当的教学内容、安排适宜的教学过程、运用合理的教学方法。

问题 1

选择教学内容时，把戏剧当成小说，分析"三要素"；把戏剧当成散文，进行文本细读；把戏剧当成语言研究或口语交际的材料，进行学术探讨或会话训练。

一、把戏剧当成小说，分析"三要素"

这主要是指教师在进行戏剧阅读教学时，像教小说那样选择戏剧的教学内容。例如，《新编中学语文教案》所设计的《雷雨》教学方法之一为"运用'整体—部分—整体'的教学方法。开始布置学生预习课文，继而要求学生理清情节结构，把握人物性格特征。学习分析人物整体形态，提炼主题思想，归纳艺术特色，最后指导学生分角色朗读课文。"[1]从内容选择上看，如果这段话不是出现在《雷雨》的教案中，我们一般会以为是在交代某篇小说的教学内容。这样设计戏剧的教学内容，根本没有意识到戏剧与小说的区别：先梳理情节发展，是没有意识到戏剧的情节不似小说的情节多按线性发展而具有非连续性；再分析人物形象的塑造，是没有意识到戏剧不似小说可以采用多种详尽的描写手法（如肖像、心理），即便是舞台说明中涉及的神态、动作的文字也只是简单提示而非细致描绘，戏剧主要通过个性化的语言来表现人物；再总结其时代背景，是没有意识到戏剧是对话艺术，言行体现的是言说主体当时的心境，虽然个体的心境与

---

[1] 黄岳洲.新编中学语文教案[M].北京：语文出版社，1993：94.

整个时代背景有一定的关系,但是与短时的、具体的空间情境关系更大。这样选择教学内容,不仅没有注意到戏剧与小说的区别,更没有注意到戏剧是一种人物在特定的空间里通过会话表现冲突的艺术,所以戏剧的"三要素"应该是"空间""会话"和"冲突",戏剧阅读教学也应该围绕这个"三要素"来选择内容。

二、把戏剧当成散文,进行文本细读

戏剧语言首先要符合口语规范,口语的功能是诉诸听觉,要能直接、清晰、准确地传递信息,其"陌生化"主要体现在潜台词的运用上。戏剧不像散文,散文是用书面语叙述、描写的,诉诸视觉,可以采用特殊的字词、特殊的句式、多重修饰等方式来表达。所以,阅读戏剧不必像阅读散文那样,有时需要围绕字词进行细读。有些人就曾把《雷雨》当成散文,围绕里面的某个字词对其全篇进行细读,甚至读出了令人瞠目结舌的微言大义。

三、把戏剧当成语言研究或口语交际的材料,进行学术探讨或会话训练

在戏剧阅读中,语言是阅读的手段或切入点,而不是阅读目的,所以不能"研究"其语言,而应该"揣摩"其语言所含的信息及其表达效果。[①] 如果把《雷雨》中的语言分成舞台说明性语言、人物叙述性语言、对话情态性语言、台词动作性语言、交锋问话性语言等,并结合课文举例印证分析语言学知识,则意义不大。另外,戏剧语言是一种艺术化的语言,而非日常使用的口语。口语交际训练的是在日后生活和工作中的口语交际能力,所以教学应该模拟日常生活情境,并有相应的任务驱动,来训练专项口语交际的技能。用戏剧训练口语,是误把"艺术"当"生活",误把"艺术"当"技术"。

> **问题 2**
>
> 在安排教学过程与方法时:将剧本当成"教学文本",按小说的要素切块拼接;将剧本当成"影视文本",播放据此改编的完整的影片或片段;把剧本当成"线性文本",侧重讲授和鉴赏。

一、将剧本当成"教学文本",按小说的要素切块拼接

例如,有一种《雷雨》五步教学设计非常普遍:一、"课前预习,当堂点拨"(戏剧常

[①] 张长乾,崔品祥.更新观念,推进语言教学[J].语文教学与研究,1991(04):35;顾立闻.打开人物心灵大门的一把钥匙:《雷雨》第二幕破折号作用试析[J].铁道师院学报(社会科学版),1994(03):86—88;鲍纪祥.《雷雨》的语用学分析[J].语文教学与研究,2005(10):80—81.

识、作者生平、写作背景)。二、"理清情节结构,把握矛盾冲突"。三、"问题引领,人物评析"。四、"归纳主题思想"。五、"鉴赏戏剧人物语言"。① 甚至有人明确表示应该用板块式来组合《雷雨》的教学过程:"第一板块:演读课文,整体感知戏剧内容,了解剧中人物关系";"第二板块:品析语言,把握尖锐的戏剧冲突和鲜明的人物个性";"第三板块:课堂辩论,探究人物性格的复杂性,整体把握文学形象"。② 从教学内容选择上看,这还是在围绕人物、情节(冲突)、环境(如结合社会背景分析人物性格的复杂性及"雷雨"的象征意义等)来展开。从过程安排上看,也是不当的,因为阅读教学的最终目的是服务于日常的自然阅读,所以阅读教学设计应该基于自然阅读,促进自然阅读;不过,目前所谓的"教学阅读"却多是一种违背认知规律的在日常阅读中根本不存在的"伪阅读"③,因为自然阅读就是从第一句读到最后一句,除了在目前的语文课堂上,如果在其他场合,几乎没有人会按照理清冲突、分析人物、鉴赏语言、归纳主旨这样的顺序去阅读和"肢解"剧本。

二、将剧本当成"影视文本",播放据此改编的完整的影片或片段

如在设计《雷雨》阅读教学时,有教师在"课前准备"中要求"学生阅读《雷雨》原著,观看《雷雨》电影"④,或交代"在教学前,我组织学生观看话剧《雷雨》"⑤。剧本是语言文字的艺术。阅读剧本主要培养的是学生对文字文本的解读能力,而不是影视文本的欣赏能力。更何况,因为文本充满着未定性和空白点,而阅读者的知识结构、阅读方式等各不相同,所以在阅读剧本时会出现多种阅读结果,所谓"一千个读者有一千个哈姆雷特";如果让学生观赏已经具象化的、单一化的影视文本,那么"一千个观赏者只有一个哈姆雷特",也就是说,这既不利于学生发挥想象力和创造力,也不可能产生创造性的解读成果。影视片段的播放一般可在学生学习剧本之后,在用来比较文字文本与影视文本的异同时采用。

三、把剧本当成"线性文本",侧重讲授和鉴赏

把剧本当成"线性文本"是没有注意到剧本建构的是一个立体文本(空间艺术),也没有安排课外表演活动。剧本对人、事的呈现不需要也不可能事无巨细、全盘照录,其

---

① 石淑芳.《雷雨》教学设计[J].考试周刊,2012(42):40—41.
② 王世发.《雷雨》教学设计[J].中学语文教学参考,2005(12):37—39.
③ 除了这种用切块的方式安排教学过程外,还有一些极端但普遍的阅读教学过程设计,也有违于阅读的线性展开过程和读者的认知心理。这种设计故意从课文中间甚至结尾某处(所谓"关键处""关节点")开始阅读教学,再以此关联文本的其他部分,以显示执教者的"匠心",体现设计的"精巧",但是在现实中,在正常情况下几乎没有读者是从文本中间或结尾开始阅读的。
④ 李新敏.《雷雨》教学设计[J].新课程导学,2017(32):63.
⑤ 王卉.变形的爱情 廉价的亲情——《雷雨》教学思考[J].中学语文教学参考·高中刊,2015(10):26.

采用的是表现而非再现的方式,所以文本自身会有多处中断、省略。这一方面需要读者在阅读时通过想象和联想来填补这些中断和省略之处,另一方面需要通过戏剧表演的方式将文字没有或者无法表达的地方呈现出来。更何况,要表演戏剧必须阅读剧本、运用剧本、发展剧本,所以表演方法和环节的设置可以促进表演者对剧本理解的全面与深入。同时,观赏戏剧表演的学生会把参加表演的同学所表演的情节、人物、会话等与剧本进行比较,这是在判断,也是在欣赏,同样也会促进观赏者对剧本理解的全面与深入。

此外,还有人将《雷雨》当成研究性专题阅读材料,先要求学生在课外围绕作者、情节、人物、语言分小组分别研究,再在课堂上按小组依次呈现。还有人就课文设置问题或模拟法庭让学生展开辩论,或者要求将《雷雨》改写成小说,或者要求在课后写剧评,如《我所认识的蘩漪》《造成周朴园性格的原因》《〈雷雨〉中的潜台词》之类。

对策

建构戏剧阅读教学模型。

很多人将语言、情节、人物作为戏剧的"三要素",教学时从语言入手,先分析人物性格,再梳理情节发展,最后总结作品主旨,这种内容选择和形式安排可能并不妥当。其实,这里的"语言"不是一般的叙述、描写,而主要是人物的"会话";这里的"情节"不是一般的故事始末,而是人物之间的"冲突";这里的"人物"并不是刻意塑造出来的对象,而是主要作为"会话"的发出者、"冲突"的制造者出现的。这些人物之间的"会话"和"冲突"又是在特定的"空间"里展开的。更何况,戏剧在表演时呈现的就是一种空间艺术。

总而言之,戏剧是一种在一个空间里用人物会话来表现冲突的艺术。戏剧的三大要素可能是空间、会话和冲突。所以,解读剧本也可以围绕这三个要素展开,并运用文本鉴赏和戏剧表演两种学习方式(也是两大教学步骤)。戏剧阅读教学可设计以下模型(如图8所示)。

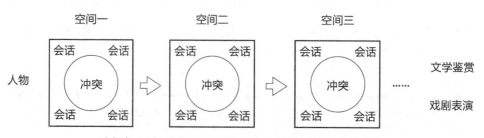

(方框表示空间,方框里的圆圈表示冲突,圆圈之外部分表示会话)

图8 戏剧阅读教学模型

一、教学内容的选择

首先,引入空间维度。多年来的戏剧阅读教学主要是按时间维度实施的,如只是根据情节的发展分析,没有考虑到戏剧是用于舞台表演的文本,没有考虑到其本身在空间方面的营造,没有考虑到人物的会话、冲突都是在特定的空间内发生的,也就是说,没有意识到其与空间直接相关。我的学生宣琰曾通过对诸多戏剧教学案例的分析,认为戏剧阅读教学应当引入空间维度。她说:"从空间理论出发,在教学中兼顾作品的空间性,关注作品的空间设置,为学生创造时空一体化的空间,从而帮助学生深化对潜在的人物关系、环境渲染、情节架构的认识,进而获得更为深刻、更加生动的戏剧审美体验。"①就戏剧来说,我们认为空间可分成戏剧文本中人物生活的"寓居空间"(人物寄居的空间)、人物冲突的"历验空间"(同一物理空间中人物发生冲突导致关系变化而形成的前后不同的"场域",这种"场域"之所以不同,是因为其与人在不同时刻的心理体验的变化有关)、布景的"景观空间"(对剧情的推动、人物的塑造起着重要作用的景观、道具。景观、道具作为一种被刻意呈现的物象,与其周边的人、物一起构成一种人为制造的瞬间性的空间②)、剧情的"社会空间"(剧情所反映的社会现实)。

强调戏剧阅读教学的空间意识,一方面是因为戏剧本身就是空间艺术,另一方面是因为学生只有进入这个空间才能真正进入这个文本,在这个文本世界里,体会人物在特殊情境中的语言、行为、意图,理解冲突产生的根源。也就是说,如果没有进入文本所营造的空间,就不能欣赏剧本,只能游离在剧本之外,只知道其所写的大致内容。

其次,以会话为抓手。会话主要在人物冲突的"历验空间"中发生,人物的冲突正是靠会话来推动的,所以可以在分析人物冲突的"历验空间"时集中去分析,通过对会话的分析可以探知人物、理解剧情。针对会话,既要关注其是在什么时间、地点,对谁说的,说了什么,怎么说的,意图是什么,效果怎么样;又可根据人数将会话分为对话(两人)和聚谈(三人及以上)。在对话时,因为空间里只有两人,所以信息往往直接针

---

① 宣琰.空间理论与高中戏剧教学[D].上海:华东师范大学,2016:2.2015年,我在丁钢教授的一次主题为"空间与教育"的讲座中第一次得知"空间理论"这个名词,便对其产生了浓厚的兴趣。此后,除了自己对其研究外,还指导宣琰以此为硕士论文的选题。在撰写本章时,我将戏剧里的空间提炼并确定为"寓居空间、历验空间、景观空间和社会空间"四种,并据此组织教学。在分析《雷雨》教学时,特意请宣琰协助我用空间理论来重新解读《雷雨》,特此说明和致谢!
② 张一兵.文本的深度耕犁——后马克思思潮哲学文本解读(第二卷)[M].北京:中国人民大学出版社,2008:85,98,131.

对双方，而且信息的传递往往是直接的；在聚谈时，因为人数有三个及以上，所以会兼顾或避免对方之外获得的信息，往往会因为不明说、不敢说而导致更多的潜台词和改口处。

最后，围绕冲突推进。以上四种空间中都会有冲突的产生。冲突包括人物与他人的冲突、人物内心的冲突、人物与环境的冲突。剧情的展开依靠的是设置矛盾、产生冲突—解决矛盾、缓解冲突—再设置矛盾、造成冲突—再解决矛盾、缓解冲突……剧情就是这样在矛盾、冲突的产生与消解的交替中向前推进的。

二、教学过程和教学方法

先进行文本鉴赏。文本鉴赏主要围绕空间、会话和冲突"三要素"来进行。不过没有必要将"三要素"割裂开来依次呈现，因为会话是在一个空间里的对话，会话是冲突产生和消解的手段，所以鉴赏戏剧文本可以以空间为切入点，以会话为抓手，来分析冲突。其中的空间分析依次为寓居空间、历验空间、景观空间和社会空间。先分析人物的寓居空间，从中考察人物的身份、地位及人物之间的关系；再分析人物的历验空间，即在冲突前后因为心理、氛围变化而导致的场域变化；然后，回溯在剧情发展中起着重要作用的景观、道具，即分析景观空间；最后，联系冲突发生的情境和社会形势来分析人物和事件，推测作者的意图，即分析社会空间。这种教学环节的顺序安排，与剧本阅读过程、学习认知过程是一致的。

文本鉴赏之后再进行戏剧表演。这种表演不是模拟表演——如文本鉴赏环节的分角色朗读（没有表情、动作、服装、道具），或在课堂上表演（没有正式的舞台，多在讲台前或者教室中间搬开一些桌椅作为"临时舞台"）——而是在剧场舞台上的真实演出，否则不会有什么效果，因为在分角色朗读时或在教室的课堂上表演时没有适宜的氛围，学生进入不了角色，往往会出现"笑场"之类，结果适得其反。根据以上设想，运用这个新的戏剧阅读教学模型可对《雷雨》的阅读教学作如下设计。

一、文本鉴赏

（一）听读想象

指名一人或分角色朗读（不是深入理解后的分角色表演，只是用分工朗读的方式来初步感知文本内容），其他同学静听想象。

（二）鉴赏第一场戏："周朴园与鲁侍萍重逢"

《雷雨》的第二幕主要发生在周公馆的客厅，客厅又称"起居室"，是家庭的重要组成部分，具有多维的空间属性，对内就家庭成员来说，客厅属于集体的公共空间；对外就来访者而言，客厅则为私人的会客空间。但无论对内还是对外，客厅最重要的功能就是为对话、交流、沟通提供交际往来的会话空间。周朴园与鲁侍萍的重逢既是客人到访又是旧情人相会，因而在分析、鉴赏这一场戏时，要依据人物会话理清不同矛盾下生成的不同空间及空间关系。依据不同冲突下空间的不同属性，可将其划分为生存（寓居）空间、历验空间、景观空间以及社会空间。

1. 寓居式的生存空间

周朴园是周家的家长（主人），主宰着周宅这个生存空间。他将家庭视为其拓展权力空间的场所而绝非家园。他根据自己赎罪的需求，强制性地设定了空间内的陈设（旧家具）及空间的使用方式（关窗）。作为强者，周朴园在夫妻、父子、主仆关系中占据着主导地位，控制着其他人。所以，对于周家人来说，周宅不是身心栖息、享受之所，而只是一个充满对抗，想要摆脱控制、渴望逃离的寓居之地而已。

当鲁妈（侍萍）发现她又回到终难逃离的周家时，侍萍（鲁妈）曾经寓居的生存空间、充斥着青春梦魇的心理空间和鲁妈（侍萍）眼前的访客空间形成了空间并置和交叠。她与周家其他人一样，试图展开对抗、反击控制。然而，此时周朴园仍以封建旧家庭的家长身份出场，并将客厅作为彰显霸权的权力空间，而与鲁妈（侍萍）展开会话。此时，这同一空间对于二者而言有着不同的属性，这就成为周鲁二人冲突产生及爆发的起点。

2. 交互式的历验空间

在人物会话、交往中，人物之间的关系也在发生变化，他们既是交往活动中的主体，又是交往活动的客体。同时，这种变化会给人带来不同的心理体验，从而对空间中的人物关系的认识产生变化。在周宅客厅发生的这次周朴园与鲁侍萍的重逢，在这个特定的生存空间内，以周鲁二人对话的形式，展现二人关系的变化及对话控制权的转变，生成了不同的历验空间。

在重逢之初，对于周朴园而言，他将对方视为仆人之母，自己一直以主人自居，占据着对话的主导权，均以长句发问，引导主仆空间的生成。在谈及三十年前的往事时，周朴园又加入了修饰与美化，并刻意隐瞒、虚化了故事主人公的真实身份。与此同时，鲁妈明确知晓双方的显性身份和隐性身份，内心的震惊与百感交集促使她在这一时段选择了隐忍,对二人的隐性身份也采取了隐瞒的态度,仅以短句回答周朴园的追问,形成冲突爆发的起点,并主动打开了梅侍萍空间(如图9所示)。

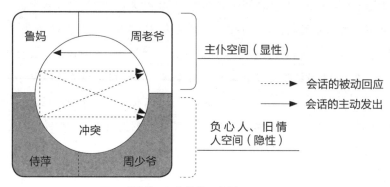

图9 "周朴园与鲁侍萍重逢"会话空间分析

通过对话的展开,周鲁二人的显性身份和隐性身份逐步公开。虽然对话仍以周朴园问、鲁妈答的形式展开,但因鲁妈已经明晓二人的身份,而对周朴园的伪善态度顿生怨愤:

> 周朴园　　梅家的一个年轻小姐,很贤惠,也很规矩,有一天夜里,忽然地投水死了,后来,后来,——你知道么?
> 鲁侍萍　　不敢说。
> 周朴园　　哦。
> 鲁侍萍　　我倒认识一个年轻的姑娘姓梅的。
> 周朴园　　哦?你说说看。
> 鲁侍萍　　可是她不是小姐,她也不贤惠,并且听说是不大规矩的。
> 周朴园　　也许,也许你弄错了,不过你不妨说说看。

鲁妈从隐瞒到主动揭露的态度转变缘于周朴园有关梅侍萍的叙说。在对话中,周朴园隐藏了自己的行迹、作风,也粉饰、美化了侍萍的形象。三十年前二人分离就是由阶层差异所引发的,当周朴园再次提及时,却将侍萍刻画成贤良规矩的小姐,并直述结局,隐去周家"逼死侍萍"的恶劣行径。周朴园的不负责任和自私自利引起了鲁妈的愤恨,于是她采用了以上引用的增扩回答内容和引导对方提问的对话技巧,从而打开了一种隐藏的空间。随着二人在负心人、旧情人的空间中逐步占据对话的主动权,冲突渐次爆发(如图10所示)。

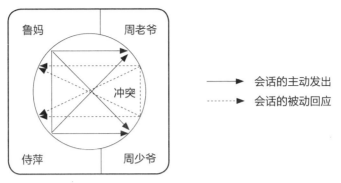

图10　周朴园与鲁侍萍的负心人、旧情人空间

随着对话的推进,周朴园也知晓了二人的真实身份,在鲁妈被周朴园所言和所为(保留关窗习惯)冲昏头脑时,为爱不顾一切付出的梅侍萍空间一度压过了隐忍、逃离的鲁妈空间。鲁妈对周朴园的称呼从"老爷"转变为"朴园",以三十年前的少女姿态立于周朴园面前。而也正是这声"朴园"唤醒了周朴园,他根植于自私自利之上的冷静、清醒让他意识到,必须尽快清理这样的旧情人关系,以维持好自己的"老爷形象"。自此,周朴园给自己设定的痴情人的形象崩塌,对侍萍的怀念实质上在相当程度上是美化自我形象的手段。于是,他将周少爷空间完全摒弃,以主人身份面对鲁妈。

周朴园	哦,侍萍!(低声)怎么,是你?
鲁侍萍	你自然想不到,侍萍的相貌有一天也会老得连你都不认识了。
周朴园	你——侍萍?(不觉地望望柜上的相片,又望鲁妈。)
鲁侍萍	朴园,你找侍萍么?侍萍在这儿。
周朴园	(忽然严厉地)你来干什么?

在瞬时情绪爆发后,双方回归到各自固有的男女、主仆等级观念之中。有着"下等人"身份标签的鲁妈空间逐步侵占了具有旧情人身份的梅侍萍空间。周朴园又重拾高高在上的上等人身份,侵占对方的身体空间,并要求以金钱买断感情,自此不再相见,关闭周少爷空间,维持周老爷形象。周朴园在对话过程中又重新占据对话的主导权,新的主仆空间生成(如图11所示)。

以前的戏剧阅读教学,通常是引导学生根据情节往下解读,虽然也会注意到周朴园的善变,但是只是局限于某一具体情节之中,很少关注人物身体(地位、身份)空间的变化及由人物关系变化而导致的人物心理(体验)空间的变化。空间理论的引入,将有

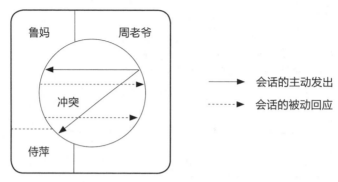

图 11 周朴园与鲁侍萍的主仆空间

助于帮助学生观察由人物行动引发的人物身体空间的变化和因为人物关系突变而引起的人物对话空间的流动变化,从而加深学生对人物在不同场景下的变化的理解。这种做法可以帮助学生对人物进行立体的解读,并理解关键人物对剧情的推动作用。

3. 隐喻化的景观空间

戏剧的舞台性限制了戏剧景观的数量和规模,因此作者在选择时会刻意挑选、用心经营。在《雷雨》布景的选择和处理上,最能凸显作者的创作意图并能推动情节发展的莫过于作为空间支点的"窗"。① 开窗、关窗的举动与众人的生存空间、心理空间、权力空间紧密关联。每一次窗户的开关,都引发了矛盾冲突,推动了情节发展。

周家的陈设均根据周朴园的意愿来布置,保留三十年前侍萍尚在时的旧时家装,维持了三十年前的关窗旧习,将周家的空间封闭起来,成为满足周朴园个人心理需求的权力空间与赎罪空间。不过,周家的其他家庭成员——蘩漪、周萍、周冲都有着开窗透气的念头,并均付诸行动,多次打开这一封闭空间。如在周鲁二人相见之前,蘩漪两次出场时都通过开窗这一行为来冲破空间的压抑并彰显自己的女主人身份。② 然而,众人始终拗不过周朴园这一家之主的权威和森严的封建等级秩序,而只得关窗继续生存在郁热沉闷的家庭空间中。不过,"夏天是个烦躁多事的季节,苦热会逼走人的理智"③(《雷雨·序》),在夏天关闭窗户,会使空间对人施加越来越大的压迫感。

周朴园与鲁妈的对话主题围绕着"下人的工作规范"和"寻问侍萍下落"两个子话题展开,而对话内容转变的起点及二人冲突爆发的导火索都是鲁妈关窗的动作。

---

① 钱钟书曾在《窗》中对"窗"的隐喻义做过多种阐释,此文收入《写在人生边上》等多种文集,可参阅。
② (1)蘩漪(把窗户打开吸一口气,自语)热极了,闷极了,这里真是再也不能住的。(2)蘩漪(见鲁妈立起)鲁奶奶,你还是坐呀。哦,这屋子又闷起来啦。(走到窗户,把窗户打开,回来,坐。)
③ 曹禺.雷雨·序[M]//王永生.中国现代文论选.贵阳:贵州人民出版社,1982:374.

......

周朴园　你是新来的下人?

鲁侍萍　不是的,我找我的女儿来的。

周朴园　你的女儿?

鲁侍萍　四凤是我的女儿。

周朴园　那你走错屋子了。

鲁侍萍　哦。——老爷没有事了?

周朴园　(指窗)窗户谁叫打开的?

鲁侍萍　哦。(很自然地走到窗户,关上窗户,慢慢地走向中门。)

周朴园　(看她关好窗门,忽然觉得她很奇怪)你站一站,(鲁妈停)你——你贵姓?

鲁侍萍　我姓鲁。

周朴园　姓鲁。你的口音不像北方人。

鲁侍萍　对了,我不是,我是江苏的。

这一场戏中,真正意义上的周鲁重逢正是从关窗这一举动后开始的。这一幕的舞台说明交代了故事的背景环境是:"午饭后,天气很阴沉,更郁热,潮湿的空气,低压着在屋内的人,使人成为烦躁的了。"在大多数人的行为习惯中,酷暑开窗通风是常识也是常理,而鲁妈对周朴园下达的指令却没有丝毫的犹疑、抵触。习惯了剥夺他人开窗权利的周朴园也对鲁妈毫无疑虑的顺从产生了好奇心。

随着窗户的关闭,三十年前后的空间进一步交叠,周鲁二人的历验空间产生交互影响而逐步推动着剧情的发展。显然,在《雷雨》中,"窗"不再仅是住宅内的家具,曹禺赋予、深化、拓展了这一空间景观的叙事功能,也暗示了剧中人物的心理变化,尤其是梅侍萍、周朴园的中心意识的一度崛起。它既是周朴园对家庭全方位操控的权力体现和赎罪心理的表征,也是其他人喘息的空间,还是其他人渴望逃离控制却只能在窗内做着激烈且无用的困兽之斗的情感出口。

4. 反讽封建旧时代的社会空间

空间既有地理上的区域属性,同时由于人的介入而具有社会属性。当物理接触、语言沟通、信息传送等交流途径开启时,特定的空间建构不但能折射出其背后的社会文化,也能反映出作者的主观意愿。曹禺在回忆《雷雨》的创作时就说:"那个时候,我是想反抗的。因陷于旧社会的昏暗、腐恶,我不甘模棱地活下去,所以我才拿起笔。《雷雨》是我的第一声呻吟,或许是一声呼喊。"①他在《雷雨》序中写道:"隐隐仿佛有一种情感的汹涌的流来推动我,我在发泄着被压抑的愤懑,毁谤着中国的家庭和社会"。②

《雷雨》剧中的故事大致发生于20世纪二三十年代,在这个具体的时代背景中的鲁侍萍和周朴园之间既是男女关系,也是主仆关系。因而无论是三十年前抑或是三十年后,周朴园始终是空间的主导者的原因,也是由于周鲁二人身份的阶层差异造成的,社会地位的不对等导致了话语权和空间关系的不对等,进而引发了一系列矛盾冲突。这也是曹禺对当时社会现状的抨击与反讽。

(三) 鉴赏第二场戏:"周朴园与鲁大海相遇"

不同于第一场戏的封闭式空间,在这场戏中,除周朴园、鲁大海外,鲁侍萍、仆人也同时在场参与其中,空间的开放性增强。不同于第一场戏是周朴园和鲁侍萍之间的"对话",这场戏中变成了多人之间的"聚谈",会话的内容和方式也随之发生了变化。

1. 等级化的会客空间

在这场戏中,根据出场的顺序,在场的人物有周朴园、鲁侍萍、鲁大海、三四个仆人、周萍、周冲,形成了多人在场的会客空间。这一空间中的人物关系更为复杂、多样,既有显性的雇佣(周朴园与鲁大海)、主仆(周家人与仆人)、父子(周朴园与周萍、周朴园与周冲)、母子(鲁侍萍与鲁大海)关系,又存在着隐性的情人(周朴园与鲁侍萍)、父子(周朴园与鲁大海)、母子(鲁侍萍与周萍)、兄弟(周萍与鲁大海、鲁大海与周冲)关系。作者设计的人物入场时的舞台说明如下,等级化的会客空间具体情况如图12所示。

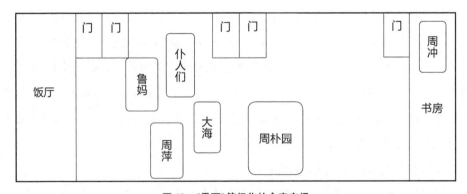

图12 《雷雨》等级化的会客空间

① 王兴平,刘思久,陆文璧.曹禺研究专集(上册)[M].福州:海峡文艺出版社,1985:73.
② 曹禺.雷雨·序[M]//王永生.中国现代文论选.贵阳:贵州人民出版社,1982:372.

> (1) 仆人领着大海进,大海站在左边,三四仆人立一旁。
> (2) 周萍由饭厅上,见有人,即想退回。
> (3) 朴园在桌上找电报,仆人递给他;此时周冲偷偷由左书房进,在旁偷听。

无论是仆人们"立一旁"的入场,还是周萍、周冲的不敢近前,都能看出周家的等级森严,极有秩序,显示出以周朴园为中心的等级化空间。生长于下层的鲁大海个性率直倔强,且易冲动、心直口快,说话行事干脆利落、强硬直接,为人处世的社会经验不足,成为鲁贵眼中不懂规矩、不会顺从的混蛋,成为周冲眼中的不可理喻之人。鲁大海刚直极端的做法既得不到鲁贵这样底层民众的理解,也无法获得周冲这样浪漫主义者的认同,也就不可能被封建家庭所接纳,更不被封建社会所包容。客厅及其中空间关系的设置,对于戏剧冲突的形成与发展起着不可忽视的作用。

2. 交锋式的会话空间

周朴园与鲁侍萍的对话尚有些残存的温情,他与鲁大海的会话中则更多的是越来越激烈的交锋。鲁大海在入场时,大笑着向周朴园发问,无惧无畏、气势汹汹,是会客空间不请自来的闯入者。而在此之前刚获知鲁大海是自己第二个儿子的周朴园则显得沉稳老练得多。自鲁大海迈入周家客厅这个等级化空间之始,二人间差距过大的历验空间已预示了以卵击石的冲突结局。

周朴园与鲁大海之间的对话是围绕着鲁大海的身份问题展开的,鲁大海不经意的发问引起了周朴园对他们之间关系的再一次审视。

> 周朴园　(打量鲁大海)你叫什么名字?
> 鲁大海　(大笑)董事长,您不要向我摆架子,您难道不知道我是谁么?
> 周朴园　你? 我只知道你是罢工闹得最凶的工人代表。
> 鲁大海　对了,一点儿也不错,所以才来拜望拜望您。

周朴园的回答可谓是滴水不漏而极富技巧,不仅点明了鲁大海的来访目的,表明了自己的不快,也遮掩了隐性的父子关系,又巧妙地重整情绪、心境,给予自己心理暗示,把会话引到工人罢工一事。表面上看鲁大海似乎更为强势,他将自己定位为替工人出头的被推选的代表,这也是他如此有底气的原因。为彰显自己的这一身份,鲁大海在称呼周朴园时与其他所有人相异,称其为"董事长",且情绪激动、言辞激烈。

在周朴园与鲁大海单独对话时,周朴园还有些顾念着父子之情,语气态度甚至比对周萍、周冲两兄弟还要和缓,二人对会话的控制权不相上下。这样的态度在胸无城府的鲁大海看来是有些费解的,他直言道:"我问你,你的意思,忽而软,忽而硬,究竟是怎么回事?"周朴园忽而软、忽而硬的话语实质上是他的父亲身份与董事长身份之间经历的一场拉锯战。不过,无论软硬,占据上风的始终是董事长身份(如图13所示)。

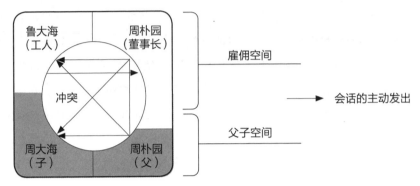

图13　周朴园与鲁大海的会话空间

这一局面被周萍的入场打破,周朴园、鲁大海的二人对话空间转变为多人聚谈空间。周萍既不精于家族矿业生意,又不知晓鲁大海的身份,本能地轻视工人阶层,维护家族利益,态度与立场也更为直截了当而不留情面。周萍对待鲁大海的态度在一定程度上代表周朴园,也在相对程度上代表资本家对待工人的态度。

> 周萍　(忍不住)你是谁?敢在这儿胡说?
> 周萍　(怒)你混账!
> 周萍　(向仆人)把他拉下去。
> 周萍　(忍不住气,走到大海面前,重重地打他两个嘴巴。)

由于周萍的入场,周朴园也收起了对鲁大海的包容与客气,选择在周萍面前继续维持不容置疑、不可违抗的家长形象,迅速而主动地去夺得会话的主动权(正如在上一场戏中,因为只是他与鲁侍萍的二人对话而不是多人聚谈,所以他敢于和鲁侍萍说起极为隐秘的旧事,当双方身份暴露后他又敢大声质问侍萍,直露地想收买侍萍)。在这之后的会话的措辞、语气和态度上,周朴园对待鲁大海也更为严厉、不留情面,逐步放下父子亲情,取消了他的父亲空间,渐以纯粹的资本家的身份面对鲁大海。因此,周朴园自始至终都以高高在上的雇主与父亲形象"教育"尚显稚嫩的鲁大海,在会话中两次"提点"他。

周朴园　（指身侧）萍儿，你站在这儿。（向大海）你这么只凭意气是不能交涉事情的。

周朴园　对了，傻小子，没有经验只会胡喊是不成的。

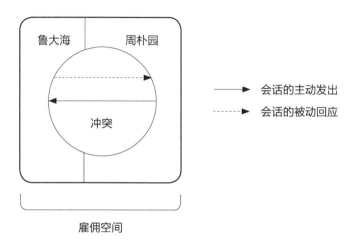

图 14　周朴园与鲁大海的雇佣空间

周朴园的雇主空间压倒性侵占鲁大海的雇员空间的关键转折在于他出示了复工合同，并下令开除鲁大海。被逼急的鲁大海闻言直接揭露出周朴园以人命牟利的罪行，引起周家上下的强烈不满。虽然后来周朴园也制止了周萍与家丁的暴行，但至于此时，周朴园与鲁大海之间的父子空间几近破裂。

在会话中，周朴园的主导权体现在两个方面：一是他早已知晓罢工代表集体已经瓦解，鲁大海身处孤立无援的孤岛，不具备与他对抗的历验空间（心理中自己的地位）；二是他有着一众帮凶，在鲁大海揭开周朴园"杀人者"的真面目时，周萍及仆人立即出手殴打大海，侵犯其身体。周朴园与鲁大海的话语交锋以鲁大海注定失败的结局而告终。

同时，在这次会话中，因为是多人聚谈，所以即使另一主要人物鲁侍萍想认周萍这个儿子，想表达对兄弟相残的不忍，她也无法袒露自己作为主人之一，即周萍母亲的身份，而只能以雇工鲁大海母亲的身份发出欲言又止的言说。

鲁侍萍　（大哭）这真是一群强盗！（走至周萍面前）你是萍……凭——凭什么打我的儿子？

周　萍　你是谁？

> 鲁侍萍　我是你的——你打的这个人的妈。
> 鲁大海　妈，别理这东西，您小心吃了他们的亏。
> 鲁侍萍　（呆呆地看着周萍的脸，又哭起来）大海，走吧，我们走吧！

3. 隐喻化的景观空间

在这一场戏中，引起冲突不断扩大的关节点在于电报及复工合同的出示，看似轻如鸿毛的两张纸给鲁大海施加了重于泰山般的心理压力。

> 电报｛周朴园　（给大海电报）这是昨天从矿上来的电报。
> 　　　鲁大海　（拿过去看）什么？他们又上工了。（放下电报）不会，不会。
> 合同｛周朴园　哦，（向仆）合同！（仆由桌上拿合同递他）你看，这是他们三个人签字的合同。
> 　　　鲁大海　（看合同）什么？（慢慢地，低声）他们三个人签了字。他们怎么会不告诉我就签了字呢？他们就这样把我不理啦？

无论是矿上复工还是签订合同都发生在周朴园和鲁大海见面之前，但是此事只有作为矿工敌对方的雇主知道，盟友却茫然无所知。而对待这一景观时的截然不同的态度也是周朴园、鲁大海历验空间的折射。实际上，电报和合同连通了周家空间、真实的矿场空间和鲁大海理想的矿场空间，它们的出现击碎了鲁大海理想中"团结，有组织"的矿场空间。突如其来的真相碾压了鲁大海的心理空间，使他情绪崩溃，引爆鲁大海与周家之间的冲突。电报、合同在戏剧中的隐喻及叙事功能不言而喻。

4. 反讽性的社会空间

在1931年"九·一八"事变爆发之际，曹禺任清华大学学生抗日宣传队队长。他在去河北保定做宣传活动的火车上，邂逅了一位身形魁梧的铁厂工人。这位颇具爱国情怀的工人与曹禺冲破黑暗的愿望碰撞出引爆他创作灵感的火花，铁厂工人也就成了鲁大海的原型。但曹禺深知，来自底层的激进根本无法冲破"没有太阳的日子"里的阴霾。

作者给鲁大海在这场戏中的入场定下了未见其人先闻其声的高调，但又为鲁大海设置了冲扑不破的资本权钱交易的现实困境，为作品设定了雇主高于父亲、利益大于儿子、财富胜于生命、以恶惩善的基调，抨击、讽刺着资本社会中权力至上、金钱至上的丑态。当反抗恶势力的空间受到越来越强的抑制和压迫时，少数人的平等思想甚至生命同样遭到了这种负面能量的胁迫,逃无可逃、避无可避,找不到安身之所、安心之处时,悲剧便酿成了。为了反抗这种统治秩序的空间,避免悲剧重演,作者设置了"雷雨"这一意象,并彰显出渴求以"雷雨"洗刷资本家罪恶、资本社会罪恶的意愿。

二、戏剧表演

曹禺在为《中学课本剧》一书写序时说过:"学生参加演戏,可以加深对课文的理解。演戏里的人,就必须理解他们的思想与感情,要具备活泼、生动的想象,也要有一定的表演能力。"语文教学要探索新的途径,"演课本剧就是新途径"。① 戏剧表演的目的主要是为了理解戏剧文本。戏剧表演大致可分为以下四步:

(1) 准备。组建演出小组,进行小组分工。
(2) 排练。分成初排(初步演练)、细排(推敲细节)、联排(带妆配乐)三步。需要改编剧本、分配角色、准备服装与道具、安排场地、布置舞台、反复排练等。
(3) 演出。演员演出,观众欣赏。
(4) 评议。多方评价,反思总结。

第二节
《三块钱国币》教学设计、教学实录与课例评析

三块钱国币

(独幕话剧)

丁西林

人　物

吴太太——抗战期间,西南的某一省城的热闹街上所看到、听到、碰到的无数外省人之一。年三十以上,擅长口角,说得出,做得到。如果外省人受本省人的欺侮是一条公例,她是一个例外。

杨长雄——抗战期间,跟着学校转移,上千的流离颠沛的大学学生之一。年二十

---

① 王大友,李又子,吴亚芬,等.课本剧论文集[M].北京:中国戏剧出版社,1993:3—4.

左右,能言善辩,见义勇为,有年轻人爱管闲事之美德。如果外省人袒护外省人是一条公例,他是一个例外。

成　众——休假日期,杨长雄卧室中进进出出的许多少年朋友之一。年岁与杨相若,言语举动常带有自觉而不自觉的幽默。如果一个人厌恶女人的噜苏①,喜欢替朋友排难解纷是一条公例,他好像是一个例外。

李　嫂——物价飞涨,工资高贵的非常时期中,许多从乡间来省谋生赚钱的年轻女佣之一。年二十以下,毫无职业经验。初出茅庐,虽得其时,而未得其主。如果一个女佣只有赚钱,不会贴钱,只有正当地或不正当地增加财产,不会损失财产是一条公例,她确实是一个例外。

警　察——当然是西南某一省城内许多维持治安的警察之一。但在数目的比率上,微有不同,因为在这一个城内,不但警察数目较多,卫队、宪兵、纠察、侦探亦较多,然这与本剧无关,没有说明之必要。如果警察应该尊重权威、专门招呼汽车是一条公例,他不是一个例外。

时　间　民国二十八年抗战期间。
地　点　西南的某一省城。
布　景　一个旧式住宅的四合院子。上面是有廊子的三间正房,是吴太太的住所。右面是两间矮小的厢房,是杨长雄的公寓。左面两间厢房,一为厨房,一为出门的过道。院子里有树有花,也有晒着的被单、女人的内衣和小孩的尿布等。廊子上堆着别无放处的桌子、椅子、茶几、板凳和小孩的车马等。

(开幕时,吴太太在收拾晒干的东西,有的只是折好,有的先需熨平。杨长雄坐在窗外的一个蒲团上看书,晒太阳)

吴太太　(继续开幕以前的口角)穷人,穷人,这个年头,哪一个不穷呃,哪一个不是穷人呃?白米卖到六十块钱一担,猪肉一块五毛钱一斤,三毛钱一棵白菜,一毛钱一盒洋火。从来没有听说过。穷人,穷人,是的,做娘姨的是穷人,做主人的个个是发财的吗?这个年头,只有军阀,只有奸商,没有良心的人,才会发财呀,我们可不是这样的人——这样的三间破房子,一个月要四十块钱的房租。打仗以前,连四块钱都没有人要。简直是硬敲竹杠!这样的事,才是欺负人的事,这样的人,才需要旁人去管教管

---
① 噜苏:啰唆。

教……(一面说话,一面已折好几件衣服,说时,目常向杨长雄藐视,他显然是她在管教的对象)

(杨长雄想用两手掩耳,则无手拿书。不得已,用一手把对着声浪的一耳掩上)

吴太太 是的,我用的娘姨是一个穷人,我承认,可是我并没有欺负她。这样贵的伙食,她一个人吃三个人的饭,我并没有扣她的工钱呃。(转调)打破了我的东西,不赔!还有旁人帮忙,说不应该赔。我倒要听听这个大道理。

成　众 (正当他的朋友预备讲道理的时候,从右厢房走出。一手提着一张方凳,一手拿着一盒象棋,走到杨长雄的面前,放下凳子)下棋,下棋。

杨长雄 (放下书本,预备下棋。忽然看了吴太太一眼,想逃出对于下棋不利的恶劣环境)拿到里面去下好不好?

成　众 (没有懂得杨长雄的提议的理由)里面很冷,外面有太阳,外面比里面好得多。(刚说完,就看见杨长雄用大拇指向后指指那恶劣环境的产生者,了解了杨长雄的意思)喔!里面和外面一样!

(两人摆好棋子,开始下棋)

吴太太 (将已经整理过的几件衣服收进屋去,一会儿走出,手里拿着一只花瓶)唉,看罢,就是同这个一模一样的一只花瓶。还是五年前我从牯岭避暑回上海的时候在九江买的。他要二十块钱一对,是我还了六块钱买下的。用到现在,没有见破一点。我因为喜欢它的样子,才特地当宝贝似的带在身边。她把那一只打个粉碎!你说可恨不可恨?现在你就是出十块钱一只,也没地方可以买得到。我要她照原价赔我三块钱,可算是十二分的客气了。(说着,将宝贝玩赏了一回,顺手放在廊上的一张茶几上。继续做她未完的工作)

成　众 老兄,你也应该客气客气啊!怎么连将军你说都不说一声!

吴太太 ……现在的三块钱,值什么?抵不到以前的三毛钱,照道理应该照市价赔我才是。不过我既说了只要她赔我三块钱,已经说出的话,我不反悔。可是如果连三块钱都不赔我,那可不行!

成　众 (并非认真的)唉,老杨,我和你赌一个输赢好不好?这盘棋,如果你赢了,我出三块钱;如果我赢了,你出三块钱。赢的钱送给李嫂让她还债,怎么样?

杨长雄 李嫂没有债,我也没有钱。你是阔人,三块钱不在乎,我是一个穷光蛋,我的三块钱用处多得很。(用刚听到的口吻)这个年头,自来水笔,卖到六十块钱一支,钢笔头,两块钱一打,九毛钱一瓶墨水,一毛钱一只信封。从来没有听说过!

吴太太 (得到一个进攻的机会,回头向杨长雄)啊,你知道说穷,你也会说你是一个穷人,那么刚才你说的全是废话！你既知道大家都是穷人,还说什么替穷人想想？你说你是一个穷光蛋,请问,现在哪一个不是穷光蛋？

杨长雄 （被迫抗战）吴太太,你还要多讲吗？

吴太太 我为什么不能多讲？难道我连在我自己家里说话的权利都没有了吗？

杨长雄 （放弃了纸上谈兵）好罢,你既要讲,我就再和你讲好了,你刚才要我讲道理,我为省事起见,没有理会。现在我把这个道理就来讲给你听听。我们都是穷人,不错,不过穷人也有穷人的等级。一个用得起娘姨服侍的太太,如果穷的话,是一个高级的穷人；一个服侍太太的娘姨,是一个低级的穷人；像我这样一个扫地抹桌子要自己动手的穷学生,是一个中级的穷人。如果今天是我这样一个中级穷人,打破了像你这样高级穷人的一只花瓶,也许还可以勉强赔得起。现在不幸得很,打破花瓶的是李嫂,她是你雇用的一个娘姨,她是一个低级穷人,她赔不起。三块钱在你不在乎,可以不在乎,在她……

吴太太 你这话不通,什么叫做不在乎？……

杨长雄 不要忙,不要忙。请你让我把话讲完。不在乎,就是说,一桌酒席,一场麻将,一双丝袜,一瓶雪花膏……

吴太太 废话。那是我的钱,我爱怎样花就可以怎样花,旁人管不着。

杨长雄 好,好,好,就说是我说错了,你说对了。就承认这个问题不是在乎不在乎,也不是赔得起赔不起的问题；这正是我要说的话。穷不穷,赔得起,赔不起,讲的是一个情,人情之情。现在我要说的是一个理,事理之理。我们争的是：一个娘姨打破了主人的一件东西,应该不应该赔偿的问题,我的意见是：一个娘姨打破了主人的东西不应当赔,主人不应该要她赔。完了。

吴太太 喔！不应该赔？

杨长雄 不应该。

吴太太 花瓶是不是我的东西？

杨长雄 是的。

吴太太 是不是李嫂打破的？

杨长雄 是的。

吴太太 一个人毁坏了别人的东西,应该不应该赔偿？

杨长雄 应该赔偿。

吴太太 好了,还要说什么？

杨长雄 啊,别忙,别忙,你说的是毁坏了别人的东西,可是你不是别人啊！我问你,李嫂是不是你的佣人?

吴太太　是的。

杨长雄　佣人应该不应该替主人做事?

吴太太　当然。

杨长雄　你的花瓶脏了,你要不要她替你擦擦?

吴太太　要她擦擦,是的,可是我没有叫她打破啊。

杨长雄　当然你没有叫她打破。如果是你叫她打破,那就变成执行主人的命令,替主人打破花瓶,那就只有做得快不快,打得好不好的问题,而没有赔偿的问题了。我现在再请问你:从古到今,瓷窑里烧出来的花瓶,少说,也有几十万几百万。这些花瓶,现在到哪里去了?一个花瓶是不是有打破的可能?

吴太太　有的,谁可以把它打破?

杨长雄　是呀,谁可以把它打破?我请问你。

吴太太　花瓶的主人可以把它打破,该有花瓶的人可以把它打破。

杨长雄　你这就错了,该有花瓶的人,不会把花瓶打破,因为他没有打破的机会。动花瓶的人,擦花瓶的人,才会把它打破。擦花瓶是娘姨的职务,娘姨是代替主人做事。所以娘姨有打破花瓶的机会,有打破花瓶的权利,而没有赔偿花瓶的义务。好了,还要说什么?

吴太太　胡说八道!

杨长雄　胡说八道?我还有话要说,你要听不要听?

吴太太　我不要听!

杨长雄　你不要听?没有关系!我还是一样的要说。因为你刚才说了半天,你并没有征求我的同意,你说你在你的家里,有你说话的权利,现在我在我的家里,也有我说话的权利。刚才我说的是理,现在我还要说势,"理所当然,势所必至"的势。刚才我听说,你已毫不客气地把李嫂身上都搜过了。一个主人有没有搜查她雇用的娘姨的身上的权利,这是一个极严重的法律问题,现在且不去说它。你搜查的结果,你发现了她身上只有三毛钱,对不对?现在你要她赔的不是三毛钱,而是三块钱。这三块钱的巨大赔款你叫她从何而来?所以我劝你……

吴太太　那不用你担心,你等着看好了。

成　众　下棋,下棋。

(杨长雄就此下台,回到象棋的战场,继续未完的棋局,吴太太也继续回到她未完的家事。少停,外面先传进一阵敲门的声音,接着走进一男一女,男的一望而知是一个

警察，女的一手提了一个小包袱，从她的可怜神情，也不难猜出，她就是闯了祸的李嫂）

吴太太　啊，警察！你来了，好得很，谢谢你！

警　察　太太！

吴太太　（放下工作，走到来人的近边，指着李嫂，对警察）她是我雇用的一个娘姨，现在我把她回了，她就要走。她今天早上把我的一只花瓶打破了，我的花瓶原来是一对，（说着，从茶几上将另一只花瓶拿来做证）请你看一看，她打破了的那一只，同这一只一模一样。这一对花瓶，是我亲自在江西买的，江西是全国出最好瓷器的地方，你知道，原价六块钱国币一对，现在要到市上去买，十块钱一只也买不到。现在我要她照原价赔我三块钱国币，她自己也已经答应了赔我。她要我扣除她的工钱，可是她以前的工钱，我已经都给她了。现在我不愿意再用她，因为——因为一对花瓶已经打碎了一只，这剩下的一只，我一时还不想把它打碎。（为谨慎起见，将一时不想打破的花瓶放还到原处）现在我先请问你，她打破了我的东西，应该不应该赔偿？

警　察　是啦吗。

吴太太　好，请你问问她，花瓶是不是她打破的？是不是她答应了愿意赔我？

警　察　（认为用不着问）是啦吗。

吴太太　请你问一问，她是不是答应了赔我三块钱？

警　察　（向李嫂）你懂吗？你打碎了主人家的花瓶，太太要你赔她，赔三块钱国币，你听懂了没有？

（李嫂低头无言）

吴太太　好了。我已经看过她的包袱和她身上，她只有三毛钱。现在请你等一等，（向杨长雄看了一眼，走进正房。一会儿，提了一个小包袱走出，向警察）这是她的铺盖。这条巷子的对面，就是一家当铺，我请你带着她把这个铺盖拿到那家当铺去，押三块钱交给我。

杨长雄　（从蒲团上跳起来）什么？你要押她的铺盖！

吴太太　是的。

杨长雄　（走到吴太太的面前大有抢夺铺盖之势）岂有此理！你把她的铺盖押了，你叫她睡什么？

吴太太　这是她的铺盖，不是你的铺盖，与你无关！（转向警察）警察，请你过来，我指给你看那一家当铺在哪里。（向门走去）

杨长雄　（走去拦住去路）不行！

吴太太　什么叫不行？这是不是你的东西？打破的是不是你的花瓶？我的事要

你来管!——先生,请走开,让我走路!

成　　众　（走去把杨长雄拉开）下棋,下棋,下棋,下棋,下棋。

（吴太太、警察、李嫂同走出,杨长雄回到蒲团上,气得说不出话来）

成　　众　（燃着一支香烟,也回到原来的位置,静默了一会）这盘棋大概是没有希望下完了罢?（无意的一人代表两方,进行未完的棋局）

杨长雄　（转过气来）唉,气人不气人?这样的蛮家伙,见过没有?揍她一顿,出出气,赞成不赞成?

成　　众　（似乎经过了一番考虑）和一个女人打架?不大妙,可是我赞成给她一个教训。

杨长雄　这样的女人,除了拳头的教训,没有别的办法,我想给她几拳,打一个痛快再说。（站了起来,好像真想预备动手的样子）

成　　众　（知道这不过只是说说,所以也就随便应应）不甚赞成。（又走了几着棋）

（杨长雄在院子里走来走去,成众一人着棋。一会儿,吴太太从大门走进,面有余怒,进来后,即走进正屋,不久,警察走进,一手提了李嫂的铺盖,一手拿了三张纸币）

警　　察　太太!

吴太太　（从屋内走出,看见纸币,同时也看见了铺盖）怎么了?

警　　察　这里是三块钱国币,交给你。（呈上手中的纸币）

吴太太　（收下应得的赔款）铺盖怎么了?

警　　察　是啦吗,当铺的少奶奶,给了三块钱,听说太太是外省人,她不要李嫂的铺盖。

吴太太　（不甚中听,赶紧将警察向大门引去）对不住的很,对不住的很,谢谢你,谢谢你。（引着警察一同走出）

杨长雄　（向成众）你说丢人罢?……这样的一个无耻的泼妇!

吴太太　（走进,不幸地听到了对她的批评,向杨长雄）什么?你讲什么?你骂人是不是?（向成众）成先生,你听见的,他破口骂人……

成　　众　对不起,我在下棋,没有留心到我四周围的环境。

吴太太　（再转向杨长雄,一逼）你以为我没有听见是不是?无耻,我请问你什么叫无耻?（得不到答复）无耻,是的,旁人的事,不用他管,他来多事,才是无耻。一个在背后骂人的人,才是无耻……

（杨长雄仍旧无言,一忍）

吴太太　（再逼）……一个大学生,以为了不得,自己说话不通,还想来教训旁人,自己以为是受过高等教育,开口骂人!泼妇,请问什么叫做泼妇!哪一个是泼妇?讲啊!

(杨长雄欲言而止者再,再忍)

吴太太 (三逼,转到杨长雄的面前)你没的说了是不是?刚才你很会说话,怎么现在连屁也不放了?你骂了人你不承认。你骂了人你不敢承认。这才是无耻。是的,无耻!下流!混蛋!

(杨长雄面白手颤,忍无可忍,忽然看到了茶几上放着的花瓶。急忙地走去,抢在手中,走到吴太太的面前,双手将花瓶拼命地往地上一掷,花瓶粉碎)

吴太太 (血管暴涨,双手撑腰)你这怎么说!

杨长雄 (理缺词穷,闭紧了嘴唇,握紧了拳头,没得说。忽然灵犀一点,恢复了面色,伸手从衣袋中摸出了三张纸币送上)三块钱——国币!

(吴太太事出意外,一时想不出适合环境的言词。抢了纸币,握在手内,捏成纸团,鼓着眼,看着对方)

成 众 (危险暴风波渡过,得到了这一场恶斗的结论)和棋。(收拾棋子)

——闭幕

选自北京师范大学文艺学研究中心,童庆炳.普通高中课程标准实验教科书 语文(必修5)[M].北京:北京师范大学出版社,2010:78—87.

《三块钱国币》教学设计

教学目标:

1. 掌握从"空间"分析入手,围绕"会话",理清"冲突"的戏剧阅读方法。
2. 能通过课本剧的演出加深对课文的理解。

教学内容与过程:

一、导入

《三块钱国币》是丁西林在抗战时期创作的独幕喜剧,取材于1939年间他在昆明的真实生活经历。《三块钱国币》曾经有段时间被选作高中语文课文,不过现在很多课本都将它删除了。我觉得它和曹禺的《雷雨》一样,是我国现代话剧的经典之作,所以我们重新将它选作课文来学习戏剧阅读的方法。

二、文本鉴赏

(一) 听读想象

指名一人朗读,或几人分角色朗读,其他人静听想象。

(二) 从空间分析入手,围绕对话,理清冲突

1. 建构寓居空间

《三块钱国币》讲述的是全面抗战期间相对稳定的大后方的一个四合院中爆发的一场"冲突战"。吴太太和杨长雄同是这个四合院的租客,而从剧本的舞台说明来看,吴太太享有这一临时寓居空间中的最佳位置。然而,这个共享式的家庭空间显然不能满足原本家境优渥的吴太太的生存需求,她尽其所能地在其中延展自己的领地,将自己的生存空间扩展向半开放式的正房廊子和公共的院子。她甚至将私密性极强的女人的内衣、小孩的尿布也晾晒在院子中,其强势张扬、肆无忌惮的作风由此可见一斑(如图15所示)。

图15 四合院寓居空间分析

在这一寓居性的生存空间中,吴太太和杨长雄之间是合租关系,二者地位平等,均是租客。吴太太与李嫂是同居关系,但是李嫂是吴太太家中的帮佣,房屋的租金是吴太太付的,所以李嫂在四合院中没有独立的空间,她依附于吴太太,寄生在吴太太与她主仆间的金钱雇佣关系中,也因此最终失去了自我意识、反抗意识。相反,吴太太虽然是外省人,也只是这个居所的临时租客,但是因为有李嫂的存在,她便成为这个临时居所的正式主人。作为主人,她不仅拥有这三间正房,还试图主宰着李嫂的命运;作为租客,她不仅占据地理的优势,还试图凭借自己生活富有的心理优势进一步侵占公共空间里他人的利益。因为李嫂不小心打破了吴太太的花瓶,被主宰者无意中损坏了主宰者的利益,冲突便由此展开。李嫂虽然没钱赔偿,但在态度上是屈服哀求,同意搜身,所以并没有爆发大的冲突。吴太太以为自己有理有势,便试图依仗这种占理的心理乘

势进一步叨扰公共空间里杨长雄等人的生活(在杨长雄旁边唠叨,"向杨长雄藐视",把杨长雄当成"她管教的对象"),平等的租客关系被打破,冲突便正式爆发。

2. 梳理历验空间

在人物产生冲突的过程中,随着人物冲突的发展、人物关系的变化,人物自我认知体验也会随着"场域"(心中自我与他人的位置、感知到的周边氛围)的变化而变化。

剧本并没有将焦点放置在吴太太和李嫂主仆之间因打碎花瓶而产生的矛盾冲突上(将打碎花瓶的事虚化,于吴太太与杨长雄之间的会话中交代出来),而是放置在吴太太和杨长雄的"李嫂该不该赔偿花瓶""李嫂要不要抵押铺盖"和"谁是无耻者"三次正面交锋(吵了三次架)上。三次冲突围绕"情"与"理""势"展开,愈演而愈烈。前两次的发起者都是吴太太,其中第二次是因吴太太逼迫李嫂典当铺盖的行径惹恼了杨长雄,致使杨长雄与她发生了第三次冲突。

除李嫂外,吴太太在花瓶事件中自始至终是唯一的在场者和参与者,她以痛失花瓶的受害者身份自居,又以雇主的身份自处,立于批判的高地对此事件纠缠不休,定要辩清李嫂应赔之道理。而作为旁观者的杨长雄在与吴太太的会话中了解了事件的全貌,在冲突的推进中先后知晓了吴太太的所说、所为,他以打抱不平的同情者身份在场,尽诉李嫂不应赔之情理。站在不同的立场,对同一事物的看法往往不同,冲突由此产生。二人由各自经验、感受出发,站在不同的立场、视角展开了论辩。

吴太太的出场可谓是先声夺人,在吴、杨二人正式对话前,吴太太叨念式地絮语共进行了四次,极言自己的通情达理:自己在生活境遇不佳的情况下仍通晓穷人不易,既无欺辱,又不计饭食,使她得以顿顿饱餐;更讲情理,只需李嫂赔付花瓶的原价三元。而在此期间,杨长雄以主动无视("想用两手掩耳,则无手拿书。不得已,用一手把对着声浪的一耳掩上")和被动回避("(放下书本,预备下棋。忽然看了吴太太一眼,想逃出对于下棋不利的恶劣环境)拿到里面去下好不好?")两种态度应对。虽然两人在同一个空间,但几乎是在以"独白"的形式进行着互动。

吴、杨二者的正式会话始于吴太太对杨长雄观点的讥讽,当杨长雄参与论战后,吴太太的话语形式便从长篇的碎语变成短句,且多为问句,而杨长雄的话语则多为较长句组。更值得注意的是,二人的会话的目的实质上更多是在宣泄情绪,而非探讨问题,更不是为了达成和解。如下列对话:

> 吴太太　一个人毁坏了别人的东西,应该不应该赔偿?
>
> 杨长雄　应该赔偿。

> 吴太太　好了,还要说什么?
>
> 杨长雄　啊,别忙,别忙,你说的是毁坏了别人的东西,可是你不是别人啊!我问你,李嫂是不是你的佣人?
>
> 吴太太　是的。
>
> 杨长雄　佣人应该不应该替主人做事?
>
> 吴太太　当然。
>
> 杨长雄　你的花瓶脏了,你要不要她替你擦擦?
>
> 吴太太　要她擦擦,是的,可是我没有叫她打破啊。
>
> 杨长雄　当然你没有叫她打破。如果是你叫她打破,那就变成执行主人的命令,替主人打破花瓶,那就只有做得快不快,打得好不好的问题,而没有赔偿的问题。我现在再请问你:从古到今,瓷窑里烧出来的花瓶,少说,也有几十万几百万。这些花瓶,现在到哪里去了? 一个花瓶是不是有打破的可能?

问题首先由吴太太提出,不过问题的答案实际上是毋庸置疑的,损坏物品要赔偿是全然合理的,杨长雄心中也很明白,于是他便调转话锋,掌握了第二轮对话的主动权。杨长雄提出的这一话题颇有些胡搅蛮缠的意味,不仅提出的问题不明确,且作出的解读更是缺少逻辑、难以自圆其说,所以吴太太给出了"胡说八道"的评论。至此,从道理上来看,杨长雄似乎只是一个稚气有余、智谋不足的热血青年,在论辩上显然处于下风。杨长雄情有余、理不足,便围绕"势"来抵抗吴太太。在此情形下,杨长雄的一段话起到了四两拨千斤之效:

> 杨长雄　你不要听? 没有关系! 我还是一样的要说。因为你刚才说了半天,你并没有征求我的同意,你说你在你的家里,有你说话的权利,现在我在我的家里,也有我说话的权利。刚才我说的是理,现在我还要说势,"理所当然,势所必至"的势。刚才我听说,你已毫不客气地把李嫂身上都搜过了。一个主人有没有搜查她雇用的娘姨的身上的权利,这是一个极严重的法律问题,现在且不去说它。你搜查的结果,你发现了她身上只有三毛钱,对不对? 现在你要她赔的不是三毛钱,而是三块钱。这三块钱的巨大赔款你叫她从何而来? 所以我劝你……
>
> 吴太太　那不用你担心,你等着看好了。

通过前文的分析不难发现,杨长雄之前已多次劝诫吴太太要体谅李嫂生活的难处,但吴太太始终毫无所动。这里致使气势汹汹的吴太太噤声的缘由竟在"这是一个极严重的法律问题"这句话。虽然杨长雄没有继续这个大问题往下说,在此偏转了话题,但引起了吴太太的警觉并主动终止了这一话题。形势也因此得以暂时扭转。

在这场冲突中,会话的有效性是很低的,究其原因在于双方的价值判断截然不同。吴太太是一个自私自利者,不甘白白蒙受损失,更不愿损害自己的利益,落上违法的罪名。正是因为她的利己,所以她的思路清晰、论辩合理,以至于冷酷薄情,虽不合法规地搜身,但在"该不该赔偿花瓶"问题上占足了道理。杨长雄的论争内容、方式、技巧、效果都不尽人意,却是仗义执言的利他者,占有人情(道义)优势。从总体上看,吴太太占理;杨长雄有情;在势上,吴太太作为主人犯法(搜身),杨长雄作为仲裁者偏颇(不讲道理),所以二者势均力敌。

此后,吴太太采取了逼迫李嫂典当铺盖抵账的强制性举措,打破了上述暂时的平衡,冲突再次爆发。由此成为引发第二次冲突的起点,缓和的气氛骤然变得紧张。杨长雄对此愤然不已,又因成众的劝阻而暂且作罢。第三次冲突近似于第一次冲突的复现,还是缘起于吴太太对杨长雄"无耻"之论喋喋不休的批驳:

> **杨长雄** (向成众)你说丢人罢?……这样的一个无耻的泼妇!
>
> **吴太太** (走进,不幸地听到了对她的批评,向杨长雄)什么?你讲什么?你骂人是不是?(向成众)成先生,你听见的,他破口骂人……
>
> **成 众** 对不起,我在下棋,没有留心到我四周围的环境。
>
> **吴太太** (再转向杨长雄,一逼)你以为我没有听见是不是?无耻,我请问你什么叫无耻?(得不到答复)无耻,是的,旁人的事,不用他管,他来多事,才是无耻。一个在背后骂人的人,才是无耻……
>
> (杨长雄仍旧无言,一忍)
>
> **吴太太** (再逼)……一个大学生,以为了不得,自己说话不通,还想来教训旁人,自己以为是受过高等教育,开口骂人!泼妇,请问什么叫做泼妇!哪一个是泼妇?讲啊!
>
> (杨长雄欲言而止者再,再忍)
>
> **吴太太** (三逼,转到杨长雄的面前)你没的说了是不是?刚才你很会说话,怎么现在连屁也不放了?你骂了人你不承认。你骂了人你不敢承认。这才是无耻。是的,无耻!下流!混蛋!

吴、杨二人均用"无耻"一词抨击对方,杨长雄延续了在第二次冲突中的观点,认为吴太太逼迫李嫂抵押铺盖的行径是无耻的。然而,吴太太偷换了杨长雄对"无耻"的所指,自动回避掉自己的问题,将矛头对准杨长雄对自己的责骂上,甚至给杨长雄扣上了"只敢说,无胆认"的帽子,最终也将戏剧推向了高潮——杨长雄赔付砸花瓶的三块钱国币。

针对"无耻"的问题,从二者各自的角度出发,都有其一定的道理。吴太太将自利发挥到了极致,吝于财物还要维护声誉。杨长雄则显得鲁莽无礼,却出于对弱者的同情。究其根源,还是在于一个自私的人与一个无私的人的价值判断截然不同,争论不在同一层面上,更无法达成统一意见。

如果站在客观的立场上看,吴太太在索赔一事上合道理、失人情(道义),在搜身一事上不合情、不合理;杨长雄在辩驳索赔一事时无理据,打抱不平又合乎人情(道义),先出言不逊则属无礼。因而,在会话空间中,二人可谓势均力敌(如图 16 所示)。

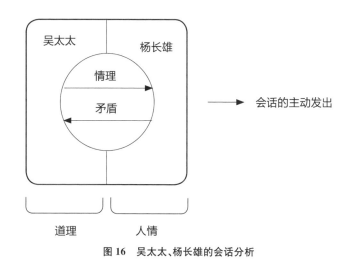

图 16 吴太太、杨长雄的会话分析

3. 回望景观空间

剧本阅读快要结束时,我们一般会重新审视前文出现的那种作者有意设置但读者在阅读时又不太在意的关键物象。这时需要通过回溯来探究这些物象的寓意及作用。在《三块钱国币》中,花瓶、棋局和铺盖就作为具有隐喻色彩的物象(意象)参与了作品冲突的建构。

(1) 花瓶。首先,花瓶是一种象征,在当时只有有钱的人才去买花瓶,而大多只有有闲的人才在其中去插花、养花。剧本以此说明吴太太的生活优渥、悠闲。其次,花瓶是剧中的物线,全剧由吴太太要求李嫂赔偿打碎花瓶的三块钱国币开始(引线),以杨长雄气极打破另一只花瓶并赔付三块钱国币终结,极富戏剧性与幽默感。同样是打碎花瓶,二人的出发点却截然不同,李嫂是不小心打碎了花瓶,杨长雄则是主动打碎了花瓶。吴太太对两人打碎花瓶的态度也有很大的差异,李嫂打碎花瓶后,吴太太的行为是逼还—搜身—要求典当铺盖—抱怨—与杨长雄争辩,而第二个花瓶被打碎后,她的行为则为"抢了纸币,握在手内,捏成纸团,鼓着眼,看着对方"。吴太太的重利在"抢""握""捏"三个一气呵成的连贯动作中表现得淋漓极致,她即便在气急败坏中仍不忘紧紧将钱攥在手中。借助花瓶这一意象,反映出杨长雄的勇猛、仗义,同时又果敢和机灵,以及吴太太的以利益为先的本性。此外,以暴(杨长雄打碎吴太太的花瓶)制暴(吴太太典当李嫂的铺盖)解决冲突的办法也是实现作者意图并引起读者"会心的微笑"的重要途径。

(2)铺盖。剧中的三次冲突愈演愈烈,其中第二次冲突也是吴太太和杨长雄之间矛盾爆发的直接原因。第二次冲突围绕着"李嫂要不要抵押铺盖"展开,铺盖成了冲突的引爆物(起爆器)。三块钱虽理应当赔,但对李嫂而言却是全副身家。作者在舞台说明中对李嫂的身份和处境作了说明:

> 李　嫂——物价飞涨,工资高贵的非常时期中,许多从乡间来省谋生赚钱的年轻女佣之一。年二十以下,毫无职业经验。初出茅庐,虽得其时,而未得其主。如果一个女佣只有赚钱,不会贴钱,只有正当地或不正当地增加财产,不会损失财产是一条公例,她确实是一个例外。

李嫂在剧中没有正面出场,与李嫂相关的内容只在舞台说明中,以及在人物冲突中借杨长雄之口说出她仅被吴太太搜出三毛钱的贫苦现状。实际上,吴太太处理自己与李嫂之间冲突的方式不止一种,但其却选择了让李嫂最难堪的搜身还钱的方式,并在此之后逼迫其典当铺盖还债。这样的行径实则掠夺了李嫂的全副家当。对于从乡间来的李嫂而言,铺盖是她最后的财物,也是她得以继续打工的必需品,失去了铺盖,她就失去了这个在心理上尚属于"拥有者"行列的唯一标志,而完全变成了"被拥有者",也由此丧失了赖以求生过活的生存空间。正是因为吴太太意欲彻底改变李嫂的身份、剥夺李嫂的生存空间,杨长雄才对她愤怒难忍,成众也想给她教训,警察也对她揶揄不已。

(3)棋局。"成众拉杨长雄下棋"是伴随整个戏剧冲突的一个线索。成众在剧中共出场十一次,其主要作用有二:一是缓和冲突,稳定杨长雄的情绪;二是推动情节,暗中对杨长雄施以援手。下棋,又称"对弈""博弈",是一场发生在纸上(棋盘上)的无声的战争。显然,成众与杨长雄的下棋是"醉翁之意不在酒"。当杨长雄和吴太太预备讲理时,成众招呼杨长雄"下棋,下棋",既是在提示杨长雄不必与她在言语上论争,又预示着一场战争即将开始。当吴太太继续唠叨时,成众为解决争端出谋划策,从而为李嫂化解危机("替朋友排难解纷","老杨,我和你赌一个输赢好不好?这盘棋,如果你赢了,我出三块钱;如果我赢了,你出三块钱。赢的钱送给李嫂让她还债,怎么样?")。当杨长雄与吴太太的争斗处于胶着状态时,成众一再提醒杨长雄冷静应对("下棋,下棋","回到象棋的战场,继续未完的棋局","下棋,下棋,下棋,下棋,下棋","这盘棋大概是没有希望下完了罢?")。最后,杨长雄摔碎了另一只花瓶,赔偿了吴太太三块钱国币。成众以"和棋"宣告了这场"恶斗"的结束。全剧在成众的"和棋"声中戛然而止。这"和棋"二字颇耐人寻味,因为在此之前,成、杨二人的棋局并未完结,成众所言自然不是他与杨长雄的胜败结局,而是指杨长雄与吴太太间的冲突。吴太太如愿得到了花瓶的赔偿,却损失了自己的声誉和另一只花瓶;杨长雄终于为自己也替李嫂出了气,却也失去了对他而言并不容易获得的三块钱国币。在达成为李嫂解决问题的初衷后,棋局也不再有继续的必要。棋局也可视作吴、杨二人冲突的缓冲空间。

4. 反思社会空间

剧本阅读结束时,我们总会思考作者写这篇剧本的目的是什么,很自然地就会将写作意图与作者写作的时间、作品中反映的时间,以及发生在作者身上和作品中人物身上的事关联在一起思考。

《三块钱国币》创作于全面抗战爆发不久的1939年,百姓被迫西迁,颠沛流离,很多人涌入西南地区。西南地区的经济基础薄弱,此时本地人沿用带有军阀割据气息的老滇票,"讨厌的"外省人使用的是兑换率高达十倍的国币。[①] 当地人将货币贬值、物价飞涨、通货膨胀归因于国币的冲击,这也是本地人和外地人的主要冲突之一。丁西林在创作时抓住了这个社会矛盾,在设计舞台说明时作了特别提示:

> **吴太太**——抗战期间,西南的某一省城的热闹街上所看到、听到、碰到的无数外省人之一,年三十以上,擅长口角,说得出,做得到。如果外省人受本省人的欺侮是一条公例,她是一个例外。
>
> **杨长雄**——抗战期间,跟着学校转移,上千的流离颠沛的大学学生之一。年二十左右,能言善辩,见义勇为,有年轻人爱管闲事之美德。如果外省人袒护外省人是一条公例,他是一个例外。

---

① 丁克刚.丁西林先生的微笑——忆独幕剧《三块钱国币》的创作经过[J].人民戏剧,1979(07):41.

《三块钱国币》的戏剧性从吴太太和杨长雄是外省人中的两个"例外"中可见一斑，冲突似乎发生在当时的本省人与外省人、滇票与国币相争的社会氛围之外。随着剧情的发展，更为深层的冲突根源逐渐显露出来。细读剧本不难发现二人更详细的个人信息：

> 吴太太　……咳，看罢，就是同这个一模一样的一只花瓶。还是五年前我从牯岭避暑回上海的时候在九江买的。他要二十块钱一对，是我还了六块钱买下的……
>
> 杨长雄　李嫂没有债，我也没有钱。你是阔人，三块钱不在乎，我是一个穷光蛋，我的三块钱用处多得很。（用刚听到的口吻）这个年头，自来水笔，卖到六十块钱一支，钢笔头，两块钱一打，九毛钱一瓶墨水，一毛钱一只信封。从来没有听说过！

可见，吴太太以前是住在上海的，在到西南地区之前家境也较为宽裕，暑热时还有闲钱、闲情来消夏。空间与人之间呈互相影响的态势，特定的历史和现实同样会对人产生影响。在开埠后，传入的西方近现代文明对上海产生了深远的影响，工业、商业的繁荣使得上海一方面民风开化，尊重多元文化，另一方面理性求真，有契约精神，尊重个人利益。生存在这样社会空间下的吴太太也受到了一些影响。即便是在境遇好的情况下，在购置自己所钟爱的花瓶时仍要全力讲价，使最终的成交价仅为原价的三折。由此可见，吴太太对待财物的谨慎吝惜是由来已久的，对李嫂打碎的花瓶斤斤计较也不是针对李嫂个人，只可看作是她自张声势的借题发挥。

杨长雄的身份为西迁的大学生之一，而大学生在当时国民中的占比为万分之一[①]，他们既有平等自由的意志，也有救国救民的思想，既接受到了良好的教育，也因西迁而生活境况不佳。当成众提出输棋者要替李嫂偿还三块钱国币时，杨长雄原本不愿，因为三块钱国币对他而言也非小数目。但当吴太太不断讥讽、为难李嫂时，杨长雄选择挺身而出、直言相助，尤其是结尾的先摔花瓶再赔付的举动，最能体现出他作为青年学生的古道热肠、见义勇为。

---

① 王万钟在《从数字上看中国教育》（教育通讯，1946，(1)2：3.）中称："抗战前二十五学年度……专科及大学生数四万一千九百人"，而当时一般称国民为"四万万同胞"，抗战爆发前的大学生真可谓"万里挑一"。1938年，钟鲁斋称：根据1934年出版的《第一次中国教育年鉴》的统计，当时"每一万人口中只有大学生一人，中学生十人，小学生二百三十人"。（钟鲁斋.战时课程编制的问题及其方法[J].教育杂志，1938，28(06)：8.）

剧中人物的选择与设置同样来源于丁西林的生活历验,他将在不同社会空间里熏染过的人们积聚在同一空间中,用他们所说、所为来反映当时的社会文化及作者所认同的观念、旨趣。虽然吴太太和杨长雄各占理、情、势,但作者在设置、消解、解决矛盾时都偏向于杨长雄。此外,可作为佐证的还有成众与警察对待这一事件的态度。警察与成众较于杨长雄更为沉稳冷静,他们知道花瓶事件从道理上来说,吴太太并无可指摘之处,也就没有与吴太太正面交锋,虽然没有与吴太太正面交锋,却对杨长雄和李嫂暗中出言相助。

> 吴太太　(收下应得的赔款)铺盖怎么了?
> 警　察　是啦吗,当铺的少奶奶,给了三块钱,听说太太是外省人,她不要李嫂的铺盖。
> ……
> 吴太太　(走进,不幸地听到了对她的批评,向杨长雄)什么? 你讲什么? 你骂人是不是? (向成众)成先生,你听见的,他破口骂人……
> 成　众　对不起,我在下棋,没有留心到我四周围的环境。

警察与成众是花瓶事件之外、吴杨冲突之外的旁观者,他们对待此事的态度也在一定程度上代表着包括当铺少奶奶在内的其他人的态度和作者的态度。从中不难看出,无论是外省人还是本省人,面对这般情理冲突,弘扬正气、秉持公道的氛围仍占据了社会空间的大部分。

而且,在这一社会背景之下,作者在设计人物姓名时也极具慧心,文中人物的姓名有两类:一类是以其社会地位代指(吴太太、李嫂、警察),另一类则明确指名道姓(杨长雄、成众)。原因可能有二:一方面,在民国时期,女性的姓名仍旧沿袭封建旧制,冠夫姓以指称;至于警察,在人物说明中作者也写明"在这一个城内,警察数目较多,他是城内许多维持治安的警察之一",警察具有普遍代表性,他出现的时机也有偶然性,所以不具姓名也在情理之中。另一方面,两类人物的命名与各自的身份也有关联,特别是用身份代指人物,反倒彰显出不明确指向性中的明确指向,集中折射出诸如此类的社会现象。而杨长雄和成众明确的姓名可以体现出他们的大学生身份(或来自知识分子家庭)。如果再仔细推究二人的名字,又似乎发现别有妙趣:"杨长雄"可视为"发扬浩然长存的英雄气概",而擅长运筹擘画、更为稳重老练、乐于排纷解难的"成众"则可能暗寓有"老成持重""成全众人"之意(舞台说明在介绍人物时称成众:"年岁与杨相若,言语举动常带有自觉而不自觉的幽默。如果一个人厌恶女人的噜苏,喜欢替朋友排难解纷是一条公例,他好像是一个例外。"虽然他也是一位年轻的大学生,但是他的言行举止像一位阅历丰富的老人,不像杨长雄那样冲动甚至莽撞。他同样"喜欢替朋友排难解纷",但是表现形式和其他人不一样,如杨长雄主要是动口争辩甚至要动手打人、摔碎花瓶,所以"他好像是一个例外")。

综上可见,作者的意图是宣扬在任何社会中人们(尤其是知识分子)都要有扬善除恶的精神和善于斗争的策略。

三、戏剧表演[①]

(一) 准备

教师可根据活动的需要将学生分成导演、演员、剧务、幕后和评委五个小组,学生可根据兴趣和特长选择不同的小组。导演组主导戏剧活动的排练和演出,包括主持戏剧活动的整体策划、组织,以及与其他人员的沟通,等等。演员组进行剧本表演,表演前需要反复研读剧本、揣摩角色、熟悉台词。剧务组负责联系排练场地、确定排练时间以及整个表演过程中的多种宣传活动。幕后组负责服装、舞台装饰、道具、音乐等必需品的购买、采集工作。评委组由部分学生和教师组成,负责评分标准的制定和演出后的评价。

首先,要确定两个或以上的剧组(一个剧组 20 人左右),以多组演出一剧的形式完成。各组在表现形式、人物塑造、艺术处理等方面应有差异,以便于比较异同,促进相互学习,也有利于客观评价。其次,学生自愿报名参加选拔,根据每个人的特长、特征确定分工。除了评委应独立于各剧组外,各小组的导演、演员、剧务、幕后均由各小组在自愿报名的基础上根据成员的特长来确定。演员的确定非常关键,应先让学生朗读剧本来进行第一轮筛选,然后根据通过初选的人的表演、歌唱、朗读等特长以及外貌、性格等特征来确定角色。角色选定方法有学生自荐、同学推举、教师指定三种。最后,明确分工,各自准备。各成员自主研习《三块钱国币》剧本,尤其是每位演员需要完成一份自己要扮演的角色的人物自传,以让演员对其将扮演的人物角色形成深入、全面、个性化、创造性的理解。

[①] 参阅顾志贤编著的《复兴国语教学法(第一册)》《国语科教法》中的"演剧指导法"。顾志贤.复兴国语教学法(第一册)[M].沈百英,校订.上海:商务印书馆,1934:37—38.有关这四个步骤中的实施细节,最初是请我的硕士李梦欣来设计的,因为她排演过《大国良师》《一碗阳春面》等话剧,有较为丰富的经验。特此说明和致谢!

（二）排练

排练可按照初排、细排、联排三步进行。初排是粗线条地勾勒出事件发展的过程。细排是集中排练潜台词、角色发展、动作表情及节奏等。联排时会配备音乐、穿上戏装。

每个阶段，各小组各司其职，相互配合。导演组的工作重在导戏，要为剧中的人物设计舞台动作，确定话语表述方式。演员在导演的指导下，通过动作、表情和语言表现人物，传达人物的心理活动，推动剧情发展，尤其是在处理人物会话时要把握好声调、速度、停顿等。导演在说戏、演员在演戏前，都要反复、深入地研读剧本。此外，导演和演员可以观摩、比较他人的演出视频和自己排练的录像。剧务组确定每次排练的时间和地点。幕后组制定服装、道具清单，购买、收集好服装、道具，并让演员试穿服装、试用道具。评委组制定出评分标准。

（三）展演

确定好正式演出的时间和地点后，各组落实细节，剧务做好宣传。然后演员正式登台演出，观众（含评委）将台上演员的演出与自己想象中的演出进行比照。

（四）评议

在演出的过程中，观众（含评委）会作出初步评价。演出结束后，先由导演、演员、剧务、幕后作出自我评价，然后评委组根据评价标准进行综合评价，组织交流探讨各方面的得失，提出改进措施，为以后的演出积累经验。

总之，可通过课本剧表演，来增进学生对剧本的理解，提高其戏剧欣赏水平以及戏剧表演能力和组织协调能力，等等。

《三块钱国币》教学实录

时　　间：2018年11月14日
地　　点：华东师范大学第二教学楼217室
执 教 者：张心科
教学对象：华东师范大学中文系2016级公费师范生

师：同学们大家好，今天我们要学习的是《三块钱国币》。(板书课题：三块钱国币)这篇《三块钱国币》是民国二十八年丁西林先生在云南昆明创作的独幕喜剧，是根据他的生活经历而创作的。之前筱媛同学上课时问大家：民国二十八年是什么时候？大家答不出来。民国元年是什么时候？

生：1912年。

师：1912年。1911再加1，是不是啊？那民国二年呢？很简单，1911再加2嘛。

生：1913年。

师：那么民国二十八年是什么时候？

生：1939年。

师：这篇剧本以前在很长时间里被选入了中学课本，后来很多版本的语文教材中都将其删除了，但我总觉得这篇剧本和《雷雨》一样是经典，所以我想把这篇剧本拿来和大家一起来学习，看我们怎么来带孩子们学习戏剧。学习戏剧首先要进行文本分析。文本怎么来分析？有三个点可能要注意：一是戏剧是一种空间艺术，二是戏剧是通过会话来表现的，三是戏剧有激烈的矛盾冲突(板书：空间·会话·冲突)。这三个点是我们要关注的。本来有个环节是让大家分角色朗读，然后其他同学闭上眼睛去想一想，但是因为我们刚才在课堂上已经有分角色朗读，还有我们在课前已经预习了，所以这个环节我们就不再进行。

首先看"空间"问题。在一个剧本中，人物居住的空间非常重要，这个空间不仅仅是人的栖身之所，每个人居住的位置、房间的大小、里面的摆设等与这个人的出身、地位、性格等是相关的，也往往是人物与人物之间建立关系、产生矛盾的地方(板书：寓居空间)。请大家用笔在纸上根据课文的描述，把他们居住环境的示意图画一下。

(学生画图)

师：首先画一个四合院……许多同学都画得不错，很准确……而且大家把每个房子里居住的人也标出来了。大家画得差不多了吧？(选择其中一人的示意图展示)大家看一下，和你画的差不多吧？在这里，四合院的三间正房住的是吴太太，这两间矮小的厢房住的是杨长雄。吴太太是云南昆明人吗？(学生摇头)杨长雄是吗？(学生摇头)都不是，他们都是从其他省市迁移到这个地方的。他们都是这个房子的主人吗？

生：不是。

师：他们都是租客，外省来的租客。按正常来讲，这两人的地位应该是怎样的？

生：一样的。

师：平等的，是不是啊？但是这里正房住的是吴太太，说明了什么？

生：吴太太比较有钱。

师：肯定是非常有钱，是不是啊？而他（杨长雄）相对来说就比较穷。大家再看一下，在这里面，吴太太的三间正房肯定是吴太太的私人空间，两间小房子肯定是杨长雄的私人空间。我们再看一下公共空间是哪些？

生：院子。

师：包括这个（指向正房廊子），这个是半公共空间，是公开的。但是大家看一下啊，在这属于公共的空间和半公共的空间里有哪些东西？半公共空间里堆放着的是桌子、椅子、茶几、板凳和小孩的车马。纯粹的公共空间里面是什么？

生：被单。

师：女人的内衣和小孩的尿布。按正常来说，她只拥有她自己的空间，公共空间是大家分享的。在这里很显然吴太太不满足于自己的私人空间，而把她个人的生活的权利延展入公共空间，是不是啊？所以，我们从这里就可以看出来这个人非常……用两个字概括一下。

生：霸道。

师：非常强势。一下子就能看得出来。其实还有一个人住在这个四合院里。谁？

生：李嫂。

师：我们看一下，为什么"李嫂"没有标出来？

生：附属。

师：对，有同学讲附属于吴太太。因为她是娘姨，就是佣人，是吴太太请来的。李嫂在这里不拥有自己的独立空间。她只是吴太太家里的一个佣人，她只附属于和吴太太的雇佣关系里面。在这里，最没有存在位置的是李嫂。平时，在这里面（公共空间）吴太太肯定强势惯了，但是，在今天，在家里，没有任何地位的一个佣人突然把她的花瓶打碎了。从后面戏剧冲突的交代里可以看出来，打碎花瓶之后，吴太太做了哪些事？

生：搜身。

师：要她赔，甚至搜身。吴太太有没有得逞？赔是没得逞，李嫂没钱，只有三毛钱，但是搜身得逞了。在这里，李嫂有没有反抗？

生：没有。

师：我们怎么知道她没有反抗？如果反抗了，怎么还能搜到她身上还有三毛钱？我想这三毛钱对于李嫂来说可能非常重要，而且可能藏得特别隐蔽。但是，她为什么没有反抗？刚才说了，李嫂没有自己独立的经济来源，没有自己独立的生活来源，所以她在主人面前无法反抗。所以，在这里面（房子内）并没有产生大的矛盾，这篇戏剧真正的矛盾是什么时候正式开始的？搜身也就搜了，赔也没什么赔的了嘛。吴太太还做了什么？反复唠叨、喋喋不休。喋喋不休的目的是什么？是针对李嫂的吗？

生：不是。

师：她在哪里喋喋不休？

生：院子。

师：在这个院子里。也就是说，在这个公共空间里，她在叨扰别人。课文里面提到她一面说一面怎样？

生："目常向杨长雄藐视"。

师：后面还有一句话。

生："他显然是她在管教的对象"。

师：按正常来说，吴太太和杨长雄是平等的租客关系，但在这时，吴太太不仅仅用物体侵占了公共空间，而且在言语上也侵占了公共空间，向杨长雄发起了攻击，所以矛盾正式开始。

师：（板书：历验空间）大家注意，我俩站在这地方，你是学生，我是老师。但是，我们俩在交谈的过程中，尤其在发生冲突的过程中，我俩的心理会产生变化。我把它叫"历验空间"。在人物冲突的过程中，随着人物间矛盾冲突的发展、人物关系的变化，人物的自我认知体验也会随着"场域"（心中自我与他人的位置、感知到的周边氛围）的变化而产生变化。刚才筱媛带大家分析的时候，围绕了三个"要不要"进行解读，就是这个独幕剧中三个大的矛盾冲突。哪三个大的矛盾冲突？第一个是什么？

生：赔偿。

师：就是要不要赔花瓶。第二个呢？

生：要不要押铺盖卷。

师：第三个呢？

生：作为旁观者要不要多管闲事。

师：第三个是因为什么引发的冲突？

生：杨长雄骂人。

师：主要因为杨长雄骂她是无耻的泼妇，所以吴太太就和他辩论，围绕"无耻""泼妇"这两个词来跟他辩论，然后产生了冲突。最后以摔碎花瓶、戛然而止而结束。大家在读戏剧的时候要注意，(冲突的起止)其实是有标志的，第一个冲突结束时在哪里？

生："下棋，下棋。"

师：对。有同学找到了——"下棋，下棋。"为什么在这个地方我们发现了这个语言标志？人物冲突嘛，肯定是主要人物都在场，是不是？冲突得以缓和，是因为主要人物不在场。哪个是语言标志？

生："杨长雄就此下台……"

师：对。"杨长雄就此下台"。然后转入第二个矛盾冲突。第二个矛盾冲突转入到第三个矛盾冲突，哪个是语言标志？这里面冲突的主要人物中的谁走了？

生：吴太太。

师：对。吴太太。因为那里写了，她和警察一道出去了。所以大家要注意这种语言标志在哪里。这是三个大的矛盾冲突。我们先看第一次矛盾冲突，第一次矛盾冲突主要是讲要不要赔花瓶的问题。

我们看一下，这个吴太太一出场，就和别人不一样。怎么不一样？前面不是提到她反反复复在唠叨吗？唠叨了几次？三四次。我数了一下，四次。不管是三次还是四次，总归是絮絮叨叨，絮叨的内容是什么？无外乎几个方面：第一就是自己的生活境遇也不好，但是她还知道穷人不容易。"我"没有欺负这个李嫂，"我"不仅没有欺负李嫂，还给李嫂饭吃（生：一个人吃三个人的饭）。"我"让她吃得很饱呀！"我"对她很好呀！也就是说，在情感方面，她证明自己是一个很有温情的人，是不是？下面再看，"我"这个花瓶打碎了，本来一个花瓶多少钱？

生：十块钱。

师："我"现在就只要你赔三块钱。合理不合理？

生：合理。

师：而且，在这里吴太太是一个主人，所以"我"（吴太太）要她（李嫂）赔钱，"我"搜她身，对于吴太太来讲是正确的。一个是"情"、一个是"理"，还有一个是人的身份、位置，我们看在全文里叫什么？

生："势"。

师：也就是说，合情、合理、合势。她自己是非常主动的，所以她把自己平时占据公共空间的气势都发挥出来了，向杨长雄发动了攻击。杨长雄是怎么说的？第一次是怎样的？

生："两手掩耳。"

师："两手掩耳"，说明实在是不耐烦了，说得难听一点就是主动地来无视她。然后呢？

生："放下书本，预备下棋。"而且还跟成众讲："拿到里面去下好不好？"这是一种被动的回避。所以杨长雄采取了两种措施，从他的角度来说，他不愿意跟吴太太发生冲突。刚才说空间里的主要行为是对话,吴太太与杨长雄有对话吗?首先,有没有矛盾?

生:有。

师:肯定是相互不满了,是不是啊?一个发动攻击,一个对她的攻击表示反感。有冲突,但是这种冲突不是以对话的形式,而是以双方几乎是独白的形式呈现的——你说你的,我说我的。再看一下,真正的对话始于什么时候?直接地用言语对另一方发动攻击,又是什么时候?在哪里?

生:"吴太太,你还要多讲吗?"就是在这里。成众提出来解决办法:谁输了棋就要帮李嫂赔钱。这个时候杨长雄就被迫抗战了,他说:"吴太太,你还要多讲吗?"

师:就是说,她太过分了。我发现有个很好玩的现象,前面吴太太在啰唆的时候,你们发现她一个人独自在那地方说话,她说了什么?大家可以尝试着去读一下:"哎,看罢,就是同这个一模一样的一只花瓶。还是五年前我从牯岭避暑回上海的时候在九江买的。他要二十块钱一对,是我还了六块钱买下的。用到现在,没有见打破一点。我因为喜欢它的样子,才……"大家发现这都是碎语吧?说的都是些鸡毛蒜皮、碎屑的语言。一旦她和杨长雄发生冲突,在一起辩论要不要赔的时候,大家发现吴太太是怎样的?

生:"得到一个进攻的机会,回头……"

师:请看这一句最后的标点符号。

生:问号。

师:一下子由叙述的碎语转到责问、质问的话语方式。"你既知道大家都是穷人,还说什么替穷人想想?你说你是一个穷光蛋,请问,现在哪一个不是穷光蛋?"这句一下子把杨长雄弄火了。你再看杨长雄是怎样说话的?"好罢,你既要讲,我就再和你讲好了,你刚才要我讲道理,我为省事起见,没有理会。现在我把这个道理就来讲给你听听。我们都是穷人,不错,不过穷人也有穷人的等级。一个用得起娘姨服侍的太太,如果穷的话,是一个高级的穷人;一个服侍太太的娘姨,是一个低级的穷人;像我这样一个扫地抹桌子要自己动手的穷学生,是一个中级的穷人……"和前面吴太太的话相比,明显要长吧?为什么杨长雄的话会那么长?因为他想把道理说清楚,所以会用长句(板书:说理用长句)。杨长雄说,三块钱你可以不在乎,因为你是富人,我们这些人在乎,尤其是李嫂更在乎了。吴太太说:"你这话不通,什么叫做不在乎?"杨长雄认为对于吴太太来讲,根本就不在乎,一桌酒席,一场麻将,一双丝袜,一瓶雪花膏,对吴太太来讲算不了什么,然后吴太太是怎么回应的?

生:那是"我"的钱。

师："废话。那是我的钱,我爱怎样花就可以怎样花……"杨长雄说:"好,好,好,就说是我说错了,你说对了。就承认这个问题不是在乎不在乎,也不是赔得起赔不起的问题。"请问大家,在说理这一块,杨长雄有没有把吴太太说过去?

生:没有。

师:没说过去。那在人情上面呢?杨长雄说要讲一个人情。人情上有没有说过去呢?按讲李嫂天天服侍吴太太,天天和她在一起,反正吴太太也有钱,她从人物之间的亲疏关系、从一个人在社会上的富有程度、从"通情"的这个角度来讲,吴太太也应该……但是,吴太太说这个钱是"我"的,也不是杨长雄的,也不是李嫂的。是呀!这也是人之常情呀!就像她讲的,"我"爱怎样花就可以怎样花。所以,杨长雄就进一步跟她说理。怎么说的?大家看一下,自己读一读,从"喔!不应该赔"读到"胡说八道"。

(师生共读)

> **吴太太** 喔!不应该赔?
> **杨长雄** 不应该。
> **吴太太** 花瓶是不是我的东西?
> **杨长雄** 是的。
> **吴太太** 是不是李嫂打破的?
> **杨长雄** 是的。
> **吴太太** 一个人毁坏了别人的东西,应该不应该赔偿?
> **杨长雄** 应该赔偿。
> **吴太太** 好了,还要说什么?

师:在这里,杨长雄显然是不占理的。

(师生共读)

> **杨长雄** 啊,别忙,别忙,你说的是毁坏了别人的东西,可是你不是别人啊!我问你,李嫂是不是你的佣人?
> **吴太太** 是的。
> **杨长雄** 佣人应该不应该替主人做事?
> **吴太太** 当然。
> **杨长雄** 你的花瓶脏了,你要不要她替你擦擦?

> **吴太太** 要她擦擦,是的,可是我没有叫她打破啊。
>
> **杨长雄** 当然你没有叫她打破。如果是你叫她打破,那就变成执行主人的命令,替主人打破花瓶,那就只有做得快不快,打得好不好的问题,而没有赔偿的问题了。我现在再请问你:从古到今,瓷窑里烧出来的花瓶,少说,也有几十万几百万。这些花瓶,现在到哪里去了?一个花瓶是不是有打破的可能?
>
> **吴太太** 有的,谁可以把它打破?
>
> **杨长雄** 是呀,谁可以把它打破?我请问你。
>
> **吴太太** 花瓶的主人可以把它打破,该有花瓶的人可以把它打破。
>
> **杨长雄** 你这就错了,该有花瓶的人,不会把花瓶打破,因为他没有打破的机会。动花瓶的人,擦花瓶的人,才会把它打破。擦花瓶是娘姨的职务,娘姨是代替主人做事。所以娘姨有打破花瓶的机会,有打破花瓶的权利,而没有赔偿花瓶的义务。好了,还要说什么?

师:杨长雄在这里讲的是合理的吗?是合逻辑的吗?显然是不合逻辑的。所以,吴太太讲他:"胡说八道!"也就是说,在两轮对话里,杨长雄都没有占理。"理"失败了。刚才说了,主要是围绕"情""理"展开论争的,还有什么?

生:"势"。

师:"势"。同学们再看,在这里,紧跟着就是围绕"势"展开的。杨长雄讲了一句什么话?——"一个主人有没有搜查她雇用的娘姨的身上的权利,这是一个极严重的法律问题。"也就是说,虽然你是她的主人,但是从法律上说并没有赋予你搜身的权利。换句话说,吴太太现在怎样?

生:犯法了。

师:吴太太做了什么?对李嫂搜身了。所以,杨长雄认为吴太太违法了。请同学们看一看吴太太是怎样回答的?

生:"那不用你担心。"

师:"那不用你担心,你等着看好了。"在这里吴太太有没有多说话?

生:没有。

师:为什么没有多说话?她心虚了。所以这里,在"情""理""势"三方面,杨长雄唯有在"势"这一方面占了一点上风,所以矛盾冲突在这个地方稍微缓和了一点。紧跟着就是要不要抵押铺盖这个问题。按照正常来讲,冲突到这里也就没有了。那么抵押铺盖是谁挑起的？

生：杨长雄。

师：抵押铺盖是杨长雄挑起的？谁要求去抵押铺盖的？是吴太太。那么，铺盖对于李嫂意味着什么？

生：全部身家。

师：我们现在还经常讲："卷铺盖走人。"什么叫"卷铺盖走人"？我把我的全部身家带走。对于李嫂来讲，铺盖是她唯一的财产，也是她自己作为一个主人的唯一的象征。如果连这一点财产也被拿去，连这一点权利也被剥夺，你看李嫂将会是怎样？一无所有后就一无是处。但是，即便是这样，她（李嫂）自己也没有反抗，她没有办法。"当铺盖"这一节出现了哪几个人？警察。还有一个是没有出现的，是通过警察转述的——当铺的少奶奶。在这里，杨长雄非常生气——"你把她的铺盖押了，你叫她睡什么？"当铺盖，对于吴太太来说，有没有道理？

生：有。

师：有。吴太太已经看过李嫂的包袱，搜过她的身，她只有三毛钱，根本赔不起，赔不起只能怎样？

生：当铺盖。

师：所以，吴太太是有理的。杨长雄说："岂有此理？"那是杨长雄的说法。杨长雄为什么说"岂有此理"？（生：李嫂没地方睡）除了这个之外，她是一个主人，她完全可以叫自己的佣人去抵押铺盖。所以，从"理"和"势"方面来看，吴太太都是正确的。但是，对于我们常人来看，这个人怎样？

生：无情。

师：那叫"绝情"！吴太太说："这是她的铺盖，不是你的铺盖。"和你杨长雄没什么关系。杨长雄上去拦，说："不行！"如果我们从"情""势""理"这三点来看，杨长雄所占据的是哪一点？

生："情""势"。

师："情"和"势"。"势"指什么？他在吴太太和李嫂之间扮演了一个什么样的角色？

生：打抱不平。

师：他是一个仲裁者。打抱不平就是出于正义了。对于一个出于正义的仲裁者来说，那么他在"势"上是占优势的。但在哪一方面实在是不行的？

生："理"。

师：也就是说，理亏。所以，他也阻止不了吴太太要警察去抵押铺盖。但是后来喜剧性的一幕发生了,是什么?

生:当铺少奶奶不要。

师:当铺少奶奶不要。铺盖还给她,还给了她三块钱。那么这个冲突到了这个地方就缓和了,这个事情也就算了,是不是啊?对于谁来说是心里最难受的?吴太太难受吗?钱还了。李嫂呢?也没有自己还钱,铺盖也还在。谁最难受?

生:杨长雄。

师:所以,他骂了一句:"你说丢人罢……这样的一个无耻的泼妇!"所以,下面主要围绕"无耻"和"泼妇"这两个词,两个人产生了辩论。杨长雄心中的"无耻"是什么?最反感的是什么?我们在前面提到,花瓶打碎了要赔,还有要抵押铺盖,是不是?杨长雄说的"无耻"指的是这个——一个有钱的主人竟然这样来对待佣人,所以说这个人很"无耻"!吴太太心目中的"无耻"是什么?有哪几个"无耻"?

生:多管闲事是无耻。

生:背后骂人是无耻。

生:骂人不承认更无耻。

师:杨长雄讲她是"泼妇",是吧?她觉得这是一种侮辱,她觉得自己不是泼妇。她觉得杨长雄是?

生:泼妇。

师:杨长雄是"泼男"。为什么讲他是"泼男"?

生:受过高等教育的人,竟然开口骂人。

师:"我"不是"泼妇",你才是"泼男"!所以这两个人就闹起来了。从这两个人的矛盾来看,都是有"理"的,然后在"情"方面都是合"情"的,在"势"方面都是"势"均力敌的。所以,在这个时候,杨长雄就做了一个举动,把花瓶摔碎了。这个摔碎花瓶是他设计好了的,还是他的应激反应?

生:应激反应。

师:因为他"忍无可忍",而且"理缺词穷"。但是——刚才我们几个同学表演得非常好,筱媛在上这一课的时候专门分析了"送"这个词。"送"这个词很好。杨长雄转念就把三块钱国币送上。如果是我们,平时出现这种情况会怎样?甩,扔。"送"是怎样的?我们可以想见当时的那种场景。在这种场景中杨长雄是怎样的?

生:理缺词穷。

师:理缺词穷吗?面白手颤吗?在这一刹那应该是怎样的?

生:平静。

师：平静之中还有什么？

生：藐视。

师：藐视？有可能。在藐视吴太太时，他对自己的这种举动怎样看？我觉得，如果是我的话，我可能有一种另外的心理。

生：得意。

师：对。这是三个冲突。当我们读到这个地方的时候，我们还要关注在剧本里有时有一些看起来不重要的、似乎不经意摆放的一些陈设，也就是一些景观、一些道具，往往对情节的推动，对人物的塑造，起着非常重要的作用（板书：景观空间）。在这个独幕剧里，你们发现有哪些？

生：棋。

师：大家都能找到这个"棋"。这个"棋"是在哪个地方开始出现的？一开始发生冲突的时候，成众来找他……

生：下棋。

师：最后结束的时候，成众怎么说的？

生：和棋。

师：给我们的感觉是这个棋是与矛盾冲突伴随始终的，类似于电影、电视剧中的什么？背景音乐。你们觉得是不是？我觉得是。我们在上现当代文学课的时候，知道有部作品叫《棋王》吧？棋这个东西是有中国传统特色的一个物象。下棋在古代叫什么？

生：对弈。

生：博弈。

生："对弈""博弈"中的"弈"都是"棋"的意思。如果说下棋是纸上的无声的战争，那么在成众前面的吴太太和杨长雄两个人之间的冲突就是有声的战争。为什么这样说？一开始他俩准备讲理的时候，成众招呼杨长雄："下棋，下棋"。"下棋，下棋"是什么意思？就是你别争了。成众看了他一眼，在这里，隐含的意思是什么？跟吴太太，不要去斗嘴，应该去斗什么？下棋的人会讨论吗？不仅下棋的人不会讨论，而且看棋的人也不能多说话，我们经常说什么？

生：观棋不语真君子。

师：君子动口不动手。可见，成众其实在告诉他：你别吵了，看看想什么办法来解决。当吴太太继续唠叨的时候，成众出了一个什么点子？我们俩下棋，要赌一个输赢，如果谁输了，谁就出三块钱，帮李嫂把钱赔上。舞台说明中在人物介绍的时候，说成众是个什么样的人？这个人怎样？文本中用了哪个词？这个人喜欢干什么事？

生："替朋友排难解纷。"

师：对，"喜欢替朋友排难解纷"。

生（多人）：他是一个例外。"喜欢替朋友排难解纷是一条公例，他好像是一个例外。"

师：好像是一个例外？那我问大家，作者在这里为什么这样说？

生：他不喜欢（该生的后半句话"替朋友排难解纷"没有说出）。

师：例外在哪里？是不是他没有给朋友排难解纷？在这里，他有没有为杨长雄和吴太太的争斗排难解纷？

生：有。

生：没有。

师：没有吗？其实是有的。因为他提示杨长雄了。后面也有，当杨长雄与吴太太的冲突处于胶着时，他一直跟杨长雄讲："下棋，下棋"，"回到象棋的战场，继续未完的棋局"。反复在讲："下棋，下棋，下棋，下棋，下棋，下棋，下棋"。然后，他又讲："这盘棋大概是没有希望下完了罢"。其实，他在这里一直是通过下棋这种行为和"下棋"这个言语在点拨杨长雄。所以，肯定有。成众出这个点子：谁输了谁给李嫂出三块钱，难道不是排难解纷吗？也是。但是，舞台说明中的舞台介绍为什么说他是个例外呢？例外就是他和别人不一样。不一样在哪里？最典型的是和谁不一样？

生：杨长雄。

师：杨长雄在干什么？杨长雄在跟吴太太发生言语冲突，甚至要发生肢体冲突。他（成众）有没有？

生：没有。

师："他好像是一个例外"，例外在这里。大家再想一下"成众"这个姓名，你再想一想"杨长雄"这个姓名。成众是个什么样的人？当我们经常形容一个人很沉稳，我们可以说什么？有一个成语形容做事很有策略，不慌不忙，泰山压顶都面不改色，想一想是什么？

生：老成持重。

师：对，是"老成持重"。尤其是后面结束的时候，他讲了："和棋，和棋"。用"和棋"两个字宣布结束。"和棋"意味着什么？吴太太损失了两个花瓶，但是她得到了钱，虽然这个钱不可能抵掉这个花瓶的价格。杨长雄呢？解了气，帮了别人的忙，但是自己损失了三块钱，所以对这两个人，他叫"和棋"。我刚才说前面大家的表演得非常到位,"和棋"说得不阴不阳的。什么叫"不阴不阳"的？就是声音不高不低,显得这个人很有城府。除了这个棋之外,还有一个重要的道具是什么？

生：花瓶。

师：这个花瓶为什么很重要？

生：矛盾的焦点。

师：说得更具体一点。这个矛盾最初是由什么引起的？

生：花瓶打碎了。

师：花瓶打碎了。所以,后面围绕花瓶要不要赔、该不该赔展开争论？最后结束的时候呢？

生：花瓶又打碎了。

师：杨长雄摔了花瓶。花瓶摔碎了。这出话剧从开始到结束始终围绕"花瓶"。花瓶在起作用。这是一个由花瓶而引发的争吵。它对故事情节（矛盾冲突）的发展起着很重要的作用。还有,李嫂把这花瓶打碎是有意还是无意的？

生：无意的。

师：但是,我们再看杨长雄呢？

生：有意的。

师：请大家再看一看吴太太是怎样对待这两个人打碎花瓶的？前面李嫂打碎花瓶,吴太太一直在让李嫂"赔",是吧？后面杨长雄打碎了花瓶,她怎样？她没办法了,对吗？当杨长雄把钱给她的时候,她那个动作很有意思。你看一下,怎么写的？

生："抢了。"

师："抢。"还有呢？

生："握在。"

师："握。"还有呢？

生："捏成。"

师："捏。"还有呢？

生："鼓着眼睛。"

师：这说明了什么？

生：很气。

生：爱钱。

师：这三个动作一气呵成,非常连贯。在吴太太眼里,什么最重要？

生：钱。

师：钱。在打碎花瓶这件事上，要李嫂赔她的钱。当杨长雄打碎花瓶给她钱时，她抢了过来，握在手里，捏成一团。这说明即便是在非常伤心的时候，即便是在气急败坏的时候，她也还在想这个钱。还有，我们在舞台说明中看到这是大后方，大家都是逃难的，而且就像吴太太讲的，到处都是穷人，是不是啊？一般的穷人家里会有花瓶吗？

生：没有。

师：没有花瓶。有花瓶的人呢？

生：有钱。

师：有钱。这就不仅仅是有钱了。

生：闲暇。

师：有闲。这是一个有钱、有闲的人。她使用的东西也是这个人物身份的象征。其实，还有一个道具，请想一想是什么？

生：铺盖。

师：铺盖怎么会引发冲突呢？因为对于李嫂来讲，铺盖是她身份的象征，也是她所有的财产。吴太太要剥夺她这个身份、要剥夺她这个财产，李嫂是无法反抗的，但是杨长雄作为一个仲裁者，作为一个同情者，要阻止这种行为，所以引发了冲突。这个我们不再去具体分析它了。我们一般在读完一个戏剧（剧本）之后，都会再想一想：这个戏剧的作者在写的时候到底要达到一个什么样的目的呢？我们在判断作者的写作意图时，主要依据这几项内容：一个是作家写作的时间，还有一个是作品中反映的时间。这个作品写作的时间和反映的时间是哪一年？

生：1939年。

师：1937年"抗战"全面爆发，所以人们都撤退到大后方。说"撤退"是好听一点，其实就是逃难到大后方。大家知道一般是谁才能逃到大后方去吗？

生：有钱人。

师：有钱的人跑去。那么政府帮助撤退到后方的是什么人？

生：学生。

师：对。转移学生。因为政府要保存民族的文化种子。所以，将大量的大学西迁。所以，两类人是去的最多的：一类是有钱的人，还有一类是政府迁过去的，政府来资助的这些人。这两类人到了大后方。这么多人都退到了大后方，要生活，就需要消费，而西南这个地方的东西是有限的，供小于求，那就会出现什么情况？

生：物价上涨。

师：物价上涨对于哪个地方的人是最要命的？尤其是没有钱的本地人。所以，那时候这些人过去就出现了——那里发行的一种滇币（云南的简称是"滇"）——国币和滇币的兑换非常可怕的情况，一下子滇币贬值得特厉害。国币是硬通货，滇币不值钱。所以，就引发了本地人与外地人之间的冲突，就是本省人与外省人的冲突。这篇文章写的是不是本省人与外省人的冲突？

生：不是。

师：吴太太与杨长雄都是外省人。哪些是本地人？

生：李嫂。

师：李嫂是本地人。

生：警察。

师：警察是本地人。

生：少奶奶。

师：还有那个当铺里的少奶奶可能是本地人。这些本地人不仅没有产生剧烈的冲突，而且怎样？那个警察反复用了那句方言"是啦吗""是啦吗"，你觉得他傻吗？这是很机智的一个人。当铺里的那个少奶奶更是一个很仗义的人。没有带来冲突。所以，你看前面讲"……是个例外""……是个例外"。也就是说，都不是写本省人与外省人的冲突。那写的是什么冲突？不是因为经济导致的冲突。并不是像吴太太讲的那样是钱的问题。（向一欲言又止的学生）你发现了什么？大胆地说。

生：新思想和旧思想的冲突。

师：这个我没想到。

生：大学生他的思想是先进的、民主的，吴太太思想是传统的。

生（邻桌，插话）：杨长雄哪里先进、民主呢？

师：吴太太是传统的吗？

生：有阶级、有地位的差别。

师：这个说法很好，这个我倒是能够理解。这是一个富人阶层和知识分子这个阶层的冲突，一个是有钱的，一个是没有钱的（无产），一个是有钱不讲情的，一个是无钱而讲情的人。杨长雄是个什么样的人？前面舞台说明介绍这是一个什么样的人？怎么说的？同学们读一下。

生："抗战期间，跟着学校转移，上千的流离颠沛的大学学生之一。年二十左右，能言善辩，见义勇为，有年轻人爱管闲事之美德。如果外省人袒护外省人是一条公例，他是一个例外。"

师：他的特点？

生：能言善辩，见义勇为，有年轻人爱管闲事之美德。

师：这是一个古道热肠的年轻人。具有明显的年轻知识分子特点的一个人。大家有没有发现一个问题，你看一看吴太太是哪地方的人？

生：江西九江。

师：江西九江的？她只是到江西九江去玩的。

生：噢，上海（"回上海"）。

师：这个花瓶在哪个地方买来的？在庐山牯岭避暑的时候，途经九江时买的，是不是啊？她是回哪里？

生：回上海。

师：说明吴太太以前住在上海。在开埠后，传入的西方近现代文明对上海产生了深远的影响，工业、商业的繁荣使得上海一方面民风开化，尊重多元文化，另一方面理性求真，有契约精神，尊重个人利益。生存在这样社会空间下的吴太太也受到了一些影响。所以，还有可能是海派文化与其他地域文化因一件小事而引发的冲突。

刚才，我们讲道具、景观的时候，提到了杨长雄和成众的姓名的问题。大家看一下，这篇文章里的姓名非常好玩：吴太太有姓名吗？有姓无名。李嫂有吗？有姓无名。警察呢？无姓无名。有姓名的只有两个人：一个是杨长雄，一个是成众。作者为什么要这样命名？

刚才说了，我们可以通过作品里的时间，通过作品里的事情，通过人的身份来判断作者的意图，还有人物命名是一个很重要的体现作者意图的方式。大家回去思考一下，或写成小文章。学习戏剧，除了我们讲读文本之外，还有就是表演。刚才几位同学的表演是非常不错的，我估计大家在课前排练了，是吧？

生：没有。

师：没有吗？那太好了。我一般不主张在高中课堂上演课本剧或者分角色朗读，因为如果把握得不好，不仅不能起到效果，反而可能会引发笑场。但是，如果要理解一个文本，除了文本解读，还有就是表演。我们初中和高中的语文课本中选入的戏剧不多，所以在课外时完全可以组织学生来进行戏剧表演。这种戏剧表演并不是在教室里，而是在专门的场所里——比如，礼堂——这样可以在排练的场所去表演，主要有四个步骤：准备、排练、展演和评议。这个，大家可以在课外来探索怎么操作。如果有感兴趣的同学，可以来和我比较详细地进行交流。

总的来看，戏剧阅读教学有这两个问题：戏剧阅读教学教什么？怎么教？戏剧阅读教学目前比较糟糕的是把戏剧当成小说：梳理故事情节、分析人物形象、研究语言，再来分析思想,这是内容方面。在步骤方面,也大致是按这四块来安排顺序的。那么我是不是这么上的呢?(学生摇头)不是这么上的,我是把戏剧当成一种空间艺术,围绕这四个空间(板书:寓居空间、历验空间、景观空间和社会空间)来分析人物的会话、人物之间的矛盾,然后来探寻作者的意图是什么。(补充:对话是两个人,聚谈是三个及以上的人,聚谈在我们这篇课文里不典型,如果是在《雷雨》中的话,就非常典型。两个人在一起说话,与三个人在一起说话或者三个以上的人在一起说话是不一样的)最后,进一步来进行戏剧表演。

好,今天的课就上到这里。

《三块钱国币》课例评析

在中小学语文教学里,剧本不太容易受到青睐。明明是四大文学样式之一,何以这样没有地位?大约剧本天生体制宏大,节选片段会让人感到莫名,来上全篇在课时上又没那么宽裕。此外,也许还有剧本阅读教学似是而非的原因。

诗歌阅读教学、小说阅读教学、散文阅读教学,老师们自然轻车熟路。可是剧本,除了拿它来读一读、演一演,还能干什么呢?真要想干点什么,也只有从人物、情节、环境着手。可是一旦从人物、情节、环境着手,那不就变成小说阅读教学了吗?那还要剧本阅读教学干什么呢?可见,至今剧本教学的"立场"仍颇为模糊。

张心科老师在实践中研究,在研究中实践,用他独到的发现和《三块钱国币》的教学体验,把我们从"无可无不可"的混沌边缘拉回,让我们正视剧本,正视剧本阅读教学的根本。

他首先为我们提出阅读教学的原则:精要的内容与适宜的形式。形式?剧本教学还要什么独特的形式?只要是阅读教学,不就是读一读、讲一讲、议一议、练一练?或者换一个角度,来一点PPT、微电影,甚至让学生来展示?张老师提醒我们:"形式"指的是"这一个"——相对于诗歌、小说、散文的剧本的独特"性格"。

第一重性格或者说是第一个重点:剧本不是用来进行"逻辑分析"的,而是用来"想像"的。"想像"就是把剧本中的相关内容纳入空间。所谓"空间",既是物理上的六维,也是人物内心、情境的组合,当然还包括人物、情节纽结——空间位置与戏剧冲突、人物性格而组成的综合"环境"。用张老师的学术语言来表述,就是寓居空间、历验空间、景观空间和社会空间。毫无疑问,这是将剧本从被平面肢解或被线性梳理的危险处境中拯救出来：剧本是戏剧的静态呈现，剧本是行动在同一时间、同一地点的集中表达（"三一律"），"静"其实是一种"假象"。在文字和纸张的背后，它代表的是立体的、能量集中爆发的空间，是人物寄居其间的集体出演。如果不能还原这样的立体的、喧嚣的空间，那么，剧本就是别的什么，而不是真正的所谓的"剧本"了。

为此，张老师给我们一个简单而彰显灵魂的对策：建构戏剧阅读教学模型——引导学生将"语言"理解为"会话"、将"情节"表述为"冲突"。表面看来，这只是帮助剧本阅读教学从小说阅读教学的"嫌疑"中摆脱出来，实现自身立场的回归。实际上，这是对应空间的一种设置，是使教学显现"造型"的一种匠心。在张老师看来，剧本首先要还原为空间，空间实际是一种环境、一种承载，会话与冲突则是"环境"与"承载"中的要素。空间犹如天地，会话与冲突犹如天地之间的万物。没有空间，会话与冲突缺少理解的生态，没有会话与冲突，环境则失去存在的意义。因此，张老师教学的第二个重点，就是发现情境中的会话与冲突及其内在的含义与它们在作者构思中的作用。

第三个重点自然是实现"组合"。在教学过程中，张老师引导学生在自己大脑中构置空间，体味会话与冲突，继而完成最重要的"工序"——指导学生在自己的大脑中进行剧情的推进和人物的表现，把剧本学习的过程塑造成"心灵搬演"的过程。学生在剧本学习的过程中，从"入乎其内"到"导入大脑"，从理解、鉴赏到综合创造，整个过程高峰迭起，同时一气呵成。

至于提供契机，再帮助学生们把大脑剧场中的表演投射到现实的剧场中来，就是剧本阅读教学附赠给学生的另一种收获了。

（上海市正高级语文特级教师、国家"万人计划"教学名师、复旦附中高中语文教师　王白云）

第三节
关于戏剧阅读教学的反思与回应

这次课前，我让学生分小组备课，先由他们推选代表上课，再由教师上课，采用师生同课异构的方式，取得了很好的教学效果。

一、提高了学生的课堂参与度

和上次课相比，学生回答问题明显要积极主动得多，同桌之间、前后座位也多有互动,如互换听读、小组讨论等。

二、促进了学生对文本的理解

甚至有同学在课后告诉我,因为剧中多次提到"抗战期间",还提到杨长雄是"被迫抗战",所以丁西林可能是借《三块钱国币》进行抗日宣传,换句话说,就是他在告诉读者:对待日本帝国主义蛮横的侵略行径,要斗智斗勇,甚至不惜以暴制暴。也就是说,这个剧本不仅仅反映了此前在课上提到的阶级(阶层)冲突、地域文化冲突等旨意,还可能在更深层次中隐喻了民族冲突及其解决办法。

不过,学生这种解读也可能有"过度诠释"之嫌。如我们不能说所有写于抗战时期的作品因为其作者处于战争期间,所以其主旨都是为了宣传抗战精神。作者写杨长雄是"被迫抗战",也是临时借词来表述杨长雄和吴太太的斗争,起到幽默的效果,而不是相反,有意借杨长雄与吴太太的斗争来写中国人民的抗日战争。为此,课后我查阅了赵景深的《文坛忆旧》中的《丁西林》一篇。他在文中除了赞赏丁西林的独幕剧的语言艺术高超("里面的对话,漂亮、幽默,兜着圈子说话,不仅不令人讨厌,反而使人喜欢。许多隽妙的语句,真亏他想得出来")之外,还特意提到他有一天曾和丁西林一道观看同时演出的丁西林写的《等太太回来的时候》和《三块钱国币》的事(《等太太回来的时候》一书由多幕剧《等太太回来的时候》和独幕剧《三块钱国币》组成,由正中书局于1941年出版)。赵景深认为《三块钱国币》主要是写对仆人的同情:首先是《等太太回来的时候》和《三块钱国币》都写到仆人,其次是"前者叙少爷小姐拉女仆坐下,一同喝茶,女仆在谦让之后,便不安地坐下来了。后者叙一个大学生为了不满一位女主人,辞歇女仆,而泄愤地打破了她的另一个花瓶,再赔她三块钱国币,因为这是她定下来的要女仆赔偿打碎花瓶的价格","这两点都说明了作者是怎样一位同情于女仆的遭遇的人。"《等太太回来的时候》主要是写1939年上海的一个男人做汉奸,大女儿和女婿附和,但妻子、儿子和小女儿因反对而出走,并参与抗战。赵景深提到该剧的主旨是宣传民族主义:"这戏剧还是抗战第三年编的,倘若当时环境许可演出,一定可以引起观众激昂热烈的鼓掌;民族正气是永远应该被提倡的,但现在观众所处的时代和要求都已经不同了。"[①]但是,他并没有提到创作于同一时期并收录于同一本剧作集的《三块钱国币》也有宣传民族主义的旨意。在设计教学时,我已注意吴太太是上海人,不过没有深究。在这次课上有个意外的收获,就是和学生一起对吴太太这个上海人身份的发现

[①] 赵景深.文坛忆旧[M].上海:上海书店,1983:48—50.

及其身上附着的上海文化的发掘,进而引发了对作者在剧中可能表达了文化冲突的旨意的探究。

三、引发了师生对教学内容与形式安排的探讨

利用师生授课的异同比较,促进学生思考教学内容与形式的安排。尤其是对于空间理论的引入,对于空间、会话、冲突这戏剧"三要素"的重新界定,既让他们觉得很新奇,又不会觉得很突兀。从寓居空间、历验空间、景观空间和社会空间依次切入,围绕会话,分析冲突,这种戏剧文本教学内容的选择和过程安排,完全可以让学生获取戏剧文本的内容信息,不仅比过去的教学更能让学生全面、深入地获取信息,而且这个过程显得更自然。因为这个过程基本上是随着戏剧文本的线性展开而推进的,符合读者的阅读习惯、学习认知过程,并将这两者与教学过程有机地统一在了一起。这次教学也证明了这种戏剧阅读教学内容的确定,以及先依据四种空间依次鉴赏文本再进行戏剧表演的教学过程安排是合理、有效的。

是不是还可能有其他适宜的教学形式呢?针对我在上文设计的戏剧阅读教学模型,郝敬宏老师认为还可以改造,可将戏剧阅读教学分成说戏、演戏和评戏三大步骤,然后将空间、语言和冲突融入其中。例如,在说戏(说怎么演)时,学生就可以一起讨论空间怎么布置、道具怎么安放以及人物语言、动作怎么安排等;演是再次体会;评是比较判断。每个步骤都会结合文本,其实就是在鉴赏。例如,教学《雷雨》,在说戏时提醒学生注意说说客厅的空间布置:窗户、桌子、照片、沙发、雨衣各放在什么位置?特别是桌子与沙发、窗户的相对位置。周朴园应在哪里?鲁侍萍又该在哪里?为什么要这样安排?其实他设计的这个说戏环节,就是让学生结合课文再现剧本中的寓居空间,以此揭示在这个空间里的人物的性格、身份以及人物之间的关系等(例如,周朴园竟然将前情人的照片公然地摆放在柜子上,那么他现在的妻子会是什么感受?他之所以这样做,其目的为何?说明其在家庭中的地位、性格及其与现在的妻子的关系是怎样的?),以及由此引发的情感纠缠、权利冲突等。

最后,再说一下课本剧及表演问题。20 世纪二三十年代,小学每篇课文教学设计的最后一个环节是"应用",包括通过练习、活动来进一步理解从课文中所学到的知识、技能,经常会出现表演,尤其是 20 世纪 20 年代设计教学法兴盛时更是如此。教科书的编者不仅要求把《木兰诗》《孔雀东南飞》《刘姥姥一进荣国府》《最后一课》这样叙事性质的诗文改编成剧本表演,连一些抒情诗也要求改编,有些编者干脆将《愚公移山》

之类改编成戏剧作成课文，直接让学生鉴赏、表演。这种设计教学法主要是受杜威的儿童中心、生活本位、在做中学等思想的影响，因为表演、游戏是儿童的天性，更因为表演需要把作者未写出或者未能写出的内容表达出来，甚至加入自己的一些理解，其他儿童在观赏时也会将表演者的言行与课文所写进行比较，这样既可以促进表演者的认知，也可以促进观赏者对文本的理解。过去，我一直以为这种课本剧的表演不宜在课堂上进行，因为没有舞台产生的"离间效应"而容易导致笑场之类。我看过一个《哀江南》的教学视频，课上老师即兴让两位学生在讲台前表演，结果让人忍俊不禁。经过剪辑的视频尚且如此，课堂现场就更可想而知了。不过，去年和最近我在郑州二七区观摩两位老师执教《将进酒》《荆轲刺秦王》时，发现他们都让学生将课文改编成多幕剧并在课堂上表演，且效果很好。上述《哀江南》一课上出现的表演不当，也许与这位教师是参加教学比赛需要借班上课（师生陌生）有关，也许与穿着校服的学生唱着《哀江南》的韵文显得不搭有关，也许与学生还没有深入理解这组套曲而无法恰当地表达这组套曲中的情意有关，如果是在教师自己平时授课的班级，如果让学生更换服装、改编唱词、事先排练、辟出"舞台"，也许效果会好些。

课本剧和全面抗战、内战期间用于宣传的街头剧不同，也和近几年颇为流行的教育戏剧不同：教育戏剧并不一定是根据课文改编的，多数是选择一个新的题材进行剧本创作；教育戏剧实施的重点不是文本鉴赏而是戏剧表演；教育戏剧的表演时间、地点多数不是上课时，不在教室中，而是在课外的专门场地，等等。

总之，不能视剧本为一般的"案头"文学，因为剧本是舞台演出的底本，是一种再现某个社会场景的艺术；剧本创作时不是给普通读者阅读欣赏的，而是供导演指导和演员表演参考的，也就是说，其创作之初就被赋予了"空间性"和"表演性"（包括会话），这可能是其与其他文学作品最大的不同。如果只是让学生泛览剧本，那么像过去戏剧阅读教学那样，了解大致的冲突、分析几个人物、揣摩几处语言未必不可。如果是鉴赏剧本，那就需要对其深入理解，需要根据剧本的特点，将其当成"空间"艺术作品分析以上四种空间，将其当成可"表演"的艺术作品而设法进行演出。

第五章 议论文阅读教学

目前的议论文阅读教学普遍存在三大问题：教学内容混乱，不区分议论文阅读教学与议论文写作教学；教学过程中的部分环节缺失，缺乏对课文质疑的环节；教学方法不当，只讲解课文而没有让学生讨论其他的可能性。针对这些问题，可以建构一个"五个要素——三大步骤"的议论文阅读教学模型：围绕论题、论点、论据、论证和意图等议论文五要素获取有关信息。教学过程可分为三大步骤：第一步，理解。从论题入手，理解论点、论据、论证或意图。第二步，批评。从论点入手，批评论题、论据、论证、意图。第三步，讨论。从意图入手，讨论论题、论点、论据、论证。

第一节
抓住"五要素":议论文阅读教学的问题与对策
——以《谈骨气》为例

  2012年,潘新和先生连续发表了两篇讨论议论文教学的著名论文《试论"议论文三要素"之弊害》和《"议论文三要素"的重构》。他在前文中指出,议论文教学存在着要素提炼失当、目的意识丧失、材料意识缺乏、思想方法片面、具体分析欠缺、证伪方法缺席等五个问题;[①]他在后文中提出,要注意议论文选题的价值性、立论的发现性、说理的说服性等三项对策。[②] 由此引发了广泛而持久的论争。潘老师所指的议论文教学主要是议论文写作教学而非议论文阅读教学。在议论文写作教学中确实存在着潘老师所指出的问题,而且用潘老师所提出的对策也可以基本解决。不过,即使是讨论议论文写作教学,潘老师也没有完全脱离"三要素",如他提出的价值性、发现性、说服性就是"三要素"应有的特点或应达到的目标。

  其实,议论文阅读教学更不能脱离"三要素"。"三要素"是文章完成之后呈现出来的文本要素。读者阅读一篇议论文,首先,想弄清作者的基本观点(论点)。这个论点,从内容看,有总论点和分论点;从位置看,有时在开头或结尾,有时在中间。其次,要看作者为了证明这个论点选用了哪些论据,或者说论点是从哪些材料中归纳、推导出来的,这些论据(材料)有事实的,也有理论的。同时,会看作者是怎样用这些材料证明论点的,或者是怎样从这些材料中得出某个论点的,也就是其论证方式和方法。当然,除了理解作者是怎样做的,还要评价其做法。也就是说,要对论点的正确性、论据的合理性和论证的充分性作出自己的判断和评价。最后,还要讨论论点、论据、论证是否存在着课文所呈现的之外的其他的可能性。可见,围绕"三要素"基本上就能获取议论性文本的基本信息,"三要素"教学并不过时。

  如果我们把"阅读"界定为获取文本信息进而与作者进行交流与对话,将"写作"界定为用文本表达信息进而与读者进行交流、对话,那么阅读教学就是要教学生掌握获取文本信息进而与作者进行交流的技能和策略,写作教学就是要教学生掌握用文本表达信息进而与读者进行交流的技能与策略。显然,上述潘老师所言更多的是目前议论

[①] 潘新和.试论"议论文三要素"之弊害[J].语文建设,2012(01):17—22.
[②] 潘新和."议论文三要素"的重构[J].语文建设,2012(06):15—19.

文写作教学存在的问题和有针对性的解决策略。

前文论及,议论文阅读教学完全可以借助论点、论据、论证这"三要素"来获取文本的基本信息,但只是靠"三要素"作为抓手还不够,还要关注论题和意图,也就是说,要关注议论文的"五要素"。但是,仅做到理解"五要素"(获取信息)这一步也不够,还需要与作者交流、对话,也就是说,还要对文本进行批评、展开讨论。

下面,从教学内容、教学过程、教学方法三个方面,以《谈骨气》的教学为例,来进一步分析议论文阅读教学中存在的问题,并尝试提出对策。

问题 1

教学内容混乱,读写不分。

当我们将议论文阅读教学的主要内容界定为教学生掌握获取议论性文本的信息进而与作者进行交流、对话的技能和策略时,当下的议论文阅读教学内容的选择所存在的问题便变得清晰起来。

一、单纯作为议论文写作的范文

具体表现是将教学目标(内容)确定为研究论点怎么确立、选择什么论据以及论证时如何组织、分析、表述;或专门分析"摆事实、讲道理"的论证方法;或重点分析议论文中的例证与记叙文中的事件在表述上有何异同。在收录《谈骨气》一文的20世纪八九十年代出版的不同版本的语文教科书、教学参考书所确定的教学目标、提示的学习重点中,一般会出现学习如何用典型事例说理、如何安排论证层次、如何区分议论文中的事例与记叙文中的叙事等内容。如人民教育出版社 1981 版的《初级中学语文教学参考书》一书中所确立的《谈骨气》的教学要点为:"学习本文用事实作论据的论述方法。认识中国人是有骨气的。"[1]人民教育出版社 1992 年出版的《九年义务教育三年制初级中学语文教学指导与参考》一书中确定的《谈骨气》的教学目标为:"1. 学习本文严密的层次结构和用事实作论据的写法。2. 学习我们中国人有骨气的优良传统,培养中学生克服学习上的困难,勇攀科学高峰的骨气。"[2]可见,有关知识、技能的目标全部是写

---

[1] 广东、广西、江西、湖北、湖南五省(区)教学参考书编委会.初级中学语文第一册教学参考书[M].北京:人民教育出版社,1981:133.

[2] 人民教育出版社语文一室.九年义务教育三年制初级中学语文教学指导与参考(第一册)[M].北京:人民教育出版社,1992:533.

作方面的,没有涉及阅读。多数教学案例也如此设计教学内容①,甚至有将《谈骨气》分成两课时,且在每课时结束时都布置写作练习的。② 直到目前,仍然有很多这样的设计。如下面是一位老师设计的《谈骨气》的导学提纲。③

1. 什么叫论点?
2. 论据是什么?它与论点是什么关系?论据可分为哪两种?
3. 什么是论证?论证方法一般有哪四种?
4. 议论文的基本结构是什么?
5. 本文的中心论点是什么?
6. 作者是如何揭示"骨气"的具体含义的?
7. 速读课文第5—9段,为了证明中心论点,作者运用了哪些材料?分别属于哪种论据类型?
8. 用自己的话复述这三个事实论据;分别用一句话概括内容。
9. 文中三个事例有什么不同?分别从哪个角度证明了中心论点?顺序能否互换?
10. 通读全文,说说文章中使用了哪些论证方法?
11. 你能为本课再补充一个展现中国人骨气的论据吗?
12. 学完本文,你觉得作为一名有骨气的中国人的子孙自豪吗?

显然,这个教学设计的前半部分是介绍议论文的写作知识,后半部分是用《谈骨气》来印证这些写作知识。当然,有些教案还会在学习完这些静态的写作知识后设置一些写作训练,如要求学生写作《谈纪律》《谈学习》之类。

二、分别作为议论文阅读材料和写作范文

语文界长期流行的一种观点是:其他学科主要教学文本"写了什么"(文本内容),而语文学科要教学文本是"怎么写的"(文本形式)。但这种观点一再忽视了二者之间一个更重要的区别,就是其他学科不需要教学"怎么知道"文本"写了什么"和"怎么写的",而"怎么知道"文本"写了什么"和"怎么写的",即读写技能、策略,这恰恰是语文学

---

① 孙明理.《谈骨气》教学设计[J].语文教学与研究,1982(05):22—23.
② 朱云腾.《谈骨气》的教学构想[J].江苏教育,1982(08):19—21.
③ 孟冬秀.巧设问题,优化教学——以《谈骨气》为例谈问题设计[J].语文教学通讯·初中刊,2014(05):47.

科要重点教学的。其中,阅读教学的重点不是"写了什么",更不是"怎么写的",而是"如何懂得写了什么"(阅读技能、策略),通过分析"怎么写的"把握"写了什么"只是诸多阅读技能、策略中的一种。而且只要求停留在"知"的层面,不要求达到"会"的层面,如果设置写作练习,那就是在教写作技能、策略,而不是教阅读技能、策略。多年来,议论文阅读教学的普遍情形是课堂教学的前半部分将课文作为议论文阅读材料,来研究"写了什么",后半部分将课文作为写作范文,来研究"怎么写的",以达到"读写结合,以读促写"的效果。这样的课例很多①,在"读写不分"的年代自然有其一定的合理性。可能受"读写结合"的时代思潮影响,也可能受教科书编者所预设的文本教学功能及所规定的教学内容的限制,钱梦龙先生在多次执教《谈骨气》时也是如此处理的。②

第一课时。课前齐读文天祥的《过零丁洋》。上课时先是师生问答有关读得最带劲的语句。

> **师**:下面我们分几步来阅读课文。第一步先做什么?
> **生**:先问"课文写了什么"。
> 然后划分段落、总结段意并说明理由。讨论标题和中心论点所指。再讨论孟子的三句话、三个例子的含义及全文旨意。最后老师板书全文结构图,提示注意作者思路。
> **师**:同学们对文章"写了什么"理解得很好。

第二课时。由讨论张海迪是否算有骨气引入议论文写作。

> **师**:对,你们就是在发表议论,写下来就是议论文。议论文就是用道理和事实向别人证明自己的观点……你们已懂得文章"写了什么"了,而且还能用你们理解的"骨气"去认识一些别的人和事。下面我们怎样读文章?
> **生**:问"怎么写的"。

然后讨论中心论点、三个例证及其与孟子的三句话之间的关系,以及文中是如何表述的:摆事实、讲道理;记叙文记事与议论文记事的区别;例证以理服人的作用以及

---

① 亢宗.以学习议论为主组织自学——《谈骨气》导读设计[J].天津教育,1985(12):36;戴永玲.《谈骨气》教学设计及评析[J].湖南教育,1998(07):32—33.
② 钱梦龙.钱梦龙经典课例品读[M].上海:华东师范大学出版社,2015:147—163.

典型、恰当等特点。结合作者的生平和创作讨论"文如其人"的问题。最后写作《也谈骨气》：引出乌兰夫的一句话——希望你们要有"爱国之情，报国之志，效国之行，建国之才"；分别讨论典型事例——吉鸿昌（"我是中国人"）、周总理（"为中华崛起而读书"）、徐悲鸿（"我代表我的祖国"）。

最后总结。

> 师：同学们，读了这篇《谈骨气》，你们有很多体会，也懂得了什么是议论文，怎样发表议论。我们就用"也谈骨气"作题目，大家也讲讲道理看。例子可以用我发的材料，也可以自己找材料。不过请注意：议论中的叙事要不要过于具体的细节描写？

这是比较典型的从阅读出发到写作结束的"读写结合"的教学方式，或者说，既教了议论文阅读，也教了议论文写作。不过，在今天看来，在教学本来作为阅读教学材料的课文时，阅读技能教得并不多，写作知识的讲授和写作训练却很到位。

三、既不作为议论文阅读材料也不作为议论文写作范文

从教学内容与方法来看，所呈现的既不是议论文阅读教学，也不是议论文写作教学。我曾以《拿来主义》为例批评这种"读写不分"的做法。[1] 例如，教学《拿来主义》会分析"昏蛋""屠头""废物"等词语的含义，会讨论"运用脑髓，放出眼光，自己来拿"等句子的含义，会归纳文章对待中外文化遗产的态度，还会分析"先破后立"的论证结构，总结比喻论证方法，欣赏幽默、讽刺的语言风格。其实前三者可以归入阅读教学的范畴，但是教学时只是让学生知道词语、句子的含义以及文章的观点和作者的意图，并没有教学生获取这些信息的方法；后三者可归入写作教学，但是教学时又没有设置用以促进这些写作知识转化成能力的写作训练（写读后感并不是"读写结合"，只是促进对文本内容理解的一种方式，属于阅读方法，叫"以写促读"；运用从课文中所学的某种知识、写法进行这种知识、写法的写作训练才是"读写结合"）。假如我们像前人那样把作文教学分成"文章研究"（研究文本体式和写法）和"练习制作"（整篇或片段写作）的话，那么这种只根据文章学习体式知识、写法的教学，顶多可称为"半截写作教学"。目前也发现有的《谈骨气》教案的前半部分在讨论课文内容、后半部分在分析课文形式。这

---

[1] 张心科.当前语文阅读教学"高耗低效"乱象[J].名作欣赏,2018(05):109.

里不再举例分析。

以上三种都是混淆了阅读教学和写作教学的内容,进而导致教学过程的安排和方法的选用出现不当。

需要补充说明的是,还有一种情况是没有根据议论文的文体特点来选择阅读教学内容,围绕论题、论点、论据、论证、意图来引导学生理解、批评和讨论,而是将议论文当成一般性的阅读材料和写作范文,训练如何推导词句的含义、如何审题立意之类。

问题2

教学环节缺失,盲从不疑。

王鼎钧在《作文七巧》中说,写作记叙文给人知识,写作抒情文让人感动,写作"议论文使人'想'、使人'信'"①。不过,议论文阅读教学不能仅停留在让学生理解("信")这个层面上。目前的议论文阅读教学,多使学生对课文观点的正确性、论据的典型性、论证的逻辑性、语言的准确性等确信不疑。即使所选课文多是典范之作,作者多是名人大家,也不能说他写的这篇文章就绝对正确。然而,目前的议论文阅读教学多数止步于"信"这个环节,而缺失"疑"这个环节。先看下面这个《谈骨气》的教学设计。②

一、导入。用《甲午风云》中人物的豪迈气节激情导入。

二、感知教材,体会作者的自豪之情。朗读课文,体会自豪之情,画出相关词句。师生交流重点词句。

三、再次感知课文,整体把握议论文的要素和结构。

(1) 就本课中心论点"我们中国人是有骨气的"中"中国人"这个概念是全称还是特称,大多数同学都会存在疑问,借此引导学生思考讨论,并结合鲁迅《中国人失掉自信力了吗》一文的有关材料,进行对比辅证,最终使学生认识特殊语境中的特殊内涵。

(2) 就本课三个事例的层次顺序,引导学生讨论分析论证的结构层次问题。通过讨论,对比时间顺序和逻辑顺序的不同效果,使学生从中认识说理文章结构的严谨性、说理的严密性。

四、深层探究。

(1) 搜集交流有关我国有骨气的古人的言行事迹。

---

① 王鼎钧.作文七巧[M].北京:生活·读书·新知三联书店,2014:94—95.
② 吴秀芳.《谈骨气》教学设计[J].语文教学与研究,2006(08):100.

(2) 结合"孙天帅事件",讨论商品经济时代保持民族气节的问题。

五、布置作业。结合"孙天帅事件"写一篇短小的评论,展示交流。

设计者称第三个环节的设计意图是"引导学生思考探究,发现问题,培养学生善于思考,大胆质疑,勇于探究的学习品质",不过,在上述设计中并没有发现引导学生对课文进行质疑,反而是设法让学生相信课文观点正确、结构严密、论证严密。有些教师为了让学生相信课文,甚至有可能是在曲解课文、粉饰作者。如有教师在执教《谈骨气》时,认为鲁迅的《记念刘和珍君》中的"中国人"("我向来是不惮以最坏的恶意,来推测中国人的,然而我还不料,也不信竟会下劣凶残到这地步")以及《中国人失掉自信力了吗》中的"中国人"("我们从古以来,就有埋头苦干的人,有拼命硬干的人,有为民请命的人,有舍身求法的人……虽是等于为帝王将相作家谱的所谓'正史',也往往掩不住他们的光耀,这就是中国的脊梁……要论中国人,必须不被搽在表面的自欺欺人的脂粉所诓骗,却看看他的筋骨和脊梁")均是特指堪称"中国的脊梁"的一部分优秀的中国人,用表示整体概念的"中国人"代替一部分"中国人"使用了借代的修辞手法。又称吴晗在文中所言"中国人"如同鲁迅的用法,以此来证明吴晗观点的正确、动机的良善,效果良好。

如果将议论文阅读过程确定为理解、批评、联系(讨论)三个过程,会立刻发现当下的议论文阅读教学多数像上述教学设计一样缺失了后两个环节。偶尔也见到一些教学设计或批评《谈骨气》的观点"以偏概全"[1],或批评"嗟来之食"的论据不够真实,或批评其论证过程不够周严[2],甚至质疑文中提到的"北京"是不是现在的首都等末节的问题。[3] 不过,几乎见不到全面系统地从论题、论点、论据、论证、意图五个方面,从"论敌"的角度逐一质疑、批评、讨论的议论文阅读教学设计。

问题 3

教学方法不当,讲解不议。

抗日战争时期,为了加强思想教育,我国的语文教学曾主要以讲解灌输为主,要求"激引学生之讨论,不断地予以指导,而归结一正确之结论","研究课文以后,与前所讨

---

[1] 袁纲领.《谈骨气》课堂实录[J].语文教学通讯,2010(17):35.
[2] 徐江,朱金恒.语文教学一例严重的集体性失误——实事求是精神在这里的缺失[J].语文教学之友,2014(06):3—5;林忠港.论证型议论文教什么?如何呈现?——以《谈骨气》为例[J].语文学习,2017(01):34—38.
[3] 梁希厚.语文学案[M].济南:济南出版社,1990:118.

论问题之意见,比较之,比较以后,教师指示总括意见,应暗示一正确兴趣"。[①] 如果讨论的结果归结为一正确结论、暗示一正确兴趣,那么即便有讨论这种行为发生,也只是形式上的,而非实质上的讨论。实质上的讨论必然会产生不同的认识,对这些认识就应该进一步分析,存异而非伐异。议论文"五要素"中的任何一个要素,都可以而且应该拿来讨论、辨析。例如,是否还有其他选题角度?能否确立其他核心观点?论证的角度是否全面?是否可以列举其他论据?论证是否符合逻辑?是否有其他意图?然而,目前的议论文阅读教学连质疑都不多,更不要说从更多的侧面去讨论了。

对策

建构新的议论文阅读教学模型。

鉴于目前议论文阅读教学内容的选择、过程的安排和方法的运用等方面所存在的问题,下面试图建构一个议论文阅读教学模型(如图17所示),并以《谈骨气》的教学为例来解说其构成及运用。

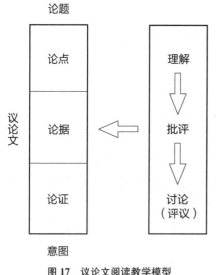

图17 议论文阅读教学模型

在这个教学模型中,教学内容与形式融合在了一起。通过理解、批评和讨论(评议)这三个教学环节,对论题、论点、论据、论证和意图逐一进行分析,思考作者围绕这个论题确立了什么论点(观点是否正确、新颖,是否还可以确立其他观点),论证这个观点从哪些方面(是否还有其他角度)展开,并采用了哪些论据(论据能否支撑这个观点),又是如何分析的(推论是否合理),得出了什么结论(结论是否正确),反映了作者何种意图(动机是否合理),这样就能全面、深入地理解议论文的文本信息。整个教学过程大致可以分为以下三步。

一、从论题入手,理解论点、论据、论证、意图

话题有时是一望而知的,有时则需要分析归纳。例如,"骨气",日常的理解与作者

[①] 李清悚.战时补充教材编辑工作之检述(四)[J].教育通讯,1939,2(37):12.

的论述显然并不完全相同。课文没有解说，似乎是不言自明，其实原文对此曾有界定。可以先让学生根据课文推断、归纳，然后呈现原文。接着分析围绕这个话题，作者确立了什么核心观点，为了论证这个核心观点分别是从哪几个方面来论述（角度、分论点）的，围绕这些观点分别采用了哪些论据，如何用这些论据证明这些观点。可设计以下问题。

1. **提问**：课文题目叫"谈骨气"，那什么叫"骨气"呢？原文解释过，课文删减了。如果让你补写，你怎么写？准备放在哪一段？

明确：有学生可能会根据第二段来回答，或直接用孟子的话，或转述大丈夫的三种行为所表现出的英雄气概这一作者的概述。教师一方面可以提醒学生这样来理解，另一方面提醒学生课文关于什么是"骨气"的表意还不够明确。适时补充原文第三自然段："什么叫骨气，指的是抱有正确、坚定的主张，始终如一地勇敢地为当时的进步事业服务，遭遇任何困难，都压不扁、折不弯，碰上狂风巨浪，能够顶得住，吓不倒，坚持斗争的人。"①

2. **提问**：文中的核心观点是什么？

明确：我们中国人是有骨气的。

3. **提问**："我们中国人是有骨气的"中的"中国人"指哪些人？"骨气"分别表现在哪些方面？

明确：不同社会、不同阶级都有"有骨气"的人，典型的代表有三个，分别表现了三种骨气（"社会不同，阶级不同，骨气的具体含义也不相同"）：一是文天祥面对高官厚禄的诱惑而宁死不降（"高官厚禄收买不了"），体现了"富贵不能淫"的骨气；二是穷人面对食物宁可饿死也不接受施舍（"贫穷困苦折磨不了"），体现了"贫贱不能移"的骨气；三是闻一多面对敌人暗杀他的威胁宁死不避（"强暴武力威胁不了"），体现了"威武不能屈"的骨气。

4. **提问**：课文中写文天祥、穷人和闻一多这三个人的段落位置可以互换吗？为什么？

明确：不可以。因为全文是围绕孟子的三句话来展开阐述的，最后也归结到孟子的三句话（"孟子的这些话"），从三个侧面论述了"我们中国人是有骨气的"。

5. **提问**：课文删除了原文的第 6 自然段（"当然，社会不同、阶级不同……是值得我们学习的"之后一段），如果让你用一句话来补写这一段，该写什么？

---

① 这句话不通，因为骨气是精神而不能是人，所以"骨气，指的是……人"的搭配方式是不当的。

明确： 从孟子的三句话举三个例子。

6. **提问：** 用孟子的三句话并结合实例论证"我们中国人是有骨气的"的目的是什么？

明确： 最后一段引申其现实意义（"直到现在，还有它积极的意义"）：为了建设社会主义、共产主义，无产阶级面对困难、压迫、威胁表现出了一种大无畏的英雄气概。

二、从论点入手，批评论题、论据、论证、意图

从批评论点入手，分析论点是否正确，如果正确，则进一步批评论题、论据和论证。也就是说，先讨论能不能从这个论题引发出这个观点，选择的角度是否全面，采用的论据是否足以支撑这个观点，论证的过程是否符合逻辑。

1. **提问：** "我们中国人是有骨气的"这句话正确吗？

明确： 是不周严的，"中国人"指全体，还有一部分人是没有骨气的，从古至今有大量的人被引诱降敌、不顾尊严接受施舍、面对威胁选择逃避，他们同样属于"中国人"，如果按作者的方式立论，那也可以说"中国人是没有骨气的"，所以只能说"在中国，有些人是有骨气的，有些人是没骨气的"（显得全面），或者说"有些中国人是有骨气的，我们要做有骨气的中国人"（显得准确）。

2. **提问：** 作者对"骨气"的界定正确吗？孟子的三句话能完全概括它的内涵吗？

明确： 作者认为有骨气的人是"始终如一地勇敢地为当时的进步事业服务"，不过所服务的是否为"进步事业"的标准不好确定，从这一方的立场看是进步的，从另一方的立场看往往是保守的。孟子的三句话显然不能全部概括"骨气"的内涵，例如，一直有人以"革新"的名义干"破坏"的事以体现自己的"进步"，面对这种人、这种情况，不与之同流合污而坚持己见，也是一种有骨气的表现，所以胡适曾经在孟子的这三句话后加了一句"时髦不能碰"。

3. **提问：** 虽然表面上看文天祥、穷人和闻一多三人的事例能证明孟子的三句话，但是有骨气就体现了"坚定不移地为当时的进步事业服务这一原则"吗？就一定能产生"积极的教育意义"吗？

明确： 不受嗟来之食的穷人未必就是有骨气的表现，根据《礼记·檀弓》的原文，招呼其吃饭的黔敖追上去向他道歉，但是他拒食而去最终饿死。正如曾子听闻此事之后所说："微与！其嗟也，可去，其谢也，可食。"（"恐怕不用这样吧！黔敖无礼呼唤时，当然可以拒绝，但在他道歉之后，仍然可以去吃的。"）穷人后续的表现未免显得固执

(原文里提到,当时土地私有,很多人无处劳动也无其他就业机会,如果没有食物就只得饿死)。穷人拒食嗟来之食与"坚定不移地为当时的进步事业服务这一原则"也没什么关系。有骨气也不一定就能体现"坚定不移地为当时的进步事业服务这一原则",甚至暂时的屈从未必就是没骨气的表现,先退后进或以退为进(假如穷人在黔敖道歉后就食,又如勾践兵败后"卧薪尝胆",司马迁在遭受宫刑后"隐忍苟活"),都是一种"进",有时"曲进"比"直进"更有利于社会的发展。

4. **提问**:建设社会主义、共产主义只要有骨气就可以了吗?

明确:显然不够,还要有制度建设、物质发展。一味地鼓吹精神建设,忽视了制度的缺憾和物质的匮缺,往往会阻碍社会的发展,不利于社会主义、共产主义事业的建设。

三、从意图入手,讨论论题、论点、论据、论证

讨论不是批评,讨论是解决为什么这样,还有哪些可能。讨论其意图,不是像第二步那样单从文本来判断,而是要用知人论世的方法从文本外来推断。例如,作者为什么要这样写?围绕这个论题还可以生发出其他哪些观点?围绕课文的论点还可以从哪些角度、采用哪些论据,是否可以用其他的方式来论证?

这篇文章于1961年3月4日发表在《中国青年报》上。此时,国内正经历"大跃进"和"反右倾"的错误运动,导致饥荒发生;同时,又面临美国等西方国家的敌视和苏联撕毁建设合同的困境。1959—1961年,我国处在内外交困之中。受1960年出版的《毛泽东选集》第四卷中的《别了,司徒雷登》一文中"我们中国人是有骨气的"的论断的启发,作者写了一系列讨论中国人骨气的文章,如《文天祥的骨气》《爱国学者顾炎武》《论民族英雄》《关于朱自清不领美国"救济粮"》《拍案而起的闻一多》以及《谈骨气》,进行"骨气教育"。从这个角度来说,作者的目的在于激励士气。一方面要能认识到其观点、论据、论证方面的不足之处,另一方面对于特定历史时空下产生的文本,应该"同情地了解"而非一味地批评,或者应该"具体地接受"而非"抽象地继承"。从这种意图认识出发,可设计以下问题。

1. **提问**:结合论题思考:如何对"中国人"这个范围进行细化区分?从"骨气"这个命题还可以生发出其他什么观点?

明确:可以将中国人区分为有骨气的和没骨气的人。可以表明自己的态度是肯定有骨气的中国人。可以说"有些中国人是有骨气的",也可以说"有些中国人是没骨

气的",甚至还可以说"也有些外国人是有骨气的"之类。

2. **提问**:"骨气"应该还有孟子所说之外的内涵,还可以从其他角度来论说吗?

明确:孟子所说都是被动时的情况,还有一种是主动时表现出的精神,如居高位不谄媚求权、虽出名不求荣、虽富有不索贿之类,这也是有骨气的表现。

3. **提问**:你还可以在课文所列举的三个典型事例之外寻找更多的例子吗?能举出更多相反的例子吗?

明确:课文之外的正例,如顾炎武不在清朝做官,朱自清不领美国的救济粮(陶渊明不为五斗米而折腰),众多革命志士面对敌人的严刑拷打拒不投降,等等。相反的例子,如周作人的变节,汪精卫的投敌,等等。

4. **提问**:推动社会的进步,除了人民有骨气之外,还需要什么?

明确:"骨气教育"属于精神建设,精神建设中所倡导的优良品德,显然不仅指骨气,还有团结、宽容、知礼等。另外,制度建设、物质生产与"骨气教育"一样对社会进步起着重要的推动作用,所以应该全面地认识社会发展的动力因素,否则会偏狭。

第二节

《谈写文章》教学设计、教学实录与课例评析

谈写文章

章 白

从前有人说过:文章本天成,妙手偶得之。

我说,不对。应该是:文章非天成,努力才写好。

天成的文章是不存在的。即使是妙手,也无从偶得。

妙手当然有,但也决不是天生的,而是经过长期的努力学习和锻炼,在实践中逐步提高。"妙"是努力的结果。妙手写了好文章,也还是要经过努力,而决不是偶然得来。假如说"偶"是灵感,看见了什么,接触了什么,有所感,有所会通,因而写出一点什么好东西来,那也还是要有先决条件,那便是具有一定的文化水平。要不,没有这个水平,即使"偶",也还是不能"得"的。

要写好文章,必须经过长期的努力学习和实践。

首先是多读书,今人的书要读,古人的书也要读一些。中国的书要读,外国的书也最好能读一些。

生活在现代,写文章当然要用现代的语言,此外,多读一些近、现代好文章的道理是无需解释的。为什么要读一点古书呢?这是因为古代曾经有许多妙手,写了很多好文章,多读一些,吸取、学习他们的写作方法、结构布局、遣词造句,对写好文章会有很大帮助。读一点外国的文学名著,道理也是如此。

对初学写作的人来说,我想,选择《古文观止》中三五十篇好文章,读了又读,直到烂熟到能背诵为止,这样便可以初步掌握古文的规律、虚字的用法、各类文章的体裁了。进一步便有条件阅读其他古代文献,有了领会、欣赏的能力了。

当然,选读的文章要以散文为主,楚辞、汉赋之类,可以不读。此外,选读几十首唐诗,懂得一点旧诗的组织韵律,也是有好处的。

其次是多写作。在读了大量的近、现代文章和一些古文之后,懂得了前人掌握运用文字的方法,但并不等于自己会写文章。要学会写文章,还得通过长期的实践,自己动手写,还要多写。"学习"两字是联用的,读书是"学",写作便是"习"。不但要多写,还要学习写各种体裁不同的文章,例如,写散文、写书信、写日记、写发言提纲、写工作报告之类。

写作要有题目,就是要有中心思想、要有内容。目的性要明确,例如,这篇文章是记载一件事情,或提出一个问题,解决一个问题,或发表自己的主张、见解,等等,总之,是要有所为而作。无所"为"的文章,尽管文理通顺、语气连贯,但是内容空洞,也只能归入废话一栏,以不写为好。

第三是多修改。一篇文章写成之后,要读一遍改一遍,多读几遍多改几遍。要挑剔自己文章的毛病,发见(现)了就改,决不可存爱惜之心。用字不当的要改,语气不明的要改,词句不连贯的要改,道理说不透彻的要改。左改右改,一直改到找不出毛病为止。必须记住一条原则:写了文章是给别人看的,目的是要使别人都能看懂,以此,只要设身处地,站在别人的地位来看这篇文章,有一点含糊的地方、晦涩的地方就改,尽最大的努力使别人容易懂,这是一个基本的也是最起码的要求,必须做到。

有了这三多:多读书、多写作、多修改,文章是可以写好的。只要坚持不懈,任何人都可以成为妙手。

选自《人民日报》,1962年5月15日。

《谈写文章》教学设计

教学目标：

学习议论文"五个要素（论题、论点、论据、论证、意图）——三大步骤（理解、批评和讨论）"阅读法。

教学内容与过程：

一、导入

回忆《谈骨气》和《说谦虚》，导入《谈写文章》（"章白"是吴晗的笔名之一）。

二、提问、思考

如果让你以"谈写文章"为题写一篇议论文，你会写什么？怎么写？

三、默读全文

了解作者大致写了什么，是怎么写的。

四、理解：从论题入手，理解论点、论据、论证或意图

1. 提问：题目叫"谈写文章"，主要是从写作的目的、方法和要求这三方面中的哪一方面来谈文章写作的？

    明确：方法，即怎样写好文章。

2. 提问：作者的主要观点是什么？是用什么方式确立这个观点的？

    明确：主要观点是"文章非天成，努力才写好"，确立的方式是从否定前人"文章本天成，妙手偶得之"的观点入手。

3. 提问：从总体上看，作者是用什么思路来论证这个观点的？

    明确：先破后立。先分析"文章本天成，妙手偶得之"的观点错误，再论证"文章非天成，努力才写好"的观点合理。

4. 提问：作者是怎样批评"文章本天成，妙手偶得之"的观点的？

    明确：没有天成的文章，好文章只是妙手努力的结果。假如把"偶得"解释成偶然得到，那么这种可能性是没有的；如果把"偶得"解释成灵感，那么虽然灵感的触发很重

要,但更重要的是妙手在此前的积累。所以,文章的写成以及灵感的产生都是建立在长期积累的基础上的。

5. **提问**:"要写好文章,必须经过长期的努力学习和实践"与"文章非天成,努力才写好"意思相同吗?放在此处有什么作用?

明确:意思相同,但更强调努力,并细化努力为学习和实践两个方面。放在此处,提示文章将转入从正面论述主要观点。

6. **提问**:作者是从哪几个方面论证全文主要观点的?

明确:多读书、多写作、多修改。

7. **提问**:全文的结论是什么?

明确:"有了这三多:多读书、多写作、多修改,文章是可以写好的,只要坚持不懈,任何人都可以成为妙手。"

五、批评:从论点入手,批评论题、论据、论证、意图

1. **提问**:"文章本天成,妙手偶得之"的出处在哪里?原意是什么?有没有道理?

明确:出自陆游的《文章》,后面还有几句"粹然无疵瑕,岂复须人为?君看古彝器,巧拙两无施"(就像一块自然生成的毫无斑点的白玉,难道还要人为再加工吗?你看古代的青铜礼器,造型无论巧拙都是那么的自然,无法再人为改造)。从原诗看,"文章本天成,妙手偶得之",重点是说文章应该是自然生成的,有时候不是人刻意可以写出的;生成后的文章也呈现出一种自然状态,像粹玉、古彝,如果加工反而显得不自然("文章"二字的本义就是物体上的自然纹路)。《谈写文章》显然针对的是"文章应该是自然生成的,有时候不是人刻意可以写出的"这种观点而言的。

其实,原诗说得也很有道理,因为创作时会有一种"隐性知识"(或者叫"缄默知识""内隐知识")在起作用,就像曹禺在《雷雨·序》中就谈及过这种情形:"我不知道怎样来表白我自己……所以当着要我来解释自己的作品,我反而是茫然的。"《雷雨》的写作只是起因于"一两段情节,几个人物,一种复杂而又原始的情绪"的直觉。过去我们常用"灵感""神思"来解释这种"只可意会,难以言传"的情形。美国心理学家罗伯(Arthur Robert)1967年在《人工语法的内隐学习》中指出,经过人工语法学习的实验研究表明,人们在没有意识到环境刺激潜在心理结构的情况下,能了解并利用这种心理结构作出反应,即人们在某种"无意识""无觉察"的情况下学习了某种规则。这种在复杂刺激环境中无意识地获得复杂知识的过程就是"内隐学习"。生成后的文章也呈

现出一种自然状态,如果加工反而显得不自然,这种说法更有道理,因为雕饰的文章往往显得造作。

2. **提问**:作者称假如把"偶"解释成灵感,那也得有长期的知识积累,有道理吗?以此否定灵感的重要性,有道理吗?

明确:前者是有道理的,例如,曹禺小时候,随养母看过许多不同时代、风格和流派的戏剧演出。在南开读中学时,他参加过南开新剧团,登台扮演过许多角色。在清华读大学时,他在课外读的大部分是剧本,如古希腊七大悲剧家以及莎士比亚等人的作品。后者是没道理的,不能以长期积累的重要来否定灵感的重要性,如果仅仅有长期积累而没有曹禺提到的报纸上有关江桥出险的报道,头脑中出现的几个人物及一种特别的情绪的触发,他也不可能写出《雷雨》。

所以,可以说"要写好文章,必须经过长期的努力学习和实践",但不能说"只要经过长期的努力学习和实践,就能写好文章"。长期的努力学习和实践是写好文章的必要条件,但不是充分(全部)条件。

3. **提问**:只要多读书、多写作、多修改就能写好文章吗?

明确:显然不能。"巧妇难为无米之炊",写作的内容需要平时长期的积累,包括间接获得素材(读书、看电视等)和直接获得素材(广泛深入接触生活,获得大量的知识和体验),只靠看书是不行的,所得不仅不全面,还可能不正确("纸上得来终觉浅")。而且,这里作者强调的"多读书"不是指积累素材,而是指学习写法。仅从文章中揣摩写法,而不阅读相关的技法著作或者接受老师的指点,靠自己读文章悟出写法是很低效的。多写作、多修改,自然必要,但是明显不够。还要注意写作兴趣的培养、写作习惯的养成,等等。

4. **提问**:原文的结论正确吗?

明确:部分正确。根据上面的分析可以看出,多读书、多写作、多修改是写好文章的必要条件而非充分条件,所以,可以说"有了这三多:多读书、多写作、多修改,文章是可以写好的",但也可能写不好,因为还需要通过生活直接积累素材、培养写作兴趣、养成写作习惯,还需要灵感;如果不是这些因素综合起作用,即便你读再多的书,每天都在写,改了无数遍,也不见得能写好文章。

"只要坚持不懈地多读书、多写作、多修改,任何人都可以成为妙手",显然是不正确的。首先,"只有……才……"和"只要……就……"是有区别的,多读书、多写作、多修改作为写好文章的必要条件,只能说"只有坚持不懈地多读书、多写作、多修改,才有可能成为妙手",不能当成充分条件而说"只要坚持不懈地多读书、多写作、多修改,就能成为妙手"。其次,成为能写文章妙手的只有一部分人,不然人人都能当作家了。所以,"只要坚持不懈地多读书、多写作、多修改,任何人都可以成为妙手"的论断,不仅把必要条件当成了充分条件,而且以全称概念代替特称概念,显然是犯了双重逻辑错误,论证明显不周严。

六、讨论:从意图入手,讨论论题、论点、论据、论证

1. 提问: "文章非天成,努力才写好"及"要写好文章,必须经过长期的努力学习和实践"的主要观点与"有了这三多:多读书、多写作、多修改,文章是可以写好的,只要坚持不懈,任何人都可以成为妙手"的最终结论并不一致,原因是吴晗的文章修养不够,还是有其他的原因和目的?

明确: 介绍吴晗的生平与创作。他是著名的历史学家,发表了大量有关明史的著作;也是著名的文学家,和邓拓、廖沫沙等人一样写了大量的杂文。也就是说,从他是学者、作家的角度来看,这篇《谈写文章》是不大可能出现上述不当的。

再看他另外的身份,以及文章发表的时间和地点。他在1949年后任北京市副市长,《谈写文章》先发表于1962年5月15日的《人民日报》,后收入北京出版社1963年出版的《学习集》。作为共产党的高级干部,必须坚持唯物主义,对于陆游等文人的"天赋论",对于写作的"灵感说"等唯心主义的论调,必须抵制并加以否定,而坚持唯物主义的有关实践、改造的观点。《人民日报》是党的机关报,《学习集》的题名更彰显出此文的宣传性质。

可见,吴晗写此文的目的就是希望能兴起一股全民学习的新风气,鼓励大家去写文章,所以关于好文章的标准他是不便去论述的,关于写好文章的条件他是不便全部列出的,关于不是所有人都能写好文章的事实他也是不便如实揭示的,否则很多人会知难而退。

2. 提问: 吴晗写文章喜欢引用诗文作为理据、列举事例作为例证,如《谈骨气》《说谦虚》和《论民族英雄》等均如此。不过,这篇文章除了开头引用诗句"文章本天成,妙手偶得之"作为批判的对象外,并没有其他的引证和例证,为什么?假如要你来为他添加,添加哪些,置于何处,如何分析?

明确: 有关多读书、多写作、多修改的警策的名言和典型的实例非常多,不选的原因有可能是他人说得更精炼、深刻、全面,而实例多是名人。他人的名言可信,但掩盖了作者自己的亮点,使本文观点的新颖性消失;少数的名人可信,但是普通读者难以模

仿,使本文观点的可信度降低。

可以围绕多读书、多写作、多修改来列举名人名言和典型事例(略)。

3. **提问**：如果让你来修改这篇《谈写文章》,你怎么修改？

明确：修正论点、论证、论据和结论。

七、总结

总结议论文阅读的方法。

八、练习

课后阅读《谈骨气》,围绕论题、论点、论证、论据和意图五个要素,分别按照理解、批评、讨论三大步骤来分析。

《谈写文章》教学实录

时　　间：2018年11月28日

地　　点：华东师范大学第二教学楼217室

执 教 者：张心科

教学对象：华东师范大学中文系2016级公费师范生

师：上一次是我和筱媛同学同时上了《三块钱国币》,今天我和江平同学一起上《谈写文章》。今天第二组同学已经把课备好了,那么下面我们请江平代表这一组给大家展示。大家欢迎！

魏江平试讲：主要分析《谈写文章》中的多读书、多写作、多修改三者之间形成的纵式论证结构,并布置课后写作练习：请以"善待他人与善待自己"为话题,写一篇文章,注意文章的结构安排(授课时长约30分钟,完整的内容此处从略)。

师：我们上一次课专门讲"语文阅读教学内容的设计",讲的是小说、诗歌、散文、剧本等文学作品,议论文我们有没有说？有没有说议论文的阅读教学内容是什么？

生：没有。

师：没有。要是有的话,江平就不会这么来设计。江平,你说说为什么要这样来设计。

生(魏江平。以下如果没有标注姓名,则为其他同学):大家觉得内容很简单,作为高中的一篇课文,实际上是没有什么特别出彩的地方,也上不出彩。所以,我们想是不是可以把它当成一个材料,把它上成议论文写作课。我预设的是高三(学生),既然是高三了,就要面对高考写作。

师:就是当成了一个写作的范文,而不是把它作为一个阅读材料,如果我们把它当成一个阅读材料,把它上成阅读课,怎么上?

生(魏江平):找出中心论点和分论点。

师:这就是我要讲的问题所在。

(PPT 展示)

> 议论文阅读教学存在的问题:
> 一、教学内容混乱:不区分议论文阅读教学与议论文写作教学。
> 二、教学环节缺失、方法不当:缺乏对课文质疑的环节。只讲解课文不引导学生讨论其他的可能性。

目前我们的议论文阅读教学中存在的问题:第一个就是教学内容混乱。什么是教学内容混乱呢?就是阅读课和写作课教学内容搞不清。我经常举的例子是《拿来主义》的教学。《拿来主义》,我们要教什么?"昏蛋""孱头""废物"的含义,是不是?"我们要运用脑髓,放出眼光,自己来拿"这个句子是什么意思。我们要分析鲁迅对待中外文化遗产的态度。这应该属于阅读教学内容,还是写作教学内容?

生:阅读。

师:阅读教学最应该教什么?怎么获取"昏蛋"等含义,怎么理解"运用脑髓,放出眼光,自己来拿"的句意,怎么知道鲁迅对待中外文化遗产的态度。我们的阅读教学恰恰没有教这些阅读技能。我们又要教先批判送去主义、闭关主义然后才提倡拿来主义这样先破后立的论证结构,是不是啊?我们要讲"大宅子"等比喻论证的方法,是不是啊?我们要讲鲁迅幽默、讽刺、辛辣的语言风格,是不是啊?这应该属于哪一块的教学内容?

生:写作。

师:如果是写作,紧跟着要做什么?你知道了就会写吗?

生:练习。变式练习。

师:对,又没有变式练习。我们目前的议论文课堂教学,阅读不是阅读(板书:没教阅读技能),写作不是写作(板书:没有写作练习),这是非常糟糕的。这是第一。第二是我们的议论文阅读教学都是带学生在理解。理解是有必要的。过去我们对"阅读"的界定是"获取信息",2000年课程改革兴起之后,我们对"阅读"重新进行了界定:获取信息,然后和作者进行交流、对话。如果仅仅是"理解"的话,那是在干什么?

生:获取信息。

师:也就是说,我们认为(作者、课文)说的是对的。你看中小学课本里选的都是著名作家的经典作品,我们从来没有怀疑过:作家说的对吗?如果不对,怎么办?缺失了对作品"质疑"的环节以及进而围绕作者所写展开"讨论"的环节。这是目前议论文阅读教学存在的主要问题。按过去确定教学内容的思路来讲,尤其江平是一个本科生,第一次来上这篇课外文章,说实话,应该是上得相当不错。下面,我来上《谈写文章》这篇文章。

师:大家知道作者是谁吗?

生:章白。

师:章白是谁?你们都不知道啊?是吴晗。吴晗是谁知道吗?我们初中学过他的文章。还记得吗?

生:《谈写文章》。

师:《谈写文章》是我们今天要讲的文章。大家有没有学过《谈骨气》《说谦虚》呢?有同学可能没学过,有同学点头,可能大家来自不同的省份,教科书的版本不同。不要紧。这是吴晗的一篇文章,文章的题目叫《谈写文章》,如果是我们写的话,你估计你要写哪些东西?然后怎么来写?同桌之间相互说一说。

(学生活动)

师:我想这个问题大家讨论下去一节课都讨论不完。大致说一下,如果让你来写,写什么,怎么写?安杰,你说一下,不代表你们小组的意见,说你自己的想法。

生:会写写文章的过程,从写作准备(素材积累)到结构安排,教你怎样写文章。

师:写文章写作的整个过程。还有呢?

生:怎么将文章写得好一点。

师:就是什么样的文章是好文章。不仅教你怎么写文章,而且让你知道什么样的文章才是好的。其他同学呢?如果是你写,你会怎么写?

生:可能会列举一些作家创作方面的内容。

师:举一些典型的例子。

生:分析他们的创作方法。

师：那么我们学的这篇文章写了什么？是怎么写的？刚才江平已经带大家分析过了：主要讲怎样写一篇文章——多读书、多写作、多修改；主要观点是："文章非天成，努力才写好"。我们要学的这篇文章，它到底是从写作目的的角度来讲为什么要写文章，还是从写作方法的角度来讲我们怎么把一篇文章写好，还是从写作的标准来说什么样的文章才是一篇好文章？

生：写作方法。

师：写作方法。怎样才能把一篇文章写好。作者说怎样才能把一篇文章写好？他主要的观点是什么？

生："努力"，"努力学习和实践"。

师："长期的努力学习和实践"。那他确立这个观点，是怎么确立的？是一开始就提出来的吗？

生："从前有人说过：文章本天成，妙手偶得之。"

师：他认同这个观点吗？

生：不认同。

师：他的观点是什么？

生："文章非天成，努力才写好。"

师：也就是说，他否定了前面陆游的这个观点，自己确立了一个观点。为什么说"文章本天成，妙手偶得之"是不对的？他说："天成的文章是不存在的。"什么是"天成"？

生：自然。

师：对。自然形成的。自然形成的文章是没有的。这句话有没有道理？

生：有的。

师：我们在外面发现了一块石头，上面有许多花纹，我们拿回来做一个盆景；或者我们发现了一个树根，觉得像某个动物，我们拿回去做根雕。（石头、树根）这个是"天成"的，然后我这"妙手"发现了（拿回来）。文章可不可以？文章是怎么形成的？（指课文）这篇文章你看到什么？

生：字。

师：字。

生：人写的。

师：人写的。也就是说我们要用（文字）这种符号把它（文章）加工出来。所以，从这个角度来说，他讲"天成的文章是不存在的"，这是有道理的。"即使是妙手，也无从偶得。"为什么要这样说?"妙手"就是"高手","高手"按他的说法是怎么形成的?

生：锻炼的，实践中形成的。

师："偶得"呢?

生：偶然得到的。

师："偶"还有一个意思是什么?

生：灵感。

师：他说，偶然得到的不可能。你写文章也不是捡东西！所以，偶然得到的是不可能的。灵感引发的可能不可能？创作的人都有这种体会，突然就写出来了。所以，是不能否定的。既然不能否定，他又说了，灵感是不能否定的，但是灵感的产生需要什么?

生："具有一定的文化水平。"

师：一定的文化水平，一定的积累。有一个比喻：灵感像火花样的、火星样的。你要把它点燃，必须要有什么?

生：柴。

师：柴、汽油。没柴、没有汽油，你把火柴擦着了照样也会熄灭的。所以，他认为积累相当于柴火和汽油。然后他得出这个结论："要写好文章，必须经过长期的努力学习和实践。"这里"经过长期的努力学习和实践"和上面那个"努力才写好"意思是不是一样的?

生：是一样的。

师：但是表述不一样。前面是讲"努力"吧？这地方是讲"努力什么"？把它具体化了——努力学习和实践。作者在确立这个观点时，并不是直接就正面确立的，而是从批评陆游的观点开始的。我们一般称这种做法是什么？先否定一个，然后再建立一个——

生：先破后立。

师：对。这句话在这里所起的作用是什么？刚才我们说到《拿来主义》，还记得这篇文章的结构吗？先是批判送去主义、闭关主义，然后说："我们要运用脑髓，放出眼光，自己来拿！"下面紧跟着干什么?

生：怎么来拿。

师：转入了正面的论述。作用是一样的。刚才江平已经带大家来分析了"怎么来写文章"。怎么写好文章?

生：多读书。

师：多读书。他讲了要读各种各样的书。然后呢？

生：多写作。

师：多写作不仅是要经常写，而且要写不同的文体。很简单！再就是——

生：多修改。

师：作者最后得出了一个什么结论？

生："只要坚持不懈，任何人都可以成为妙手。"

师："有了这三多：多读书、多写作、多修改，文章是可以写好的。只要坚持不懈，任何人都可以成为妙手。"读到这里，我们就基本上理解了这篇文章。但是，这篇文章说得有道理吗？我们首先来看他批判的观点。

（PPT 展示）

> **文　章**
>
> 陆　游
>
> 文章本天成，妙手偶得之。
> 粹然无瑕疵，岂复须人力。
> 君看古彝器，巧拙两无施。
> 汉最近先秦，固已殊淳漓。
> 胡部何为者，豪竹杂哀丝。
> 后夔不复作，千载谁与期？

他评判陆游的观点——"文章本天成，妙手偶得之"。陆游的整首诗侧重在哪一点？（板书：文章本天成？妙手偶得之？）就像那一块白玉一样，没有一点瑕疵，难道是人力可以去加工的吗？你看那古代的彝器，不管是巧还是拙，无法再人为改造。汉虽然最接近于先秦，但是汉与先秦整个的风貌，一个稀薄、一个淳厚，差别非常明显。你再看胡人的音乐，虽然他们重力地去敲打、高声地去嘶吼，但是和当时舜的乐官相比会怎样（哪里能和后夔的音乐相比），自他（后夔）之后我们似乎就听不到好的音乐。他（陆游）对古人的文章和今人的文章的基本态度是什么？他称赞的后夔是舜的乐官，还有先秦和古彝器。

生：喜欢古人的文章。

师：为什么喜欢古人的文章。对于我们来说可能古代就像一个人的童年一样。小孩（童年）怎样？

生：天然。

师：天真自然。古人也是这样。所以，在陆游这首诗中，他认为文章应该是自然形成的才是好的，不要过分地去雕琢。陆游说的有没有道理？

生：有。

师：有道理的。这个是他的本意。"文"在《说文解字》里解释为"错画也"，就是自然的纹路。"章"是什么意思啊？"黑质而白章"——

生：纹路。

师：也是纹路的意思。它（"文章"）的本意就是自然而形成的纹路。你们喜欢不喜欢朱自清的散文？

生：一般般。

师：我已经听到有同学讲"一般般"。那我问你，你在读高中时喜欢不喜欢读朱自清的散文？

生：喜欢。

师：为什么？我在今年第10期的《语文学习》上看到王尚文老师有篇文章叫《朱自清散文语言笔记》，他说："朱自清的优势不在设比，白描才是朱自清的优势。"你看他写《荷塘月色》："层层的叶子中间，零星地点缀着些白花，有袅娜地开着的，有羞涩地打着朵儿的；正如一粒粒的明珠，又如碧天里的星星，又如刚出浴的美人。"又来引一些如《西洲曲》这样的诗文。如果正常写景色，会这样写吗？你平时会这样写吗？

生：不会。

师：不会。张岱的《湖心亭看雪》："惟长堤一痕、湖心亭一点、与余舟一芥，舟中人两三粒而已。"你要是让朱自清来写的话，朱自清会怎样？张岱才写这么几句话，我估计朱自清要七八百个字。（板书：清水出芙蓉，天然去雕饰）你看他（张岱）写他去的时候看到那两个人在煮酒，那煮酒的人说："湖中焉得更有此人！"就只有那么一句话，如果是朱自清会怎样？会抒半天的情，会引很多的古诗文。这就是说，真正的文章是自然生成的，所以陆游这样说是有道理的。

"妙手偶得之"，这个"偶"是什么意思？高手在不经意间就写出了一篇文章。大家有没有这种感觉？你们还记得我们在讲语文教学设计的原则时，在分析写作能力构成时，提到写作能力有能力因素和非能力因素，说到能力因素的构成要素包括显性的写作知识和隐性的写作知识吗？当时隐性的写作知识举的就是这个例子——曹禺说自己写《雷雨》："我不知道怎样来表白我自己……所以当着要我来解释自己的作品，我反而是茫然的。"《雷雨》的写作只是起因于"一两段情节，几个人物，一种复杂而又原始的情绪"的直觉(曹禺《雷雨·序》)。真的,有时是在不经意中把它写出来了,而且写完了之后给人感觉好像不是自己写的一样。我自己就经常有这种感觉。我写论文有时写出来之后会觉得这文章还挺好,这是谁写的呀?这不是通过我们自己的努力、老师的训练,然后你拼命去写就能掌握的,而是一种在自然而然中无意学会的。例如,我们国家有非遗文化传承人,这些老艺人们无法通过讲解、画图的方式去教他们的徒弟,只能让师徒俩天天在一起,然后有一天突然他的徒弟就会了,而且做的东西特别好,其实这种学习叫"内隐学习"。在1967年,有一个美国心理学家罗伯,他在《人工语法的内隐学习》中指出,人工语法学习的实验研究表明,人们在没有意识到环境刺激潜在心理结构的情况下,能了解并利用这种心理结构作出反应,也就是说,人们在某种"无意识""无觉察"的情况下学习了某种规则。那么这种在复杂刺激环境中无意识地获得了复杂知识的过程就是"内隐学习"。这种学习是内在的、感觉不到的,在新的环境产生之后,能写出新的东西,写完之后就让你认为这些东西可能是在无意识的情况下产生的。文章如果是在这种情况下产生的,真的会有这种感觉。

"偶"如果是灵感的话,作者说:要有灵感必须要有长期的积累。有没有道理?

生:有。

师:例如,曹禺如果不是小时候他的养母带他到处去看戏剧,如果不是在南开中学的时候参加剧社去演戏,如果不是在清华大学读古希腊的悲剧,没有在报纸新闻中看到江桥出险那几个情节,或者是自己的某种情绪,也无法写出戏剧《雷雨》。但是,能不能因为需要有积累就说灵感不重要?我们看作者是怎么写的:"假如说'偶'是灵感,看见了什么,接触了什么,有所感,有所会通,因而写出一点什么好东西来,那也还是要有先决条件,那便是具有一定的文化水平。"换句话说,他是在强调什么?

生:积累。

师:强调积累而否定灵感的重要。其实,这两者都重要。作者的观点是"要写好文章,必须经过长期的努力学习和实践",根据我们刚才的分析,内隐学习在主观上是无法去努力的,刚才说的灵感的触发是不是我们事先可以预计的?也是不能预计的。换句话说,"要写好文章,必须经过长期的努力学习和实践"是可以这样说的,但是不能说"只要经过长期的努力学习和实践,就能写好文章",所以"长期的努力学习和实践"是"写好文章"的什么条件?

生:必要条件。

师:必要条件。不是充分条件,刚才讲了,还有两个因素,内隐学习是我们无法通过努力获得的,灵感是无法事先设计的。

作者说：只要多读书、多写作、多修改，就能写好文章。真的是这样吗？
（PPT 展示）

> **能力因素：**
> 1. 显性的写作知识
> A. 陈述性知识，解释什么是什么的知识，即写什么的知识（写作内容），包括人、事、物、景（自然、人文）等方面的知识。
> B. 程序性知识，是面对问题怎么办的知识，即怎么写的知识（写作技能）。
> C. 策略性知识，是如何指导自己思维的知识，即怎样写得更好的知识（写作策略）。如写作前写提示性的话，写作中要有读者意识，写作后要冷处理等。
> 2. 隐性的写作知识
> "我不知道怎样来表白我自己……要我来解释自己的作品，我反而是茫然的。"《雷雨》的写作只是起因于"一两段情节，几个人物，一种复杂而又原始的情绪"的直觉。
> ——曹禺
>
> "文章本天成，妙手偶得之。"（只可意会，难以言传）
> ——陆游
>
> **非能力因素：**
> 指除能力因素之外的影响能力活动和发展的那些具有动力作用的个性心理素质。主要包括需要、动机、兴趣、情感、意志、气质、性格等。

我们在前面说过，写作是能力因素和非能力因素相互作用的结果，能力因素的构成要素包括显性的写作知识和隐性的写作知识。显性的写作知识包括陈述性知识，就是写什么的知识，主要来源于什么？

生： 生活。

师： 从生活中直接获得写作素材。间接获得靠什么呢？

生： 阅读。

师： 我们通过这两种方式获得写作的内容性知识。作者在文中说读书是做什么用？首先，他没有讲到生活，只是讲读书，而且他讲读书是要从里面学什么呢？是读文章的内容吗？是积累写作素材吗？（学生摇头）不是。那学什么？

生： "写作方法、结构布局、遣词造句。"

师：这些如果让你自己在阅读中去悟的话，就和古代那种写作没什么区别。就像鲁迅说的，古代教写作，就是"读作"，一条暗胡同任你摸索，走得通与否听天由命。一个人学会写文章，除了让他读文章去揣摩之外，还应该怎样？哪些渠道可以获得这种技法知识？老师肯定是很重要的，要指点技法，还有一些专门介绍写作方法的书。这些都是很重要的。除了刚才说的显性的写作知识、隐性的写作知识之外，我们还讲了，如果让一个人去写还要注意那些非能力因素。非能因素包括哪些？包括激发写作动机、提高写作兴趣，这也很重要。那么，我们再看原文的结论，正确吗？原文的结论是什么？

生："有了这三多：多读书、多写作、多修改，文章是可以写好的，只要坚持不懈，任何人都可以成为妙手。"

师：正确吗？有人摇头，有人说正确。那么最恰当的就是折中一下——部分正确。多读书、多写作、多修改，文章是可以写好的，也有可能是写不好的。为什么呢？因为还要接触生活，积累写作素材。还有呢？要培养写作兴趣，养成写作习惯，还需要灵感。如果不是这样，读的书再多，写的再多，改了无数遍，还是写不好文章的。后面这句话"只要坚持不懈，任何人都可以成为妙手"对吗？

生：有可能是反方向的坚持。

师：什么叫"反方向的坚持"？这里的"坚持不懈"肯定是坚持多读书、多写作、多修改，你要注意啊，不是坚持不读书、不写作、不修改！坚持多读书、多写作、多修改就可以吗？刚才说的，这三个"多"是写好文章的什么条件？

生：必要条件。

师：必要条件。不是充分条件。应该是"只有坚持不懈，才能成为妙手"，而不能是"只要坚持不懈，就能成为妙手"。所以这句话（"只要坚持不懈，任何人都可以成为妙手"）是错的。再问大家："只要坚持不懈，任何人都可以成为妙手"，什么叫"任何人"？"任何人"就是所有的人。按他的意思是每个人都能成为作家，而现实是什么呢？

生：部分人。

师：现实中只能是一部分人。在这里他犯了什么错误？我们学过逻辑，他犯了什么逻辑错误？其实应该改一下，"只有坚持不懈，什么人才可以成为妙手"。"任何人"怎么改？把"任何人"换成什么人才是正确的、合逻辑的？

生：多数人。

生：有些人。

生：大部分人。

师："任何人"是全体嘛，"大多数人""有些人"是什么？

生：部分。

师：他以全称代替了特称。所以，这地方犯了双重逻辑错误。文章的主要观点是"文章非天成，努力才写好"及"要写好文章，必须经过长期的努力学习和实践"。这个观点对不对？

生：对的。

师：他的结论是"有了这三多：多读书、多写作、多修改，文章是可以写好的，只要坚持不懈，任何人都可以成为妙手"。刚才说了，结论是怎样的？

生：错的。

师：为什么观点是正确的而写到后来结论是错误的呢？吴晗是何许人也？吴晗是著名的学者，明史专家，而且吴晗的杂文写得很好，剧本也写得好。《海瑞罢官》就是他写的，他还是一个著名的作家。按正常来讲，他是不至于犯这样的错误的，是不是？那为什么会这样？

生（魏江平）：面向特定的对象。有时代因素。目的是鼓励大家多读书、多写作、多修改。

师：鼓励大家多读书、多写作是对的。当时吴晗的另外一个身份是北京市副市长。他和另外几个人同时写文章，其中的邓拓是当时的北京市委书记处的书记，廖沫沙是当时的北京市委宣传部长，三个人写了《三家村札记》。这几个人写文章，绝不是像我们这些学者正常地写的杂文，他们的身份是什么？

生：官员。

师：他们在写这样的文章时就会带有一定的政治目的。这篇文章发表在1962年的《人民日报》。《人民日报》是什么报纸？党的机关报。而且在1963年的时候，（这篇文章）被收入了出版的《学习集》。大家回头再看这篇文章的出处。（出示原文PDF版，指文章左上角栏目篆书名称）这几个字是什么字？猜一下。第一个字？

生：长。

师：下面呢？

生：短。

师：还有呢？

生：录。

师："长短录"。当时人民日报社编委会有一个说法："'长短录'配合政治，是广泛的、多方面的，不同角度和不同形式的"。也就是说，"长短录"里的文章是有政治目的的。而且吴晗自己也有这个习惯。1959年毛泽东提倡敢讲真话，提倡"刚正不阿，直言敢谏"的精神,吴晗写出了《海瑞骂皇帝》等文章、《海瑞罢官》等剧本。1960年《毛泽东选集》第四卷出版,里面有一篇《别了,司徒雷登》,其中提到"我们中国人是有骨气的"。吴晗紧跟着写了《文天祥的骨气》《关于朱自清不领美国救济粮》《拍案而起的闻一多》《谈骨气》等一系列文章,进行"骨气"教育。所以,一定要注意他这篇文章的目的。我们读别人的文章要"同情地理解"。我们知道,作为一个共产党员,要坚持唯物主义。说文章是先天形成的是什么主义?

生:唯心主义。

师:能不能说文章的写成主要靠灵感?这仍然是唯心主义。所以,像陆游的"天赋论"、写作的"灵感说",都是属于唯心主义的。我们是唯物主义者,唯物主义讲什么?

生:世界——

师:世界是可以认识的。然后呢?世界是物质的。物质是怎样的?

生:物质是运动的。

师:还有呢?

生:运动是有规律的。

师:所以我们可以运用这个规律干什么?

生:认识自然。

师:然后进一步改造自然。在作者眼里,文章也是这样,只要通过我们的努力学习和实践,通过我们的改造,就可以把文章写好。这是他的观点。他的目的就是刚才江平同学讲的,宣扬一种全社会学写文章这种风气。既然是鼓励大家去写文章,他能不能讲好文章的标准是什么?

生:不能。

师:如果讲好文章的标准是鲁迅、郭沫若这些著名作家的文章,我们所谓的"鲁郭曹巴老茅"排序的这些人的好文章,那么别人会去写吗?

生:不会。

师:如果说文章写好要有天赋、有灵感,还要有其他的条件,会怎样?写文章这么难,我还要去写吗?如果你再从写文章的目的去看,你写文章在生活中能够应用,有人会说:"我在平时生活中根本不需要写文章的。"有人讲:"写文章是为了不朽",那他说:"我不想不朽!"所以,你一定要明白,他在这地方最主要的目的是让别人去学写文章,所以他不讲好文章的标准,也不讲写作的目的;同时,在讲怎么写的时候,他讲的是个人努力可以达到的内容,而没有讲个人努力达不到的内容。

有的同学在初中的时候学过吴晗的《说谦虚》或者是《谈骨气》这两篇文章,还记得吗？吴晗写文章喜欢引用，然后举例。《谈骨气》里写"我们中国人是有骨气的"，然后孟子说："富贵不能淫，贫贱不能移，威武不能屈"；接着举了几个例子：文天祥至死拒不投降，廉者不受嗟来之食，闻一多拍案而起。在我们这篇文章里，除了开头"文章本天成，妙手偶得之"是作为否定的对象呈现外，还有没有再引用其他的名言名句？有没有引用有关多读书、多写作、多修改的名言？没有吧。有没有列举有关多读书、多写作、多修改的例子？也没有吧。想一想，为什么会这样？多读书，像杜甫说的，"读书破万卷，下笔如有神"，如果我们把杜甫的这两句诗往文章里一放，会怎样？

生：别人就不肯读了。

师：怎么不肯读呢？"读书破万卷，下笔如有神"，我多读书就能把文章写好啊！

生：害怕了。

师：读千卷总可以吧！"操千曲而后晓声，观千剑而后识器"，"万"太多了，我"千"总可以吧！这是多写作。多修改呢？如"文章不厌百回改"。如果你把这几个句子往里面一放，你觉得是古人讲得有道理，还是吴晗讲得有道理？

生：古人。

师：道理是一样的。哪个（表达）更好？

生：古人更好。

师：为什么他不用古人的呢？这些道理古人都讲过了，而且比吴晗讲得好。我想，如果真的是把这些古人的东西——刚才讲的那几句名言放进来，再举一些例子，类似于古人说的"推敲"的典故，我再举几个"一字师"的例子，例如，"春风又绿江南岸"中的"绿"，还有"昨夜深雪里"，寒梅"数枝"开还是"一枝"开，如果把这些典故放进去，我估计马上就凸显出吴晗本人说的其实并没有什么新意，是不是？所以，他就不引了，就直接说。如果让大家去列举，你会怎么去列举？如果让我们来改这篇文章，你怎么来改？回去想一想。把它改成一篇非常好的文章。刚才我们说了文章哪些方面有问题？论点有问题，论证不全面，也没有名言名句等更有说服力的内容，还有结论也是错的。回去尝试着改一下。

议论文阅读到底怎么来教？教学内容怎么确定？

（PPT 展示）

从课型、文体的角度设计：

议论文阅读教学模型图(此处略，见正文)

一、从论题入手，理解论点、论据、论证、意图。

> 二、从论点入手,批评论题、论据、论证、意图。
> 三、从意图入手,讨论论题、论点、论据、论证。
> **兼顾其他因素:**
> 学科性质,课程目标,编者所确定的选文功能,教师本身的教学理念和知识水平,学生在年龄段和个体等方面存在的差异,等等。

你们看我是怎么教的?过去我们上议论文时都是围绕论点、论据、论证,我是从哪里开始的?论题。还兼顾了它的意图。我们以后再读议论文,起码要关注这"五个要素"。要真正掌握一篇议论文,你要从三大步骤入手。第一个步骤是理解,我们看它写了什么,是怎么写的,也就是从论题入手,理解论点、论据、论证、意图。第二步看什么呢?就是它说得有理吗?我们要从论点开始来分析,对论题本身以及它所呈现的论据,还有它论证的过程、它的意图提出批评。在这个基础上,再来从意图入手(指第三个步骤),看作者为什么要这样来写,然后来思考:同样一个问题,如果我们再来写的话,可以从其他哪几个方面去写,可以确立其他的论点,寻找其他的论据去论证。这是根据阅读教学这个课型、根据议论文这种文体来确立的。同时,第一,确立教学内容,我还要兼顾语文学科性质,例如,教我们这篇文章能不能大谈读什么书?它(读书)还和语文有点关系,假如文章不是讨论读书,而是讨论修身养性,如果整堂课都围绕修身养性来讲,那么你上的肯定不是语文课。第二,课程目标——总目标和分目标。第三,编者所确定的选文功能,就是编者到底想让我们用选文教什么。第四,也是比较关键的,即教师本身的教育理念和知识水平。第五,学生,你要注意是哪个年龄段的学生。刚才我和大家分析怎么写一篇文章:分析能力因素和非能力因素,分析内隐学习,分析灵感的产生,如果我们教初中的孩子,能讲这些吗?不能。但是我可以给大家讲,因为前面我给大家讲过,而且大家是大学生。在这个基础上,我们来确定教学内容到底是什么。

有篇文章叫《谈骨气》,请同学们回去找一找。我见到很多这篇文章的经典教案,但我都觉得不是特别满意。请大家回去根据我刚才讲的这"五个要素""三大步骤"来重新设计。

今天我们的课就上到这里,下面大家讨论一下江平的课和我的课,在教学内容和教学形式上,哪些是江平做得很好的,哪些做得不够;哪些是张老师做得还好的,哪些做得不够。

学生讨论(提到主要的不同,就是我批评了课文)。

师：张老师不是完全批判它（课文）的啊。第一步是理解，理解是认同它的。然后在这个基础上批评它，看它有没有问题。第三步是帮助它找出路，就是如果让我们改，怎么改。阅读是为了获取信息进而与作者开展交流与对话，理解（这个步骤）体现的是获取信息，批评和讨论体现的是交流与对话。过去一般讨论它的论点是否正确、论据是否充分、论证是否合理，但是在我眼里，还要注意论题本身，还有意图是什么。陈寅恪说："同情之理解，理解之同情"。我们读古人的文章，读特定历史时期的文章，要"同情之理解"，我们不能用今天的眼光来看，说都是错的。作者的身份及其所处的时代，决定他只能是这样。

生：以后在中学教学议论文阅读课都可以按照这样来上吗？

师：我觉得可以这样来上。如果我们这堂课是议论文写作课，就应该像江平那样去上，如果这堂课是议论文阅读课，就应该像张老师这样上。江平把它当成议论文的范文来讲，是可以的，议论什么结构——纵式结构，怎么形成纵式结构——按时间推进的、程度递进的，你可以列举几个，举一些例子，然后设计一些练习，要学生去写。如果是议论文阅读课，大家要特别注意，就不能像过去那样停留在理解这个层面，围绕论点、论据、论证三个点，然后专门分析这篇文章的论点是多么正确和新颖、论据是多么典型和充分、论证是多么全面和深入。过去我们都是这么分析的吧？这种分析为了干什么？对学生哪一方面的能力有所提高？如果没有，而是说我的老师就是这么教的，或者周边绝大多数老师都是这么教，所以我也这么教，那么这么教可能就是错的。

《谈写文章》课例评析

针对目前议论文阅读教学的诸多弊端，张心科老师试图构建一个新的理论与教学框架。他力求厘清议论文阅读教学与写作教学的区别，这一点，对于其他文体的教学同样适用。在我看来，对于散文、诗歌的教学或许更有意义。我们的阅读与写作教学，向来缺乏明晰的界定，我们常常无师自通地将泛泛的阅读经验迁移到写作之中，又将一知半解的写作知识或粗浅经验（尤其是文学写作的间接经验）移植到阅读教学中来。这样的教学，如同张老师所批评的那样，导致的结果就是"阅读不是阅读""写作不是写作"。只要我们愿意稍微改变思维的惯性与惰性，我们就不难意识到，阅读与写作的差异性，并不少于它们的相通性。

既然是阅读，作品以及作品的创造者才是我们关注的核心。心科老师的课堂，或者说他的框架,有两个亮点。在议论文阅读的"五大要素"中,他强调了论题与意图,这是很有生长力与冲击力的理论抽象。以往的议论文阅读教学,没有论题意识,因而对论题所产生的背景、环境、动因等因素也缺乏必要的省察,阅读教学往往直奔论点而去,陷在"三要素"的泥潭里不能自拔。与此相应,在"三大步骤"中,心科老师设计了从论题入手的"理解"环节,在论题的范畴内理解文章的论点、论据、论证,尤其是对意图的理解,这才回到了阅读的应然状态。议论文阅读不是为了获取一个判断,而是为了理解生命的另一种色彩,感受理性的张力。我的意思是,通过议论文,我们能够看到一个生命的理性力量到底能走多远。在《谈写文章》的教学中,心科老师从吴晗所处的环境、他的身份与地位、他的动机与意图等多方面入手,力求清晰地界定吴晗此文所呼应的论题。他不是在抽象地谈论读书、写作、修改的关系,他针对的论题隐含了很多历史的、社会的内容。理解了他的论题及其缘由,也就理解了他的论点以及论点中的偏颇或漏洞,也就理解了吴晗的局限。这恐怕就是心科老师所强调的"同情的理解"吧。从心科老师对吴晗的分析看,文章的逻辑疏漏,可能是由作者在思虑上的缺陷所造成的,但也极有可能隐藏了更多的生命与文化的秘密——而这,恰恰是议论文阅读教学的价值之所在,也是乐趣之所在吧。

心科老师的课堂教学的第二个亮点,在于特别强调了议论文阅读教学中的"质疑"。我曾经批评过文本解读中的"辩护式教学",这种教学,时时处处为作者着想、为作者辩护,我将它的逻辑概括为"孔子总是对的,如果孔子的话有错误,一定是我读错了"。在议论文阅读教学中,这种思路更为可怕。作家往往都是带着特定的隐含假设、带着特定的目的、在特定的环境下创作的,他的表达必然服从于他的背景与意图;而读者一旦缺乏了反思意识与能力,他就会有意无意地将这种有条件的表达当成无条件的真理,这是走向谬误的第一步。心科老师重点辨析了"文章本天成,妙手偶得之"隐含的错误,讨论了"多读书、多写作、多修改"与"写好文章"之间的复杂关系,在充分尊重吴晗的写作背景与诉求的前提下,也校正了文章隐含的逻辑偏差与认知错误。理性的审查不能代替理解的同情,而理解的同情也不能代替理性的审查。

盲从,在议论文阅读教学中危害尤甚。从本质上来说,议论文就是基于某个(些)假设的推理与判断,主体的价值观念、文化理念与思维品质都在悄悄地参与这个推断。盲从,不仅可能造成价值与理念上的误导,还可能给学生的思维发展埋下无穷的隐患。

心科老师的课,并非日常意义上的教学,更像是研究者与实践者的一场对话。所以,我更多地看到了引领的价值与示范的意义。

(上海市正高级语文特级教师、上海市名校长名教师培养工程高峰计划主持人 余党绪)

第三节
关于议论文阅读教学的反思与回应

这是本学期第二次和学生进行同课异构活动,恰好这堂课也被作为教育部进行的汉语言文学专业师范类专业三级认证的展示课,专家们对这种教学的形式和内容很感兴趣,给予了肯定,特别是提到这种设计"把思路一下子打开了",也提出了改进建议。下面谈谈这节课触发我进一步思考的有关"时代背景"与"作者生平"介绍的问题,以及学生在课后提出的对陆游《文章》中的"文章"含义的理解,还有与之相关的议论文写作教学研究的一点想法。

一、议论文阅读教学中"时代背景"与"作者生平"的介绍

我和戴元枝在《从接受美学看阅读教学中"生平""背景"的介绍时机》中曾提出,"时代背景"与"作者生平"的介绍是为了促进学生对文本的理解,当学生对文本理解出现障碍(不解、错解、浅解)时,将"时代背景"与"作者生平"作为促进学生理解的抓手,要适时且适量地呈现。"时代背景"与"作者生平"呈现的内容及时机要依据文体进行区分:在文学作品教学中,为了避免学生先入为主地按图索骥,进而限制了学生创造性地解读,"时代背景"与"作者生平"的介绍应放在教学过程中(对作品不理解,或理解出现错误,或理解流于浅表时),或者在教学结束前,就是在学生表达了自己的多种理解后,再简要地呈现"时代背景"与"作者生平",以让学生了解作者的意图。在学生的多种解读与作者的原意之间,可以存异(学生和作者),不必求同,只要是能从文本中找到一定的依据即可。但是,针对实用性文章,尤其是政论文(如《别了,司徒雷登》)、杂文(如《拿来主义》),因为其所指是相对明确的,所以应该比较详细地介绍"时代背景"与"作者生平",而且最好在上课伊始就介绍,否则学生可能很难进入文本。[1]

不过,如果对实用性文本信息的掌握程度,不仅仅定位于"理解"(获取文本信息)层面,还有更高层面的"批评"与"讨论"(与作者交流与对话)的话,那么是不是还要一开始就介绍"时代背景"与"作者生平"呢?显然,是不必的。后一种定位,要求"时代背景"与"作者生平"的介绍恰恰应该放在"理解"和"批评"之后的"讨论"环节中,即本章理论部分中说的,"第三步,从意图入手,讨论论题、论点、论据、论证。"此时呈现,既可

---
[1] 戴元枝,张心科.从接受美学看阅读教学中"生平""背景"的介绍时机[J].语文教学之友,2006(06):6—8.

让学生认识到作者不得不如此主张、选择这些论据、开展此种论证的原因,又可让学生在进一步提出其他主张、寻找其他论据、思考其他论证的过程中,对文本的理解更加全面而深入。如果一开始就呈现,学生对文本往往要么全盘肯定,要么全盘否定,既不能全面,也不会深入地理解文本。

另外,郝敬宏老师在按照上述三大步骤重新设计《谈骨气》教学时,和学生一道模拟生活情境(班级整体落后的情况下,班主任以本班三个同学的学习、生活为例来激励大家要有骨气,召开"我们班的同学是有骨气的"主题班会)来理解作者的意图;再联系社会现实,就是在与课文写作情境完全不同的情况下,如果再讨论同样的问题,我们该如何确立怎样的观点、如何展开论证,从而更深入地理解这篇课文。模拟情境、联系现实,都很有新意。

二、陆游《文章》中的"文章"所指

有人在课后提出:对陆游《文章》中"文章本天成,妙手偶得之"的理解,不仅吴晗在《谈写文章》中的理解有误,我在上课时的解读也不全对。我在课上把"文"解成"纹路"是对的,但是把"章"解成"黑质而白章"中的"章",即也作"纹路"解则是错的;这里的"章"应该是"乐章"。陆游诗中的"文章"并不是现代意义的"文章"(用文字写成的篇章),而是指"器物之外形"和"乐曲之单元",因为"文",《说文解字》解曰:"错画也。象交文。凡文之属皆从文。无分切";"章",《说文解字》解曰:"乐竟为一章。从音从十。十,数之终也。诸良切。"竟者,结束也。陆游的《文章》一诗,前半讲的是"文"——器物,后半讲的是"章"——音乐。整首诗是说:无论是制作器物,还是演奏音乐,都应该自然,不能雕琢。这堂课能引发学生的批评,而且学生敢于表达自己的批评,这真是一个意外的收获。

三、议论文写作教学的路径

本章第一节并未探讨议论文写作教学的问题,不过围绕"五要素"确定教学内容同样适应于议论文写作教学。过去围绕论点、论据、论证来教学(先确立一个鲜明的论点,然后指导学生找寻、选择恰当的论据,最后要求用理论和事实依据来证明论点)是在训练学生议论文写作的基本能力,这是非常必要的,但是局限于此显然会对学生的发展不利。如果能再关注论题和意图,则可进一步增强学生的问题意识,提高其创新能力。因为同一个问题从不同的角度去分析可以确立不同的观点,与观点相应的论据和论证也就不同。写作的意图不同,思考问题的角度就会不同,与之相应的论点、论据、论证也会不同。如果说围绕"三要素"来训练议论文写作主要是训练学生的基础写作能力,那么针对"五要素"进行议论文写作训练则充分地考虑了学生未来的发展。也就是说,为其在以后的社会生活中保持一种独立的人格、自由的精神,以及在大学里学习,甚至在毕业后从事学术研究时更具创造性提供了可能。

　　随着议论文写作训练内容的调整,其教学的过程与方法也相应地需要调整。用我提出的围绕"五个要素"、采用"三大步骤"的方法来安排议论文写作教学的过程也可能是可行的。首先,指导学生从一个"晚辈"的角度,认真对待他人给定的论题,遵从已确定的观点,即对待教师或命题者给定的论题确立一个论点,或者对他们给定的论点展开论证。其次,提示学生从一个"论敌"的角度审视、反驳自己的文章,包括对论题的观察是否全面、观点是否正确、论据是否可信、论证是否充分、意图是否恰当。最后,引导学生再从一个"朋友"的角度完善自己的文章,思考是否还应全面、深入地审察论题,还有哪些可立论的角度,如何修正观点,如何寻找其他的论据,还可从哪些方面去论证,论证的过程如何调整,等等。这样,可以使议论文的观点正确、新颖,论证全面、深入、严谨。

　　"五个要素——三大步骤"的教学模型在议论文写作教学中的运用,还可继续讨论,例如,若要兼顾论题和意图这两个要素,那么考试命题、评价方式等也应调整,那么到底怎么调整呢?需要研究。

　　《抓住"五要素":议论文教学的问题与对策》发表后,有人建议我读读斯特芬·图尔敏(Stephen Toulmin)关于论证逻辑方面的论著和其他学者关于非形式逻辑方面的论著。我也曾找来几篇(本)准备研读,不过都没有读完。既然图尔敏及其他学者的相关论著能在国内外产生很大的影响,尤其是引发了国内的批判性思维、思辨性读写方面的研究,那么肯定有其合理、可取之处,所以,我建议对此有过研究的师友、学生能从写作教学的角度,将我提出的观点及建构的模型与图尔敏等人的理论进行比较,看我与他们在哪些方面是一致的,在哪些方面很不同,我提出的观点及建构的模型还有哪里需要修正。同时,也希望更多的人能投入到相关的研究中,补正我的不足,或提出新的观点、建构新的模型。

第六章 说明文阅读教学

目前在确定说明文阅读教学内容时,常将说明文阅读教学上成了写作教学:分析说明文写作知识,如说明对象的特征、说明顺序(结构)、说明方法、说明语言,而不是教学生获取文本信息的技能;把说明文当成文学作品(散文)进行阅读教学,鉴赏说明文语言中的审美成分。在安排教学过程、选择教学方法时,按说明要素切块安排教学过程,违背了自然阅读的程序;纯粹运用讲解、讨论等教学方法,不利于学生掌握获取信息的方法。应该重回说明文的阅读目的是"获取信息"的原点,建构一个"获取信息·读写分离·问做促读"的说明文阅读教学模型。运用这个模型对作者没有说明白的地方进行分析,或者对作者没有说但是读者想进一步了解的地方进行探究:第一步通过提问、讨论、解答的方式获取文本所含的全部内容信息(从字词到整个篇章);第二步选择其中的关键内容(表述抽象、程序复杂),通过任务驱动(动脑、动嘴、动手)、情境设置(经验的还原)的方式来深入理解。

第一节
重回"获取信息"的原点：说明文阅读教学的问题与对策
——以《中国石拱桥》为例

说明文是一种说明事物(形态、构造、性质、种类、成因、功能、关系等)或阐释事理(概念、特点、来源、演变、异同等)的实用文体。前者如《中国石拱桥》，后者如《统筹方法》。多年来，说明文阅读教学基本上是按照"四要素"逐一分块讲授的：先概括说明对象的特征，再理清说明顺序或结构，然后分析说明方法，最后揣摩说明文的语言特点。不过，已有论者认识到了说明文阅读教学内容的不当并提出了改正办法。例如，认为要揭示其中蕴含的科学精神等，其实任何一篇说明文都是科学精神的产物，所以即便不去揭示，学生也能感觉得到；又如有人指出要发掘每一篇说明文的特色，并以此作为阅读教学内容。然而，在没有弄清楚说明文"这一类"文体的阅读教学内容的情况下，脱离"这一类"而讨论"这一篇"说明文的阅读教学内容(特色)并无多大意义。目前，除了没有完全弄清楚说明文的阅读教学内容存在的问题外，也没有开发出与教学内容相契合的教学过程和适宜的教学方法。

下面将结合《中国石拱桥》的课例来分析说明文"这一类"文体阅读教学存在的问题，并根据说明文的特点，基于精要的内容与适宜的形式的教学理念，设计出新的说明文阅读教学模型，以解决目前说明文阅读教学所存在的问题。

问题 1
把说明文阅读教学上成了写作教学，分析说明文写作知识，而不是教学生获取文本信息的技能。

有人称：语文教学不仅要知道"写了什么"(文本内容)，更主要的是要知道"怎么写的"(静态的文本形式)，这是语文与其他学科教学内容的区别。严格地说，"怎么写的"其实是语文学科中的写作教学内容与其他学科的教学内容的区别。在阅读教学中，知道"怎么写的"虽然在一定程度上有助于理解"写了什么"，但是通过"怎么写的"来了解"写了什么"只是阅读技能之一。而且，"怎么写的"对获取文本意义的作用大小还要视其文体类别而定：应用文阅读和说明文阅读同属于实用性文本的阅读，不过掌握应用文和说明文是"怎么写的"对理解二者"写了什么"的作用并不相同。因为应用文有特定的格式和语言规定,所以对其"怎么写的"掌握得越清楚往往越能理解"写了什么"。但是,在说明文的阅读中,如上述说明对象的特征、说明顺序、说明方法、说明语言等"怎么写的"对理解"写了什么"只是有一定的帮助。例如,知道说明文具有语言准确性的特点就不会忽视一些看似不重要的词语,知道说明文是按照一定的顺序来写的就会有意识地推导下文可能要交代的信息,知道说明文写作为了增强趣味性和形象性而往往会引述故事、引用诗文,在直接表述时也会使用打比方的说明方法或者用成语等,那么当读者在文中看到故事、诗文、比喻、成语时就知道其功用及目的了。然而,这些对理解说明文"写了什么"的作用并不大(甚至可以说对理解"写了什么"几乎没有什么影响,例如,知道药品说明书采用了列数据的说明方法并不等于就明白了那些数据所传递的信息),因为说明文写作的目的就是解说明白,解说得越不明白就越不符合说明文的写作要求,所以说明文的语言简明、准确,结构简单、清晰。换句话说,阅读说明文,一方面要通过解说明白的文本掌握一望而知的信息,另一方面更要通过各种方法掌握其无法解说明白的重要信息,即需要读者通过搜索、综合、归纳、分析、推理、应用等方法来获得的这些信息。可见,通过某个说明性文本教学生获取文本信息的方法是说明文阅读教学的主要内容。

理解说明对象的特征、说明顺序、说明方法、说明语言等是"怎么写的"(静态的说明文形式知识),对于说明文写作能力的提高有一定的作用。如果结合范文分析讲解这些形式知识,自然会有助于学生在"知"的层面掌握说明文的写作规律;如果再设置相应的说明文写作练习,则可在"行"的层面训练说明文的写作技能。不过,结合课文讲解这些知识,是把说明文当成范文来教学写作。可见,说明对象的特征、说明顺序、说明方法、说明语言等形式知识是说明文写作教学的主要内容。

再从说明性文本的阅读测试来看,无论是我国的高考语文,还是国际通行的 PISA (Program for International Student Assessment,简称 PISA,国际学生评估项目)测试,在命题时都是在考查学生获取信息的能力而非分析文本形式的能力。[①] 我国的语文高考试卷中的说明性文本命题已不再要求用"说明方法""说明顺序"之类的名词答题,PISA 阅读设题也主要是针对文本内容信息的获取、解释(理解、分析、推理)、反思和评价(结合自己的经验、知识、理念评判文本)。如 2009 年 PISA 阅读测试样题中的《刷牙》《手机安全性》《气球》和《献血通告》均是如此。《气球》的开头是一则消息《热气球飞行高度的新纪录》:"2005 年 11 月 26 日,印度飞行员维贾帕特·辛加尼亚打破热气

---

① 张心科.论言语形式在阅读与写作教学中的归属[J].课程·教材·教法,2016(08):65.

球飞行高度的纪录。他是第一位乘坐热气球飞行至海拔 21 000 米的人。"接着是呈现热气球、飞机、地图等图形及多种数据。然后设置四个选择或填空题:"本文的主要意思是什么?","维贾帕特·辛加尼亚利用了另外两种交通工具的一些技术。它们是哪两种交通工具?","文中包含大型喷气式客机图形的目的是什么?","为什么有两个热气球的图形?"[1]这四个题目不涉及对文本形式的考查。

然而,多年来我国的语文教科书中说明文的单元导语、课后练习以及与之配套的教师用书在解说课文时都在引导师生围绕"四要素"进行说明文教学。如人民教育出版社 2001 年出版的八年级上册语文教科书第三单元的导语写道:"学习本单元,要注意课文怎样抓住特征来介绍事物,要理清说明顺序,了解常用的说明方法,体会说明文准确、周密的语言。"[2]其中《中国石拱桥》的课后练习也基本上是从这四个方面来设题的[3]:

一 阅读课文,完成下列练习。
1. 中国石拱桥的总体特点是什么?试以赵州桥为例,用自己的话说说它是如何体现了中国石拱桥的特点的。
2. 作者分别介绍赵州桥、卢沟桥,说明的顺序基本相同,请具体说一说。
3. 根据课文内容和插图,画出赵州桥的示意图,标上相应的数据。
二 为了准确地说明事物,说明文用语很讲究分寸。想一想,如果把下边句子中加点的词语去掉,表达的意思有什么变化?(句子略)
三 阅读下面两段文字,回答问题。(文段略)
1.《辞海》对卢沟桥的介绍,与课文里的相比,多了哪些内容?你是否因此觉得课文里对卢沟桥的说明不够全面?
2.《夜宿卢沟》主要写的是什么?它与课文里对卢沟桥的介绍相比,在写法上有什么不同?

接下来的"读一读,写一写"中的知识短文《学习阅读说明文》重点介绍了如何根据说明顺序(结构)来阅读说明文。一般教师会根据教科书的导语、课后练习以及教师用

---

[1] 陆璟.PISA 测评的理论和实践[M].上海:华东师范大学出版社,2013:168—186.
[2] 课程教材研究所,中学语文课程教材研究开发中心.义务教育课程标准实验教科书 语文(八年级上)[M].北京:人民教育出版社,2001:91.
[3] 课程教材研究所,中学语文课程教材研究开发中心.义务教育课程标准实验教科书 语文(八年级上)[M].北京:人民教育出版社,2001:96—100.

书的导读来设计教学,这样最终导致多年来的说明文教学从教学内容来看既不是阅读教学(因为没有教获取信息的方法),又不是写作教学(因为教学只介绍静态的形式知识,而没有相应的写作训练)。而一些教师也就认为这种教学内容的确定是天经地义的,按上述"四要素"教学几乎成了一种"集体无意识"。如有教师称:"根据说明文的文体特点,学习说明文,教学目标主要有四种:概括文章说明对象的特征;理解文章的说明顺序和结构;分析文章的说明方法及其作用;分析说明文的语言特点。"①

下面,我分别选取了20世纪八九十年代和21世纪的《中国石拱桥》的教学案例,来看其教学内容的选择。

首先看1994年出版的《新编中学语文教案》中的《中国石拱桥》教案。②

教学目标:

一、认识中国石拱桥在历史上的光辉成就和我国劳动人民的聪明才智,增强热爱祖国、热爱社会主义的感情。

二、理解选择有代表性的例子说明事物特征的写作方法。

三、了解本文由一般到特殊、由概括到具体、由整体到局部以及时间从先到后说明事物的顺序。

四、学习运用准确语言的特点。

教学过程与方法(含内容):

第一课时。

一、导入新课。

二、检查预习。

1. 正音正字。

2. 补充解词。

三、划分段落。

1. 范读课文。

2. 划分段落,归纳段意。

四、学习本文选材的方法。

1. 要求学生默读课文,找出石拱桥、中国石拱桥、赵州桥、卢沟桥的特点。

---

① 王前保.用对比方法教说明文——以《中国石拱桥》的教学为例[J].语文教学之友,2017(08):24.
② 黄岳洲.新编中学语文教案 初中第3册[M].北京:语文出版社,1994:1—8.

2. 讨论：中国的石拱桥很多，都有相同的特点，作者为什么选择赵州桥和卢沟桥作为说明的例子？

3. 讨论：既然赵州桥和卢沟桥都具有中国石拱桥的共同特点，作者为什么不选一个而要选两个呢？

五、完成课后练习。

六、布置课外作业。精读课文，研究本文的说明顺序，并列出层次表。

第二课时。

一、检查复习。

1. 提问：中国石拱桥的特点有哪些？请举例说明。

2. 提问：本文在介绍中国石拱桥时，是按照怎样的顺序来安排文章的结构的？

二、学习新课。

1. 研讨本文的说明顺序。总结：本文在安排顺序时，是由一般到特殊，先概括后具体的顺序；在说明桥梁的结构时，是由整体到局部，而有关历史发展的说明则以时间先后为顺序。这样写，可以使文章层次分明，条理清楚。

2. 学习本文运用准确的语言。分析数字、概数、修饰语、关联词等。用词准确，体现了作者严谨的科学精神。

3. 总结全文。

三、布置作业。

1. 完成课后"思考和练习"。

2. 学写一篇选择有代表性例子说明事物特征的说明文。

再看 2013 年发表的一篇《中国石拱桥》的教学设计。[①]

教学目标：

一、积累"雄伟、残损、古朴、推崇、惟妙惟肖、巧妙绝伦"等词语，掌握读音和词义。

二、通过自主合作学习，能够说出本文的说明对象的特点以及作者是如何抓住事物特征进行介绍和说明的，明确说明方法，体会说明文语言准确严密的特点。

三、感受中国石拱桥的光辉成就，体会劳动人民的聪明才智。（本单元的《故宫博物院》重点教授说明顺序）

---

① 张红梅.《中国石拱桥》教学设计[J].课程教育研究，2013(20)：58.

教学过程与方法(含内容)：

一、导入新课。

二、检查字词。

三、初读感知：着眼对象,明确特点。

1. 了解对象：说明了什么事物？

2. 抓住特点：石拱桥的特征是什么？中国石拱桥的总特征是什么？

3. 作者为了说明中国石拱桥的特征,列举了我国哪几座有代表性的桥？这两座桥能说明中国石拱桥的特点吗？

四、合作探究：着眼特点,明确方法。赵州桥和卢沟桥在哪些方面体现了中国石拱桥的特征？选例子很重要,选准了例子,把例子写好,通过它准确地说明事物的特征更重要。提问、讨论、小结：通过以上的分析,我们知道说明事物要抓住事物的特征,采用多种说明方法。

五、揣摩语言：着眼句子,体会表达。总结：写作说明文要抓住事物的特征,语言表述要准确。

六、拓展延伸。介绍身边的桥或世界名桥。

七、实战演练。

1. 说出下列句子中运用的说明方法。

2. 找出课文中体现说明语言准确性的句子。

3. 围绕"笔"写一篇说明文。

可见,几十年来我国的说明文教学,除了教学过程与方法上有一点变化外,教学内容几乎没有什么变化,都是在围绕"四要素"展开,最终目的都是把说明文写作教学内容当成说明文阅读教学内容。就像上述第二份教案的作者说的：这种设计是"读写结合,学以致用,以读带写,以文本阅读为支撑,以口头表达与写作训练为落脚点,全面提高学生的语文素养"[1]。这样做也许会对说明文写作能力的提高有一点作用,但是对于说明文阅读能力的提高帮助似乎不大,因为没有教授说明文阅读技能,最终使阅读教学成了写作教学的附庸。

可能"读写结合"思想的影响一直过于强大,不仅普通教师如此设定,连著名的特

---

[1] 张红梅.《中国石拱桥》教学设计[J].课程教育研究,2013(20)：58.

级教师也难以摆脱时代的影响,如钱梦龙①、于漪②、宁鸿彬③、程翔④等老师均是围绕"四要素"(或其中的一两种)来设计《中国石拱桥》教学的。例如,钱梦龙先生在谈教学设计时专门以自己曾经执教的《中国石拱桥》为例来阐述说明文阅读教学内容的选择:第一步,请同学说说赵州桥的大拱和四个小拱之间的关系。让学生"产生一种急于求知的迫切的心情"。第二步,让学生阅读、思考有关赵州桥的段落,"求得怎样说明事物的'三个结论(抓住特点,注意顺序,用词准确)',这是学生求知的过程"。第三步,让学生通读全文,看刚才所学"三个结论"是否适合一般性的说明文,"这是验证知识"。第四步,"要求他们写文章介绍一幅教学挂图,这是运用知识"。⑤ 其实就是学习并运用说明文的写作知识。

那么,倡导语文教学内容重构者又是如何来设计《中国石拱桥》这一课的呢,我们一起来看一下:⑥

教学目标: 理解并把握举例说明的方法。

学情简析: 学生对说明文有所接触,大体能够识别基本的说明顺序、说明方法,但对作者在文章中使用的一些说明方法,如举例说明的表达效果领会不够。

教学重点: 对举例说明的表达效果的理解。

教学难点: 对中国石拱桥的共性与个性的区分。

教学课时: 1课时。

教学方法: 讨论、探究。

教学流程:

1. 布置预习

阅读这篇课文,思考:文章使用了什么方法,写出了中国石拱桥怎样的特点。

2. 教学导入

(1) 检查预习。

---

① 钱梦龙.《中国石拱桥》教学实录[J].教学通讯(文科版),1982(08):24—30.
② 于漪.于漪文体教学教案选[M].西安:陕西人民出版社,1984:54.
③ 宁鸿彬.课堂教学跟着理念变——我教《中国石拱桥》的四个版本[J].语文教学通讯·初中刊,2018(05):34—37.
④ 程翔.程翔与语文教学[M].北京:中国人民大学出版社,2011:138.
⑤ 钱梦龙.关于教学设计——从《中国石拱桥》的教学谈起[M]//上海教育学院.语文讲读课基本式浅探——钱梦龙教学经验选.上海:上海教育学院,1982:108;钱梦龙执教的《中国石拱桥》实录见钱梦龙.钱梦龙经典课例品读[M].上海:华东师范大学出版社,2015:186—205.
⑥ 王荣生.阅读教学设计的要诀——王荣生给语文教师的建议[M].北京:中国轻工业出版社,2014:228—231.

(2) 给标题添加修饰语：_____的中国石拱桥。

3. 讨论与探究

(1) 介绍中国石拱桥时为什么举卢沟桥、赵州桥两个例子？

(2) 两个例子都体现了中国石拱桥的共同特点，又都有各自的特点，为什么偏要举两个例子，举一个例子不是更简练吗？

(3) 这两个例子都具有中国石拱桥的共同特点。那么，中国石拱桥的共同特点是什么呢？请结合课文来说。

(4) 除了独拱、联拱的区别之外，这两座桥还有什么自身的特点呢？

(5) 教师加线把原有的板书变成一个表格，让学生把表格画下来。

中国石拱桥	
久 坚 美	
独拱	联拱
赵州桥	卢沟桥
拱上加拱	石狮百态

代表性举例：共同特点、自身特点

4. 教师引导学生梳理这节课围绕"举例说明"而学习的内容，并完成读书卡片中的练习

很显然，把"理解并把握举例说明的方法"作为教学目标，就是将说明文写作教学内容当成了阅读教学内容，只不过是重点学习说明文"四要素"中的抓住事物的特征说明这一种，而没有像20世纪80年代初期的教学参考书、教案所呈现的那样，在目标中明确写成"学习本文选用有代表性的例子说明事物特点的写作方法"。这告诉我们，在重构语文阅读教学内容时，不仅要关注文章形式（静态的体式知识），更要关注阅读技能，那么最终的结果就是教学时把写作教学内容当成了阅读教学内容。前文提及，说明文是实用文章中最能体现其"解释性"特征的一种。说明文最重要的特征就是其具有十分明确的"传达信息"的功能，而不是说明对象的特征、说明顺序、说明方法、说明语言等体式。说明文阅读教学内容的重构应该根据说明文的特点培养学生相应的阅读技能。

问题 2

把说明文当成文学作品（散文）进行阅读教学，鉴赏说明文语言中的审美成分。

接受美学把文本分成解释性和虚构性两类。接受美学家伊瑟尔说："解释性本文

无论何时都是在阐明一种论点或传播某一信息。"①如议论文、说明文、应用文等实用文本。它关涉某一既定的客体,"这一表达形式便可以得到预期的精确性"②,即其语言的内涵明晰精确。阅读就是精确地把握作者在文本中所阐明的某种论点或传播的某一信息。在"虚构本文中,这一关联性则被趋向于丰富多彩形态的空白所打破。它开放了不断增加的多种可能性。"③如诗歌、小说、散文、戏剧等文学文本。其语言是含蓄多指的,使得文本成为一个充满未定性和空白点的"召唤结构"。阅读就是在填补空白、确定未定中获得一种审美愉悦。

说明文是阐释性文本中最为典型的一种,无论是说明事物还是阐释事理都力求信息单一、指向明确。在说明的过程中,为了说得形象、增加情趣,有时会引用诗词、穿插故事、描写修饰等。但是这种文学文本中常见的"虚构"笔法在说明文中只是偶一用之,而且其目的还是为了"说明"而非"审美"。

总之,说明文的文体特点以及说明文阅读教学的目的决定了说明文阅读教学不宜将教学内容的重点放在文本局部所含的文学色彩的鉴赏上,而应该放在教学生掌握获取其中信息的技能、策略上。

文学作品的教学内容则与之相反。学习文学作品,主要是获取审美愉悦,而非掌握实用的知识或接受道德训诫。清末民初的小学国文教学宗旨是"启发智德",所以即便是文学作品也被当成说明文、议论文来教学,如 1912 年商务印书馆出版的初小《共和国教科书新国文》第 4 册第 45 课为《蝙蝠》(鸟与兽鬨,蝙蝠常中立。鸟胜,则蝙蝠飞入鸟群,曰:"吾有两翼,固鸟也。"兽胜则蝙蝠走入兽群,曰:"吾有四足,固兽也。"未几,二族议和,蝙蝠在侧,遂共斥之)。教学参考书将这篇节选自《伊索寓言》的课文的教学重点确定为介绍蝙蝠的生理结构、生活习性并告诫学生为人不能居中骑墙;而不是让学生欣赏其中较为跌宕的情节,揣摩文中的"飞""走""固"等表示动作、言语的词语是如何贴切、形象地表现出蝙蝠的滑稽、可笑的,并将蝙蝠想象成"人"或通过表演再现文中的场景等"以取兴致"。又如 1914 年黎际明在《实用主义实施法》中就指出:"小学各科,惟国文中取材最为复杂,而各种知识,必期归于实用则一。凡授一课,必须证以实地之经验方合,如授《文彦博灌水取毬》,可先置毬深筒中,或其他难以手探取之物中,

---

① 沃尔夫冈・伊瑟尔.阅读活动——审美反应理论[M].金元浦、周宁,译.北京:中国社会科学出版社,1991:222."本文"即"文本"
② 沃尔夫冈・伊瑟尔.阅读活动——审美反应理论[M].金元浦、周宁,译.北京:中国社会科学出版社,1991:222.
③ 沃尔夫冈・伊瑟尔.阅读活动——审美反应理论[M].金元浦、周宁,译.北京:中国社会科学出版社,1991:222.

而问学生以取之之法。然后取水灌入,以征实验。授《司马光戒诳语》,可先取青胡桃,使一学生试脱其皮,然后反复发问,以入本题。"①也是把文学作品当成实用文章来教学,将教学内容的重点放在了引导学生理解科学原理上。

总之,文学作品的特点以及文学作品阅读教学的目的都决定其教学内容是通过鉴赏等方式来获取审美愉悦。

目前普遍存在把说明文当成文学作品来教学的现象,没有注意某篇文本在"这一类"这个层面上属于说明文,而只关注其在"这一篇"这个层面上局部所具有的文学色彩。

目前所见的《中国石拱桥》教案,多数会分析"大约""可能""当时可算是""雄跨"等用词准确,"初月出云,长虹饮涧"等引用恰当,"这些石刻狮子,有的母子相抱,有的交头接耳,有的像倾听水声,有的像注视行人,千态万状惟妙惟肖"的形象描绘,多将其目的定位于为了"说明"事物。不过,也有少数教案将其当成文学作品教学生"审美",如针对课文第一段("石拱桥的桥洞成弧形,就像虹。古代神话里说,雨后彩虹是'人间天上的桥',通过彩虹就能上天。我国的诗人爱把拱桥比作虹,说拱桥是'卧虹''飞虹',把水上拱桥形容为'长虹卧波'"),有教师在课上作出如下分析。②

抓住石拱桥"桥洞成弧形"的特点进行比喻。说它"像天上的虹",并用古代神话加以渲染,虹是"人间天上的桥",诱发读者的联想。接着引用古诗佳句从各种不同的角度写石拱桥的美姿:"卧虹"是写静态的桥,"飞虹"是写动态的桥,"长虹卧波"则是写桥水映衬的景色。这段文字比喻生动、想象丰富,把石拱桥写得像童话般美妙。

还有教师分析道③:

作者用古代神话和诗人笔下的用语来形容拱桥,使拱桥显得更美、更有诗意,大家注意一下,作者用哪些词来修饰"虹"?(答:"彩""卧""飞""长"。)对,这四个字分别从色彩、姿态、气势、跨度四个方面来修饰。这样,桥像虹,虹也像桥,桥和虹混为一体,拱桥多美呀!

---

① 黎际明.实用主义实施法[M].教育研究实用主义问题,上海:教育杂志社,1914:67.
② 袁昌文.《中国石拱桥》浅析[J].函授通讯(语文版),1982(03):35.
③ 朱九如.《中国石拱桥》教案[J].教学通讯(文科版),1981(09):17.

有人指出,《中国石拱桥》中有许多文学因素,除了课文第一段,还有写赵州桥时引用的唐朝张鷟说的"初月出云,长虹饮涧",以及写卢沟桥时关于石狮百态的描绘都具有"文学色彩",不仅求准确,更是求生动形象,"这类描绘性的文字,包蕴浓郁的褒扬赞颂的感情,富有艺术情趣。在说明文中经常出现,好比珍珠,好比钻石,镶嵌在平实、朴素的说明性文字之间,熠熠闪烁其光泽。我们应该在教学中,通过有声有色的讲解或朗读,让学生插上想象的翅膀,流连于它们所展现的充满诗情画意的具体图景中,从而受到美的教育"[①]。

虽然目前在《中国石拱桥》的阅读教学中将其当成文学作品而带领学生欣赏其中的审美因素已不多见,但是这种做法在其他科学小品文的阅读教学中极为普遍,如鉴赏诗歌、品味描写、揣摩句式等。例如,有人在教《南州六月荔枝丹》时专门赏析其中所引杜牧的《过华清宫绝句》,有人在教《雾凇》时把它当成写景散文赏析雾凇多样、美妙的形态。

总之,在教学内容的选择上要回归"说明文阅读教学"这一点,即阅读教学不是写作教学,不是文学作品的阅读教学而是实用文章的阅读教学。

问题 3

按说明要素切块安排教学过程,违背了自然阅读的程序。

从教学过程上看,目前说明文阅读教学过程多按照说明对象的特征、说明顺序(结构)、说明方法、说明语言"四要素"逐一分块讲授,这是不符合认知规律的。在日常的说明文阅读中几乎没有一个人是按照这种顺序来阅读、理解的。阅读教学应该是基于自然阅读,或者说要按照自然阅读的过程来组织教学的过程。在平时的教学设计中,经常会出现教师为了体现设计的"精巧",而从文章中间某一段或者结尾某一句切入来组织教学的情境。然而,在实际阅读时学生一般是从头至尾、按顺序而读的,是不会从文章中间某一段或者结尾某一句开始阅读的。

上引按"四要素"确定教学内容的《中国石拱桥》的几份教案就基本上是按要素切块来安排教学过程的。有人以《中国石拱桥》为例来解说"说明文起始课怎么教",其按"四要素"切块设计教学过程更为典型。[②]

[①] 周耀根.说明文的文学性——《中国石拱桥》《宇宙里有些什么》教学拾零[J].语文教学通讯,1982(08):40.
[②] 张静,孟令爱.说明文起始课该如何教?[J].中学语文教学参考,2015(08):9—10.

（一）体验运用，激发兴趣，认识"说明语言要准确"；

（二）由感性到理性，逐步理解"说明要抓特征"；

（三）以问促思，感悟"说明要有条理"；

（四）比较中辨析，体会"说明要讲方法"。

虽然这样的教学过程是经过"精巧设计"的，但这似乎并不是符合认知规律的科学设计。

问题 4

纯粹运用讲解、讨论等教学方法，不利于学生掌握获取信息的方法。

文学作品与实用文章（尤其是说明文）的文体特征及教学目的的差异决定了两者的教学方法各不相同。读文学作品要运用想象、诵读、表演等方法，然而"读科学书之法，不仅解释文法与赏鉴词藻而已，必与实物实验相凑合，而逐条详细读之。此读科学书唯一之善法也"[①]。也就是说，读说明文，除了通过提问、讨论、回答等方式教会学生获取文本信息之外，还应该通过任务驱动、情境设置的方式，来促进学生对说明文的阅读理解。2015 年发布的 PISA 报告指出，如今每个人都必须"像科学家一般去思考"。PISA2000 将"阅读素养"界定为"为了实现个人目标，增长知识，发展潜能，有效地参与社会，而理解、运用和反思书面文本的能力"。PISA2009 将其中"理解、运用和反思书面文本的能力"改为"对书面文本的理解、运用、反思和参与"。[②] PISA 测试框架中将问题情境作为一个维度。"PISA 的评估架构评估学生执行一系列阅读任务的能力，这些任务模拟学生在真实阅读情境中会遇到的各种任务。"[③]通过设置明确的情境任务，将技能、策略的测试融入问题解决之中。虽然学以致用是说明文阅读的最终目的，但是说明文阅读教学中的任务驱动、情境设置的目的，主要还是通过要求学生利用阅读所得的文本信息来解决接近生活中的具体任务，进而反向促进学生对文本的理解，如要求介绍事物（形状、结构、功用、原理、注意事项）和演示过程（基本过程、操作方法）等。例如，可扮演导游或设计建造者解说中国石拱桥、苏州园林，模拟工程师介绍工艺的生产原理和过程，运用统筹方法烧菜做饭，等等。

在已搜集的上百篇《中国石拱桥》的教案中，除了一些将其部分语段当文学作品内

[①] 小学理科之研究（续）[J].教育公报.1915(03)：6.
[②] 陆璟.PISA 测评的理论和实践[M].上海：华东师范大学出版社，2013：13.
[③] 何瑞珠，卢乃桂.从国际视域论析教育素质与平等：PISA 的启示[M].北京：教育科学出版社，2011：40.

容而采用想象、诵读教学法,或极少数为了促进对说明对象的理解而让学生制作桥梁模型、用萝卜切拱圈、模拟为旅行社设计参观赵州桥的推介文字等外,采用的其他教法多是提问、讨论、讲解、回答。

总之,在教学过程的安排和方法的选择上,要根据自然阅读的过程来安排教学进程,用促进"获取信息"的方法来安排教学活动。

对策

建构"获取信息·读写分离·问做促读"的说明文阅读教学模型。

鉴于以上所述说明文阅读教学内容的选择及教学过程的安排、方法的运用所存在的问题,设计了如下说明文阅读教学模型(如图18所示)。

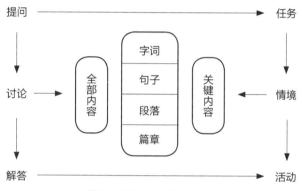

图18　说明文阅读教学模型

从教学内容上看,根据说明文的文体特征(准确、明确地呈现信息)、阅读的主要目的(获取文本信息),将教学内容确定为教会学生获取信息的方法。从教学过程与方法上看,第一步,通过提问、讨论、解答的方式获取文本所含的全部内容信息(从字词到整个篇章);第二步,选择其中的关键内容(表述抽象的、程序复杂的)来通过任务驱动(动脑、动嘴、动手)、情境设置(经验的还原)的方式,让学生一边活动、一边阅读,以阅读所得推进活动,以活动的推进理解文本所写。这个模型体现了说明文阅读是为了"获取信息"、说明文阅读教学是教学生"获取信息"的方法的目的,并针对这个特殊的教学内容,通过"读写分离"的方式和"问做促读"的方法来落实,从而使得教学内容和教学过程与方法相契合,阅读过程与教学过程相契合。总之,在"获取信息·读写分离·问做促读"的说明文阅读教学模型中,教学生"获取信息"的方法是要追求的教学目的,"读写分离"是应遵循的教学原则,"问做促读"则是需采取的教学手段。如果以此来设计《中国石拱桥》的阅读教学,则其教学内容与过程、方法大致如下。

一、提问、讨论、解答

1. **提问**：拱桥和虹有什么关系？
明确：有弧度。
2. **提问**：石拱桥有什么特点？
明确：历史悠久、形式优美、结构坚固。
3. **提问**：中国最早的石拱桥建于何时？
明确：可能早于公元282年。
4. **提问**："赵州桥高度的技术水平和不朽的艺术价值"体现在哪些方面？
明确：高度的技术水平体现为一个大拱、大拱肩上加小拱、大拱由28道拱圈组成的设计便于桥面人畜通行、桥下洪水通过、减轻桥身重量、增加支撑着力点。不朽的艺术价值体现为结构匀称且和四周景色配合和谐，石栏和石板雕刻的古朴美观。
5. **提问**：卢沟桥和赵州桥相比有什么异同？
明确：同：历史悠久、结构坚固、形式优美。异：卢沟桥是一个大拱两肩各加两个小拱，赵州桥为独拱桥。
6. **提问**："高度的技术水平和不朽的艺术价值"也可以用来形容卢沟桥吗？为什么马可·波罗说它是"世界上独一无二的"？
明确：可以。联拱设计、石砌桥墩，使得桥身坚固。石柱柱头，雕刻了千态万状、惟妙惟肖的石狮；和周边的环境形成"卢沟晓月"的盛景。在技术水平和艺术价值两方面显得十分独特，所以说"独一无二"。
7. **提问**：卢沟桥的设计者是谁？你是怎么得出这个结论的？
明确：文中没有说明。用类推的方式可以推知他应该和赵州桥的设计者李春一样，"是一位杰出的工匠"。
8. **提问**：标题是《中国石拱桥》，为什么重点只写了赵州桥和卢沟桥？
明确：具有中国石拱桥的普遍特点，又各自有独特之处。
9. **提问**：中国石拱桥可以分成几大类？赵州桥属于其中的哪一类？
明确：独拱石桥、联拱石桥、双曲拱桥，其中赵州桥以及双曲拱桥是在独拱石桥基础上发展出来的。
10. **提问**：作者写这篇文章的目的是什么？
明确：介绍我国石拱桥，歌颂我国劳动人民的勤劳和智慧，人民的不屈精神以及社会主义制度的优越性。

二、呈现任务、设置情境、开展活动

1. 学过这篇课文后,请向低年级同学介绍"中国石拱桥",除了口头解说外,还要画出文中不同石拱桥的示意图,并标识数据。

2. 文中说28道拱圈时,其中提到"每道拱圈都能独立支撑上面的重量,一道坏了,其他各道不致受到影响",不易让人理解,请制作模型或用手势演示。

3. 假如赵州桥和卢沟桥还允许小型轿车通行,各自桥面同时可以通行几辆宽1.6—1.8米的轿车?

4. 假如永定河上的卢沟桥也采用独拱,那么大拱的长度该如何设计?

如果要顺利地回答上述问题,获取文本已经说明和尚未说明的信息,就要运用检索、比较、归纳、推理、估算等思维方法以及动手、动口等活动方式。教师可在每个问题、任务完成后或全部完成后让学生反思和总结自己在解决问题、完成任务时所用的获取信息的方法。

第二节
《天灾,一直威胁人类安全》教学设计、教学实录与课例评析

天灾,一直威胁人类安全

吴传华

翻开人类的历史,不难发现,灾难总是和人类相伴,姑且不论战争等人祸,单是地震等天灾给人类带来的灾难便触目惊心。地壳会随时移动和裂开,引起地震、火山爆发、海啸、山崩和泥石流等,给人类带来毁灭性的灾难。飓风和洪水肆虐,会给人类带来突如其来的破坏性灾难。疫病这一恶魔,更是一刻也没有停止对人类的侵害。若是被来自宇宙空间其他天体的流星和小行星撞上,后果更是不堪设想。

海啸:太平洋四周发生最多

最近发生的印度洋地震、海啸至少已造成受灾国15万人死亡,被联合国称为"近几个世纪以来最严重的自然灾害"。人类在不得不面对这一残酷现实的同时,也增加

了对海啸这一自然灾难的关注。其实早在1883年8月,印尼就发生过由喀拉喀托火山爆发而引发的大海啸,海啸横扫苏门答腊岛和爪哇岛海岸,造成3.6万名印尼人丧生。

海啸是由海底激烈的地壳变化引起的海洋巨浪。当海啸发生时,海水陡涨,突然形成几十米高的"水墙",惊涛骇浪向陆地席卷而来,所到之处一片废墟。世界上近80%的海啸发生在太平洋沿岸地区,其中遭受海啸袭击最多的是夏威夷群岛,其次是日本。据统计,1900—1983年间,太平洋地区共发生405次海啸,其中造成伤亡和重大经济损失的达84次,大约有18万人死亡。

20世纪以来发生的重大海啸灾难有:1908年12月,意大利墨西拿地震引发海啸,死亡8.3万人,是20世纪导致死亡人数最多的一次地震海啸。1933年3月,日本三陆近海地震引发海啸,死亡3 000多人。1960年5月,智利西海岸大地震引发海啸,造成5 700多人丧生,海啸还以每小时700公里的速度横扫太平洋,越过夏威夷,冲向日本,造成日本800多人死亡,15万人无家可归。1976年8月,菲律宾莫罗湾海啸,造成8 000多人死亡。1998年7月,巴布亚新几内亚海底地震引发海啸,巨浪高达49米,致使2 200多人死亡。

地震:每年发生500多万次

作为地壳的一种"正常"震动,地震在全球每年都要发生500多万次,其中人类能感觉到的有5万多次,能造成破坏的5级以上地震约1 000次,而能造成巨大灾害的7级以上地震约十几次。强烈的地震可以在几十秒甚至几秒的短暂时间内造成巨大的破坏,顷刻之间就可使一座城市变成废墟。地震还会引发海啸、火山爆发等灾害,是破坏性最大、威胁人类最严重的自然灾难。

20世纪以来发生的最严重的大地震有:1906年4月,美国旧金山发生8.3级大地震,造成6万人丧生。1920年12月,中国宁夏海原发生8.5级大地震,海原等4座县城全部被毁,23.4万人死亡。1923年9月,日本关东发生8.3级大地震,京都、横滨、横须贺三大城市被毁,14.3万人丧生。1976年7月,中国唐山发生7.8级大地震,有百万人口的唐山市被彻底摧毁,24万多人死亡,创20世纪地震死亡人数最高纪录。1990年6月,伊朗发生7.7级大地震,5万多人死亡。1995年1月,日本阪神地带发生7.2级大地震,造成5 400余人死亡,经济损失达1 000亿美元,创20世纪地震损失的最高纪录。1999年8月,土耳其发生7.8级大地震,1.7万人死亡,经济损失200亿美元。2003年12月,伊朗克尔曼发生6.8级地震,造成3万多人死亡,位于古丝绸之路的巴姆古城有70%的住宅被夷为平地。

火山：已摧毁20座城市

全球每年都有50多次火山爆发。火山爆发时，喷涌的炽热岩浆会吞噬地面上的一切，并会引发一系列其他灾害——海啸、泥石流和洪水等；不仅给人类的生命财产带来严重危害，而且对人类的生存环境产生极大的影响。全世界至少已有20座城市被爆发的火山瞬间毁灭。其中最早的记载是约公元前1450年的古希腊，当时繁华的克诺索斯古城被突如其来的桑托林岛火山爆发夷为平地。

历史上其他一些严重的火山爆发灾难有：公元79年维苏威火山爆发，将当时极为繁华的拥有2万多人口的庞贝古城掩埋，其他几个有名的海滨城市如赫库兰尼姆、斯塔比亚等也遭到严重破坏。直到18世纪中叶，考古学家才把庞贝古城从数米厚的火山灰中挖掘出来，那些古老的建筑和姿态各异的尸体都完好地保存着。1669年，意大利埃特纳火山喷发，死亡人数估计达10万之多。1781年，冰岛拉基火山喷发，使冰岛人口减少了1/5。1815年4月，印尼坦博拉火山喷发，9.2万人死亡，此次火山爆发还严重影响当时全球的气候，以致这一年被称为"没有夏季的一年"。

泥石流：威胁50多个国家

泥石流是一股泥石洪流，在瞬间爆发，多发生在峡谷地区和地震、火山多发区。世界上有50多个国家存在泥石流的潜在威胁。由于生态环境日益遭到破坏，进入20世纪后全球泥石流爆发频率急剧增加，发生逾百次。

近几十年发生的严重泥石流灾难有：1970年5月，秘鲁发生7.8级大地震，引发迄今世界上罕见的瓦斯卡兰山特大泥石流，使秘鲁容加依城全部被毁，近7万人丧生，灾难景象惨不忍睹。1998年5月，意大利那不勒斯等地突遭遇罕见的泥石流灾难，造成100多人死亡，2000多人无家可归。这两次泥石流灾难是突如其来、难以预料的，而1985年11月哥伦比亚鲁伊斯火山泥流早有先兆，但人类仍难逃脱厄运，留下了无尽的遗憾和无比惨痛的教训。早在鲁伊斯火山喷发1年前，当地就已出现异常现象，一些专家指出火山可能喷发，当地报纸也曾对此进行过报道。但遗憾的是，人们未能对此做出及时反应，当火山喷发夹带着碎屑、火山泥流奔腾而下时，在50公里外的阿美罗镇还没有接到疏散命令，一切都太晚了，鲁伊斯火山泥流在瞬间将它吞没，造成2.3万人死亡，13万人无家可归。第二天早晨，在阿美罗镇上空飞行的求援人员报告说，仿佛这个城镇从来就没有存在过似的。这就是著名的"阿美罗的毁灭"。

飓风：常常一刮数千公里

飓风又称台风或龙卷风，是形成于赤道海洋附近的热带气旋。飓风常常行进数千公里，横扫多个国家和地区，给所到之处带来巨大损失。地球上风灾最严重的是加勒比海地区、孟加拉湾、东南亚、中国等，其次是中美洲、美国、日本、印度，南大西洋影响最小。据统计，全球每年至少产生80多个风力达8级以上的热带气旋，历史上造成死亡人数达10万以上的飓风灾难就有8次。

历史上重大的飓风灾难有：1737年印度加尔各答飓风，死亡总人数估计为30万。1900年9月美国加尔维斯顿飓风，整座城市被毁，6 000多人丧生，是美国历史上危害最大的飓风侵袭。1970年11月孟加拉飓风，席卷孟加拉，30多万人死亡，经济损失无法计量，是20世纪世界最大的飓风灾难。1974年12月澳大利亚达尔文飓风，整个城市化为一大堆凌乱的瓦砾，值得庆幸的是，只有49人丧生。1974年9月洪都拉斯法夫飓风，造成1.1万人丧生，60万人无家可归。

洪水：对我国危害很大

洪水灾害是人类面临的主要自然灾害之一，洪水会吞噬生命、冲毁建筑、道路和桥梁，淹没农田和村镇，造成人们流离失所。全世界每年均有国家和地区遭受洪水灾害之苦。据统计，在各种自然灾难中，洪水造成死亡的人数占全部因自然灾难死亡人口的75%，经济损失占到40%。在孟加拉，1944年发生特大洪水，淹没了孟加拉一半以上的土地，淹死、饿死300万人，震惊世界。1988年孟加拉国发生骇人洪水，淹没1/3以上的国土，3 000万人无家可归。

我国是世界上遭受洪灾危害最严重的国家之一。黄河在历史上曾决口1 500多次，重大改道26次，最严重的黄河水灾事件有：1887年水灾，200多万人死亡；1931年水灾，约300万人丧生；1938年决口，89万人被淹死。人们至今记忆犹新的1998年长江、松花江、嫩江等江河的"世纪洪水"，在中国大地到处肆虐，受灾人口2.23亿人，死亡3 000多人。

在欧洲，1953年1月北海洪水，造成比利时和荷兰1 800多人死亡。2002年8月，欧洲又遭遇罕见的洪水，洪水袭击许多国家，造成近百人死亡，财产损失150多亿美元。

传染病：像幽灵一样难以对付

疾病，尤其是传染性疫病始终是危害人类的凶残杀手，而人类也始终与传染病进行着顽强斗争。当传染病的起因和传播途径还未被弄清楚时,这些传染病常常会延续数年,夺去无数生命,进而带来经济和社会动荡等灾难。如今世界上大部分地区,鼠疫和霍乱之类的传染病已经被消灭或控制,但新的传染病,如艾滋病、非典等又幽灵般地出现,似乎注定人类与传染病的斗争是没完没了的。

历史上严重危害人类的传染病灾害有:公元 542 年,东罗马帝国君士坦丁堡发生鼠疫(俗称黑死病),这次鼠疫肆虐了 4 个月,高峰时每天有 1 万人死于该病。1348—1350 年鼠疫迅速传遍欧洲,此后又多次爆发,整个 14 世纪黑死病共夺去了 2 500 多万欧洲人的生命,约占当时全欧洲人口的 1/4。1817—1832 年,霍乱大爆发,先是在印度加尔各答地区突然流行,后又传到欧洲和美洲,英国有 7.8 万人丧生,每 20 个俄罗斯人、30 个波兰人中就有一人死于该病。1519—1540 年,美洲爆发天花疫情,西班牙军队入侵墨西哥时带去了天花这种致命的疾病,致使两三百万墨西哥印第安人死亡,后来该病又传入南美。

"生于忧患,死于安乐"

一串串触目惊心的数字,在告诉我们一次次灾难对人类的打击和毁灭,大自然的威力是多么势不可挡。而且,灾难还将继续,人类还得承受和面对。每一次灾难都是对人类神经的一次敲打。面对灾难,人类应该做什么,该怎样做? 是积极应对,还是听之任之,甚或很快便置之脑后? 印尼等国绝不是第一次遭受海啸袭击,但至今尚未建立起海啸预警机制。也许建立这样的机制需要花很大的代价,不如投资于房地产、旅游业之类可以赚大钱,但是,这样的代价难道比人类为发生灾难所付出的代价还要高吗?

"吃一堑,长一智"是对人类智慧的最通俗的描述,但有时候人类并不能真正做到这一点,从而导致灾难的重复发生。如在印度,西隆和阿萨姆位于印度东北部地震多发地带,这两个地区的人们都曾经经历过地震。西隆在 1897 年发生 8.6 级大地震,造成 1 500 人死亡;阿萨姆在 1950 年发生过 8.3 级地震,死亡 1 542 人。随着时间推移,如今这两个地区的人口迅速增加,分别比地震时增长了 2 倍和 7 倍。但这两个地区的人们似乎并没有从地震中得到多少教训,建设规划极不科学合理,导致现在的道路、建筑等状况非常糟糕混乱。专家估计,如果这两个城市再发生同样的地震,造成的死亡人数会大大增加,西隆会死亡 4.3 万人,比上次多 26 倍;阿萨姆死亡人数会达 9 万人,比上次高出 57 倍。但愿这仅仅是一种假设,这样的悲剧不会发生。

灾难也许不可避免,人类要做的是如何预防灾难,如何减少灾难损失,对此人类应该每时每刻都有灾难危机意识,不要等到大祸临头了再悔之晚矣,"生于忧患,死于安乐"这句老话永远是真理。

选自《环球时报》,2005年1月7日。

《天灾,一直威胁人类安全》教学设计

教学目标：

学习运用解释、比较、区分、归类、推理、总结、计划等方法获取说明性文本的信息。

教学内容与过程：

一、提示导入

作者写说明文追求写明白，读者读说明文力求要读懂。所以阅读说明文对那些已经写明白、一读就懂的地方不必过多关注，而是要关注那些没有写得太明白，或者我们想进一步弄明白与文本内容相关的，但需要运用一定的阅读技能才能弄懂的地方。因为我们不是学习说明文写作，所以不必揣摩作者是怎么把要写的对象说明白的；而是学习说明文的阅读方法，所以我们除了要弄懂作者写得不太明白或我们想进一步弄明白与文本内容相关的地方，还要反思我们是如何弄懂的，就是用了什么策略。今天，我们就带着这种意识来学习《天灾，一直威胁人类安全》。

二、围绕文本提问、讨论、解答

（一）总体把握

1. **提问：** 威胁人类的灾难可以分为哪两大类？（分类）

   明确： 人祸和天灾。（从课文第一段第一句话来判断）

2. **提问：** 天灾有哪几类？（总结）

   明确： 地震、火山爆发、海啸、山崩、泥石流、飓风、洪水、疫病和外空星体撞击地球。（从课文第一段文字以及各部分小标题综合得出）

（二）逐段分析

海啸：太平洋四周发生最多

1. **提问：** 被联合国称为"近几个世纪以来最严重的自然灾害"指哪次海啸？（回忆、

推断）

明确：2004年12月26日发生的印尼海啸。(从课文"最近发生的印度洋地震、海啸至少已造成受灾国15万人死亡"以及文章标注的发表时间"2005年1月7日",结合当时的新闻报道,可以推断出来）

2. **提问**：地震和台风都会引发海啸吗？（回忆、比较、推断）

明确：地震会引发海啸,台风不会引发海啸。(从"海啸是由海底激烈的地壳变化引起的海洋巨浪"这一句可以推断,也可结合地理知识推知,地震会造成海底激烈的地壳变化而形成海啸,台风不会引发地壳变化,只能在海面形成风暴潮）

3. **提问**：从哪些地方可以看出海啸在"太平洋四周发生最多"？（推断、总结）

明确：(1) 世界上80%的海啸发生在太平洋沿岸地区。（从相关语句推断）

(2) 20世纪以来发生的5次重大海啸灾难中有4次发生在太平洋沿岸。(从作者列举的发生于意大利之外的几次重大海啸都在太平洋沿岸可以总结出来。印尼群岛介于印度洋和太平洋之间）

地震：每年发生500多万次

1. **提问**：为什么说地震是"破坏性最大、威胁人类最严重的自然灾害"？（说明）

明确：除了地震本身造成的灾难外,它还会引发海啸、火山爆发等重大的灾害。火山喷发又引发海啸、泥石流和洪水等重大灾害。(能从题干这句话的前半句、这一节的第一段以及下一节关于"火山"论述的第二句话中找出依据,进行说明）

2. **提问**：判断地震严重程度的标准有哪些？（比较、区分、推断、总结）

明确：震级、死亡人数、经济损失。(可从作者在列举的8次"最严重的大地震"时所用数据的异同比较中,以及关键与次要信息的区分中推断、总结出来）

火山：已摧毁20座城市

1. **提问**：引发海啸的原因有哪几种？（推断、说明）

明确：地震和火山喷发。("海啸"一节称,海啸是由海底激烈的地壳变化引起的海洋巨浪。"地震"和"火山"一节都提到它们会引发海啸,是因为地震和火山这两种自然现象都会引起海底地壳变化。从这三处文字可以推断,地震和火山是海啸爆发的触媒）

2. **提问**：火山爆发的地点可以分成哪几大类？（分类、推断）

明确：陆地、海底及海滨、海峡。(可以根据发生的地点以及引发灾害类型的不同推断出来：火山引发海啸,海啸由海地地壳变化引起,所以火山除在陆地外,在海底、海滨或海峡也存在。"海啸"一节提到的喀拉喀托火山就位于印度尼西亚巽他海峡中；

"火山"一节提到维苏威火山喷发让海滨城市遭到掩埋或破坏,还提到引发其他系列灾害,如海啸、泥石流和洪水,其中泥石流和洪水属于陆地的灾害)

3. **提问**:"没有夏季的一年"是指火山产生的什么危害?(回忆、推断)

明确:导致气温下降。(从"没有夏季"可以逆推出,这是因为气温偏低;根据地理知识可知,火山灰及硫酸气溶胶笼罩在天空长达数月甚至数年,导致大量太阳辐射被其反射,热量难以抵达近地面)

泥石流:威胁50多个国家

1. **提问**:泥石流是人祸还是天灾?(分类、推断)

明确:是天灾(自然灾害:"多发生在峡谷地区和地震、火山多发区"),也是人祸(人为引发:"生态环境日益遭到破坏")。

2. **提问**:泥石流可以预防吗?(举例)

明确:有些难以预防,因为其突如其来、难以预料,如1970年秘鲁的特大泥石流、1998年意大利罕见的泥石流;有些可以预防,因为早有先兆。反面的例子是在1985年哥伦比亚毁灭性泥石流爆发前,忽视了有关火山可能喷发的报道;正面的例子可以列举成功预报泥石流灾害,而提前转移人员的新闻报道。

飓风:常常一刮数千公里

1. **提问**:中国有飓风吗?(解释、推断)

明确:有,在中国称之为"台风"。(从"飓风"的别名、形成地点,以及在列举风灾严重地区时提到了中国可以推知)

2. **提问**:历史上最大的飓风灾难是哪一次?(比较)

明确:1970年孟加拉飓风。(比较5次重大飓风灾害的死亡人数及经济损失可知)

洪水:对我国危害很大

1. **提问**:为什么强调"洪水对我国危害很大"(总结、回忆)

明确:我国江河纵横,易发洪水。(从课文列举的黄河、长江及其他流域洪水的次数、死亡和受灾人数可以概括出这个结论;可以结合1998年长江洪水的相关报道来说明)

2. **提问**:在所有自然灾害中死亡人数最多的是哪一种灾害?(推断)

明确:洪水。(从"洪水造成死亡的人数占全部因自然灾难死亡人口的75%"可以推知)

传染病:像幽灵一样难以对付

1. **提问**:历史上和新发的主要传染病是什么?(分类)

明确： 历史上的传染病主要是鼠疫、霍乱和天花，新发的有艾滋病、非典等。（根据文中从"历史上"和"新的"两方面分别列举的例子中可判断出）

2. **提问：** 传染病是天灾还是人祸？（核查、推断、评论）

明确： 既是天灾（起因和传播途径不明），也是人祸。（有人为因素，如艾滋病、非典；还有西班牙入侵墨西哥时军队带去的天花。作者没有明说传染病是人祸，但是可以根据人祸的要素来推知传染病不仅仅是天灾）

"生于忧患，死于安乐"

1. **提问：** 天灾可以预防吗？有哪几种方法？（总结）

明确： 部分可以预防：一是通过建立预警机制（如防海啸），二是远离灾害多发地区（如防地震）。（可以从作者对这两方面的阐述中概括出来）

2. **提问：** 作者用"生于忧患，死于安乐"作为这一节的小标题有什么用意？（推断、归因）

明确： 因为印尼遭受重大海啸灾难，但至今还没有建立海啸预警机制，而是把金钱投入到其他方面；印度两个曾经发生特大地震的地区，其人口已经比地震时增加数倍，反而没有科学规划。如果再次发生灾害，后果不堪设想。（作者是以"生于忧患，死于安乐"提醒人们要防患于未然）

（三）总结全文

1. **提问：** 在上述主要灾害中，中国主要遭受哪几种灾害？（推断、总结）

明确： 地震、泥石流、飓风（台风）、洪水、传染病。（除了泥石流，在介绍其他灾害时都提到了"中国"，或没有直接提到，但是这种灾害与中国相关，所以可以从全文已有的信息进行归纳；其中，泥石流可以根据有关我国的自然常识和新闻报道中推断出来）

2. **提问：** 这篇文章的目的是什么？（推断、总结、归因）

明确： 通过分析各种天灾的形成、特点、危害，提出要有预防的意识和措施。（从全文的主要内容和最后一段文字，可以推断、概括出作者的意图）

三、依据文本呈现任务、设置情境、开展活动

（一） 分析自己家乡常发生的主要灾害。（实施）

明确： 将课文所学的知识应用到现实生活中。

（二） 如果让你制定汶川大地震的灾后重建方案，你将采取哪些措施，作出怎样的

规划?(计划)

明确: 用课文最后一段的信息,再整合其他资料,进行路径设计和方案制定。

说明: 在通过设置不同类型的问题,引导学生运用多种阅读策略获取文本信息时,可参考布鲁姆、安德森等人在认知目标分类学中建构的认知过程维度框架中呈现的阅读策略(附录如下[①])。

附录:布鲁姆-安德森认知目标分类学——认知过程维度框架

记忆	从长时记忆中提取相关的知识 (1) 识别——(辨认)——从长时记忆中查找与呈现材料相吻合的知识 (2) 回忆——(提取)——从长时记忆中提取相关知识
理解	从口头、书面和图像等交流形式的教学信息中建构意义 (1) 解释——(澄清、释义、描述、转化)——将信息从一种表示形式(如数字的)转变为另一种表示形式(如文字的) (2) 举例——(示例、实例化)——找到概念和原理的具体例子或例证 (3) 分类——(归类、归入)——确定某物某事属于一个类别 (4) 总结——(概括、归纳)——概括总主题或要点 (5) 推断——(断定、外推、内推、预测)——从呈现的信息中推断出合乎逻辑的结论 (6) 比较——(对比、对应、配对)——发现两种观点、两个对象等之间的对应关系 (7) 说明——(建模)——建构一个系统的因果关系
应用	在给定的情境中执行或使用程序 (1) 执行——(实行)——将程序应用于熟悉的任务 (2) 实施——(使用、运用)——将程序应用于不熟悉的任务
分析	将材料分解成它的组成部分,确定部分之间的相互关系,以及各部分与总体结构或总目的之间的关系 (1) 区分——(辨别、区分、聚焦、选择)——区分呈现材料的相关与无关部分或重要与次要部分 (2) 组织——(发现连贯性、整合、概述、分解、构成)——确定要素在一个结构中的合适位置或作用 (3) 归因——(解构)——确定呈现材料背后的观点、倾向、价值或意图
评价	基于准则和标准作出判断 (1) 核查——(协调、查明、监控、检验)——发现一个过程或产品内部的矛盾和谬误;确定一个过程或产品是否具有内部一致性;查明程序实施的有效性 (2) 评论——(判断)——发现一个产品与外部准则之间的矛盾;确定一个产品是否具有外部一致性;查明程序对一个给定问题的恰当性
创造	将要素组成内在一致性的整体或功能性整体;将要素重新组织成新的模型或结构 (1) 产生——(假设)——基于准则提出相异假设 (2) 计划——(计划)——为完成某一任务设计程序 (3) 生成——(建构)——生产一个产品

[①] 洛林·W·安德森,等.布鲁姆教育目标分类学(修订版完整版)分类学视野下的学与教及其测评[M].北京:外语教学与研究出版社,2009:51—52.

《天灾，一直威胁人类安全》教学实录

时　　间：2018年12月12日
地　　点：华东师范大学第2教学楼217室
执 教 者：张心科
教学对象：华东师范大学中文系2016级公费师范生

师：说明文，一般从作者的角度来说就是要把事物说明白，而我们作为一个读者则是要把它读懂。换一句话说，一篇说明文，对那些我们一看就懂的地方不需要花很多时间去琢磨，我们主要是去琢磨那些读不明白的地方，然后要想办法把它弄明白。这是第一个要注意的地方。还有一个就是，作者并没有写，但是我想通过他写的去了解其他内容，也想把它搞清楚。所以，说明文阅读教学主要是在这些地方下功夫。那么，我想问大家：刚才夏楠已经上过一遍了，对于这篇文章大家还有哪些地方不明白？

生：好像没有了。

师：有没有？

生：好像没有了吧！

师：没有了？

生：感觉没有了。

师：那我问大家：威胁人类的灾难可以分成哪两类？

生：天灾、人祸。

师：在哪个地方找到的？

生：第一段。

师："不论战争等人祸，单是地震等天灾"这一句。就是说，天灾是自然灾害，人祸是人为灾难。天灾有哪几类？

生：地震、火山爆发、海啸、山崩、泥石流。

师：还有呢？

生：疫病，来自其他天体的流星和小行星撞击地球。

师：在哪些地方找到的？

生：第一段。

师：除了第一段之外，我们还可以从哪些地方发现这些信息？

生：小标题。"海啸：太平洋四周发生最多""地震：每年发生 500 多万次""火山：已摧毁 20 座城市""泥石流：威胁 50 多个国家""飓风：常常一刮数千公里""洪水：对我国危害很大""传染病：像幽灵一样难以对付"。

师：我们再一段一段地来看。第一小部分"海啸：太平洋四周发生最多"中作者写道："最近发生的印度洋地震、海啸至少已造成受灾国 15 万人死亡,被联合国称为'近几个世纪以来最严重的自然灾害'。"这里的"最近"是什么时候？

生：2004 年。

生：一个月以前。

师：你怎么判断的？

生：他写这篇文章的时候是 2005 年 1 月 7 日。

师：七天,一周嘛。如果是在这个星期内发生的,他肯定会写"本周""几天前"之类,所以我们往前推,就是 2004 年的 12 月份。如果我们结合新闻来看,就是 2004 年 12 月 26 日爆发的印尼大海啸。所以,我们要会去推。我们语文教科书中有一篇课文,叫《世间最美的坟墓——记 1928 年一次俄国旅行》,里面有句话："今天,在这个特殊的日子里,成百上千到他的安息地来的人中间没有一个有勇气,哪怕仅仅从这幽暗的土丘上摘下一朵花留作纪念。人们重新感到,这个世界上再也没有比这最后留下的、纪念碑式的朴素更打动人心的了。"(这句话中)"今天,在这个特殊的日子里"是(指)什么日子？

生：托尔斯泰诞辰一百周年。

师：怎么得出来的？你看这个副标题是"记 1928 年一次俄国旅行",下面有个注释是"托尔斯泰(1828—1910),19 世纪中期俄国批判现实主义作家。代表作有《战争与和平》《安娜·卡列尼娜》《复活》。"(板书：1928－1828＝100)

生：诞辰一百周年。

师：所以,我们要会推。下面写印尼海啸："人类在不得不面对……印尼就发生过由喀拉喀托火山爆发而引发的大海啸……"喀拉喀托火山爆发是发生在陆地上还是在海底？换句话说,喀拉喀托火山是陆地火山还是海底火山？

生：海底火山。

师：你怎么知道？

生：因为引起海啸。

师：海啸是怎么形成的？

生：海啸是由海底激烈的地壳变化引起的海洋巨浪。

师：台风能不能引起海啸？

生：不能吧！因为它不能引起地壳变化。

师：那是什么？

生：热带气旋。

师：海啸既然是由海底激烈的地壳变化引起的海洋巨浪，那么地震肯定是引发海啸的一个重要原因，因为它会引起地壳运动。台风在海平面运动，所以台风是不能引发海啸的，它只能在海面形成风暴潮，它不是地壳运动。你从哪些地方看出来标题中说的海啸在"太平洋四周发生最多"的？

生："据统计，1900—1983年间，太平洋地区共发生405次海啸"，第二段的最后一句话。

师：太平洋地区发生405次，那还有可能别的洋有500多次。

生：哦。前面他说的，"世界上近80%的海啸发生在太平洋沿岸地区"。

师：对。为什么说"世界上近80%的海啸发生在太平洋沿岸地区"？他的依据在哪里？

生：因为海啸是地壳变化引起的，太平洋沿岸地区正好处在环太平洋火山地震带。

师：那其他地区就没有地震带吗？

生：这是最主要的地震带。

师：大家看一下啊，他在下面讲"20世纪以来发生的重大海啸灾难"，你看有几次？一个是意大利的，一个是日本的，一个是智利的，一个是菲律宾，还有一个是巴布亚新几内亚。这几次海啸分别属于哪个洋？

生：意大利是地中海。

师：意大利（海啸）属于大西洋。日本属于太平洋。智利西海岸属于什么洋？

生：太平洋。

师：菲律宾也是的吧？巴布亚新几内亚呢？

生：南太平洋。

师：就是说，在这5次海啸里，有4次是发生在太平洋地区。所以就80%了，是不是啊？其实不是5次大的海啸，而是6次，还有一次是哪次？

生：印尼。

师：刚才讲的印尼大海啸。也就是说，6次里面有5次是在太平洋地区。更能说明太平洋沿岸地区是海啸多发地区。我们再看下面的"地震"。为什么说地震是"破坏性最大、威胁人类最严重的自然灾害"?

生:发生的频次比较高。

师:那洪水发生频次也高呀!

生:它还有次生灾害。地震还会引发海啸、火山爆发等灾害。

师:就像文章里写的:"强烈的地震可以在几十秒甚至几秒的短暂时间内造成巨大的破坏,顷刻之间就可使一座城市变成废墟。"这种破坏是非常可怕的。关键是不仅仅它本身瞬间就可以让人的生命消逝,还有更重要的是它能引发次生灾害。这个次生灾害有哪些?

生:海啸、火山爆发。

师:前面已经讲了,你看印尼海啸就导致多少人死亡?15万人。还有一个就是火山爆发,下面写了"火山:已摧毁20座城市"。就是说,它不仅仅在刹那之间让人的生命消逝,更可怕的是它的次生灾害。火山还可以引起什么灾害?海啸、泥石流、洪水。泥石流、洪水也十分可怕。正因为这样,所以说地震是"破坏性最大、威胁人类最严重的自然灾害"。那么,判断地震严重程度的标准有哪些?

生:震级。

师:还有呢?

生:伤亡情况。

生:死亡人数。

师:还有呢?

生:财产损失。

生:城市破损。

生:经济。

师:有人说经济,其实城市的破损应该属于经济的损失。大致就有这三个:震级、死亡人数、经济损失。我们的这三个标准是从哪里得来的?下面这些例子,是不是?

生:是。

师:1906年的8.3级大地震,造成6万人丧生,说了震级和死亡人数;1920年中国宁夏的8.5级地震,城市被毁,23.4万人死亡。当然还有1923年日本关东、1976年中国唐山以及后面作者列举的一系列地震。1995年日本的大地震,虽然震级很高,死亡人数不多,但是经济损失很大,所以作者也把它当成大地震,说它"创20世纪地震损失的最高纪录"。1999年,土耳其7.8级地震,死亡1.7万人,震级很高,死亡人数也不多,但是经济损失200亿。伊朗震级不高,死亡人数也不多,但是经济损失很大:"巴姆古城有70%的住宅被夷为平地"。我们从这些地方得出其判断的标准。我们再看"火山：已摧毁20座城市"这段。引发海啸的原因有哪些？

生：地壳运动。

生：地壳变化。

师：前面说了，海啸是由海底激烈的地壳变化引起的海洋巨浪。引起海底地壳的剧烈运动有哪些？

生：地震。

师：还有呢？

生：火山。

师：地震，前面已经提到了，那么火山为什么能引起海啸？

生：海底地质的剧烈变化。

师：那我问大家：这个火山是陆地火山，还是海底火山？

生：海底。

师：因为海底火山喷发引起地壳运动。根据火山爆发的地点，我们可以判断出来有哪几种？

生：海滨城市。

生：板块边界。

师：海滨城市，你是从哪个地方看出来的？

生："火山"这一节的第二段："有名的海滨城市……"

师：既然说"海滨城市"，就是在海边发生的，把海边上的城市淹没掉了。这是一个，还有呢？前面提到"海啸"那一节，那个喀拉喀托火山，我们肯定它不是陆地上的，因为陆地上的火山灰再多，也不会把大海填满使水溢出来。那种可能性不大。我查了一下，它位于印尼的亚巽他海峡中。什么叫"海峡"？

生：比较狭窄。

师：我们叫"台湾海峡"，说明大陆和我国台湾地区之间隔了一个海。所以，海峡仍然属于海。能在瞬间之内让海水抬高，淹没周边。除了这个，还有什么？海滨、海峡、海底……我们在前面还说过火山爆发也发生在陆地，陆地的火山有什么灾害？

生：把城市瞬间毁灭。

生：岩浆和火山灰的威胁。

师：岩浆把城市给淹没了。其实后面还提到了泥石流和洪水。有一句话，我似乎不大明白，就是"火山"这一节的最后一句话：1815年的印尼的这次火山喷发影响了当时的全球气候,"以致这一年被称为'没有夏季的一年'",这句话是什么意思?

生:火山灰遮挡太阳了吧?火山灰遮挡太阳。

生:火山灰的影响。

师:火山灰产生了什么影响?

生:火山灰进入大气层影响了日照。

师:火山灰怎么能影响日照呢?

生:增加了颗粒的密度,影响了太阳的辐射,地表温度上升就比较慢,所以那年就是"没有夏季的一年"。

师:可以这样来理解。我估计这位同学是根据地理知识来解释的,是吧?如果我们不根据地理知识,我们只根据"没有夏季的一年"来推:"没有夏季"。夏季是怎样的?

生:热。

师:"没有夏季"说明温度低。温度低是什么导致的?那么温度高是由什么导致的?

生:太阳辐射。

师:那么温度低就是没有太阳?不可能没有太阳,太阳一直是在的,只有可能怎样?太阳被遮挡了。太阳被什么遮挡了?

生:火山灰。

师:火山灰怎么能遮挡呢?灰尘会落下来的。这个时候,我们可以结合一些地理知识来理解:火山灰和硫酸气溶胶笼罩在天空,像雾霾一样,气溶胶长时间,几个月甚至几年都散不去,这样就导致了大量的太阳辐射被其反射,所以热量难以到达地面。我们再看泥石流。"泥石流:威胁50多个国家"。泥石流,是天灾还是人祸?

生:都可能产生。

师:你是怎么判断出来的?

生:多发生在峡谷地区和地震、火山多发区。

师:火山是自然灾害,地震也是自然灾害。地震和火山这样的自然灾害能导致泥石流。所以,它肯定是天灾。还因怎样造成?

生:生态环境日益遭到破坏。

师:地面遭到破坏,在很多情况下是人为导致的,例如,砍伐树林、采石造房,从而导致这种自然灾害发生。那么泥石流可以预防吗?

生:可以。

师:为什么这样说?

生：1985 年 11 月的哥伦比亚鲁伊斯火山泥流早有先兆。

师：对。1985 年的那次火山有先兆，如果我们抓住了先兆，就完全可以避免这场灾害。反面的例子是哪个？

生：前面两个。

师：知道了先兆却忽视了，是哪个？

生：就是这个（哥伦比亚鲁伊斯火山泥流）。

师：如果泥石流都可以预防的话，那么大多数泥石流我们就可以远离了？

生：也不是。前面的例子里也有"难以预料"。

师：哪两次？

生：秘鲁的容加依城（瓦斯卡兰山）和意大利的那不勒斯。

师：对。再看"飓风：常常一刮数千公里"。中国有飓风吗？

生：有。

生：中国不叫"飓风"，中国叫"台风"。

师：我从小到大，听天气预报总是听到广播说多少号台风袭击东南沿海地区。我们小时候感到非常害怕。后来学地理时，一讲到"飓风"，我们马上想到美国。中国有"飓风"吗？

生：有，中国有同样的现象叫"台风"，不叫"飓风"。

师：我们课文里是怎么说的？

生："飓风又称台风或龙卷风。"

师：这是一个。还有一个：它"是形成于赤道海洋附近的热带气旋"。中国有没有地点在赤道附近？

生：有。

师：也有呀！还有呢？文章中讲到："地球上风灾最严重的是加勒比海地区、孟加拉湾、东南亚、中国等"。从这三个地方——一是它的名称，二是产生地点，三是受灾范围——我们都可以推出来，中国是有飓风的。在人类有文字记载的历史上最大的飓风灾难是哪一次？我们课文提到了几次巨大的飓风灾难？你们数一下。

生：加尔各答飓风、加尔维斯顿飓风、孟加拉飓风、澳大利亚达尔文飓风、洪都拉斯法夫飓风。

师：5 次吧？在这 5 次飓风里哪一次是最大的？

生：孟加拉飓风。

师：孟加拉飓风是人类有文字记载的最大的一次飓风灾难。（我们再来看）"洪水：

对我国危害很大"。为什么要强调"洪水对我国危害很大"？刚才，夏楠上这一课的时候就提到了这一点。洪水不仅对我们国家危害大,还对哪些国家危害大？世界各国都有洪水,东南亚地区、孟加拉这些地方,还有欧洲都有。作者为什么要特别强调"洪水对我国危害很大"？换句话说,它的依据在哪里？

生：单纯黄河水灾就已经……

师：我们国家最大的河流是黄河、长江,我们国家江河纵横。这两个大的地方发生这么多次的洪水,那些小的地方,就更不要说了。你看,一个黄河,历史上决口1 500多次,重大改道26次。还有1998年的长江、松花江等全国流域全部暴发洪水。你们那时可能还没出生。我的印象特别深,那年是我当老师的第三年,我们的学校在一个山坡上,我们住在山坡下面。半夜里水涨起来,我当时救的唯一的东西是我的几千本书,我把它们全部放到阁楼上,其他的所有东西都淹掉了,然后我们跑到山上去。特别可怕！在所有自然灾害中死亡人数最多的灾害是哪一种？

生：传染病。

师：传染病？我们前面讲到的是洪水："在各种自然灾难中,洪水造成死亡的人数占全部因自然灾难死亡人口的75％"。是洪水。好！再说"传染病：像幽灵一样难以对付"。历史上和新发的主要传染病是什么？历史上的传染病有哪些？

生：黑死病。

师：黑死病其实就是鼠疫。还有呢？

生：霍乱。

生：天花。

师：那新发的呢？

生：艾滋病、非典。

师：传染病是天灾还是人祸？

生：都有。有天灾,也有人祸。

师：为什么说传染病有些是天灾呢？

生：幽灵般地出现。

师：课文有描述。什么叫"幽灵一样"啊？就是它从哪地方来的,我们不知道；它到哪里去,我们也不知道。所以,我们说是"像幽灵一样"。课文里有个句子说到了——"当传染病的起因和传播途径还未被弄清楚时",也就是说,它的起因和传播途径我们并不知道,所以叫它"幽灵"。照这样,我们就无法去预防它,也搞不清楚它,就像自然灾害一样。刚才说了,传染病也是人祸。最能体现传染病是人祸的是哪个例子？

生：西班牙军队入侵墨西哥时带去了天花。

师：1519—1540年美洲爆发的天花疫情。美洲原来肯定没有这种病菌，但是因为西班牙的入侵，把病菌带去了，疫情是因为侵略导致的。还有哪些传染病，是人导致的？

生：霍乱也有可能。它怎么从加尔各答突然跑到欧洲和美洲去的？

师：霍乱也有可能。可能也是人带过去的。还有呢？

生：鼠疫也有可能。

师：现代有人专门研究这样的历史，例如，"鼠疫""粮食"，历史研究中有疾病史研究，还有粮食史研究，因为疾病、粮食等背后包含着许多人类社会的东西。还有艾滋病与非典，不仅仅是自然灾害，它们的产生更多是人为的因素。我想追问一下：第一，天灾可以预防吗？

生：有的可以，有的不行。

师：哪些可以？

生：泥石流可以。

生：洪水应该也可以。

师：还有呢？地震可不可以？

生：不可以。

师：地震不可以吗？

生：预警。

师：预警机制。尤其是2008年汶川大地震之后，我们国家的地震预警机制建立得非常好。甚至可以在地震波到达几十秒之前就发出预警，而且准确率非常高。所以，可以建立预警机制之类的方式预防。所以说，虽然我们避免不了地震的发生，但可以建立预警机制。还有呢？还有地震引发的海啸、火山引发的海啸。我们都可以建立预警机制，发布海啸预警。除此之外，还能怎样？大家看我们文章最后一节特别讲到面对这种灾难我们该怎么办？它提到印尼这个国家，印尼刚刚发生了海啸，为什么会产生这么大的灾害？一个很重要的原因就是印尼这个国家没有建立海啸预警机制。所以，它提出如果建立了预警机制是可以避免这种重大的伤亡。大家看最近几年，经常会有海啸预警，当发生大的地震的时候，就会有海啸预警。除了这个之外，还有什么措施？

生：规划。

师：海啸淹死了许多人。如果我们住在高原会不会被淹呢？

生：不会。

师：人们之所以会被淹，说明这个地方处在哪里？

生：低。

师：低的地方，或者离海边近。就是说，我们居住的房子以及我们活动、生活的范围在这个地方。如果我们想要避免这种灾害，有一种办法，是怎样的？

生：规划。

师：人们可以不在那里居住和生活。面对地震我们也可以这样，我们可以远离地震多发地带。所以说，除了刚才说的建立预警机制外，还有一种方式……

生：合理规划。

师：我们可以远离灾害多发地。还有刚才夏楠提出的一个问题非常好：这篇说明文看起来并不是一篇典型的说明文，如果是一篇典型的说明文，例如，讲泥石流，我们肯定会重点讲泥石流是怎么形成的，但是这里讲的是泥石流的危害。讲泥石流是怎样形成的，我们高中有篇课文叫《一次大型的泥石流》，那是一篇很典型的说明文——科普文章。我们这篇也是科普文章，但是它不是讲泥石流的成因而是讲它的危害，原因是什么？

生：创作的目的是为了响应（学生用手指向此前刘夏楠同学授课时呈现的PPT上的文字：2005年1月6日，温家宝总理在印尼雅加达的救灾峰会上作了题为《同舟共济重建美好家园》的讲话，提出应对牵涉到人类共同利益的"全球性问题"。《环球时报》是人民日报社主办与出版的国际新闻报刊，是向国外传达符合中国基本国情的综合新闻的一份报媒，在解读中国外交政策领域具有一定权威性）

师：为什么要把海啸放在最前面？

生：最近发生的。

师：最近发生的拿出来说，给人感觉……

生：离我们很近。

师：这种天灾很可怕。不仅仅有海啸，还有地震、火山、泥石流、洪水、疾病等。突出它的危害，把危害最大的这次灾难放在最前面的目的是什么？警醒。就是提醒我们要怎样？

生：有忧患意识。

师：就是我们最后一节的标题——"生于忧患，死于安乐"。就是说，要防患于未然。这是它的目的。文章学习到这里，我们知道天灾的危害很大。你从这篇文章里可以看出来中国主要有哪几种灾害？

生：海啸、地震、火山。

师：还有呢？

生：海啸。海啸也有吧？

师：海啸没听说过吧？中国有吗？

生：太平洋地区嘛。

师：没有提到中国，是不是啊？还有哪些？

生：泥石流、台风、传染病。

师：除了泥石流，在介绍其他灾害时大多提到了中国。刚才说了，这篇文章的目的重在讲它的危害性，最主要的是提醒我们要有一种忧患意识和预防措施。如果是这样，我们再想一想，我们来自不同的地域，自己的家乡会发生一些什么样的大的灾害？

生（来自福建）：台风。

生（来自内蒙古）：沙尘暴。

师：还有什么？

生（来自福建）：地震。

请大家回去想一想，根据我们这篇文章，面对像台风、地震这样的灾害我们可以做的是什么？还有一个问题：如果汶川大地震后让你去设计汶川的重建方案，你会考虑到哪些？也就是说，阅读了这一篇文章之后，你会考虑到哪些内容，如何根据这篇文章里的信息去制定相应的方案？

（指向正文中呈现的说明文阅读教学模型，此处略）刚才我带大家来学这篇文章，我有没有讲说明对象的特征、说明顺序、说明方法和说明语言？

生：（摇头）

师：没有。我为什么不讲这些东西？换句话说，说明对象的特征、说明顺序、说明方法和说明语言，应该属于说明文阅读教学还是说明文写作教学的内容？应该更多的是属于说明文写作教学的内容。它对说明文阅读有一些帮助。例如，知道说明对象的特征，阅读时就会关注说明对象的特征；知道说明文的结构是总分式的，就知道开头是总括，那部分内容肯定是集中讲什么，下面肯定是分说；知道说明顺序是按时间顺序展开的，那么当阅读了前面两个按时间顺序讲的内容，就能判断后一个时间；我知道说明文用了列数据（的方法），我就知道用了数据；打比方是为了更形象，就知道它里面引用了古诗词是为了使文章更加生动。但是，它对于我们获取信息只起到一点点的作用。说明文阅读主要是为了什么？阅读是获取信息，获取文章告诉我什么，就是写了什么，关于它是怎么写的，对于我获取写了什么有一点作用，但并不是最重要的作用。举一个简单的例子,当我们在看药品说明书的时候,那上面有许多数据,有同学说:"老师,我知道那是列数据。"那我问你:"一餐吃几粒药你们知道吗?吃药要注意什么你知道吗?"不知道。也就是说,掌握列数据这种方法对我们读懂这个说明书并无多大的帮助。所以,阅读说明文,就像我在一开始时说的,主要是读那些作者没有写太明白的地方,或者是作者写了,但是我想在它的基础上再了解到的我更想要知道的一些东西。也就是与它相关,我在它的基础上可以推出的一些东西。所以,说明文的阅读一定要注意,最主要的目的还是要回到"获取信息"的方法和策略的教学上去。刚才张老师是以不同的问题在问,其实同学们在回答这些问题时,我会问同学们:"你是怎么知道的?"我问你怎么知道的时候,就是想让你反思,你是怎么得出这个答案的。

我整个的教学就是这么来设计的,你看:第一步,我是围绕整篇文章,从字词到句子到段落到篇章,就是它的全部内容,用提问的方式(其实大家也可以用讨论的方式)来获得的。这里,最主要的是获取整个文章的主要信息。然后,在最后时,再联系现实,看哪些东西可以学以致用,在生活中我们是怎么来应用的。例如,最后我问陈瑱昊,如果我们在福州,面对台风和地震时该怎么去做。同时,联系了2008年汶川大地震,如果让我们重建,根据这篇文章所说,我们该制定怎样的方案。也就是说,对于一些关键性的内容(要么是语言非常的抽象,要么是程序非常的复杂),我是通过任务驱动、情境设置来促进大家理解的:例如,你回到家乡,你如何给家乡设计预防天灾的方案;例如,你是汶川那里的一个管理人员,让你设计一个重建方案,你该怎么去做?所以,第二步,我是让大家在情境设置、任务驱动中,在课外去活动。这是说明文阅读教学中我要做的,而不是专门讲说明对象的特征、说明顺序、说明方法、说明语言。这对我们读懂有没有多大的帮助呢?没有多大的帮助。所以,我在一开始就问大家:"你读懂了吗?"总之,阅读说明文就是带学生运用一定的方法,来读作者没有说明白的地方,或者进一步地根据这篇文章来弄懂我想弄明白的与之相关的其他东西。

(呈现"布鲁姆-安德森认知目标分类学——认知过程维度框架"。详见教学设计,此处略)

师: 怎么来获取信息?大家看我的教学设计,刚才我问的一系列的问题,答案后面都有一个策略,例如,威胁人类的灾难可以分为哪两大类?(分类,要求学会对一些信息进行分类。我预设的答案是人祸和天灾。怎么得出这个答案的呢?从课文第一段第一句话来判断)然后,天灾有哪几类?(总结。从地震一直到外空星体撞击地球。怎么得来的呢?从课文第一段文字以及各部分小标题综合而来)这里分类、总结是安德森讲的策略,而后面是我讲的具体的策略,就是怎么从我们这篇文章中得来的。大家可以想一下，不管是高考还是中考的说明文阅读试题，有没有在考你：这一段用了什么样的说明方法？几乎是没有。你再找一下PISA的测试，它绝不会考你：这地方用了什么样的说明方法？它只是要你理解文段的意思，考你对它意思的理解。要理解语句乃至整个篇章的意思，那你必须要运用一些策略。我们的教学教什么？就是要以一篇文章为例，教学生用一些策略来推导一些我们不大明白的地方，这是我们的教学要去做的。

我觉得夏楠那个问题提得很好——前面不是说了那么多种天灾吗，有一个天灾就是小行星撞击地球，它为什么不说？这个问题很值得关注。大家刚才得出的结论是：它是不可预防的，我们的课文是要达到让人们有"生于忧患，死于安乐"的意识的目的，我们讲的灾害主要是可以预防的。除了这个之外，还有什么原因，大家也可以想一想。

生：它发生的概率太低了。

《天灾，一直威胁人类安全》课例评析

说明文阅读教学究竟该教什么？该如何教？张心科教授用《天灾，一直威胁人类安全》一课的教学，以实例形式阐释了他的说明文阅读教学的新理念，也给我们带来了说明文阅读教学的全新认识。

从语文课堂教学的一般要求来看，张教授的这堂课，完全符合"好课"的标准：课堂教学设计思路清晰，教学内容重点突出，教学过程推进自然，学生课堂思维训练充分，学有所获。这堂课的教学内容主要包括获取课文关于天灾类型、特点和人类应该如何应对等主要信息，以及根据课文信息设计汶川重建方案。教学过程包括两个主要的阶段：先获取课文从字词到篇章的全部信息，再通过"动脑、动嘴、动手"为主要形式的任务驱动及"经验还原"方式的设置情境，深入理解课文信息。张教授主要采用提问的方式，引导学生不断地回到课文中获取问题的答案信息，最后以情境设置的方式，在学以致用中，将学生对课文信息的理解引向深处。

研习名家课例，不仅仅需要知道教了什么，更需要追问为什么教这些，为什么这样教？对这些问题的回答，本质上是探讨教学行为背后的教学理念。关于说明文阅读教学，张心科教授主张说明文的阅读目的是"获取信息"，这是原点，即说明文阅读教学最主要的目的是要回到"获取信息"的方法和策略的教学上，并建构起了"获取信息·读写分离·问做促读"的说明文阅读教学模型。这种教学理念，一则符合说明文阅读的

主要目的,二则科学地划分出了说明文阅读教学与说明文写作教学的区别。课堂中,张教授不断地提示"依据是什么""课文中是怎么说的",并多次引导学生"我们要学会去推"。这样的教学安排,价值在于教给学生获取说明文信息的方法与策略。如何促进学生对说明文信息的理解?张教授的办法是任务驱动与情境设置,这里的关键是设计怎样的任务与情境。与课文信息及学生生活实际相契合,是一个基本的要求,因此,张教授所设计的指向学生当下生活与今后工作所需的任务与情境,便显出教学的智慧。

阅读教学实录或者现场观课,优点在于直观,不足在于无法获知背后的理念,因此,研读教学设计,便是一个弥补的好办法。张教授创造性地将"布鲁姆-安德森认知目标分类学——认知过程维度框架"理论运用到课堂上所问的每一个问题中,答案背后其实都有问题设置的策略。这也启示我们,掌握并针对性地运用科学的教学理论,是确保教学有效的基础。

有一点需补充,《天灾,一直威胁人类安全》一课的教学对象是华东师范大学中文系2016级公费师范生,教学情境便具有了某种特殊性,我们有理由相信,在实际的中学语文课堂中,学生的不同会带来更多的精彩。

华东师范大学一附中的语文特级教师李支舜说:"心科老师是我结识的为数不多的兼有理论研究水平和课堂教学实践经验的大学教授,他不仅执着于中学语文教学的理论研究,更重要的是他有多年的中学语文教学的课堂实践经历,因此他的研究可谓是'有本之木''有源之水',具有鲜活的生命力,对当下的语文教学有很强的针对性。"此言不虚,所论精当!

(上海市正高级语文特级教师、上海市第四期"名校长名师培养工程"攻关计划"成龙高中语文名师基地"及闵行区第四届"成龙语文名师工作室"主持人　成龙)

第三节
关于说明文阅读教学的反思与回应

下面主要针对说明文阅读教学内容的确定、阅读技能的教学以及本次课教学环节的调整作进一步的反思。

一、教学目标(内容)的确定

关于说明文阅读教学目标(内容),其主要问题在于是指导学生掌握获取文本信息的方法,还是仅让学生理解、运用文本信息?有位同学针对我在前文理论阐释部分中提出的观点,并结合课标中对说明文阅读教学相关规定,提出了她自己的看法:《普通高中语文课程标准(2017年版)》将"文学阅读与写作""思辨性阅读与表达"和"实用性阅读与交流"等任务群并举,将说明文归为"知识性读物类",要求"学习运用简明生动的语言,介绍比较复杂的事物,说明比较复杂的事理",推荐"自主选择一部介绍最新科技成果的科普作品或流行的社会科学通俗作品阅读研习"。[①] 将说明文置于实用类文本之下,是为了满足学生日常社会生活的需要,使其在学习中丰富"生活经历和情感体验",以"增强适应社会、服务社会的能力"[②]。说明文的阅读教学需落实到社会生活能力的培养上,要紧扣"实用"二字。因此,说明文阅读教学的目标(内容)可以分为四个层面:第一,获取有用的知识。第二,学会获取实用信息的方法、步骤、技巧。第三,在社会生活中运用所学知识。第四,认识到世界的多样性,并崇尚科学。

如果是平时阅读说明文,确实其主要目的和任务是获取文本介绍的知识,并在生活、工作中运用所学的知识,进而形成崇尚科学等精神。但如果是阅读教学,则要考虑特殊时空中的特定目的、任务。在我看来,在确定教学目标(内容)乃至讨论所有教育问题时一定要考虑教育的时空限制,"说明文课堂阅读教学"的特殊对象(说明文)、特殊情境(课堂)、特殊任务(阅读教学),决定其教学目标(内容)应该确定为"学会获取实用信息的方法、步骤、技巧",而上述其他三项都是第二项"学会获取实用信息的方法、步骤、技巧"可利用的手段,或者是"学会获取实用信息的方法、步骤、技巧"的结果。也就是说,说明文阅读教学的主要目标(内容),就是让学生学会获取实用信息的方法、步骤、技巧。学生掌握了这些方法、步骤、技巧之后,在日常生活、工作中可以运用这些方法、步骤、技巧去获取文本介绍的知识,并运用所学的知识,进而形成崇尚科学等精神。

二、阅读技能的教学

如何运用及归纳出获取信息的方法?在回答问题和完成任务时,学生运用获取信息的方法是内隐的,他们虽然能够正确地给出答案、顺利地完成任务,但是可能并没有

---

① 中华人民共和国教育部.普通高中语文课程标准(2017年版)[S].北京:人民教育出版社,2018:20.
② 中华人民共和国教育部.普通高中语文课程标准(2017年版)[S].北京:人民教育出版社,2018:20.

清晰地认识到其中所运用的获取信息的方法,这时教师需要提醒学生反思自己的思维活动,也可点拨(诸如"你是怎么知道的"),使其内在的心智活动通过语言表达外显化,使那种凭感觉获取文本信息的办法变成可操作的方法,这样,在下次阅读活动中,他就能有意识地运用这些获取信息的方法来获取新的文本的信息。

另外,有关阅读技能的建构及其教学在这里需要再多说几句。目前相关的独立的阅读技能体系十分匮缺,主要有以下三方面原因。

(一) 与缺乏独立的阅读教学有关

长期以来,貌似有阅读教学,实际上阅读教学是以写作教学附庸的形象出现的。从清末开始,甚至 1949 年之后的很长时间内,升学考试一直是以考一篇作文为主的,所以日常的阅读教学成了写作教学的附庸,读是为了写,或者叫"以读促写",读课文主要是为写文章积累材料和提供文本样式。很多人以为这样就可以写好一篇作文。这就导致日常的阅读教学内容以分析静态的文本样式为主,而不是以这篇文本作为凭借来训练某种阅读技能。如果是独立的阅读教学的话,那必须也必然要建构起独立的阅读技能体系。其实,近代以来的每次课程知识重构(包括 21 世纪初掀起的"语文知识重构运动"),大都是在重构静态的文本形式知识,即主要是语言学、文章学和文艺学的知识,并没有开发出动态的听、说、读、写的技能性知识。这当然与重构语文知识的学者主要是语言学、文学研究者有关,也与语文教育研究者的教育学学科知识缺乏、学科独立意识薄弱有关。

(二) 与错误地理解了语文学科知识有关

很多高校的学科教学论研究者把语文学科的本体知识界定为语言学、文章学和文艺学知识,把教学知识定为教育学中的教学技能,没有意识到听、说、读、写技能才是语文学科最重要的本体知识,也没有意识到如何教会学生听、说、读、写的技能才是语文学科最重要的教学知识,更没有意识到只有在这个层面上才能将语文学科教育学与语言学、文学以及与教育学中的其他学科教育学区别开来。一线教师面对别人非议自己的教学是非语文时,其基本的应对方法就是教文本形式知识,因为如果你说教文本的内容是在教历史、政治、生物,那么我围绕文本的形式讲语法、修辞、文体知识总该是在教语文了吧?他们同样没有意识到,阅读教学是要教学生通过某种特定的技能把握文本的内容。因为大家都没有意识到阅读技能才是阅读教学的主要内容,不去教阅读技能,也没有建构阅读技能,导致至今没有明确的、系统的、有用的阅读技能,即使有老师意识到应去教阅读技能,也因为没有明确的、系统的、有用的阅读技能而无法去教阅读技能。

(三) 与传统的"阅读"教学有关

明清科举时代,读的是"四书""五经"和《古文观止》等,写的是八股文、试帖诗。八股文、试帖诗有固定的程式,与"四书""五经"中的文本形式不同,也就是说,写作八股文和试帖诗是不需要分析"四书""五经"中的文本的形式的。不过,八股文的题目取自"四书",内容来自"五经"及其注疏。这样教学写作八股文时只需要进行八股文的形式知识的指点与反复的写作训练,并能将"四书""五经"的内容写进去即可,那么阅读"四书""五经"就只需要采用诵读、涵泳的方式将其背得如出己口,才能在写作时"代圣人立言"。所以,古代的"阅读"教学,不需要用特别的技能以获取文本的内容信息,只需要采用诵读、涵泳等简单的方式把握文本的内容。因为没有具体、细致的阅读技能作为抓手进而运用它们去阅读文本,很多人只能而且有些人确实也能像古人那样通过大量阅读、反复体会而在无意中提高了自己的阅读和写作能力,于是他们以为语文学习就是这么简单,就是要多读多写,就是要积累、熏陶、体验、感悟,一条暗胡同任你摸索。也许有些人摸出来了,不过,大多数人不会摸出来,整天在里面打转,或者即使最后摸出来了,却花费了太多的时间和精力。然而,显性的阅读技能就像胡同口的一盏路灯一样,有了这盏灯的指引,黑夜中人们就会迅速地找到出口、走出胡同。所以,当下的语文教育者不应该像传统语文教育者那样,让学生在"暗中摸索",而应该有现代教育的意识,带领学生在"明里探讨"。而明里探讨就需要建构具体的、系统的、有用的技能。

绝大多数语文教师在教学某一篇课文时常不顾"这一类"文体的特点而只顾"这一篇"文本的特色,无论是文本解读还是教法(过程与方法)的运用都追求"出彩"。有人指责语文老师这样做是为了标新立异。我们实在不能苛责语文教师们的这种行为,因为,一方面,课上得"出彩"确实可以提高学生学习的兴趣,另一方面,一个客观的事实是:语文课程与教学论研究者们至今没有建构起来独立的、科学的听、说、读、写技能体系,如果有诸如"这一类"文体的读法知识,那么老师们肯定会首先教学生有关"这一类"文体的读法知识,然后结合"这一篇"文本的特点去教学。既然没有公认的"这一类"文体的读法知识可教,那么老师们只好在"这一篇"这个层面上,根据自己对文本的独特的理解来解读,根据自己的教学专长来教学。

正因为多年来很多教师并不清楚语文阅读教学到底该教什么、教了什么,似乎只要教一篇篇课文就完事了,导致了只要自己教得出彩、学生学得高兴就行,而很难判断是否提高了学生语文能力的局面。既然教师也不十分清楚该教什么、教了什么,那么学生对于一篇课文学什么、怎么学就更是茫然了,这又导致了经常会出现学生上课听得异常激动,而在课后你问他学到了什么时他无法回答的窘状。因为没有建构出显性的,包括诸如"这一类"读法的语文听、说、读、写技能,导致语文学科至今在大多数情况下仍是一种凭感觉(经验)的学科。经验丰富的教师的某些做法可能恰好暗合了某种科学规律,所以他的教学效果很好。而其他更多的教师还是在一条暗胡同里摸索。这和传统的语文教育让学生诵读和涵泳一篇篇的文章,然后反复地进行写作训练,即所谓的"积累""熏陶""感悟"式的教学又有多大的区别?前文说过,现代语文教育的一个重要的特征,也是与传统语文教育一个很大的不同,就是不再是"暗中摸索"而是要"明里探讨",要将一些行之有效的做法显性化、固定化成规则、程序,或者叫知识、技能,然后以此为主开展教学,让学生掌握这些知识、技能。否则,语文学科永远会是一门让人心里都没底的学科:教师不知到底该教什么,只知道把课上得"出彩",显示自己的才气;学生也不知道该学什么,只知道老师讲得"好听",自己也很高兴。最终,语文学科由此而成为在中小学各科中,在考试前让人觉得"最没有把握"的一门学科。

目前,包括阅读技能在内的语文技能性知识并不是完全没有,但多数只是散落在一些语文特级教师的教学案例和经验总结中,或者在一些学者的教学改革实验报告中,也就是说,没有被提炼出来;少数已提炼出来的,也不成体系,很少见到有成体系的内容。当然,还有一个更重要的原因是,这些技能多数是个人使用起来有效的,属于个人心得,没有被科学验证,没有被学科共同体确定为标准,没有被课程标准等学科的国家法律性文件吸纳,进而推广应用。目前我国语文学科中的听、说、读、写技能与西方一些教育发达国家的课程标准、指南及教科书中所呈现的听、说、读、写技能相比,显得极为粗疏、零散。所以,现在语文知识重构亟待借鉴西方的成果、梳理我国已有的积存,转化、提炼、整合、检验,建构出一套基于汉语特点和中国人思维特点的语文技能性知识体系。语文听、说、读、写技能,是目前语文教育中最缺乏的,也应是语文教育研究中最重要的点。

三、教学环节的调整

和上述本课教学设计中预设的教学步骤不同的是,本次课堂教学在一开始增加了一个环节:让学生说出自己读不明白的地方,并通过思考或讨论的方式将其弄明白。

我本来想增加这个环节来凸显学生的主体性,而且我原以为学生会提出许多问题,不过让我意想不到的是,学生们认为这篇课文几乎没有什么读不明白的地方(也可能是因为前面已经有一位同学上过一遍)。于是,我就势提问,提出的这些问题让学生意识到其实文中还有许多地方自己并没有弄明白。这个环节的设置恰恰非常契合说明文的文体特点,也凸显了说明文这种文体的主要教学内容:如果说明文的特点就是作者设法将事物或事理说明白的话,那么说明文阅读就是要运用一定的方法,将作者说了但没有说明白的地方,或者根本就没有说但是读者想知道的地方弄明白。说明文阅读教学就是要让学生借助这篇课文的阅读来掌握这些"弄明白"的方法(而不是作者怎么写明白的)。

另外,我所设计的第二大步骤是呈现任务、设置情境、开展活动,原来的主要目的是让学生在具体情境中通过完成任务来理解那些仅凭借课文所写,只通过归纳、推理等思维活动难以理解的课文内容,主要目的并不是让学生学以致用,即以课文介绍的科学知识来解决生活中的问题,不过在客观上确实可以产生学以致用的效果。例如,我们学过《统筹方法》就会很自然地运用到生活和工作中去;我们学过《一次大型的泥石流》就会有意识地去预防这类自然灾害。成龙老师和郝敬宏老师都认为说明文可以也应该学以致用,我觉得两位老师的提醒都有道理。

第七章 应用文阅读教学

目前,应用文阅读教学存在很多问题:在"读写结合,以读促写"观念的影响下,误把应用文作为相关写作知识学习的凭借;误把应用文作为相关文体写作训练的范文。在"读写分离,为读而教"观念影响下的应用文阅读教学,忽视了特殊文体的特点,误将应用文当成文学作品来鉴赏,进行文本细读;误将应用文当成普通文章来理解,忽视应归属于写作教学范畴的文体知识对阅读的作用,试图除"写"、离"写"而学"读"。与其他文体不同的是,应用文是一种需要遵循严格的规范来写作的文体。而其特殊的格式、语言及其他方面的文体特点恰恰是获取应用文信息的一个基本凭借。我们根据其特点可建构一个"读写结合,知写促读"的应用文阅读教学模型:首先根据文体结构迅速定位其构成要素,然后根据各要素的写法和功能获取文本信息,最后根据特定文体的内容与形式的基本呈现要求对文本作出评价。

第一节
"知写促读"：应用文阅读教学的问题与对策
——以《人民解放军百万大军横渡长江》为例

按照一般的文体分类方法，文本可分成文学作品和实用文章，实用文章又可分为普通文章和应用文。也就是说，应用文是一种针对特定目的、对象、场合，采用特殊的格式和语言表述方式的实用文章，所以曾经也被称为"特用文"。应用文，既包括一般的日记、书信、便条、演讲稿，也包括合同、诉状，还包括新闻、公文等。

在中小学语文教科书中也会出现少量常见的应用文，但是其归属和功能一直不清晰。一直以来，常有人以中小学生有时写不好请假条之类来批评学生的写作水平低下，或者"语文水平不过关"。可见，有人会将普通应用文的写作作为语文教育的一项重要任务。那么，选入语文教科书中的应用文到底是做什么用的呢？从其归属看，有时置于写作板块，如日记、书信、合同、演讲稿、广播稿之类，这显然是将其作为写作范例来看待的；有时作为阅读部分的课文，如消息、通讯、专访、新闻评论、演讲稿、答辩词之类，这类课文的作用并不太清晰。如果是作为训练应用文阅读的凭借，那么教师就应该用这些应用文来训练学生的应用文阅读技能；如果是作为学习应用文写作的范例，那么教师就应该介绍应用文的写作规范，并设置相应的写作练习。但是，现实中作为课文的应用文阅读教学，因为并没有科学、明确地确立其功能，而导致其教学内容确定的盲目和教学方法运用的无效。

有关应用文阅读教学的内容选择、过程安排和方法运用有两种较为流行的观点：第一种是多年流行的"读写结合，以读促写"，第二种是近年来出现的，在语文教学内容重构运动中提出的"读写分离，为读而教"。这两种观点都存在着一定的问题。下面我将分析这两种观点的利弊，尝试在此基础上提出符合应用文特定文体特点的"读写结合，知写促读"的理念，设计教学过程模式，并结合消息《人民解放军百万大军横渡长江》的教学，呈现三种不同观念下教学内容的选择和教学过程的安排及方法的选用。

问题1

在"读写结合，以读促写"观念影响下的应用文教学，误把写作教学当成阅读教学。

提倡"读写结合，以读促写"是因为过去语文教学习惯于读写不分，把本属于阅读教学材料的课文作为学习某种写作知识的凭借或某种文体写作的范例而分析其写法，其最终目的是为了教授学生学习应用文写作。为了教授应用文写作方法的"阅读教学"又有以下两种情况。

一、把应用文作为相关写作知识学习的凭借

以为只要懂得结合课文总结归纳出应用文的体裁知识、语言特点等，学生就会写作。如人民教育出版社1985年版的《初级中学语文第四册教学参考书》将《人民解放军百万大军横渡长江》的"教学要点"确定为"了解新闻的一般知识，学习新闻'用事实说话'的写法。学习我国人民在革命和建设中表现出来的英雄气概和创造精神"[1]。人民教育出版社1994年版的《初级中学语文教师教学用书》将《人民解放军百万大军横渡长江》的"训练重点"确定为"理解新闻消息的特点"和"语言要准确简明"[2]。两本教学参考书中的"课文说明"，也主要是按照消息的结构逐一介绍其写作知识并分析其中"富于表现力的词语"。很显然，两者均是将这篇课文作为学习消息写作知识（结构及语言）的凭借来使用的。下面是一位语文特级教师根据这种理念设计的《人民解放军百万大军横渡长江》的教学内容、过程和方法。[3]

  教学目标：
一、了解新闻的特点和结构。
二、体会本文语言简明、准确的特点。
三、了解渡江战役的经过，接受革命教育。
教学过程与方法：
一、学生自读课文。
二、朗读课文。
三、根据课文所附的示意图复述渡江战役的经过。
四、根据教师提供的示意图复述渡江战役的经过。
五、借助问题，传授新闻结构的知识（标题、导语、主体）。

---

[1] 广东、广西、江苏、湖北、湖南五省（区）中学语文教学参考书编委会.初级中学语文第四册教学参考书[M].北京：人民教育出版社,1985：130.
[2] 人民教育出版社语文一室.九年义务教育三年制初级中学语文教师教学用书（第五册）[M].北京：人民教育出版社,1994：2.
[3] 宁鸿彬,张彬福.中国特级教师教案精选 初中三年级语文分册[M].北京：北京师范大学出版社,1995：1—5.

六、通过比较，传授新闻特点的知识（真实、及时、准确）。

七、体会语言表达的一些特点。

八、正音、正字。

九、听《七律·人民解放军占领南京》录音。

在这位教师看来，本文是一篇典型的消息，是学生初次接触的体裁，教师"讲些必要的知识是有用的，不能忽视"。此外，"本文语言简洁、准确，是学生学习语言的好教材"。其实，这只是在介绍应用文的写作知识而并没有相应的写作练习，所以这种静态的写作知识对写作能力的提高似乎并无多大作用，因为学生只"知"而不"会"写。这种教学既没有训练阅读应用文技能的内容，也没有设置写作练习，所以既不是阅读教学，也不是写作教学，只能叫"半截子写作教学"。

二、把应用文作为相关文体写作训练的范文

就是把应用文当作范例分析，进行文体特征分析、写作知识讲解，然后设置情境并进行写作训练。这完全是把本应该作为应用文阅读教学中的材料当作应用文写作教学中的范文来看待，而且其整堂课就是在进行写作教学。一位语文教师就是这样来设计《人民解放军百万大军横渡长江》的教学的。[1]

教学的重难点：

一、知道新闻的特点、结构。

二、理解新闻语言的准确、严密、简洁的特点。

三、能按新闻的写作规范，写一篇200字左右的新闻。

教学过程与方法：

一、介绍背景，理解标题。

二、阅读文本感知、理解内容和结构。分为初读和深读两部分：初读是学生默读、朗读，感知新闻的基本结构；深读是探究其主体部分的基本内容、层次安排和语言表述。

三、走出文本，学写新闻。引导学生根据新闻的标题、导语、主体等结构上的范式要求，以"身边的新鲜事"为话题写一篇200字左右的新闻。除了满足新闻结构的要求以外，还要注意写法上的叙议结合、内容上的详略，也要关注特定语境中词语的运用。

---

[1] 余耀清.《人民解放军百万大军横渡长江》教学设计[J].语文知识，2014(07)：59—60.

这显然是将《人民解放军百万大军横渡长江》作为新闻写作的范文来进行教学的，而不是教会学生如何获取应用文文本信息的阅读教学。

问题 2

在"读写分离，为读而教"观念影响下的应用文阅读教学，忽视了特殊文体的特点，误将应用文当成文学作品或普通文章。

在 21 世纪初的语文教学改革运动中，有人针对上述"读写结合，以读促写"观念导致应用文阅读教学沦为写作教学附庸的不当做法，提出了批评。例如，2014 年出版的《实用文教学教什么》中称，实用文阅读教学内容的确定要把握两个出发点：首先是从"实用性"出发选择教学内容。所谓"实用性"包括作者的立场是"劝说"读者相信其所说，其内容都是解决实际问题的。其次是依据不同的目的选择不同的阅读方法、依据不同的文章体式选择不同的"地方"（文章的某一部分或某一要素）。该书在以新闻阅读教学作为例证来论证这种观点时称："新闻在中学语文教科书里向来是以'读写结合'的方式安排的，似乎'学新闻'的目的就是'写新闻'。这样的教学内容显然过于狭窄，我们需要拓宽'为理解而读新闻'的教学内容选择路径。"所以，不要学习一看便知的新闻内容，不要仅仅学习新闻的体式结构，而是要让学生做一个批判者，学会从新闻事实中寻找、揭示其所潜藏的信息。[①]

在这种"读写分离，为读而教"观念的影响下，出现了以下两种做法，这两种做法实际上都没有考虑到应用文特定的文体特点。

一、文本细读，将应用文当成文学作品来鉴赏

文本细读论者反对教学所谓"学生一望而知"的内容，而是通过采用比较、还原等方法细读作品中的关键词句，发掘作品的独特性。这种主张自然有一定的合理性和必要性，如让学生学会通过揣摩词句来鉴赏作品。但是其弊端也是很明显的，其中之一便是只重视发掘"这一篇"作品的秘妙，而没有注意"这一类"作品的读法，也就是说，针对所有的作品，文本细读都关注到了文本中的关键词句，然后运用比较、还原等方法来解读，而没有重视特定文体的体式及其读法，没有关注到文体及其读法的特殊性。结果导致其解读的对象和方法，在解读作品时不仅没有区分文学作品和实用文章，而且文学作品和实用文章内部的文体之间也没有进行区分。如 2017 年有人根据北京师范

---

① 王荣生，陈隆升.实用文教学教什么[M].上海：华东师范大学出版社，2014：52—54.

大学出版社出版的初中语文教师教学用书所确立的文本细读理念①，对《人民解放军百万大军横渡长江》进行了如下设计。②

这则消息最大的特点是"气势"，体现这种气势的就是一系列的关键词语，教学首先要围绕这些关键词语的解读进行：一是简洁有力、富有气势、很有气魄的用语，如"百万""大军""横渡""冲破""击溃"等；二是工整铿锵的四字词，如"百万大军""冲破敌阵""横渡长江"等；三是简洁有力的带有文言色彩的表述，如"西起""东至""均""业已"等；四是很有气魄的大数量词，如"百万""三十万""三十五万""一千余华里"等；五是一一点出攻克之地，如"繁昌""青阳""荻港""鲁港"等。"有教学设计把上述六③类气势词单独挑出来，一气读一遍，其气势感沛然突显。"其次是采用替换法，将原句进行修改，让学生比较二者的异同，体会原文的高妙，如将"人民解放军百万大军，从一千余华里的战线上，冲破敌阵，横渡长江。西起九江（不含），东至江阴，均是人民解放军的渡江区域"，改为"人民解放军一百万官兵，在一千余华里的战线上，冲垮了敌人的阵地，渡过了长江。从西边的九江到东边的江阴，都是人民解放军的渡江区域"，要求比较二者的用词、句式、韵律、情感、气势的不同。

这显然是将新闻这种应用文当成散文来进行文本细读了。

二、除"写"学"读"，将应用文当成普通文章来理解

如前所述，我们将《实用文教学教什么》一书中的应用文教学理念概括为"读写分离，为读而教"，那么教什么，怎么教呢？书中提出要"重塑'实用文'阅读"。首先，要明确实用文章的阅读是为了获取信息。教学时要将文学作品的阅读与实用文章的阅读区分开来："文学阅读着眼于作品的艺术性，阅读是鉴赏，重点放在言语的品味和感悟上。实用文阅读是为了获取文章的意思，阅读是理解，就像我们读报纸、读信、读百科知识、读学术著作那样。"④如上述将《人民解放军百万大军横渡长江》的教学重点放在品味和感悟言语的教学设计上，就是没有区分清楚文学作品和实用文章的阅读教学内

---

① 孙绍振.语文 教师教学用书（九年级上）[M].北京：北京师范大学出版社，2007：306.
② 赖瑞云.论解读切入点、方法选用与孙绍振解读学的关系（上）——从两篇课文的解读说起[J].福建基础教育研究，2017(10)：32—33.
③ 应为"五"。
④ 王荣生，陈隆升.实用文教学教什么[M].上海：华东师范大学出版社，2014：4.

容。其次,实用文章的阅读教学要依据实用文的体式特点明确指点相应的阅读方法("切实地示以门径"),并将获取的信息与自己的体会联系起来("指向切身理解")。①同时,王荣生老师还专门以新闻为例来分析实用文的阅读教学,指出获取事实信息是不需要教的,要教的是对事实进行分析、评价;新闻结构是不需要重点教学的,只需要知道一些有关结构的基本概念,掌握结构不是要按照结构去学写新闻,而是引导学生自觉地按照结构去理解新闻;揣摩语言内涵更是不当的,"新闻阅读从来没有揣摩语言这一说……而从新闻中去学习语言技巧,那就更不对了"。那么新闻要教什么,怎么教呢? 王荣生老师设计了一个教学模式:一是看录像,读新闻,区分事实与评价(观点)。二是了解新闻结构,区分新闻和一般文章在材料组织和逻辑上的区别,也即文章一般按事理、逻辑来排列,但新闻则是采用"倒金字塔"式的结构,按重要程度的主次来排列的。②

依据此观念设计的《人民解放军百万大军横渡长江》一课的主要目标和核心环节如下。③

基本目标:
让学生在具体课文的阅读中获得实用文的阅读规范。

主要环节:

一、感知新闻体式

1. 如果你是当时的播音员,你将以怎样的语调向全国人民播报这个振奋人心的消息?

2. 这则新闻导语交代了哪几点信息?

3. 如果对导语部分进行概括,压缩成一句话或一个短语,该怎样概括?

二、把握新闻阅读规范

1. 如果你是新闻媒体的编辑,首先需要审稿,请你按照新闻的三个特性(真实性、及时性与简明性),联系具体的语句,分析这篇新闻是否值得刊(播)发。

2. 如果由于篇幅因素,需要对这篇新闻稿删略,你会从开头还是结尾开始删减。

虽然这一课设计了"播报"和"删略"两个别致的任务情境,但是实际上其教学目标

---

① 王荣生,陈隆升.实用文教学教什么[M].上海:华东师范大学出版社,2014:10—13.
② 王荣生,陈隆升.实用文教学教什么[M].上海:华东师范大学出版社,2014:28—32.
③ 王荣生,陈隆升.实用文教学教什么[M].上海:华东师范大学出版社,2014:58.

(内容)还是要求掌握新闻的结构要素(重点是导语)、基本形式("倒金字塔")以及写作要求(三个特性)。前文提到,《实用文教学教什么》一书中提出反对实用文教学中的"读写结合",主张不为学"写新闻"而学"读新闻"的观点,且在这里也提出要"把握新闻阅读规范",但是似乎又回到"读写结合"的老路上了,这是什么原因导致的呢?

以上观点一方面主张"不同的体式,它的阅读方式是完全不同的",一方面又主张不为学"写新闻"而学"读新闻"。这看起来是合理的,实际上是一个悖论。也就是说,"不同的体式,它的阅读方式是完全不同的"实际是主张某种程度上的"读写结合",不为学"写新闻"而学"读新闻"则是主张"读写分离",二者是相矛盾的。因为如果要按照应用文的体式去选择阅读方法,就是"读写结合,以写促读",即凭借了解特定文体的写作知识去获取文本信息,那必然要涉及对某种文体结构的构成要素及其写法、功能的掌握,而文体结构的构成要素及其写法、功能就主要属于写作方面的内容。如果不从体式的角度去读新闻,即"读写分离,除写学读",不凭借了解特定文体的写作知识去获取文本信息,就又会把新闻这种特定的文本当成普通文章去阅读。虽然他们确立的总方向是把某种文体当成某种文体来读,即从文本体式的角度去解读,不过,这里所谓的"体式"更多指的是静态的体裁知识,而静态的体裁知识主要属于写作知识,那么其最终还是要通过掌握某种文体的写作知识来获取文本中的信息,即"读写结合",或者叫"读写不分"。这也是执教者力争回避学习新闻写作(主张是"读写分离")而最终又回到学习新闻写作(实施的是"读写结合",只不过不是进行新闻写作训练而是通过学习新闻知识获得文本信息)的老路上的原因。

那么,应用文与普通文章的阅读教学主要区别到底在哪里?

一是区别不在于文本体式的外形,而在于构成要素的功能与写法。也就是说,如果仅知道消息由标题、消息头、导语、主体(含背景、结语)等构成,那么对于阅读一则消息获取其中的信息来说,并无实质的帮助,因为阅读就是从头到尾读下来的,知道与不知道标题、消息头等是哪些、位置在哪里,并不影响获取信息的效果。这种阅读与普通文章的读法并无区别。但是,如果知道标题、消息头等的写法及功能,就能通过写法和功能(尤其是功能)有针对性地获取重要信息(内容与目的),并对此作出基于一定标准(写作)的评价。如果消息头是标明新闻刊发的时间,那么我们会知道这不是事件发生的时间和读者阅读的时间,然后会将消息所陈述的事件发生的时间、写作发表的时间以及读者阅读的时间放在一起比较,以判断其时效性,并作出是否继续阅读的判断。又如,知道背景往往会出现在行文结束前,以交代事件发生的相关背景知识,那么读者在大致了解事件经过后会立即将关注点放在背景上,重新梳理整个事件经过,推理因果关系，并对事件的发展作出预设。

上述论者提及的"倒金字塔"式结构及其呈现信息的功能只是消息的写法及功能之一，对于阅读消息来说显然不够。而且为了规避变成"写新闻"（写作）教学的嫌疑，并没有讲解各个要素的写法与功能，更没有按照新闻的结构来设计阅读教学过程。

总之，在阅读应用文与普通文章时，二者在体式上的区别，并不在于各自结构的外形，而在于其构成要素的写法与功能。

二是区别不在于"读写分离"这个相同的目的，而在于获取信息的不同路径。普通文章和应用文阅读教学的最终目的都应该做到"读写分离"，即学习的是阅读技能而不是写作技能，但是二者达成这个相同目的的路径颇不相同：普通文章阅读教学的路径主要是"读写分离"，也就是说，只是将对文章体式的掌握作为诸多阅读技能中的一种（还需要掌握更多的其他阅读技能，与文章的写作无关）；但是与普通文章相比，应用文是一种写作时需要严格遵循特定规范的文体，其格式、语言及其他方面的文体特点恰恰是获取应用文信息的一个最基本、最重要的凭借。掌握写法对于在阅读普通文章时获取文本信息有一定的帮助，但对于阅读应用文来说，对读者获取文本信息的帮助则更大，也更重要。从这个角度来说，普通文章的阅读教学路径尽可能是"读写分离"（如果仅根据体式特点来获取信息反而会限制其他阅读技能的学得和运用），应用文阅读教学的路径则尽可能是"读写结合"（如果根据体式所包含的要素、写法与功能去获取信息，就基本够用）。

可见，在阅读应用文与普通文章时，二者在"读写分离"方面的区别，并不在于二者的目的而在于路径。

如果像上文所述，把应用文与普通文章的区别简单地确定在外形上，将二者教学的区别简单地着眼于"读写分离"上，实际上并没有认识到应用文特殊的文体特点及其特殊的阅读教学方式（内容选择、过程安排和方法选择），本质上还是将其当成普通文章在教学。那么，如何针对应用文的特点进行阅读教学呢？我认为可采取如下策略。

对策

在"读写结合，知写促读"观念指导下的应用文阅读教学，应根据应用文特殊的文体形式，利用应用文写作知识将其作为获取信息的抓手，并以此作为阅读技能之一来解读作品。

一、"读写结合，知写促读"的内涵辨析

上述学新闻不是学"写新闻"而是学"读新闻"的说法虽然有理但也偏颇。有理，是因为其将"学新闻"的目的定位于"读新闻"而不是"写新闻"。偏颇,是因为前文提及的他们的做法恰恰没有考虑到应用文这种特殊文体的特点。应用文和诗歌、小说、散文、剧本等文学作品以及记叙文、议论文、说明文等实用文章相比,最大的不同就是文学作品和实用文章的写法多样,而应用文的格式、用语(形式)相对固定和单一。也就是说,应用文就是一种需要遵循严格的规范来写作的文体。而格式、语言及其他方面的文体特点恰恰是获取应用文信息的一个基本凭借。换句话说,文学作品和实用文章的阅读不必侧重本属于写作教学要学习的文本形式来获取文本信息,而应用文则恰恰相反,主要是通过文本的构成要素及其写法、功能而准确迅速地获取文本信息。因为应用文的写作有严格的规定性,不同体裁的应用文在表意功能和方式上各不相同,所以从写的角度来理解应用文是最好的手段,包括理解通过某种方式写了什么,写的目的是什么,以及评价写了什么、是怎么写的、写得如何。我在《论言语形式在阅读与写作教学中的归属》一文中曾明确反对一味地教学静态的文本形式知识,认为它只是获取信息的一种手段而不是目的,通过文本形式获取信息也不是阅读教学内容的全部,而只是诸多阅读技能、策略中的一种。[1] 也就是说,如果文体的形式固定、单一,那么完全可以将通过形式获取信息作为主要的教学内容,而应用文就是这种文体。这就是应用文阅读教学中的"读写结合"。

那么,什么是"知写促读"?其中的"知写"不是"会写","知写"只要求懂得写作的方法和要求,"会写"则要求在前者的基础上会实际操作。虽然"会写"比"知写"更有助于在阅读时获取文本信息,但是在应用文阅读教学时只要求"知写"而不必要求"会写"。其原因有三:一是"会写"显然更难达到。很多人认为应用文作为一种写作技能性特别强、对象(场合)特别明确的一种文体,必须在特定的情境之中,针对特殊的任务反复训练才能掌握,如契约、诉状等,虽然通过学校教学可以让学生"知道"如何"写作",甚至在短期内可以"写作",但是时间稍长,学生便只是"知道"而不会"写作",正因为如此,中小学教学应用文写作一般只要求写作日记、书信、便条之类的常见而简单的应用文,而对于那些不常见的、复杂的应用文则留待学生升学进入特殊的专业(如秘书学)时去学习,更多的是让其工作后在特定岗位上对照专门的教材或范例在多次实践中去学习。二是"知写"对获取应用文的基本信息就已足够,没必要先"会写"。三是毕竟进行的是应用文的阅读教学而不是写作教学。

"读写结合,知写促读"与"读写结合,以读促写"不同,要求"以读促写"是因为过去

---

[1] 张心科.论言语形式在阅读与写作教学中的归属[J].课程·教材·教法,2016(08):66.

的语文教学习惯于"读写不分",把本属于阅读教学材料的课文也作为学习写作的范例,而讲解其写作知识,或进一步进行写作训练,其最终目的是为了写作应用文。其中,只分析应用文的写法而无相应写作练习的"知写"对写作能力的提高并无多大作用。与之不同的是,"知写促读"要求了解其写作方法,并将此作为阅读技能之一,虽然也是"读写结合",也是"知写",但是其目的是"促读",是通过了解其写法来获取文本信息,并将其作为阅读技能之一。

二、"读写结合,知写促读"教学模型的建构与使用

基于以上的认识,可以根据文体特点建构出不同的"读写结合,知写促读"应用文阅读教学模型。如下列新闻(消息)阅读教学模型(如图19所示)。

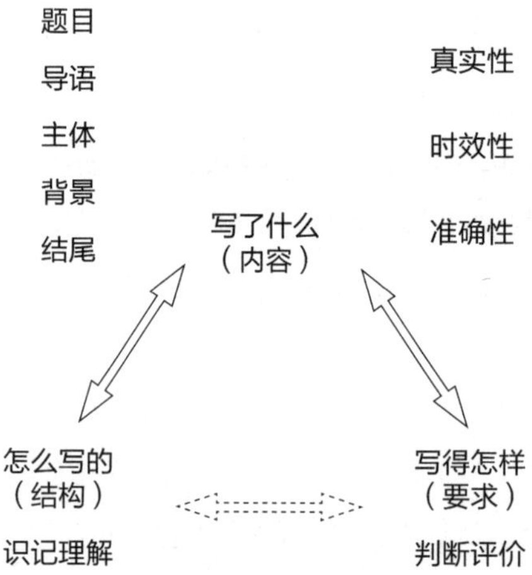

通过文本的结构(作者怎么写的:要素及其写法、功能),理解文本的内容信息(写了什么),对其内容和形式等特点作出判断和评价(当然更多的是对其内容作出判断和评价)。所以,这个模型包含了教学要素、过程与方法。在运用时,首先根据文体结构迅速定位其构成要素,然后根据各要素的写法和功能获取文本信息,最后根据特定文体的内容与形式的基本呈现要求对文本作出评价。这样文本结构的建构过程、学生阅读文本的过程、学习的认知过程与师生的教学过程四者就能融为一体。

图19 新闻(消息)阅读教学模型

如果按照这个模型,应该如何设计《人民解放军百万大军横渡长江》的教学呢?我们来看一看语文特级教师宁鸿彬老师的教学实录中的主要环节。[①]

一、学习通过新闻结构掌握新闻内容的阅读方法

要求学生在阅读课文之后,用三种方式把这则新闻的内容表达出来:分别用一句话、一小段、几段话说出这则新闻的内容。检查完一些字的读音后,师生展开讨论,如讨论第一种方式:

---

① 宁鸿彬.《人民解放军百万大军横渡长江》教学实录[J].中学语文,1997(09):13—15.

生：我以为这句话应该是："人民解放军百万大军,从一千余华里的战线上,冲破敌阵横渡长江。"

　　生：我认为这句话应该是"人民解放军百万大军横渡长江"。

　　生：我认为这句话应该是"人民解放军消灭一切抵抗之敌,冲破敌阵横渡长江"。

　　师：谁还说?（无人举手）大家提出了三种说法,哪种说法最符合要求呢?

　　生：我认为第二种说法最符合您提出的要求。作者用课文的题目"人民解放军百万大军横渡长江"极为简练的一句话说出了课文的内容。

　　生：我也同意第二种说法,因为用课文的标题说出课文的内容,正好是一句话。而且这句话较另外两种说法更简练。

　　师：对,就是这样。既要做到是一句话,又要做到简练。这样,才能和用一段话说出这则新闻的内容具有明显的区别。

接着讨论用一段话、几段话概括这则新闻的内容。最后教师总结道:

　　师：我们用三种方式介绍了这则新闻的内容,大家应该从中明确以下几点。（一）新闻要有标题。（板书：标题）所谓"标题",就是用极为简练的语言概括一则新闻的最主要的内容,也就是说标题是新闻的提要。（板书：提要）（二）新闻要有导语。（板书：导语）导语是新闻开头的一小段话,大多是简明地概括出报道的事实或中心。导语是新闻的概述。（板书：概述）（三）新闻要有主体。主体是新闻的主干,是事实的叙述和展开。它要求对所报道的内容(进行)具体的述说。（板书：详叙）。大家记住：用一个语句单独介绍新闻的内容叫"标题";用一段短话在开头介绍新闻的内容叫"导语";用几段话,具体介绍新闻的内容叫"主体"。同学们抓住了"一个语句""一段短语""几段话"这三个要点,就能比较顺利地区分新闻的标题、导语和主体了。

　　师：课文开头括号部分：新华社长江前线 22 日 22 时电。在新闻这种文体中这叫电头。（板书：电头）电头要交待清楚发电时间、发电地点、发电单位。以上我们研究了新闻的结构,它包括标题、电头、导语、主体四部分。

二、通过新闻的写作要求对新闻的内容和形式作出评价

　　如围绕标题和导语用词讨论新闻的用词准确性、内容的真实性和报道的及时性:

师：下面思考这样一个问题：把标题"人民解放军百万大军横渡长江"改成"人民解放军百万大军胜利渡江"行不行？最好结合课文说明自己的看法。

生：我觉得这样改不行。"横渡"是说渡江有一个艰难曲折的过程；"胜利"是说渡江已经完成。

师：发言最好是有理有据，结合课文作解释、说明，这样说服力才强。请大家考虑一分钟。（生翻书思考）

生：我认为不能改。因为导语部分用了"横渡"，所以标题也得用"横渡"。

师：能否用这则新闻的内容证明：只能用"横渡"，不能用"胜利"。

生：我认为不能改。因为"至发电时止，西路军的35万人已渡过三分之二"，还差三分之一，23日才可渡完。东路军也是23日才能渡完。

师：说得不错。请看课文"至发电时止，该路35万人民解放军已渡过三分之二，余部23日可渡完"，这是西路军渡江情况。"至发电时止，我东路军已大部渡过南岸，余部23日可以渡完。"既然至发电时止渡江任务还没完成，那么新闻稿能在标题中出现"胜利"二字吗？

生：（齐）不能。

师：对。新闻必须具有真实性。（板书：真实性）真实性是新闻的特点之一。

师：这则新闻写完了先不发表，等着渡江战役胜利了再发，不就可以用"胜利"二字了吗？

生：不行。因为全国人民正急于了解渡江战役的进展情况，当毛主席及时地把渡江战役顺利进行的好消息告诉全国人民时，全国人民欢欣鼓舞。如果晚发就没有意义了。

师：对。新闻要体现一个"新"字，要及时地把国内外的大事告诉给全国人民。这是新闻的特点之二，即新闻必须具有及时性。（板书：及时性）

师：以上我们结合这则新闻研究了新闻的结构和特点。下面请大家从文中选出恰当的词语，概括一下这篇新闻所报道的敌我双方的情况，敌方如何？我方怎样？

接下来学生讨论"纷纷溃退""锐不可当"两个关键词的意思。最后老师总结道：

> **师：** 这则新闻，毛主席不仅报道了敌我双方的情况，而且还就一些情况作了分析。关于分析的内容我们就不研究了。下面，大家回顾一下这堂课讲的内容。
>
> **师：** 这堂课我们讲了新闻的结构，它包括标题、电头、导语和主体。标题是新闻的提要，导语是新闻的概述，主体是新闻的详叙。为了好记，请大家抓住"一个语句""一段段语"和"几段话"这三个要点。
>
> 这堂课我们还讲了新闻的两个特点。写新闻要做到真实和及时，否则就失去了新闻的价值和意义。
>
> **师：** 下面，我们再来复习一下刚学过的两个词。（出示卡片：溃退）

因为学生是初次接触新闻学习，这节课不是从介绍新闻结构和写作要求等方面的知识入手，而是通过围绕这两大方面设置问题、开展讨论、适时点拨，最后总结读法。通过这节课的学习，学生掌握了新闻的结构及其要素的位置、写法和功能（上述宁鸿彬老师根据新闻的结构而设计的"一个语句""一段短语""几段话"教学环节就是融合了教学要素、过程和方法），以及新闻写作基本要求，但不同于前文提及的"读写结合，以读促写"的教学那样通过告知相关知识并以课文来印证的做法（学习知识），而是让学生在学习的过程中学会运用相关知识来解读作品（掌握技能），这样在下次阅读时，学生自然就能按照这种模式（对象、程序、方法）去解读其他的消息了。

第二节
《为圆女儿公主梦 男子沙漠插旗建国自封国王》教学设计、教学实录与课例评析

> **为圆女儿公主梦 男子沙漠插旗建国自封国王**
>
> 据台湾"联合新闻网"14日报道，为了圆女儿的公主梦，美国人希顿（Jeremiah Heaton）日前在埃及和苏丹边界的一块"无主土地"插旗，建立"北苏丹王国"，希顿自封

"国王",埃米莉如愿当了"公主",而当天正是埃米莉7岁生日。

据悉,希顿在苏丹边界的比尔泰维勒(Bir Tawil)"建国",这片面积2060平方公里的沙漠因为太贫瘠,埃及和苏丹都不想要,因此都未宣称享有主权,成为希顿"建国"的理想地点。

希顿在美国矿业工作,有三个孩子,曾任维吉尼亚州地方政府的救灾队队长,2012年参选维吉尼亚州第九选区联邦众议员落选。去年冬天,当时六岁的埃米莉问他,她能不能当真正的公主,希顿不想哄骗女儿,但仍一口答应。

希顿为了实现诺言,上网查全世界的无主土地,他用拉丁文"terra nullius"搜寻,意思是"不属于任何人的土地",结果找到了比尔泰维勒。希顿说,由于埃及和苏丹有边界纠纷,双方都未宣称享有这片沙漠。

希顿向埃及当局申请前往这块无人居住的不毛之地,并说明他要去的理由。当时连他自己都想打退堂鼓,因为他"害怕去恶劣的环境"。不过他抵达比尔泰维勒后,对当地的看法完全改观。他说:"埃及人非常友善和大方。"

希顿在比尔泰维勒插上一面蓝色旗帜,上面有四颗星星和一顶皇冠,图案是他孩子设计的。

希顿说:"我要让孩子知道,我会到天涯海角去实现他们的愿望和梦想。"

他的下一步是要把他的"王国"打造成农业生产中心,这也是埃米莉的愿望,并藉此与埃及和苏丹建立友好关系。

里奇蒙大学政治与国际关系教授谢拉·卡拉皮柯说,希顿必须获得邻国和联合国的承认,方能"实际控制"这块土地。

希顿打算请非洲联盟协助他正式"建国",他有信心他们会欢迎他。他说,他的插旗举动是合法的,历史上一些国家也是这样"建国"的,包括美国,不同的是,历史上的例子是战争行为,而他是出于爱。他说:"我为了爱我女儿而建国。"

选自中国新闻网,2014年07月14日。

《为圆女儿公主梦 男子沙漠插旗建国自封国王》教学设计

教学目标:

1. 学习通过新闻结构及各部分的特点、功能来掌握新闻内容的阅读方法。
2. 能够通过新闻的写作要求对新闻的内容和形式作出评价。

教学内容与过程：

一、导入

提示：大家肯定不是第一次读新闻了，如果是第一次学怎么阅读新闻，那么我们得大致知道新闻是怎么写的，有什么要求，每部分有什么作用，因为了解新闻的写法（包括结构，尤其是各部分的特点、功能）对于我们阅读新闻是很有帮助的。况且，新闻的写法比较固定，掌握起来也不困难。

播放《中国女土豪3 000万买外国小岛 送女儿当玩具》新闻视频，引入新闻报道《为圆女儿公主梦 男子沙漠插旗建国自封国王》。

二、学习通过新闻结构掌握新闻内容的阅读方法

（一）题目

提问：当你看到"为圆女儿公主梦 男子沙漠插旗建国自封国王"这个题目时，接下来最先想要作者告诉你什么？

明确：男子是谁？怎么会为圆女儿"公主"梦去"建国"？在哪里的沙漠"建国"？是什么时候"建国"的？"国家"的名称是什么？

（二）导语

明确：题目下面的这段文字（导语）正好回答了上述你想要知道的五个问题。不过还有几个地方让人难以置信：首先，建国最难的是要有领土，除了南极和北极，地球上的陆地几乎都属于世界各个国家，他是怎么取得的？其次，国家元首一般都由选举产生，希顿的身份是什么？再次，建国不是说建就能建的，得有一个合法的程序，希顿是怎么做的？还有，国家除了有领土和国民外，还有一些重要标志是什么？最后，"建国"仅仅是作为生日礼物送给女儿吗？这些都是读者急切想要知道的。

（三）主体

围绕这五个问题，阅读课文，完成任务。

1. 对照地图：查找比尔泰维勒的位置；估算美国到此地的距离。
2. 给希顿制作一张简历，填写下列内容。

姓　名	希顿	性　别	男	年　龄	未知①
国　籍	美国	职　业	美国矿业职工	家庭成员	三个孩子,其中女儿埃米莉2013年时6岁
工作经历社会活动	美国矿业职工 曾任维吉尼亚州地方政府的救灾队队长 2012年,参选维吉尼亚州第九选区联邦众议员,最终落选 2013年,开始为兑现让女儿当"公主"的诺言,寻找无主地建立"王国" 2014年,找到无主地,宣布建立"北苏丹王国"				
性格特点	慈爱、守信、坚韧、有恒心、有创新精神和探险精神				

3. 提问：希顿是如何找到这块无主地的?

明确：在互联网用关键词"不属于任何人的土地"搜索,发现了比尔泰维勒不属于任何国家;于是向埃及政府申请过境前往,获得了批准。

4. 希顿的"北苏丹王国"国旗由"北苏丹王国"的"公主"埃米莉·希顿和两位"王子"设计的,假如你是其中的一员,请你画出这面国旗的示意图。

明确：如图20所示。

图20 "北苏丹王国"国旗

5. 提问：希顿答应女儿并兑现诺言的原因是什么?

明确：除了表达对女儿的爱、显示自己信守诺言外,就像他自己所说的,是鼓励子女努力实现自己的愿望和梦想。

---

① 新闻《美国一父亲为实现女儿公主梦"建王国"》(环球网,2015年5月14日)提到,2014年希顿36岁。

（四）背景和结尾

提问：在弄清楚以上问题之后，读者还会追问：以前有过个人插旗建国这样的事吗？建国之后会怎样？

明确：希顿说：插旗建国在历史上曾发生过，包括美国。不过，他不像历史上为了争夺领土通过战争建国，而是为了表达对女儿的爱，实现女儿的愿望，他还会将其打造成农业生产中心，并藉此与埃及和苏丹建立友好关系。

（五）分析结构，提示读法

通过以上阅读会发现，新闻总是将人们最想知道的信息（也是相对重要的信息）放在相对靠前的位置，并用相对简洁的语言来表述。这就是新闻的"倒金字塔"结构：标题、导语、主体、背景、结尾（简介各部分的特点及功能）。所以，阅读时根据新闻的结构及其各组成部分的特点、功能，就可以判断信息的重要程度并获取基本信息。

三、通过新闻的写作要求对新闻的内容和形式作出评价

1. **提问**：为什么作者会为"建国""北苏丹王国""国王""公主"打上引号？

明确：希顿为实现女儿的公主梦，试图建立一个王国，这件事是真实的。但是，按照现在的国际政治秩序和规则，"建国"不会这么简单，"国王""公主"也不能自封，加引号是转述，也是特指，即有特殊含义。这样处理体现了新闻的真实性和准确性。

2. **提问**：另一则新闻《美国一父亲为实现女儿公主梦"建王国"》称①，2014 年 6 月 16 日是埃米莉 7 岁的生日。这则新闻发表的时间却是当年的 7 月 17 日。时间过去了一个多月，从时间上看简直是"旧闻"了，为什么还要报道？

明确：美国维吉尼亚州距离比尔泰维勒有几千公里，比尔泰维勒又处在荒无人烟的地方，交通不便。希顿从埃及乘坐大篷车取道该国，长途跋涉 14 个小时到达目的地。往返会花费一些时间。更何况，新闻的"新"不仅体现在报道的及时（新近）上，还体现在内容的新奇（新鲜）上。

---

① 这则新闻还提到，2014 年 36 岁的希顿是维吉尼亚州的一位农民。他已就建国向联合国提出了申请，但是获得合法性将是一条漫长而艰难的道路。不过，希顿发起了如何在这块贫瘠的土地上耕种的研究，希望未来将王国建设成一个大花园，虽然遇到资金缺乏、环境恶劣等问题。《美国一父亲为实现女儿公主梦"建王国"》，环球网，2015 年 5 月 14 日。

《为圆女儿公主梦 男子沙漠插旗建国自封国王》教学实录

时　　间：2018年12月26日
地　　点：华东师范大学第二教学楼217室
执 教 者：张心科
教学对象：华东师范大学中文系2016级公费师范生

师：大家还记得我们以前在上语文课时老师是怎么讲新闻的吗？同学们，这是新闻的什么？标题。这是什么？导语。这是什么？主体。这是什么？背景。这是什么？结尾。大家再看一看，最重要的内容放在前面，最不重要的内容放在后面，这叫"倒金字塔"结构。我们以前上语文课时老师是不是这样讲的？大家看，刚才安杰同学把阅读分成两部分：第一部分理解，第二部分评价。理解主要是围绕这个新闻的主要内容进行梳理，而评价则是围绕新闻的内容和形式作出自己的判断。这就叫"新闻阅读"。

下面，我再来上这篇新闻。我们先看我以前看过的一个新闻，这个新闻的标题叫"中国女土豪 3 000 万买外国小岛 送女儿当玩具"（播放视频）。刚才的新闻写的是一位富有的妈妈，为了给女儿一个生日礼物，买了一个小岛，下面我们看这个并不富有的爸爸，他送给女儿的生日礼物是什么？看标题："为圆女儿公主梦 男子沙漠插旗建国自封国王"。当我们看到这个标题的时候，马上会产生哪些疑问？换句话说，大家马上想知道哪些信息？

生：这个男子究竟是谁？

师：还有呢？

生：他做得到吗？

师：也就是说，"建国"是在哪个地方建的？因为，在这个地球上，除了南极和北极，陆地几乎都属于世界上的各个国家了（板书：各国占有）。他是在什么地方"建国"的？

生：沙漠"建国"。

师：还有沙漠可以给他"建国"吗？还有哪些我们想知道？

生：别人的评价。

师：就是别人怎么来看待他"建国"的这个行为的。还有呢？

生：他女儿的感受。

师：你们为什么提出这些，是因为刚才安杰已经上过一遍了。如果安杰没有上过，我们作为一个普通的读者，你在看报纸的时候看到这则新闻，你会想到什么？我们把大脑中前面学过的东西都清空。第一个是这个男的是谁？第二个就是刚才江平讲的，他真是为圆女儿的"公主"梦而建的"国家"吗？这个事情很蹊跷。他能够在沙漠上"建国"，这个"国家"的名字到底是什么？大家看文章的第一段，就是标题下面这一段："据台湾'联合新闻网'14日报道……"主人公是谁？就是这个男的是谁？

生：希顿。

师：为什么要"建国"？

生：为圆女儿"公主"梦。

师：在哪里的沙漠"建国"的？

生：埃及和苏丹边界的一块"无主土地"。

生：比尔泰维勒。

师：这个国的名字叫什么？

生："北苏丹王国"。

师：还有就是我们刚才有一个猜测：他为什么要"建国"？为圆女儿的"公主"梦，这个可能是一个表层的原因。实际上可能是什么？后面有一句"希顿自封'国王'，埃米莉如愿当了'公主'，而当天正是艾米莉7岁生日。"——可能想送女儿一个生日礼物。就像圣诞节小孩们都想得到圣诞老人的礼物一样，埃米莉也想过生日的时候能得到一个礼物，而她最大的心愿是当"公主"。也就是说，在第一段（过去我们叫"导语"）里面，这则新闻把时间、地点、人物，事件的起因、经过和结果大致说了一下。当我读到这里时，还会产生其他的疑问。这段文字有些地方是让人难以置信的："建国"？那么容易吗？在世界上，除了南极和北极没有被一些国家宣称拥有之外，不属于任何国家的陆地似乎还没有，他到底是怎么取得的呢？这是一个问题。第二个问题，一个国家一般是通过什么方式建立起来的？

生：战争。

师：通过战争建立一个政权，或者把前面一个政权推翻，或者侵占另外一个国家。还有呢？

生：长期的历史。历史长期发展的。

师："历史长期发展的"是什么意思？

生：他们一群人以前就一直居住在这里，然后在历史发展中成为一个国家。

师：类似于安德森在《想象的共同体》里说的，我们一群人慢慢变成一个族群，慢慢变成一个民族,然后形成一个国家,这也是。那么国家元首是怎样产生的?

生: 谁最能打就是谁。部落的领袖。

师: 他成为一个建国的领袖。那么,要不是建国的领袖呢?

生: 那要看国家的政体吧。

师: 那国王怎么产生的?

生: 世袭。

师: 要么你建国成为一个国王,要么你世袭成为一个国王,还有呢?

生: 选举。

师: 也有可能。那么这里的希顿的身份是什么?他是世袭的吗?他爸爸是国王吗?

生: 不是。

师: 希顿是全国人民选举出来的吗?

生: 也不是。

师: 他选议员都失败了。按正常来说,他只有"侵占"某个地方来建立某个国家,才能成为一个国王,是吧?按正常来说,他当国王是不大可能的。还有,一个国家除了有领土和国民之外,还有一些重要的标志,就是我们平时经常说的国旗、国徽和国歌。那么,希顿建立的这个"国家"的国旗、国徽和国歌是什么?我们可能也会产生怀疑。还有,他说"建国"是为了满足女儿的"公主"梦,给女儿一个生日礼物,真正的目的到底是什么?大部分读者在阅读时都会产生这些疑问。大家从新闻的第二段往后面看一看,想一想这些问题(学生阅读)。

(呈现地图)大家看这个地图,请你猜测一下比尔泰维勒(就是他建立的那个"国家")的位置在哪里?

生: 埃及和苏丹的中间。

师: 他居住在维吉尼亚州,你估计在哪里?

生: 反正在左边。

师: 在这个位置。请看一下,这两者之间的距离估计有多少?

生: 比例尺有吗?

生: 这个距离相当可观。

师: 我们虽然不知道具体有多少公里,就像江平说的,没有比例尺我算不出来,但是我能看出来,他们隔了一个什么?

生: 北大西洋。

师：北大西洋。而且还有陆地的距离。所以距离肯定是特别长的。现在,请大家根据刚才围绕希顿提的那些问题,把这张表填一填,这是希顿的一张简历表(呈现表格,见上文,此处略)。

生：(其中一组的讨论)国籍：美国；职业：美国矿业职工；他在美国矿业工作,但不知道具体是干什么的；家庭成员：有三个孩子,不知道现在有没有妻子,肯定曾经有过；工作经历是曾任维吉尼亚州地方政府的救灾队队长,现在是美国矿业的一个雇员,议员落选不知道能不能算工作经历,性格特点是比较冲动,充满爱。

师：我们看,他的国籍是？

生：美国。

师：职业呢？做什么事的？

生：矿业职工。

师：在矿业工作。还有呢？

生：曾任救灾队队长。救灾。

师：后面他还做了什么事？

生：参选联邦众议员,不过失败了,现在是"国王"。

师：由原来的职业救灾队员,转变成"职业的政治家"。家庭成员呢？

生：三个孩子。

师：我们知道的是他最小的女儿埃米莉,他还有两个儿子。我们再看他的工作经历：现在在美国矿业工作,曾任维吉尼亚州地方政府的救灾队队长,2012年他参选维吉尼亚州联邦议员落选。2013年他女儿问：她能不能当真正的公主。希顿不想哄骗女儿,但仍一口答应,于是他做了什么？

生："建国"。

师："建国"。他是什么时候"建国"的？

生：2014年。

师：2014年,希顿找到一块无主地,然后在这无主地上宣布建立"北苏丹王国"。自己当"国王",女儿当"公主",儿子当"王子"。一家人组成一个"国家"。性格呢？希顿有哪些性格特点？

生：冲动。

生：好像也不是很冲动。

师：我们先看他正面的性格。

生：有爱心。

生：敢作敢当。

生：敢作敢当？

师：首先我们看到的是希顿作为一个父亲身上表现的慈爱。他为了满足女儿的心愿，想尽一切办法。

生：典型的多血质特点。

师：要是中国的父亲会怎样？

生：赶快不要瞎想了。

师：要么把你骂一顿，说你异想天开。或者说："可以，可以。"

生："可以，可以"，后来也就忘了。

生："好，好，好！"

师：下回再问，"好，好，好！过几天，过几天。"希顿是怎么做的呢？他的行为说明了什么？

生：他很聪明。

师：有智慧。就像我在前面讲的，如果要在陆地上建立一个国家，目前除了南极和北极没有国家宣称是其领土之外，陆地上几乎所有的土地都有所属，只能找一个无主地。他用的是拉丁语"不属于任何人居住的地方"搜索，终于找到了，表现了他的聪明。再回到我们刚才讲的，如果是我们的父亲，可能不是说孩子异想天开，就是随便答应孩子，然后不了了之。希顿有没有呢？

生：很诚实。

师：答应了一定要完成，他也是一个信守诺言的人。还有呢？他怎么去的？请大家找一找。这个地方是个不毛之地。你要知道他真的去了。首先，向埃及和苏丹政府申请，然后他怎么去的？

生：没有写。

师：你要到沙漠里面去啊。如果是我们，顶多找到这个地方说："这里不被任何人所有。"然后就宣布在这里建立一个"国家"，然后我就是"国王"，你就是"公主"了，是吧？大家看希顿是怎样做的？如果是我们可能做一半就放弃了，而希顿向两个政府申请了，还真去了，说明了什么？

生：有始有终。

师：换句话说，就是有恒心。

生：嗯？

师：只不过这个"恒心"和你们理解的不一样，我们一讲"恒心"，就是学习，持之以恒。这都是正面的,如果从批评的角度来看,你觉得他还有哪些是不好的?

生: 幻想性太强。

师: 请你把刚才在安杰课上说的再重复一下。

生: 我是觉得实际上他是有政治抱负的,但是没有政治才能。他对自己"国家"的设想实际上是没有办法实现的。然后,他在这样的沙漠"建国",他女儿的"公主"梦实际上也是没有办法实现的。

师: 也就是说,这是一个异想天开的人,空想主义者。在维吉尼亚州当个议员都落选了,还要去当个"国王"。还有呢?

生: 他教育孩子的观念也有些问题吧?倒数第三段他说:"我要让孩子知道,我会到天涯海角去实现他们的愿望和梦想。"

师: 我们说满足孩子的愿望要慢一点,这叫"延迟满足",并不是你一吵、一闹,我就立马满足你。

生: 对。

生: 孩子不能惯着。

师: 你是说教育方法有问题。有没有不同的看法。

生: 我想和刚才播放的那个新闻联系一下:上课开始时,老师给大家看了土豪母亲买小岛送给自己女儿作生日礼物。她买小岛作为礼物其实与希顿建一个"国"的性质有点类似。但是,我们就说她(妈妈)是土豪。"土豪"这个词带有一些贬义。买这个小岛就是满足她(女儿)一个愿望吧。两者的性质有点类似。

师: 我觉得朝文说得很好。从报道这个角度来说,主观性强了一点。买岛就是她表达爱心(的方式)。但是,如果我们从教育方式上来说,这两个人的教育方式还是有区别的。

生: 一个是说给女儿买了当玩具。

师: 给女儿当玩具,"我"很有钱,"我"给女儿的是一种物质的、有形的东西。但是希顿,就像文章里讲的,"我"建立这个"国家"的目的到底是什么?表面上看起来是圆女儿的"公主梦",是给女儿的生日礼物,但实际上是,像陈填昊同学刚才讲的,"我要让孩子知道,我会到天涯海角去实现他们的愿望和梦想。"也就是说,只要有愿望和梦想,我们就尽可能地想办法去实现。在某种程度上,是父亲用自己的行动给儿女树立一个榜样。除了激励孩子之外,就像刚才讲的,"我为了爱我女儿而建国","我要孩子知道……",他还讲了他"建国"的目的是什么?

生: 打造成农业生产中心。

师：刚才讲了，过去的建国，要么是殖民，要么是战争。"我"建立"国家"的这个地方，都是别人不要的。别人不要，"我"正好建立一个"国家"，让有冲突的双方因为有"我们"的存在而达成和解，更重要的是他想把这个"国家"建立成一个农业生产中心。

生：来传播爱的。

师："我"是来把这个不毛之地变成绿洲的，也相当于化周边的干戈为玉帛一样。"我"是为了和平、为了生态而来"建国"的。我是这样来概括希顿的特点的——这是一个慈爱、守信、坚韧、有恒心、有创新精神和探险精神的人。大家的那些说法，让我从另外一个角度来思考这个人。就像刚才大家讲的，这个人可能有点不切实际。但是，不切实际如果从另外一方面来看，又是怎样？又是一个非常浪漫的人，是个理想主义者。关键看你怎么去看。

生：对。

师：刚才讲一个国家最重要的除了土地（他已找到）和人民（就是他一家人）之外，还有就是国旗、国徽和国歌。如果让你给他设计一个国旗，根据我们在前面讲的他"建国"的过程以及他的理念、目的，你觉得要怎么样来设计，请大家画一画？

（生讨论、画图）

师：（桌间巡视）我看到有同学画了雅典奥运会颁奖仪式上运动员戴的那个橄榄枝，还有同学画了皇冠。大家都画得差不多了。下面请同学们解说一下你画了哪些东西，然后再说说为什么这样画？

生：我觉得她是一个小女生，所以先画一个仙女棒，后面又说把"王国"打造成农业生产中心，所以又画了三棵小树。

生：我画了一个桂冠，然后画了几颗星星。桂冠代表"王国"，星星代表一家人。

师：一家几个人？

生：新闻中没有写埃米莉的妈妈。

师：她有妈妈。我是从其他报道里看到的，我看得比较仔细。妈妈就是"王后"。

生：然后，他的希望也是埃米莉的愿望，就是把"王国"打造成农业生产中心，也借此与埃及和苏丹建立友好关系。

师：你画的橄榄枝像项圈一样的，代表着和平，星星代表着他们家庭的成员，下面这个草代表着农业。江平，请你向大家解释一下你的设计。

生：我看到原文里提到，小姑娘设计的"国旗"有一个皇冠和四颗星星，所以，我就画了一颗皇冠和四颗星星。因为它叫"北苏丹王国"，所以在它的"国徽"上就加了"北苏丹王国"这几个字。

师：你是根据文章中的描述来设计的,刚才有同学设计的"国旗"中有小草、有树,这体现的是女儿的愿望呢,还是希顿的愿望?

生：女儿的愿望。

师：女儿的愿望?

生：希顿的愿望。

师：希顿的愿望?建立一个"农业国",这个女儿知不知道?

生：这也是埃米莉的愿望。

师：对,也是埃米莉的愿望。最起码有几个要素肯定是要有的:第一个是皇冠,她要当"公主"嘛,还有一个是家庭成员,刚才说了一个"国家"的"国民"就是他一家人嘛,家庭成员肯定是要有的。还有一个要体现农业,体现农业是以树、草来体现,还是以整个画面的某种颜色来体现呢?你们看一下女儿埃米莉的设计(呈现图片,见上文,此处略)。

生：噢。是这样的啊!

师：是这样的。我们能看到女儿在"国旗"下面的这种满足,以及旁边父亲的这种欣慰(幸福)。有一个问题:插旗建国。读者肯定想知道:真的可以插一个旗子就可以建立一个国家吗?有没有插旗建国的?

生：有。

师："他说,他的插旗举动是合法的,历史上一些国家也是这样'建国'的,包括美国"。这篇新闻是这么告诉我们的。这就是它交代的与现在这篇新闻相关的过去的事实。在新闻里,一般把这个叫作"背景",就是告诉你背景信息。那么,"建国"之后会怎么办?前面已经讲了,希顿会发展农业,他会让埃及和苏丹这两个国家的关系变好。

我们刚才讲这篇课文时,并没有像过去那样分析:这是什么?标题。这是什么?导语。这是什么?主体。这是什么?背景。这是什么?结尾。掌握了新闻结构的每一个构成部分是什么以及它在结构中的位置,这对我们阅读有一点作用,但是它的作用并不是太大。作用最大的,是新闻每一部分的特点以及它的功能。特点,就是它是一个什么样的东西;功能,就是它是做什么用的。这是最关键的。你们看,刚才通过学习,我们大概就知道:一般把最重要的信息放在最前面,这则新闻最前面的一部分是什么?标题,然后是导语,主体,再就是背景,最后是结尾。它把最重要的放在最前面,而且最重要的往往都写得最简略——标题最简略。我们在学习的时候,要注意它的特点:例如,导语的位置一般在标题下面,作用是把主要的内容——时间、地点、人物、主要的事件(包括起因、经过和结果)——大致地说一下。我在阅读时,如果我只想大致了解一下这个事情,我就读导语。例如,背景一般被称作"新闻背后的新闻",也就是对新闻事件产生的历史、环境、原因、时间等作出解释、说明,是解释主要事实的附属事实,是解释新事实的旧事实。换句话说,我要是想进一步来了解这个新闻的附属内容,如与之相关的过去的内容,那我就应该往下面看,就要去找一找,来比较一下。所以,当我们在教新闻的时候,第一次课可能要教与写作相关的知识,如标题、导语、主体、背景、结尾是什么,但是从阅读教学来看,仅仅了解这些(结构:某一部分及其位置)是不够的,最主要的是讲它的特点是什么,然后讲它有什么用,这对我们阅读是有用的。所以,我们看这张图(新闻阅读教学模型图,见上文,此处略):我们要理解这则新闻到底写了什么(主要内容),主要通过这几个部分(标题、导语、主体、背景、结尾)的特点和功能来看。还有就是要对它写得怎么样进行评价。我们知道新闻有"三性",是哪"三性"?

生:真实性。

师:既然是"新闻"就要"新"——时效性。还有一个就是表述要准确——准确性。我们看一看这篇新闻在这三方面做得怎么样?两个问题:第一个问题是作者为什么在有些地方打了引号,如"建国""北苏丹王国""国王""公主"——为什么?

生:因为它暂时还不是一个合法的。

师:希顿在地图上找了一个无主地,然后宣称建立了"北苏丹王国"。这是不是一个事实?

生:是。

师:这件事本身是事实。那么,"建国""北苏丹王国""国王""公主"为什么要打引号?

生:他"宣称"的。

生:写作的人不一定认同。

师:因为要真的建立一个国家,要怎样?

生:需要很复杂的程序。

师:不是你随便找一个无主地,然后就宣称建立一个"国家"。就是说"建国"不是这么简单的。还有,"国王"和"公主"是别人说的吗?

生:是他们自己说的。

师:是他们自封的。所以,这里加引号,是转述,是特指,并不是真正建立了一个国家,他真的是一个国王,他女儿真的是一个公主吗?不是的。这体现了新闻的什么特点?

生：真实性。

生：准确性。

师：一方面，我讲的这是事实，这是一件真的事情，另一方面，我在表述时，用词是很准确的。第二个问题：我在看这则新闻的时候找到另外一则新闻：《美国一父亲为实现女儿公主梦"建王国"》，这篇新闻是2015年写的，它说：2014年6月16日是埃米莉的7岁生日。这则新闻发表的时间是什么时候？

生：7月17日。

师：刚才安杰讲才几天。是不是才几天啊？我们在读新闻时往往要这样来读：注意几个时间：一要根据电头，就是"某某新闻社几日电"。这则新闻的电头是什么？

生："据台湾'联合新闻网'14日报道"。

师：这个"14日报道"，是哪个14日？

生：2014年的7月14日。

师：这是报道的时间。紧跟着要看新闻发生的时间。在这则新闻中并没有具体地讲新闻发生的时间，但是我在另外一个地方找到了，新闻发生的时间是埃米莉的生日那一天，它并没有讲具体是哪一天，我找到埃米莉的生日是2014年的6月16日。2014年的6月16日到7月17日，多长时间？

生：一个多月。

师：过去一个多月，并不是安杰刚才讲的"几天"。那为什么还要报道？

生：特殊。

生：这个"新闻"并不是"新"在时效性上，而是"新"在这件事基本上是前所未有的。是这种……

师：新颖。就是说，这个"新"，不是时效性——新近发生的，而是新颖性——非常奇特的。所以，大家愿意读，他也来报道。我们怎么来理解"新闻"的"新"？在某种程度上，它的时效性已经失去了，但是它的内容是新颖的。就客观来看，为什么一开始时我让大家看那一幅地图？刚才说了，希顿从美国的维吉尼亚到比尔泰维勒最起码要跨越一个大西洋。希顿是怎么去的？估计是坐飞机。坐飞机可能一两天也就到了。但是，后面就很麻烦。他去的地方是沙漠，所以他申请以及到达，我估计要花很长的时间。而且这是一个不毛之地，我不知道希顿是不是主动要把这个信息向外传递，如果信息不是他主动传递的，而是被发现的话，这又要一个过程。所以，这个事情的发生有一个过程，这个事情被报道也有一个过程。它不是像战地新闻，随时发生的事情要第一时间报道，也不是像重大的政治新闻要第一时间报道，在我们看来，它是一个生活中的事情,但是因为它很新颖、很奇特,大家把它作为一个新闻来报道。所以,从时效性的角度来看,不需要执着于是哪一天发生的,(不是只有在)几个小时之后甚至是十几分钟之后就报道,才能体现"新闻"的"新",这也能体现"新闻"的"新"。

我们今天的课就上到这里。大家回去再来想一想:我们如何从阅读的角度来进行新闻的教学?进一步来想,所有的应用性文体,我们该怎么去上?我只举了新闻这个例子,应用文怎么上?思考一下应用文的特点是什么?它是一种有特定对象、有特定格式、有特定语言规范的文体。这种文体,极易把它上成写作课。如果我们不把它上成写作课,应该怎么去做呢?过去上成写作课,往往都是把应用文体的结构中的每一部分是什么讲得很清楚,每一部分在结构中的位置讲得很清楚,过去我们都没有注意到如果把它上成阅读课要怎么做——应该是掌握每一部分的特点以及它的功能是什么,这才是阅读课的教学内容。然后,学生掌握了这个就能获取信息,关于它的位置在哪里,某一部分叫什么,对于获取信息意义并不大。这就是我一直在强调的,阅读教学是教学生获取文本信息的方法,而不是教学生掌握体裁知识。

《为圆女儿公主梦 男子沙漠插旗建国自封国王》课例评析

张心科老师的这堂课围绕掌握新闻的阅读方法展开教学,并在学生能够掌握阅读方法的情况下,让其对新闻的内容和形式进行批判性思考。这是一堂风格朴实却又具有示范性的研究课。

整堂课紧紧围绕着教学目标展开,转变了传统"读写结合,以读促写"的教学模式,但也没有走向"读写分离,为读而教"的极端,鲜明地体现了张老师提倡的"读写结合,知写促读"的实用文阅读主张。

分析实录可见,张老师的这堂课分为三个主要环节。第一,播放《中国女土豪3 000万买外国小岛 送女儿当玩具》的新闻视频,引入新闻报道《为圆女儿公主梦 男子沙漠插旗建国自封国王》。第二,阅读新闻具体内容,引导学生学会通过新闻结构掌握新闻内容,通过新闻各部分的功能领会其不同的表意效果的阅读方法。第三,带领学生对新闻的内容和形式作出评价。在教学过程中,张老师设计了让学生完成人物简历表格、画出希顿"国王"的"国旗"、辩论教育理念等学习活动,充分调动起了学生的学习积极性,在具体的活动和真实的学习情境中完成了教学目标。

具体来说,这堂课在以下三个方面可以给予一线教师一些深刻的启示。

第一,语文课堂的人文教育目标如何实现?例如,张老师引导学生比较了希顿为女儿过生日而"建国"与一个土豪妈妈为女儿过生日买下小岛两个行为背后体现的不同的教育理念,让学生体会到希顿创新并勇于探索的精神。再如,让学生为希顿"建立"的"国家"画上"国旗",再通过解析"国旗"的含义让学生进一步理解希顿这一举动的目的和对女儿的爱。

第二,如何在语文课堂上开展言语实践活动?对于新闻具有的真实性、准确性和时效性(新颖性)的特点,张老师并不是一开始就灌输给学生,而是引导学生在阅读过程中自己一步一步切身体会到的。张老师还运用视频播放新闻的方式,让学生设身处地地进入到新闻事件的情境中,去思考、去评价,从而激发起学生的思维与想象。比如,"如果你建国成为一个国王,你会怎么做?"等提问都极具激发性。

第三,实用性文本阅读到底应该教什么?教师传授阅读方法,关键是让学生可以在新的阅读情境中仍能有效整合和运用知识。在传统的阅读课中,我们总是教授给学生应用文的体裁知识,告诉学生新闻的标题、导语、主体、背景、结尾的位置在哪里,让学生自己去找位置,我们却忘记了问一问:这些知识能否有助于形成我们的阅读能力?实用性文本的阅读需要哪些能力?实用性文本的课堂教学如果不重视学生的实践性,很容易变成知识点的解读。张老师这节课启发我们,实用性文本的阅读能力至少包括:获取重要信息的能力,理解作者的意图与立场的能力,以及对于真相展开进一步追寻的能力。我们教给学生新闻的结构要素及其功能等体裁知识,其最终的目的应该是让学生能够在阅读新闻类文本时很快把握文章内容的关键信息,读懂新闻内容,读懂新闻作者的表达立场,并保持自己的独立思考。

(上海市语文特级教师、嘉定区高中语文教研员　沈国全)

第三节
关于应用文阅读教学的反思与回应

对于应用文阅读教学内容,如果抛开文体特征仅仅将其作为一般性的阅读材料,那么该如何确定?应用文的格式虽然相对固定,但是随着时代的发展,其文体也会因新元素的加入而产生变化,如何对待这种变化?我们还可以继续讨论应用文的写作教学,包括:应用文写作水平能否足以代表学生的写作水平?学校该不该教应用文?应用文可不可以教会？

一、关于本文教学内容的确定

本次课主要是从文体的角度来确定教学内容的，并选择与之相应的教学过程和方法。在尚未出版的《语文课程分合论》一书中，我认为识字、写字、阅读、写作、口语的教学内容应适当分开，并以《为圆女儿公主梦 男子沙漠插旗建国自封国王》这篇新闻作为课文，分别设计出识字、写字、阅读、写作、口语等不同课业的几十项教学内容。当时在将其作为阅读材料而确定教学内容时，并没有过多地从文体的角度去设计，而是将其作为一般的阅读材料，训练学生推敲字词、句子和篇章含义的能力，甚至将其与其他材料放在一起让学生进行比较阅读。

二、关于应用文的文体特征

关于应用文各部分的特征及其功能，还应该细化。例如，新闻的结构，现在已经不是单一的"倒金字塔"结构了，还有"金字塔式""倒金字塔与金字塔相结合式""自由式"结构等多种，这就需要进一步去研究。

另外，郝敬宏老师在教学《人民解放军百万大军横渡长江》时，不是泛泛而谈新闻的文体特征和各部分的功能，然后结合这篇课文进行教学，而是先通过介绍新闻报道产生的历史让学生体会新闻的文体特点，并通过模拟一场事件的报道让学生体会新闻各部分的不同写法和功能，再来进行课文的教学。这样，学生能利用前面所学知识来准确、全面、深入地理解这篇新闻。尤其是他在教学中将《人民解放军百万大军横渡长江》与新闻《我军横渡长江情景》进行比较，让学生体会到即便是相同的事件，往往会因报道者不同的身份、立场、角度、目的，而在内容、表述方面有所不同。在今天这个信息化社会，让学生掌握这一点尤为必要。这是我未曾关注的。

三、关于应用文的写作教学

应用文和其他文本不同，它的文体规定性特别强，所以应该也可以"读写结合，知写促读"。不过，对其文体知识的掌握仅停留在"知"的层面的这种要求，对学生的应用文写作能力的提高是否有作用呢？我在上文指出，只分析应用文的写法而无相应的写作练习的"知写"，对学生写作能力的提高并无多大作用。不过，有关应用文写作水平能否足以代表学生的写作水平、学校该不该教应用文、应用文可不可以教会这三个问题我们可以继续讨论。

首先，我们应该把写作能力分成基础（一般）写作能力和特殊写作能力。如果学生在写作请假条、书信之类的应用文时出现了词语错用、语句不通之类的问题，那么我们可以说学生的基础写作能力很差。如果只是在写作应用文时出现特定格式错误、表述风格不当，那么我们就不宜简单地说学生的写作能力很差。因为应用文，尤其是一些如契约、诉状等不常见的应用文，作为一种特殊的文体，其特殊之处主要就在于特定的格式和特殊的表述风格。而这种特定的格式和特殊的表述风格如果不经过专门的写作训练是难以掌握的。即使暂时掌握了，如果不经过反复多次的训练也很快就会生疏。换句话说，即便是一些作家也会因为缺乏应用文写作的训练而写不好应用文。如汪曾祺曾写过一篇"报告"，其中并没有出现词语错用、语句不通之类的毛病，但是从格式和表述上看，不当乃至错误很多。如果我们凭此而断言汪曾祺的写作能力低下，那就要闹笑话了。[①] 总之，一个人写不好应用文，只能代表其应用文写作能力低，而不能笼统地称其写作能力低，更不能称其语文能力低。

其次，学校该不该教应用文一直存在争议。一般在实用主义教育思潮兴起时，多强调教学应用文，而且会在教科书中出现相应的内容，如清末民初反对古代读"四书""五经"及作试帖诗、写八股文而强调"以便日用"，又如全面抗战、内战时期强调日记、书信、海报、传单等的写作教学，教科书中也会编进相应的应用文，包括一些格式和范例，如电报、契约之类。一般地，在人文思潮高涨时期，多不主张读写应用文。一是认为应用文"汩没性情"，不利于儿童审美能力的培育和心性的涵养；认为应用文只在成人的社会生活中才需要，而在儿童的生活中是不需要的，儿童也不会对此感兴趣，所以不应在学校教授。如20世纪20年代周作人等人在批评此前的小学语文教科书时，就主张选入"无用之大用""无意思之有意思"的儿童文学作品，20世纪40年代抗战结束后，邓广铭等人曾批评国定本初中国文教科书选入了大量的应用文而缺乏新文学作品。二是认为当学生的语言文字表达能力达到一定高度时自然就会写应用文，所以不必在学校教学。在这些人看来，应用文和一般文章的区别就在于其特定的格式和特殊的表述，而特定的格式和特殊的表述是形式方面的，容易学习，只需要提供范本即可依样仿写，不必有特殊的技能。像《讨武曌檄》《与朱元思书》之类的名文，其"名"并不因为形式奇特，而因为其内容所表现出的思想的力量和情感的真挚，让人十分震撼，容易激起共鸣。三是认为应用文的样式太多，无法通过学校教学一一传授、训练，即不能在

[①] 张心科.语文教育研究如何走出"吕叔湘之问"[J].全球教育展望,2017(05):46—47.

学校里教学。

但是，如果一概摒除应用文的教学，也会遭到非议，如20世纪20年代，当小学国语教科书中儿童文学一统天下时，李步青就认为如果应用文在教科书中"绝不示例"，那么教师的教和学生的学就失去了凭借，也没有机会学习。于是，20世纪二三十年代采用了两种折中的方式：一是在教科书中编入常用的应用文，如日记、书信。为了提高学生学习应用文的兴趣，编写课文时一般会将应用文与儿童文学融合，如课文《燕子写给春风的信》《春风给燕子的回信》之类。二是编写专门的包含着各种门类应用文的教科书，作为选修教材使用，如商务印书馆出版的《应用文》之类。

虽然学校该不该教应用文存在着争议，但是多数人认为学校不应、不必，其实也不能教学应用文，所以如果要教就应该选择少量常见的、简单的应用文编进语文教材，或编写专门的应用文教材。

最后，应用文写作能不能教会也存在着争议。有人认为应用文写作是可以教会的，只要通过知识讲解、范例分析和写作练习，完全可以让学生掌握某种应用文体的写作。但是，如在上述正文中提及的，更多的人认为应用文作为一种技能性特别强、使用的场合（对象）特别明确的文体，必须在特定的情境之中针对特殊的任务反复训练才能掌握。如契约、诉状的写作，虽然通过学校教学可以让学生"知道"如何"写作"，甚至在短期内能够"写作"，但是只要时间稍长，对于这种文体，学生便只可能是稍微"知道"而不会"写作"。正因为如此，学校的应用写作教学一般只要求学生学会写作日记、书信、便条之类常见而简单的应用文，而对于那些不常见的、复杂的应用文则留待学生工作后在特定岗位上对照着专门的教材在多次实践中去学习。

总之，如果学校难以教会不常见的、复杂的应用文，那么写作教材中就应该只出现少量的应用文。如果应用文不能代表基础写作能力，那么就不能以写不好应用文作为语文（写作）能力低下的依据。

第八章 文言文阅读教学

目前的文言文阅读教学,因为不清楚文言文阅读教学的功能,问题也随之而生:以分析文章、鉴赏文学、探究文化为主,以学习语言文字为辅,导致教学内容的选择本末倒置;先以古汉语为主来分析语言文字,后作为白话文来分析文章形式、鉴赏文学情趣、探究文化内涵,导致教学过程变成了"两张皮";翻译、串讲枯燥乏味,违背了认知规律;朗读、背诵脱离实际,忽视了现实情况。针对这些问题,应建构一个以"言"为本位的文言文阅读教学模型:通过原文重现、评点切入、同类比较三种方式,利用"文章""文学"和"文化"的教学来完成"文言"的教学,以学习"文言"的意义、用法和效果为最终目的。

第一节
重回"言"本位：文言文阅读教学的问题与对策
——以《邹忌讽齐王纳谏》为例

文言文阅读教学教什么？怎么教？至今没有解决好。学生觉得文言文难学，文言文成了语文学习中的"三怕"之首[①]；教师觉得文言文难教，文言文成了语文教学中的"老大难"之一[②]。其根本原因可能是没有弄清楚文言文的教学功能。每个时代的教育目的不同，相应的儿童观(学生观)也不同；儿童观不同，所确立的教材功能自然也不同。教材功能不同，教学内容的选择就不同；教学内容的选择不同，那么与之相应的教学过程的安排和教学方法的运用也就应该不同。所以，本章先梳理文言文教学功能的演变，然后以《邹忌讽齐王纳谏》的教案为例，来观察当下文言文阅读教学所存在的问题，并提出相应的对策。

明清科举教育的主要目的是培养和选拔精英。所选拔出来的官员或绅士，必须能作为道德的楷模和文化的象征才能维护日常的统治。所以，他们读"四书""五经"，将儒家的经典内化成自己为人处世的准则，写八股文、作试帖诗，以吟诗作文作为拥有文化的象征。科举考试时，八股文的题目来自"四书"，材料来自"五经"及其注疏，然而八股文的形式有特殊的规定，与"四书""五经"中的文章形式不同；试帖诗是唐以后产生的排律，与"五经"中《诗经》的诗体完全不同。所以，阅读"四书""五经"只需要诵读、涵泳其内容即可，不必掌握其文本形式。可见，明清时期文言文的教学内容和方法是诵读、涵泳"四书""五经"，以获取经典的内容。

现代教育的主要目的是培养平民。平民所需要的是能满足其日常生活的各种知识和基本的语文技能。1901年禁八股、1905年废科举后，考试文体变成了策论(包括经义策、史事策和时务策)。策论并不像八股文那样有固定的文本形式和确定的内容，所以要从各种文章中学习写作。1904年颁布的《奏定学堂章程》中的"中国文学"科，其实是"作文"科。当时，考试也只考一篇策论。此时桐城派古文被认为是文章的正

[①] 在中学生中，一直流行"一怕文言文，二怕写作文，三怕周树人"的说法。其中"周树人"指中学语文教科书中的鲁迅作品。
[②] 张志公曾称：语文教学是中小学各科中的"老大难"，而写作教学又是语文教学中的"老大难"，所以写作教学是"'老大难'的'老大难'"。张定远.作文教学论集·序言[M].天津：新蕾出版社，1982：1.

宗。所以，1908年商务印书馆出版林纾编的《中学国文读本》和吴曾祺编的《中学国文教科书》都是历代古文的汇编。两本书虽然是"国文"教科书，但并不是阅读教科书，而是写作教科书。其中的古文（文言）都是范文，而且其关键处有圈点和评注。民国初年，情况并没有变化，甚至出现了1913年商务印书馆出版的由许国英编写的《共和国教科书国文读本评注》和1914—1915年中华书局出版的由谢蒙（无量）编写的《新制国文教本评注》，评注的内容是所选文章的形式独特之处。因为在编者看来掌握了文章形式就会写作文章。相应的，因为接受教育的是普通民众，不是古代的精英，而且要掌握的主要是文章的形式而不是内容，所以不可能让学生通过诵读（包括背诵）、涵泳来记住文章内容、悟出文章形式（暗中摸索），而只能通过讲解文章的形式来让学生掌握（明里探讨）。可见，清末民初文言文的教学内容和方法是逐段讲解文章的形式。

　　1920年，"国文"改为"国语"后，阅读教学和写作教学开始分离。从文体上看，读的是文学作品，写的是实用文章。当时小学国语教科书中的课文主要是儿童文学，中学国语教科书中的课文主要是白话新文学，这些文学作品主要是用来培养学生的阅读兴趣，涵养其性情的。从语体上看，阅读材料的语体文白不限，但是写作开始要求用白话。教科书中的文言文不要求写而只要求读。不要求写，就不必学习长篇的古文并掌握其形式；只要求读，就只要掌握一些文言词汇（含义和用法）与基本的文言现象。文言文的功能从此发生了巨大的变化，不再像清末那样是写作文言文的范文，而是学习文言词汇、基本文言现象的材料（语料）。所以，这一时期，无论是1923年中华书局出版的由沈星一编的《新中学古文读本》等文言教科书，还是1923—1924年商务印书馆出版的由范祥善等人编写的初级中学《新学制国语教科书》等文白兼收的教科书，其中的文言文多是从古代典籍中选择的篇幅短小、内容有趣的寓言、故事、小品等。相应的，新学制前后（1920—1928）的文言文教学内容和方法是讲解其中的文言词汇和文言现象。

　　1927年，南京国民政府成立后，文言文受到重视，文选型教科书中的选文开始按文学史的顺序编排，历代有代表性的文言作品又开始出现在中学国文教科书中，但是只作为文化经典来欣赏，并不是作为文言范文来学习。1920—1928年，以国语（白话文）为对象的语法、修辞、逻辑、作法、文学理论等系统知识已初步建成，相关的著作大量出版。1929年颁布《中学国文暂行课程标准》后，出版了大量的"知识＋选文"型中学国文教科书。在这些教科书中出现的文言文主要是充当印证某项写作知识的例子。例如，归有光的《先妣事略》与朱自清的《背影》被选作《国文百八课》（开明书店1935—1936出版，夏丏尊与叶绍钧合编）第2册第12课的文选，课前的文话讲的是"含蓄的和"明显的"两种抒情方式,文言文《先妣事略》和白话文《背影》同样只是作为学习一般抒情方式的例子,而不是学习文言文写作的例子。可见,新标准时期(1929—1936)文言文教学的内容和方法是欣赏其文化内涵和讲解其某种形式。当然,因为不要求写作文言文,教学时仍然会讲解其中的文言词汇和文言现象。

1937年,抗日战争全面爆发。语文教育的目的开始转向培养国民,儿童被视为"小国民"。文言和汉字被视为民族文化的象征,受到异常重视。1946年教育部教科书编辑委员会编写的国定本《初级中学国文甲编》中的文言文甚至超出了课程标准规定的分量。1948年9月,朱自清、叶圣陶、吕叔湘合编的6册"高中教学及自修适用"《开明文言读本》的第1册出版。该书的广告称:"学文言该从基本学起,不该含糊从事。现代青年学文言,目的在阅读文言书本,不在练习用文言写作。编者根据这两点编成这部读本。第1册里有一篇三万字的'导言',说明文言和现代语的种种区别。选文的次第以内容与形式的难易为后先,先是小记短篇,逐渐到专书名著,使读者养成读文言书的能力。每篇后面附有四个项目:一、作者及篇题,二、音义,三、文法提示,四、讨论及复习。凭这四个项目自修或教学都很方便。"①可见,全面抗战、内战时期的文言文教学内容和方法,除了官方将其作为文化经典让师生欣赏外,民间还是以讲解其中的文言词汇(音义)和文言现象(文法)为主。

1949年之后至今,文言文的功能一直在变化,但是除了1956—1958年汉语、文学分科期间作为文学欣赏的材料,以及1966—1976年作为思想教育的材料外,其主要功能基本上还是借此"使读者养成读文言书的能力",这也是此后长期主持人民教育出版社语文教科书编写的叶圣陶在编写《开明文言读本》时所确立的,也就是说,只是将文言当成一种阅读的工具,而"不在练习用文言写作",所以其基本的教学内容和方法还是讲解其中的文言词汇和文言现象。

如果这样定位文言文的基本功能,确定其教学内容与方法,那么会发现目前的文言文阅读教学存在着一系列的问题。

问题1

以分析文章、鉴赏文学、探究文化为主,以学习语言文字为辅,导致教学内容的选择本末倒置。

目前,有人指出,"在文言文中,'文言''文章''文学'和'文化',一体四面,相辅相

---

① 国文月刊,1948(71),广告页.

成",其中提到了《邹忌讽齐王纳谏》中的"文言"与白话的不同,认为"文言"是出发点,而"文章""文学"和"文化"是落脚点。① 也就是说,文言文要从学习语言文字出发,去学习文章形式、文学审美和文化内涵。这种观点得到了许多人的认同,如在讨论文言文教学时就主张"四文合一",主张从语言入手,借鉴其文章写作方法,提高文学修养,获得文化熏陶。有人在讨论《邹忌讽齐王纳谏》的教学时就转述了这种"一体四面"的观点:"文言文学习必须体现其特点是'文言',本质是体认文言文的言志与载道;研习谋篇布局的章法、体会炼字炼句的艺术是两个重点;最终的落脚点是文化的传承与反思,即文言文所传达的中国古代仁人贤士的情谊与思想。"并且认为这种"一体四面"的观点应该成为文言文阅读教学设计和实施的"引擎"。② 然而,在我看来,这种文言文教学内容的选择和安排,恰恰可能是本末倒置。

首先,没有弄清楚当下文言文的教学功能。前文述及,文言文的功能如今已经发生了很大的变化,目前的文言文不似古代作为八股文的材料而需要学习其内容,不似清末民初时期作为写作的范文而需要学习文章形式,而是像新学制、新标准时期那样,主要是作为掌握文言词汇和文言现象的语料而学习其中的语言文字。目前文言文教学的主要目的(任务)就是要求学生掌握"文言"这种工具,准确地说,掌握的是阅读文言文的工具,而不是写作文言文的工具。如果将"文言"比作英语、法语等第二语言,那么只要求达到阅读水平(会读),而达到阅读水平的第二语言的学习内容,最主要的是词汇,其次是语法等。文言文最主要的学习对象也是实词的一词多义、虚词的多种用法、通假字、古今字、词类活用、古今异义、特殊句式等。掌握了这些,也就基本能阅读文言文。当然,在学习这些文言词汇和文言现象的同时,也可以习得"文章""文学""文化"等方面的知识。也就是说,文言文阅读教学应以学习语言文字为主,以学习"文章""文学""文化"元素为辅。

其次,没有注意到文言文和白话文的主要区别。文言文阅读教学与白话文阅读教学对象的不同,主要不在文体而在语体,所以文言文要教学的是"文言"这种特殊的话语形式,而不是利用其文体形式来教写作(分析文章形式)、审美(鉴赏文学情趣)、研究(探讨文化内涵)。其中的"文章""文学""文化"元素都不是文言文的教学重点,因为这些在白话文中照样可以学得。例如,几乎不需要从《烛之武退秦师》中学习对话艺术,也不需要从《游褒禅山记》中学习游记的写法。而且在学"言"的过程中,自然地或者说附带地会接触到文本所涉及的"文章""文学""文化"元素而学会一些文章的写法,产生

---

① 王荣生,童志斌.文言文教学教什么[M].上海:华东师范大学出版社,2014:4,7.
② 于红梅.溯源寻魂 以文化人——兼评《邹忌讽齐王纳谏》教学案例[J].中学语文教学参考,2016(11):44.

审美愉悦，获得文化熏陶，但是其中的"文章""文学""文化"元素并非学习的重点而是衍生产品。

最后，没有注意到基础教育阶段学校教育特殊的时空限制。基础教育阶段的文言文阅读教学与日常自然状态下的阅读以及学术研究中的阅读不同：基础教育阶段的文言文阅读教学，主要是教学生掌握语言文字这个工具；日常自然状态下的阅读以及学术研究中的阅读，可能会在已经掌握的语言文字层面的"文言"这个工具的基础上，着眼于文言文的"文章""文学""文化"元素。

总之，教学内容的选择应该以学习"文言"为主，以学习"文章""文学""文化"为辅。可以从分析文章写法、鉴赏文学情趣、体味文化内涵等角度出发来落实"文言"的教学，不过这里的"文章""文学""文化"只是用来学习"文言"的手段，而"文言"才是学习的目的。

就目前的实际教学案例来看，对《邹忌讽齐王纳谏》教学内容的选择有四种：第一种是几乎将其当成古汉语教材，分析其中的字词含义及语言现象。按照实词多义、虚词用法、通假字、古今字、词类活用、古今异义、特殊句式等，逐一分类呈现。第二种是完全将其当成白话文教材来分析其文章形式、鉴赏审美情趣、探究文化内涵。如将其当成议论文写作范例来分析其行文结构的严谨、论证方法的多样（以小见大、比喻、对比）以及语言描写的生动，或当成口语交际的样板来分析其中的劝说艺术，或当成美育材料来分析其中的情节美、人物美、语言美，或当成文化教材来探究其中的"士"文化、劝谏文化，等等。如就有教学实录中呈现的"教学内容"是把握《邹忌讽齐王纳谏》的基本情节和探究邹忌的思维方式。[①] 有教案将其"教学内容的选择"分为两步："确定核心教学目标：欣赏、领悟邹忌巧妙的讽喻艺术；体味、归纳本文巧妙的剪裁、别致的结构。确定支撑核心教学目标的教学内容：（1）通过整体阅读，梳理归纳本文三层排比结构之精妙。（2）品读邹忌窥镜自比及与齐王简短的对话，分析人物的形象特点。（3）品读'讽谏'这一细节，体味邹忌讽谏艺术之巧妙"。[②] 还有的教学设计将其"教学内容"确立为"领会文言诗文的思想内容和艺术特色"，并分为"引导学生思考本文结构上的奇特之处导入""分析结构，鉴赏奇特的三叠法""分角色读，展现人物的性格特征"和"拓展延伸，品味讽谏的现实意义"四个步骤来落实。[③] 在这些教案中，见不到一点

[①] 刘宝省.《邹忌讽齐王纳谏》教学实录[J].语文教学研究,2012(11)：27—28.
[②] 蒋红森,雷介武."教什么"的叩问——人教版精读课文教例精编（九年级）[M].福州：福建教育出版社,2015：322.
[③] 戈虹.《邹忌讽齐王纳谏》创新教学设计[J].中国基础教育研究,2009(03)：61.

"文言"的影子。第三种是"四文"并列,不分主次。如将"教学目标"确定为"(1)掌握文言实词的含义及用法,辨析文言句式。(2)感悟文章精妙构思,学习记诵古文的方法。(3)欣赏邹忌的讽谏艺术,体悟文章的人文内涵。"① 第四种是"四文"全列,本末倒置。目前,虽然第四种情况一般在教案的教学目标中看不出"四文"的主次,但是在教学过程中明显是以学习"文章""文学""文化"为主,而以学习"文言"为次的。如1994年出版的《新编中学语文教案》中收录的《邹忌讽齐王纳谏》的教案,虽然"教学目标"中有"掌握课文中的多义词,并能正确翻译课文中一些特殊的文言语句,解释其中某些词语的意义和用法",但是在教学过程中几乎没有这项教学内容,而只是围绕"认识除蔽纳谏在当时的积极作用和在今天的借鉴意义"、"领会课文设喻说理的写法"和"了解《战国策》的有关知识"这三个教学目标来安排教学内容。②

以上第一种做法没有注意到文言文阅读教学的次要任务;第二种做法没有注意到文言文阅读教学的主要任务;第三、四种做法可能没有将主次区分清楚,而且没有意识到"文言"与"文章""文学""文化"可以结合起来,并可通过后三者来学习"文言",而不仅仅是单纯地学习"文言"字词的含义和语法现象等,还要体会"文言"的表达效果。

问题2

在文言文阅读教学中,先以古汉语为主来分析语言文字,后作为白话文来分析文章形式、鉴赏文学情趣、探究文化内涵,导致教学过程变成了"两张皮"。

主要教学内容确定好了以后,就要选择适宜的形式。但是,目前的文言文阅读教学内容与形式存在的问题很大:前半节或一节课是梳理讲解字词,把语言文字剥离出文本;后半节或一两节课是分析课文的内容和形式,又弃语言文字而不顾。前半截是枯燥的文言词句讲解,脱离了整个文本;后半截则是将文言文当成白话文那样的教学,忽视了文言文的特点而大讲其中的文章形式、文学特色、文化内涵。前半截像在教学古汉语,后半截像在教学白话文;前半截是脱离语境讲解字词,后半截是脱离字词分析艺术与思想、情感等。语言文字的学习与分析文章写法、鉴赏文学情趣、体味文化内涵被割裂开来,教学过程变成了"两张皮"。

下面是2010年《语文教学通讯》"参赛设计选展台"栏目刊发的《邹忌讽齐王纳谏》的教学设计,③现将其主要内容整理如下。

---

① 王文倩.《邹忌讽齐王纳谏》教学设计[J].现代语文,2007(06):56.
② 黄岳洲.新编中学语文教案(高中第一册)[M].北京:语文出版社,1993:220—225.
③ 赵文花.《邹忌讽齐王纳谏》教学设计[J].语文教学通讯·初中刊,2010(11):56.

一、借助注释学文言

1. 初读课文,读准字音和停顿。
2. 译读课文,读懂句意和层次。
(1) 理解近义词在文中的意思。

A. 邹忌讽齐王纳谏。

B. 能谤讥于市朝。

C. 能面刺寡人之过者。

(2) 词类活用。

A. 朝服衣冠。

B. 吾妻之美我者,私我也。

C. 能面刺寡人之过者。

D. 闻寡人之耳者。

(3) 一词多义。

A. 孰:我孰与城北徐公美？孰视之。

B. 间:时时而间进。肉食者谋之,有何间焉？

C. 私:宫妇左右莫不私王。念此私自愧。

D. 朝:朝服衣冠。皆朝于齐。

(4) 古今异义。

A. 今齐地方千里。

B. 宫妇左右莫不私王。

C. 明日,徐公来。

(5) 特殊句式。

A. 城北徐公,齐国之美丽者也。(判断句)

B. 忌不自信。(倒装句)

C. 旦日,客从外来,与座谈。(省略句)

D. 王之蔽甚矣。(被动句)

二、吟哦讽诵而后得之

"吟哦讽诵"就是要放声读,读得正确、流畅、有感情。沉浸其中,读出人物的心态和思想,品读作品的生动叙述。

三、感悟·品味·欣赏

1. 文章多处运用了三叠排比的句式，整齐但不重复，找一找，文中先后出现了哪些"三"？

（1）三问。

（2）三答。

（3）三思。

（4）三比。

（5）三赏。

（6）三时。

（7）三变。

（8）三美：问美（生活）、比美（纳谏）、思美（结果）。

2. 贯穿全文并最能体现人物特点的是哪两个字呢？从中看出了人物的什么特点？

（1）"思"，看出邹忌智者的特点。

（2）"善"，看到齐王明君形象。

四、知人论世读经典

1. 历史上有直谏、情谏、兵谏、讽谏等方式，方式不同结果也不同。邹忌讽谏齐王为什么会成功？

（1）为对方打算，不暴露游说目的。

（2）用婉言相劝，忠言顺耳利于听。

（3）巧施攻心术，先对方之忧而忧。

2. 课文对我们今天的人际交往有什么启示？

从教案中的教学内容来看，是"四文"并列且不分主次。从教学过程来看，"文言"与"文章""文学""文化"是完全剥离的，成了"两张皮"。

问题3

翻译、串讲枯燥乏味，违背了认知规律；朗读、背诵脱离实际，忽视了现实情况。

教师逐字逐句翻译、串讲是目前用得较多的文言文阅读教学方法，这其实根本没有多少必要，因为学生基本上可以结合文下注释、查阅工具书来解决这些问题，如果上课时教师再以此为主要教学方法一定会让学生感到枯燥乏味,也会导致学生在课前预习时不再关注字词。如果采用抽检的方式检查学生的词句预习情况,也存在着既不能顾及所有的重要词句,又不能考查全体学生的情况。所以,可以用同桌互相读听、讲译的方式来进行。教师要做的是,在从文体,或要素,或手段出发解决具体任务的过程中,总结一些语言现象,指点学生体会其中的表达效果。

有人主张教学文言文要分析其体式(大多认为体式是静态的体裁知识),把分析体式作为一项主要的教学目标和教学内容(有时甚至作为最主要的教学目标和教学内容),也就是说,把体式这个教学手段当成了教学目的(把通过体式来教学当成了去教学体式)。分析诗文体式固然有助于阅读,如了解赋的体式再读《前赤壁赋》,就知道作者可能会用铺排的方式写景、用主客问答的方式说理等,了解游记的体式再读《游褒禅山记》,就知道文章可能会用移步换景的方式写景并在最后说理抒情。但是,对于诗文体式只要了解即可,可以把它当成获取文本信息的一个手段,而不必去分析,因为不是学习文体写作;更不必像文体学家那样达到精深理解的程度,因为不是从事学术研究。

近年来,有很多人主张教学文言文要让学生反复朗读甚至全部背诵。在诸多《邹忌讽齐王纳谏》的教学设计中就有以此为主要教学方法的。① 朗读文言文固然能"因声求气"体会其中的韵律、节奏和气势之类,背诵文言文也能为写作积累一些素材,或使语言表达精致化和典雅化。但是,朗读一定要将自己的声音表达与对文本意义的理解结合起来,否则读的遍数再多也未必能"求气"。要求每篇文言文背诵既没必要也不可能,一方面,文言文的功能决定其没必要强求背诵,因为现在已经不像科举时代的八股文写作那样,要从"四书""五经"里命题、取材而代圣人立言;另一方面,无论是学生的能力还是学习时间都决定不可能要求全部背诵教科书选入的所有文言文,因为学生不可能全部记住,也不可能只学习语文这一门课程,更不可能只学语文课程中的文言文。

对策

建构以"言"为本位的文言文阅读教学模型。

以"言"为本位的文言文阅读教学,是以"言"为本位,将"文言"的教学融入"文章""文学"和"文化"的教学,利用"文章""文学"和"文化"的教学来完成"文言"的教学。有

---

① 乔居蕊.读明意 诵出情 品出味:《邹忌讽齐王纳谏》朗读教学实践[J].语文教学通讯·初中刊,2010(17):38—39.

人曾进行过局部尝试,例如,语文特级教师洪镇涛的《邹忌讽齐王纳谏》"导读设计"就非常明显地体现了以"言"为本位的理念。他认为过去教师逐字逐句地串讲虽然有一定的效果,但是对于学生来说很被动,所以要采用导读法,教师在课堂上提示、示范、启发、点拨、释疑,学生在教师的引导下阅读、思考、讨论、切磋。导读设计的篇幅不长,姑且照录如下。①

1. 适当提示,引起兴趣

《邹忌讽齐王纳谏》选自《战国策》。这部书不仅是重要的历史文献,而且富有文学价值,对人物的刻画深刻具体,特别善于运用寓言故事来说明抽象的道理。

邹忌是战国时期齐国的宰相,"讽"是用暗示、比喻之类的方法,委婉地规劝别人。"纳",采纳、接受;"谏",规劝,这里作名词用。下面,我们来看一看,邹忌是怎样用暗示和比喻的方法来劝告齐王采纳意见的。

2. 阅读课文,了解大意

让学生借助于课文注释和工具书,独立阅读课文,了解课文大意。有疑问可举手提出,教师分别根据情况,予以处置:

(1)比较简单的属于个别性的问题,直接作答。

(2)有思考价值的,引导学生进一步思考,不直接作答。

(3)比较难懂的或属于教学难点的,让学生暂时存疑,留待全班集体讲解。

注意点拨下列词语:

(1)孰与:比……怎么样。

(2)忌不自信:"不自信"即不相信自己,动宾倒置。

(3)不若:不如、不像。

(4)美我:以我为美。美,形容词用如动词,意动用法。

3. 相互切磋,弄懂字句

让同桌的学生,相互串讲课文第三段。或一人主讲,另一人边听边纠正、补充。

4. 讨论问题,加深理解

(1)邹忌漂亮不漂亮?何以见得?(邹忌"修八尺有余,而形貌昳丽")"修"是什么

---

① 洪镇涛.《邹忌讽齐王纳谏》导读设计[J].中学语文,1986(07):16—17.

意思?(长,身长)八尺还有多的,那不将近有两米七了?(古代的尺比现代的尺短,一般只有七寸左右。八尺不过一米八左右,不算太高)

(2) 邹忌与城北徐公比,哪个更漂亮?你怎么知道的?(①"城北徐公,齐国之美丽者也"——可见徐公是齐国公认的漂亮的人;②"明日徐公来,孰视之,自以为不如;窥镜而自视,又弗如远甚"——邹忌当面跟他比了一下,又是"孰视",又是"窥镜",认真研究了一番,结论是自己差得太远)

(3) 邹忌分别向妻、妾、客提出他与城北徐公比哪漂亮些的问题时,妻、妾、客的意见怎么样?(① 妻:"君美甚,徐公何能及君也?"② 妾:"徐公何能及君也?"③ 客:"徐公不若君之美也。")

(4) 这三个人真的都认为邹忌比徐公美吗?为什么都说邹忌比徐公美呢?(妻是真的,妾、客是假的。"妻私我也""妾畏我""客有求于我")

(5) 请比较一下妻、妾、客三个人的答话,有什么差别?(挂出小黑板)

	妻	妾	客
原话	君美甚,徐公何能及君也?	徐公何能及君也?	徐公不若君之美也。
语意	君比徐公美	君比徐公美	君比徐公美
句式	(反问)	(反问)	(陈述)
语气	(热情、称赞)	(语气较轻)	(语气更轻)
心理	(偏爱)	(畏怯)	(讨好)

(注:括号内的字,是经过师生共同讨论后填写进去的)

(6) 邹忌是怎样用从这件事情上悟出的道理去"讽齐王纳谏"的呢?(邹忌妻、妾、客的"私臣""畏臣""有求于臣"比喻齐王的"宫妇左右""朝廷之臣""四境之内"的"私王""畏王""有求于王"。用个人受蒙蔽的故事来暗示"王之蔽甚矣"。采用这种设喻、暗示的方法讲述道理、表明意见,语言往往显得委婉、含蓄,娓娓动听,使人容易接受)

(7) 齐王采纳了邹忌的意见没有?效果如何?(指定一名学生串讲第三段,教师订正)

5. 反思求异,发展智力

(1) 设想一下,如果邹忌不是用设喻的方式,而是用直抒己见的方式,他会向齐王说些什么?其效果会是怎样的?(让学生畅所欲言)

(2) 邹忌说话绕弯子,是不是不够直率?(说话要看对象,提意见要讲方式,要顾及效果,并非不直率)

上引教学设计有意将"邹忌是怎样用暗示和比喻的方法来劝告齐王采纳意见的"这个问题的解决与"文言"的教学有机地结合在一起,不仅提示学生掌握词句意思、用法、规则,还点拨他们体会其表达效果。

不过,目前可能还没有人意识到可从文体、要素、资源等角度建构一个以"言"为本位的、将教学内容与形式融合在一起的、可操作的文言文阅读教学模型。所以,结合以上对目前文言文的阅读教学内容、过程和方法所存在的问题的批评和分析,尝试建构下列以"言"为本位的文言文阅读教学模型(如图21所示)。

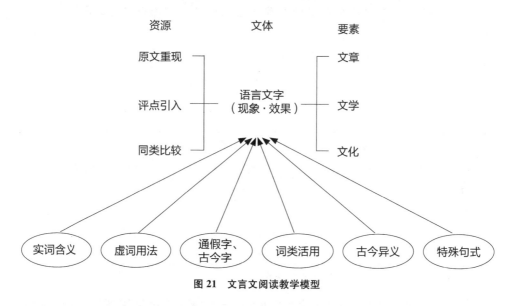

图21　文言文阅读教学模型

这个模型主要针对的是上述教学内容确定时重"文"轻"言",以及教学过程安排和方法运用时"言""文"割裂的弊端,解决弊端的思路是将学习目标确定为学习文言文中的语言文字,但是入手处却不是语言文字。语言文字教学是文言文的出发点(教学目标)和目的地(教学结果),但是落脚点、着手处(教学手段)却是其他。也就是说,要将语言文字的教学置于具体的文本学习或任务解决的过程中。这个模型所设计的基本教学内容、教学过程与方法如下。

第一步,初步感知语言文字的含义:同桌互相读听,讲译。(也可以将下列第二步作为第一步,而将这第一步作为下列第二步中的第一个环节)

第二步,深入理解语言文字的含义、用法及效果:完成任务(从文体、要素、资源不同的角度去设计),随文学习。大致有如下三种办法,教学时可以只采取其中的一种,也可以以其中的一种或两种为主而融合其他。

第一种，从文体出发，按照前述各章所建构的小说、诗歌、散文、戏剧、议论文、说明文、应用文等不同文体的阅读教学模型来组织教学，落实语言文字的教学。如教古代诗歌就按诵读教学三步法来设计，教小说就按"三要素"重构模型来组织教学过程与方法，等等。

从文体的角度设计《邹忌讽齐王纳谏》的教学，可按照类似小说的阅读教学模型来设计，因为其文体很特别，虽从其出处看应属写人叙事的历史散文，但《战国策》常用寓言说理，而且从其行文及其中的史实来看也可能是"拟托"之文①，采用了小说、寓言的笔法。如果从文体的角度设计，可按照下列图示设置以下问题（如图22所示）。

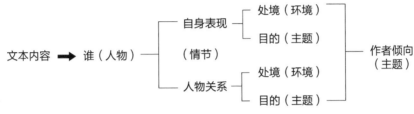

图22 从文体出发进行问题设置示意图

1. 解题

提问：这篇课文的标题是"邹忌讽齐王纳谏"，题目中包含的主要人物是谁？关键事件是什么？主要地点在哪里？

明确：邹忌、齐王。邹忌讽齐王、齐王纳谏。家里、朝廷。

2. 由人物分析带动情节和环境的分析

提问：邹忌和徐公比美的目的是什么？其他人的反应是怎样的？这些人的言行与这些人处境的关系是怎样的？

明确：可能是单纯地爱美，可能是借此说理。无论是现场比美还是窥镜自视，邹忌都觉得自己不如徐公美。然而当他问"我孰与城北徐公美"时，其妻曰"君美甚，徐公何能及君也"，其妾曰"徐公何能及君也"，客曰"徐公不若君之美也"，因为三人与徐公的亲疏关系不同、回答时的目的也不同："妻之美我者，私我也；妾之美我者，畏我也；客之美我者，欲有求于我也。"

---

① 汪蔚虹，陆精康.《邹忌讽齐王纳谏》系"拟托"之文[J].语文教学通讯，1994(09)：28—29.

提问：邹忌为什么要入朝见齐威王？他说了什么？是怎么说的？结果如何？

明确：邹忌以个人小事在齐王前论国家大事："臣诚知不如徐公美。臣之妻私臣，臣之妾畏臣，臣之客欲有求于臣，皆以美于徐公。今齐地方千里，百二十城，宫妇左右莫不私王，朝廷之臣莫不畏王，四境之内莫不有求于王：由此观之，王之蔽甚矣。"运用类比推理，以小见大，使人信服。不直抒己见，是因为易犯颜抗上。结果是齐王接受了邹忌的观点，悬赏纳谏去蔽。齐王之所以采纳邹忌的讽谏，一是因为邹忌说得有理，二是因为他的说法委婉，三是体现自己有从谏如流的胸怀，四是为了齐国的强盛。从结果来看，也确实如此，"燕、赵、韩、魏闻之，皆朝于齐"。

3. 通过分析作者的态度来探究课文的主题

提问：作者对邹忌、齐王等人的态度是怎样的？他想借此说明什么？

明确：邹忌善讽谏，齐王能纳谏。讽谏要有艺术，纳谏要有胸怀。君臣协力，国家兴盛。

第二种，从要素出发，以分析文章形式、鉴赏文学情趣、探究文化内涵三者中的一两种来带动语言文字的教学。即由"文"而"言"，以达到"言""文"结合，最终落实"言"而兼及"文"的学习；而不是先"言"后"文"，"言""文"分离，最终"言""文"两伤。

从要素的角度设计，可与下文将要述及的、从资源（手段）设计角度中的评点引入结合起来运用，因为历代评点文字一般会涉及文本的用字、章法、思想、情感、旨意等，包含了"文章""文学"和"文化"要素。如《古文观止鉴赏集评》一书中就收录了有关《邹忌讽齐王纳谏》的七则评点。①

一段问答孰美，一段暮寝自思，一段入朝自述，一段下令受谏，一段进谏渐稀，段段简峭之甚。

［清］金圣叹《天下才子必读书》卷三

此篇专为好奉承者说法。人苦不自知，自知则人莫能蔽。篇中所云"臣诚知不如徐公美"一句，便是去蔽主脑。威王下令，亦只是欲闻过耳。结言"战胜"，即自克之意。其行文自首至尾，俱用三叠法。《国策》中最光明正大者。

［清］林云铭《古文析义》卷五

邹忌将己之美、徐公之美，细细详勘，正欲于此参出微理。千古臣谄君蔽，兴亡关

---

① 朱一清.古文观止鉴赏集评(上卷)[M].合肥：安徽文艺出版社，2010：157.

头,从闺房小语破之,快哉!

[清]吴楚材、吴调侯《古文观止》卷四

此文大有惜墨如金之意。前五段不过是引入讽齐王伏笔;"王曰善"以下,又皆写齐王之能受善;其讽王处,惟在"臣诚知不如徐公美"数语。即此数语中,亦并无讽王纳谏字句,只轻轻说个"王之蔽甚矣",便住。何等蕴藉,何等简峭!至其通体文法,每一层俱用三叠。变而不变,不变而变,更如武夷九曲,步步引人入胜。

[清]余诚《重订古文释义新编》卷四

通篇俱用三叠,凡七层,而文法变换,令人不觉。如水上波纹,起伏变幻,只一水耳。文章之妙极矣!

[清]高嵣《国策钞》卷上引茅鹿门评

千古臣谄君骄局面,从闺房小语逗出。妙,妙!

[清]高嵣《国策钞》卷上引钟伯敬评

闺门起,朝廷结,小中见大,思议不到,写来却成名理。文多三叠,间用单句提缀,转折收煞,笔力斩然。

[清]高嵣《国策钞》卷上引俞桐川评

其中涉及内容、字词、句法、章法、旨意等,可选择其中的一则或几则评点,然后师生以研读这一则或几则评点的方式带动整篇文章的学习(结合文章来分析、讨论评点)。

第三种,从资源(手段)出发,采用原文重现、评点引入、同类比较的方式来完成语言文字的教学。一是原文重现。将文言文置于原有的、完整的故事之中(节选的要补充删去的情节、非节选的要联系相关情节),在故事的还原探究中落实字词的教学。例如,将《邹忌讽齐王纳谏》置于一个完整的事件中,在其他历史典籍中寻找文中所述之前及之后的情节,通过探究这个故事的始末,来完成文中字词的教学。二是评点引入。文言文在历代会有多种注释、评点文字,涉及文本内容和形式的方方面面,可以将其中的某一点或几点作为课程资源引入,设置成需要探究的问题,让学生围绕某一个或几个关键的评点来学习整篇课文,落实字词。三是同类比较。同一事件、人物在不同的典籍中有不同的记载,同一个题材(主题)又有不同的文本呈现形式,可把这些相关的文本放置在一起,通过文本的比较教学,带动字词的落实。

从手段的角度设计,主要是利用课外资源。其中用评点引入的方法来设计在上文已作介绍。用原文重现的方法来设计《邹忌讽齐王纳谏》,可以将课文学习与文中情节

发生之前和之后的情节联系起来,如节选《史记·滑稽列传》中关于齐威王好隐语的记载:

齐威王之时喜隐,好为淫乐长夜之饮,沈湎不治,委政卿大夫。百官荒乱,诸侯并侵,国且危亡,在於旦暮,左右莫敢谏。淳于髡说之以隐曰:"国中有大鸟,止王之庭,三年不飞又不鸣,王知此鸟何也?"王曰:"此鸟不飞则已,一飞冲天;不鸣则已,一鸣惊人。"於是乃朝诸县令长七十二人,赏一人,诛一人,奋兵而出。诸侯振惊,皆还齐侵地。威行三十六年。

或者是《史记·田敬仲完世家》中有关邹忌以"鼓琴""比喻""治国",向齐威王劝谏的记载:

邹忌子以鼓琴见威王,威王说而舍之右室。须臾,王鼓琴,邹忌子推户入曰:"善哉鼓琴!"王勃然不说,去琴按剑曰:"夫子见容未察,何以知其善也?"邹忌子曰:"夫大弦浊以春温者,君也;小弦廉折以清者,相也;攫之深,醳之愉者,政令也;钧谐以鸣,大小相益,回邪而不相害者,四时也:吾是以知其善也。"王曰:"善语音。"邹忌子曰:"何独语音,夫治国家而弭人民皆在其中。"王又勃然不说曰:"若夫语五音之纪,信未有如夫子者也。若夫治国家而弭人民皆在其中。"王又勃然不说曰:"若夫语五音之纪,信未有如夫子者也。若夫治国家而弭人民,又何为乎丝桐之间?"邹忌子曰:"夫大弦浊以春温者,君也;小弦廉折以清者,相也;攫之深而舍之愉者,政令也;钧谐以鸣,大小相益,回邪而不相害者,四时也。夫复而不乱者,所以治昌也;连而径者,所以存亡也;故曰琴音调而天下治。夫治国家而弭人民者,无若乎五音者。"王曰:"善。"邹忌子见三月而受相印。

或者是《战国策·齐策》中记叙邹忌讽齐王纳谏后又设计陷害武将田忌等事。

用同类比较的方法来设计《邹忌讽齐王纳谏》,可将其与据说是本文出处的《吕氏春秋·达郁》比较:

列精子高听行乎齐湣王,善衣东布衣值衣,白缟冠,颡推之履,特会朝雨祛步堂下,谓其侍者曰:"我何若?"侍者曰:"公姣且丽。"列精子高因步而窥于井,粲然恶丈夫之状也,喟然叹曰:"侍者为吾听行于齐王也,夫何阿哉?又况于所听行乎万乘之主,人之阿之亦甚矣,而无所镜,其残亡无日矣。孰当可而镜?其唯士乎!人皆知说镜之明己也,而恶士之明己也。镜之明己也功细,士之明己也功大。得其细,失其大,不知类耳"。

还可与《触龙说赵太后》《邵公谏厉王弭谤》《谏太宗十思疏》之类的讽谏文字比较。

第三步,总结归纳语言文字的含义、用法和效果:集中整理,分类呈现。

无论上述第二步采取哪种方法设计,最终还是要落实到教会学生学习"文言"上。也就是说要在解决以上问题、完成以上任务的过程中随文学习语言文字。如教学《邹忌讽齐王纳谏》,在学习过程中除了总结文中的实词含义、虚词用法、通假字、古今字、词类活用、古今异义、特殊句式等外,还要理解其表达效果,如理解"吾妻之美我者,私我也"中的"私",从其句式、位置以及下文的"妾之美我者,畏我也;客之美我者,欲有求于我也"中的"畏""有求于"来判断,词义是"偏爱",词性是动词,而且可表示妻子与其亲近的关系,等等。

字词的落实方式就是随文学习、集中整理。随文学习指在学习课文时讲解词句,将词句的学习置于其他特定的任务情境中,并结合上下文来理解,不仅要知道其含义、用法,还要体会其表达效果,如进行文白比较、联系语境推理等,甚至还可以适当地进行练习(如选择与"私"用法相同的词,或者找出不同的句子中"私"的含义与课文一致的一项),要求联系所学过的文言课文中出现的词句,以及现代汉语、成语中仍在使用的相同含义或用法的词或句,以达到举一反三、学以致用的目的。集中整理就是在黑板上某一固定的区域,事先将文言词句的知识分成几栏,在讲解某个词句时,随手将其板书于某个栏目之中,这样课文上完了,词句也总结清楚了,并不是等课快上完了再来一一总结,而是要提醒学生关注黑板上已分块呈现的词句。

第二节
《桐叶封弟辨》教学设计、教学实录与课例评析

桐叶封弟辨

柳宗元

古之传者有言:成王以桐叶与小弱弟,戏曰:"以封汝。"周公入贺。王曰:"戏也。"

周公曰："天子不可戏。"乃封小弱弟于唐。

吾意不然。王之弟当封邪，周公宜以时言于王，不待其戏而贺以成之也。不当封邪，周公乃成其不中之戏，以地以人与小弱者为之主，其得为圣乎？且周公以王之言不可苟焉而已，必从而成之邪？设有不幸，王以桐叶戏妇、寺，亦将举而从之乎？凡王者之德，在行之何若。设未得其当，虽十易之不为病，要于其当，不可使易也，而况以其戏乎！若戏而必行之，是周公教王遂过也。

吾意周公辅成王，宜以道，从容优乐，要归之大中而已，必不逢其失而为之辞。又不当束缚之，驰骤之，使若牛马然，急则败矣。且家人父子尚不能以此自克，况号为君臣者邪？是直小丈夫缺缺者之事，非周公所宜用，故不可信。

或曰：封唐叔，史佚成之。

选自：[清]吴楚材，吴调侯.古文观止[M].葛兆光，戴燕，注解.北京：中华书局，2008：206.

《桐叶封弟辨》教学设计

教学目标：

1. 会翻译全文词句，掌握"传""与""成""以时""不中""苟""举""行""易""病""遂""大中""克""缺缺"等实词的含义，"以""于""之""其"等虚词的用法，以及文中的古今字、通假字、古今异义、词类活用、特殊句式等文言现象。

2. 学习论述性文言文的阅读方法。

教学内容与过程：

一、导入

三十多年前，我在读高中时，在语文课本中学过一篇梁衡写的散文《晋祠》，里面的一则小故事让我至今难忘：周成王和他年幼的弟弟在院子里玩耍，成王随手捡起地上的一片桐叶，削成"珪"形，和他弟弟开玩笑说："我把这个珪给你，封你做唐国的诸侯。"周公听到此事就要成王马上封他弟弟。成王说："开玩笑的"。周公说："天子无戏言。"于是，成王就册封了这个年幼的弟弟做唐国的诸侯。这就是著名的"桐叶封弟"的故事。弟弟长大后在唐国兴修水利，人民得以安居乐业。后来唐因境内有晋水而改为晋国，就在今天的山西境内。山西的悬瓮山下、晋水源头的晋祠，就是为纪念这位唐国的诸侯而建造的。不过，唐代的柳宗元认为这则故事并不可信，我们先看他写的《桐叶封弟辨》的第一段。

二、分析课文

(一) 翻译第一段文字,注意重点字词

提示:上课时第一段可以用不加标点的形式呈现。提醒学生注意"传""与"的词义以及"以""于"的用法。

提问:

1. "成王以桐叶与小弱弟戏曰以封汝"有两种断句法:一是"成王以桐叶与小弱弟戏,曰:'以封汝'";二是"成王以桐叶与小弱弟,戏曰:'以封汝'"。哪一种断法正确?
2. "乃封小弱弟于唐"与"乃以唐封小弱弟"有什么区别?

明确: "传"(zhuàn):撰写史籍;"与":给予;"以":拿;"于":到。

"以"和"与"搭配,构成"以……与……"固定搭配,这里的"与"不是"同""和"的意思,而是"给予"的意思,所以第二种断法正确。从"王曰:'戏也'",也可以逆推前一个"戏"是"玩笑"而非"游戏"的意思,所以应在"戏曰"前断开。

"乃封小弱弟于唐"的意思是:于是把年幼的弟弟册封到唐地(于是把年幼的弟弟的领地册封在唐地),"乃以唐封小弱弟"意思是:于是拿唐地封给年幼的弟弟。"于"是"到""在"的意思,"以"是"拿"的意思。

(二) 引入《吕氏春秋》和《史记》中有关"桐叶封弟"的记载,比较阅读,积累字词

柳宗元只是将这个史事作为说理的例子援引,并没有将其作为故事展开,进行详细地记叙和描写。对照《桐叶封弟辨》第一段,阅读下列两段含有记叙、描写成分的"桐叶封弟"故事的文字。

成王与唐叔虞燕居,援梧叶以为珪,而授唐叔虞曰:"余以此封女。"叔虞喜,以告周公。周公以请曰:"天子其封虞邪?"成王曰:"余一人与虞戏也。"周公对曰:"臣闻之,天子无戏言。天子言,则史书之,工诵之,士称之。"于是遂封叔虞于晋。周公旦可谓善说矣,一称而令成王益重言,明爱弟之义,有辅王室之固。

(《吕氏春秋·审应览·重言》)

晋唐叔虞者,周武王子而成王弟。初,武王与叔虞母会时,梦天谓武王曰:"余命女生子,名虞,余与之唐。"及生子,文在其手曰"虞",故遂因命之曰虞。武王崩,成王立,

唐有乱,周公诛灭唐。成王与叔虞戏,削桐叶为珪以与叔虞,曰:"以此封若。"史佚因请择日立叔虞。成王曰:"吾与之戏耳。"史佚曰:"天子无戏言。言则史书之,礼成之,乐歌之。"於是遂封叔虞于唐。唐在河、汾之东,方百里,故曰唐叔虞。姓姬氏,字子于。

(《史记·晋世家》)

1. 翻译上面两段文字,注意重点字词的含义与用法。

明确: 第一个语段中的重点字词:

(1) 援(那)梧叶以(之)为珪。

(2) 余以此封女(rǔ)(通"汝",你)。

(3) 天子其封虞邪?

(4) 史(史官)书(记载)之,工(乐工)诵(歌咏)之,士(士人)称(赞颂)之。

(5) 于是(在这种情况下)遂(就)封叔虞于晋。

(6) 周公旦可谓善说矣(shuì)(劝说)。

(7) 一称(劝说)而令成王益(更加)重(zhòng)(重视,以……为重)言,明爱弟(tì)(同"悌",尊敬兄长,也指尊敬长辈)之义,有(yòu)(通"又")辅王室之(主谓之间)固。

第二个语段中的重点字词:

(1) 武王与叔虞母会(幽会)时,(叔虞母)梦天谓武王曰:"余命女(通'汝')生子,名虞,余与(给)之唐。"

(2) 文(写字)在其手曰:"虞"。

(3) 以此封若(你)。

(4) 史佚因请择日立(封)叔虞。

(5) 言则史(史官)书(记载)之,礼(礼官)成(完成程序)之,乐(乐官)歌(歌咏)之。

2. 比较分析这两段文字内容的异同。

明确: 两段文字都强调天子"重言",但是劝谏的人和主旨都不同:在《吕氏春秋》中促成此事的是周公旦,目的主要是以此告诫君王"重言",同时赞颂辅臣"善说";在《史记》中促成此事的是史佚,目的主要是以此赞扬史家"直书",同时告诫君王"重言"。①

---

① 史佚和此后春秋时期因"书法不隐"而被称为"古之良史"的董狐一样被视为秉笔直书的史家代表;更何况《淮南子》中也有"成王问政于尹佚"的记载,在这一方面,史佚与周公、召公、太公地位相仿。也就是说,史佚集史家与谏臣双重身份。司马迁后来著《史记》时不虚美不隐恶,又为李陵之降而仗义执言,大概也受古代史家,如史佚等写史、参政等行为以及"直书""善说"等著信史、为良臣的标准影响。

(三) 结合《吕氏春秋》和《史记》中有关"桐叶封弟"的记载,理解柳宗元在《桐叶封弟辨》中的相关辨析

既然"桐叶封弟"的故事至少有两种版本,那么哪一种版本的记载是合理的呢?对此,柳宗元的观点是什么?宋代吕祖谦在《古文关键》中称:"此篇文字,一段好如一段。大抵做文字,须留意好意思在后,令人读一段好一段。"大家逐句逐段阅读,看"好"在哪里?有什么"好意思"?

1. 学生阅读、翻译第二至四段。

2. 讨论作者的主要观点,分析他的辨析过程。

明确: 作者引用的版本显然是第一种版本,即出自《吕氏春秋》的说法。但又说:"吾意不然(正确)",显然是否定这种观点。

接着以诘问的方式围绕"戏"字从"当封"与"不当封"两方面逐层批驳:若当封,则"周公宜以时(及时)言于王,不待其戏(开玩笑时)而贺以成(促成)之也";若不当封,则"周公乃成(把……变成事实)其不中(不认真、不恰当)之戏,以地(土地)以人(居民)与小弱者为(使之成为)之主,其得(怎么算得上)为圣(圣贤)乎?"

然后,对"天子不可戏言"加以引申,先从反面假设推论:"且周公以(认为)王之言,不可苟(随便)焉而已,必从(遵从)而成(促成)之邪?设有不幸,王以桐叶戏妇寺,亦将举(赞成)而从之乎?"显然不能。再从正面批驳,提出评判君王言行的标准并不在于其是否为君王所说,而在于其所说是否恰当:"凡王者之德,在行之何若(怎样)。设未得其当(恰当),虽(即使)十易(多次改变)之不为病(不算是毛病、错误),要(关键)于(在于)其当,(当则)不可使易也,而况以(因为)其戏乎!若戏而必行(照办)之,是周公教王遂过(成其过失,犯错误)也。"那么在这样的标准之下,周公应该而且会怎样去做呢?

再从正面立论,从周公的辅政职责、人臣身份、圣贤形象去否定第一种说法:"吾意周公辅成王,宜以道(引导),从容(安逸舒缓)优乐(优悠和悦),要(关键)归之大中(光大正中)而已,必不逢(迎合)其失而为之辞(用托辞替他开脱)。又不当束缚之,驰骤(奔跑忙碌)之,使(驱使)若牛马焉(的样子),急则败(坏事)矣。且家人父子尚不能以此自克(自我约束),况号为君臣者邪?"最后他得出的结论是:"是(这是)直小丈夫(平庸的人)缺缺者(玩小聪明的人)之事,非周公所宜用(应该采用的方法),故不可信。"

既然否定了前一种说法,那么后一种,即《史记》中的说法是否可靠呢?显然作者对《史记》中的说法是赞成的:"或曰(有人说,指司马迁在《史记》中的说法。因为另一处记载'桐叶封弟'事的据传为西汉刘向编的《说苑·君道》,其文字与《吕氏春秋·重言》中的相关文字几乎相同，观点自然也相同）：封唐叔，史佚成之。"

三、评议课文

评议全文的论题、论点、论据与论证、意图。因为学习文言文的主要目的还是积累"文言"，所以议论文"五要素"的分析不必花费过多时间，甚至可以让学生在课外思考。不过本文篇幅不长，评议"五要素"也可以促使学生重新阅读课文，更深入地理解课文。更重要的是，在分析"五要素"的过程中也可以学习"文言"，也就是说，议论文"五要素"成了学习"文言"的手段。

（一）论题

提问：为什么在《吕氏春秋》中促成成王封地的是周公，而在《史记》中是史佚呢？

明确："桐叶封弟"的故事在《吕氏春秋》的"重言"篇中，《吕氏春秋》是吕不韦召集谋臣策士写的，主要是供统治者借鉴，可能因为强调君王"重言"、谋臣"善说"，所以将促成此事的人写成名臣周公。可能在同样是史官的《史记》的作者司马迁看来，史官的秉笔直书也许比谋臣的据理劝谏更能让君王"重言"，所以将促成此事的人写成著名的周初史官史佚。

（二）论点

提问：作者的观点是：《吕氏春秋》所记载的由周公促成此事不可信。提及了（没有明说）《史记》记载的史佚促成此事。《吕氏春秋》成书早于《史记》，按说应该更可信，为什么作者反而认为前者不可靠而后者可靠呢？

明确：首先，可能作者认为《吕氏春秋》喜欢用"寓言"，而且"桐叶封弟"主要是用来证明"重言"的，所以有可能为了说理而歪曲事实；而史家司马迁的"史德"可以保证《史记》中"史实"记载的准确（"迁有良史之才"，"善序事理，辨而不华，质而不俚，其文直，其事核，不虚美，不隐善，故谓之实录。"《汉书·司马迁传》）。其次，作者用驳论的方式层层辩驳，从道理上证明周公促成此事之说不可信，似乎也可以证明其不可信。

（三）论据与论证

提问：作者的论据充分吗？论证严密吗？

明确：作者只有理据，没有例据。如果说最后虽有提及而没有分析的《史记》中的说法是例据，那么如前所述，这也是存在问题的。作者以劝说成王的言行"是直小丈夫䫍䫍者之事"，非智者"周公所宜用"，就得出周公促成此事的说法"不可信"的结论是武断的，因为即使贤能如周公，也未必就不会如此劝说。而且此前周公刚刚平息了唐地的叛乱，此时急需一位王侯主政，从这方面来说，劝成王封姬虞于唐适逢其时。更何况即使像作者说的这是"不当"的做法，也有可能是周公的行为，正所谓"智者千虑，必有一失"。所以，作者的论证也是不严密的。

（四）意图

提问：推论虽然有时符合逻辑，但未必是事实。也就是说，他提及的《史记》并没有直陈史料的确切来源，而他自己的观点又是推论所得，主要是"理证"而不是"实证"，更何况论证也不够严密，那么他为什么还要写这篇文章呢？难道仅仅是考辨史事、故作新说吗？

明确：清代林纾在《韩柳文研究法》中说："文中大要，在'王者之德行之何若。设未得其当，虽十易之不为病，要于其当，不可使易也'数语，实深明大体之言。"①也就是说，冒险做翻案文章并不是柳宗元的主要目的，柳宗元的主要目的（"大要"）是为了阐明人臣评判君王言行的标准并不在于君王的至尊身份，而在于其言说的内容是否恰当。其写作目的是鼓励臣子根据事实，直言劝谏，推行政治革新。

永贞元年（公元 805 年）正月，唐顺宗即位时，辅政的王叔文有意推行政治改革，减免税赋，罢诸道进奉，废止宦官把持的宫市，等等。他让柳宗元出任礼部员外郎，参与革新。八月，立宪宗，王叔文被贬并于次年被赐死，柳宗元等八司马被贬谪到柳州等偏远之地，"永贞革新"宣告失败。

有人认为这篇文章、上述论断"实际上是为政治革新制造舆论，抨击阻挠社会进步的旧势力"，所以"意义深远"②。

四、整理字词

重点字词整理，见上文解析文字，此处从略。

---

① 朱一清.古文观止鉴赏集评（第三卷）[M].合肥：安徽文艺出版社，1997：359.
② 朱一清.古文观止鉴赏集评（第三卷）[M].合肥：安徽文艺出版社，1997：354.

《桐叶封弟辨》教学实录

时　　间：2019年1月3日
地　　点：华东师范大学第二教学楼217室
执 教 者：张心科
教学对象：华东师范大学中文系2016级公费师范生

师：大家小时候看电视剧《封神榜》，里面讲周武王去世之后，他的儿子周成王继位。但是，周成王年幼，所以这时由武王的弟弟、成王的叔叔周公旦辅政。这个周公旦就是我们在高中学过的曹操《短歌行》里提到的"周公吐哺，天下归心"中的那个"周公"。这个典故的来源是说他在沐浴洗头的时候，不停地有人来询问一些政事，他没洗完就只能先把头发弄干，接着再洗时又有一个人跑来，所以叫"一沐三握发"；还有一个是"一饭三吐哺"。讲的是一餐饭都吃不安心，吃一会有一个贤士来，再吃一会又要处理事情。可见，在我们传统的历史记载中，周公是一个非常勤勉、非常贤能的形象。我在读高中的时候学过一篇文章叫《晋祠》，《晋祠》里面讲了一个故事，就是我们今天要学习的这个故事：成王小时候和他的弟弟叔虞在院子里玩，随手捡了一片桐叶，然后把桐叶削成"珪"这个样子，跟他的弟弟说："这个给你，我封你到唐国那个地方去。"周公听到这个事情，就跑进来向他祝贺。成王说："我就是跟他开玩笑的，不是真话。"周公说："天子无戏言。"所以，成王就把他弟弟封到唐国那个地方去了。我们今天要学习的《桐叶封弟辨》的作者柳宗元认为这个故事不可信。大家看这个"辨"。《说文解字》中道："辨，判也。从刀，辡声。"是什么意思？"判"，就是判别是非和真伪。辨，从刀。就像用刀将一块玉石剖开一样，要对事理进行分析。所以这篇文章主要就是柳宗元对"桐叶封弟"这个故事进行的分析，然后最终对它的真伪和是非作出判断。

我传给大家的那个版本，第一段我没有加标点，怎么来加？就是怎么来断句？（板书：古之传者有言成王以桐叶与小弱弟戏曰以封汝周公入贺王曰戏也周公曰天子不可戏乃封小弱弟于唐）

生：古之传(chuán)者——

师：读"zhuàn"。"传"是什么意思？

生：记载。

师：记载历史。古代记载历史的人有一种记载（说法）是——"言"在这个地方是

"记载",用冒号,后面可以用引号,也可以不用引号,因为他是转述。转述就不用双引号。

生(师):成王以桐叶与小弱弟,戏曰。

师:还有一种断法是"成王以桐叶与小弱弟戏,曰:'以封汝'。"到底怎么断句?为什么有两种断法?主要在于我们怎么来理解这个"与"和"戏"。"以桐叶与小弱弟"这个"以"在古代有两个意思:一个就是"因为",我们在《六国论》里面学过"不赂者以赂者丧",不贿赂秦国的因为那些贿赂秦国的而灭亡了;里面还有一个"以"——"用""拿"(的意思)——"以地事秦,犹抱薪救火",拿土地来侍奉秦国,就像抱着柴火去救火一样。"以桐叶与小弱弟"中的"以"是什么意思?

生:用,拿。

师:关键就是怎么来理解这个"与"字。"与"在文言文中也有多种意思。我们在高中学过一篇林觉民写的一封非常著名的书信叫……

生:《与妻书》。

师:那个"与"是什么意思?

生:给。

师:在《与妻书》里还有一句——"今以此书与汝永别也",这个"与"是什么意思?

生:和,同。

师:那我们就知道了,"与"起码有两个意思,一个是"给",一个是"同"。那么这个"与"到底是什么意思?"和"吗?(1) 和年幼体弱的弟弟游戏。(2) 成王拿着桐叶给年幼体弱的弟弟,然后开玩笑地说。到底哪一个?

生:给。

师:为什么是"给"?最重要的是前面有一个"以"——"以……与……"是一个搭配,意思是"拿……给……"。还有一个关键是对"戏"的理解。这个"戏"到底是"游戏",还是"玩笑"?如果是"游戏"的话,那么就在这个地方断——"成王以桐叶与小弱弟戏/曰";如果是"玩笑"的话,就是"开玩笑地说",那么就应该在它的前面断——"成王以桐叶与小弱弟/戏曰"。是不是?我们怎么来判断这个"戏",是"游戏"呢,还是"玩笑"?

生:游戏。

师:从哪个地方可以判断出来?后面。因为后面说,于是周公进来祝贺成王。成王说:"戏也。"如果这个"戏"我们(在这里)还不知道是"游戏",还是"玩笑"的话,那么在后面就很清楚了——周公曰:"天子不可戏。"难道天子不能做游戏吗?他们还是小孩呀!"天子不可戏",还有"天子无戏言","戏"都是"玩笑"的意思。所以,"古之传者有言成王以桐叶与小弱弟戏曰"的这个"戏"是"玩笑"的意思。(板书呈现正确的断法:古之传者有言:成王以桐叶与小弱弟,戏曰:"以封汝。"周公入贺。王曰:"戏也。"周公曰:"天子不可戏。")"乃封小弱弟于唐"中的"乃"是什么意思?

生:于是。

师:于是封他年幼体弱的弟弟到(于:在、到)唐国这个地方。这是柳宗元转述的这个版本。我们刚才说这是一种议论性的文体,就像我们在中学时老师说的,议论文中的事例和记叙文中的故事的表达方式是不一样的。议论文里的事例一般很简略,记叙文里的故事一般比较详细。那么,我们看一下柳宗元的版本的依据是什么。(PPT依次呈现)这里有两段文字,一段是《吕氏春秋·审应览·重言》中有关"桐叶封弟"的说法,一段是《史记·晋世家》里讲的"桐叶封弟"(文字略,参见教学设计)。大家先花两分钟左右的时间,把这两段文字看一遍。

(学生默读)

师:相互翻译一下,同桌之间把这两段文字相互翻译:你翻译给他听,然后他翻译给你听。

(学生互译)

师:大家都翻译得差不多了。我来测试一下。有一次,我给上海市一个区的一次考试命题,就曾以"桐叶封弟"出过题目,一共15分,你看你能得多少分,赶快做一做。

(呈现试题)

文言文阅读(15分)

桐叶封弟

成王与唐叔虞①燕居,援梧叶以为珪。而授唐叔虞曰:"余以此封女。"叔虞喜,以告周公②。周公以请曰:"天子其封虞邪?"成王曰:"余一人与虞戏也。"周公对曰:"臣闻之,天子无戏言。天子言,则史书之,工诵之,士称之。"于是遂封叔虞于晋。周公旦可谓善说矣,一称而令成王益重言,明爱弟之义,有辅王室之固。

《吕氏春秋·审应览·重言》

【注释】 ①唐叔虞:成王之弟,后封于唐。 ②周公:名旦,周室的辅臣。

1.标注下列句中加点词的读音并解释其含义。(8分)

　　(1) 余以此封女(　　　　)(　　　　)。

　　(2)周公旦可谓善说矣(　　　　)(　　　　)。

(3) 一称而令成王益重言(　　　)(　　　)。
(4) 明爱弟之义(　　　)(　　　)。
2. 请将"于是遂封叔虞于晋"翻译成白话文。(4分)
_____
3. 周公以"_____"之理劝说成王约束自己的言行、修炼自己的德性,最终将地封给年幼的弟弟,手法十分高超(用文中的语言回答)。(3分)

(学生交流)

师(生): 余以此封女(rǔ,意思是"你",通"汝")。周公旦可谓善说(shuì,劝说)矣。一称而令成王益重(zhòng,可以直接当成动词"重视",也可以当成意动用法,即"以……为重")言。明爱弟之义,"弟"读什么?

生: tì。

师: 不错。这个字通"悌",古代的"孝弟"的"孝"是尊敬父母,"弟"呢?(板书:入则孝,出则悌。《论语·学而》)

生: 尊敬兄长。

师: 这是一个通假字。"爱"是什么意思?哥哥爱护弟弟。"明爱弟之义":使他明白哥哥爱护弟弟、弟弟尊敬兄长的道理。"于是遂封叔虞于晋"怎么翻译?

生: 于是就……

师: 那"于是"和"就"不就重复了吗?这个"于是"怎么翻译?

生: 在这种情况下。

师: "于"是"在","是"是"这",在这种情况下。"遂"是什么意思?

生: 就。

师: 在这种情况下就封叔虞到晋这个地方。请大家想想,周公最终是用什么道理来劝说成王约束自己的言行、修炼自己的德性,最终将土地封给年幼的弟弟,并且还显得手法十分高超?

生: "天子无戏言"。

师: 看来大家基本上都能得比较高的分数。我们把这两段再看一下:一是注意里面的字词,二是思考这两段的记述有什么异同。先看第一段:"成王与唐叔虞燕居"。"燕"这个字读什么?

生: (摇头)

师：没有学过？这是一个通假字，通"宴"，就是"闲"的意思，"燕居"就是"闲居"，安闲地居住在后院里。"援梧叶以为珪"里的"援"是什么意思？"拿"，我们现在还说"援引"。这句话的意思就是，从地上拿起一片桐叶，拿它来作为珪。省略了一个"之"，这个"之"指什么？

生：桐叶。

师：珪是用来册封的东西。"而授唐叔虞"——然后给唐叔虞，说："余以此封女"——我拿这个来封给你（"女"通"汝"）。"叔虞喜"——叔虞非常地高兴。"以告周公"省略了一个字？

生："之"或"此"。

师：把这件事告诉了周公。"周公以请曰"，同样省略了一个"之"或"此"——周公因为这件事上奏。"天子其封虞邪？"这个"邪"是个通假字，通"耶"。这个"其"是什么意思？

生：难道。

生：表示疑问。

师：反问。你能不能举一个例子？我在读高中时，我们老师也把这个"其"解释成表示反问，他说这个"其"通这个"岂"，是一个通假字，我们以为他说的是真的。后来读大学中文系时，我们的古汉语老师很厉害，我就专门拿这个来问他，说据说这个"其"是通假字，他说没这种说法。就是"其"与"岂"这两个字不通，朝文刚才的"其"与"岂"相通的说法是有问题的，估计你的老师和我的老师一样，都是错的。我专门查了一下，我们在中学学过的《赤壁之战》里有一句："今肃迎操，操当以肃还付乡党，品其名位，犹不失下曹从事。"意思就是：我今天投降曹操，曹操肯定会把我送回到乡下，"品其名位"，还不至于不给我安排一个小官做？"品其名位"，品评谁的名位？

生：我。

师：我听有同学说"我"，但是不敢大声讲。这里的"其"有两个意思，要么是"我"，要么是"你"。你再看"天子其封虞邪"，这个"其"是什么意思？

生：你。

师：天子你真的要封叔虞吗？"余一人与虞戏也"——成王说："我一个人与叔虞开玩笑的。"这个"与"是什么意思？是"给"吗？

生：同。

师：周公回答他说："臣闻之……"这个"之"是什么意思？

生：凑足音节。

师：在动词后面凑足音节，没有实在的意思。我听说啊，天子无戏言。"天子言，则史书之，工诵之，士称之。""史"是史官的意思。"书之"是什么意思？

生：记载它。

师：这个"之"呢？代词，代前面提到的这件事。"工诵之"，乐工歌咏这件事。"士称之"，一般的士人会称颂这件事的。"于是遂封叔虞于晋"，这个"于是"，肯定不是大家刚才说的那种"于是"，它不是表示一种承接关系，如果是表示承接，后面就不可能有一个"遂"，明白吗？所以，"于是"表示"在这种情况下"，"遂"表示"就"。在这种情况下，就封叔虞到晋这个地方。"周公旦可谓善说矣"，周公旦可称得上是善于劝说的了。"一称而令成王益重言"。"称"是劝说的意思。"而"是就的意思。"益"是什么意思呢？

生：更加。

师：现在还有成语"精益求精"。"重言"，刚才说了，这个"重"可以是形容词作动词，"重视"；也可以说是形容词作动词的意动用法，"以……为重"。"明爱弟之义"，"明"是什么意思？谁"明"啊？

生：成王。

师：前面的主语是"周公旦"，所以这地方的"明"是动词的使动用法：使成王明白爱护弟弟以及弟弟尊敬兄长的道理。"有辅王室之固"，这个"有"字读什么？

生：yòu。

师：通"又"。又辅佐王室，使王室变得稳固。在《吕氏春秋·审应览·重言》里，这一段记载中劝说的人是谁？

生：周公。

师：劝说的目的是什么？

生：重言。

师：周公告诫成王：天子无戏言。做国君的不要随便乱说。同时，因为这里面还出现了一个词——周公"善说"——所以估计也是表彰臣子善于进谏。它的重点是讲天子"重言"，同时也赞颂周公"善说"，善于劝谏。

我们再看第二段《史记·晋世家》（展示，文字略，参见教学设计）。江平，你像我刚才这样来讲一讲。

生（魏江平）：晋唐叔虞是周武王的儿子，是周成王的弟弟。

师：大家说一说，这个"而"表示什么？

生：并列。

师：并列关系。

生(魏江平)：当初，周武王和叔虞的母亲——

师：("会")就翻译成"幽会"。

生(魏江平)：幽会的时候，梦到天对武王说："我——"

师：谁梦到？

生(魏江平)：天。

师：天梦到？

生(魏江平)：武王梦到天……

师：武王梦到？我估计是叔虞的母亲梦到。

生(魏江平)：但是它前面的主语是"武王"。后面一个主语要是叔虞的母亲的话，那就——

师：那你再看啊，"余命女生子"，武王还能生小孩啊？我估计这里的主语是叔虞的母亲。"梦天谓武王曰"，这是一个省略句。省略了谁？按我的理解是，叔虞的母亲梦到上天对他说。第一段文字中的"可谓"是"可称得上"的意思，这里的"谓"是"对……说"的意思。我命令你生子，"名虞，余与之唐"。可能江平说得更对，是武王。

生(魏江平)：因为后面说"余与之唐"，他的母亲肯定不可能给他。

师：但是如果是武王的话，那你看("梦天谓武王曰")武王梦见上天对武王说，那这里就应该是"谓其曰"。

生(魏江平)：这一整句话的主语应该是统一的。"及生子，文在其手曰'虞'，故遂因命之曰虞"。如果主语是叔虞的母亲的话，叔虞的母亲给叔虞命名，这就不太合古代的礼仪。它和前面的主语应该是一样的。

师：你继续说——"余命女生子"。

生(魏江平)：我命令你生一个儿子，名字叫作"虞"，我把唐这个地方给他。

师：这个"与"是什么意思？

生(魏江平)：给。

师：然后——

生(魏江平)：到了儿子出生的时候，他的手上有一个纹路是"虞"的形状。

师："及"是什么意思？

生(魏江平)：等到。

师：等到谁生子呀？叔虞的母亲嘛。"文"是什么意思？

生(魏江平)：纹路，花纹。

师：也可以这样讲。其实"文"是"写字"。我们在前面上过《谈写文章》，陆游的诗句里的"文章"最初是指纹路，后来变成了指代"文字"。"文在其手曰"，"文"在哪个手上？"其"又指谁？

生（魏江平）：叔虞。

师：谁在他手上写的字？传说古代帝王出生时都有祥瑞。小孩生下来时，手上就写了一个字："虞"。

生（魏江平）：于是周武王就给他命名为"虞"。

师："因"怎么解释？

生（魏江平）：凭借，依据。

师："因"还有"因而""就"的意思，例如，我们在《廉颇蔺相如列传》里学过"相如因持璧却立"，这个"因"就是"因而"的意思。还有"趁着"的意思，例如，《鸿门宴》里"不如因而厚遇之"——不如趁机对他好一点。这里的"因"是"就"的意思。因为上天已经在他手上写了一个"虞"字，所以就给他命名"虞"。然后呢？

生（魏江平）：武王驾崩，成王继位，唐国这个地方有叛乱，周公就把唐国给诛灭了。成王和叔虞一起游戏的时候，把桐叶削成"珪"的形状给叔虞。

师："成王与叔虞戏"。这里的"与"是"和"，不是"给"。这个"戏"呢？

生（魏江平）：游戏。

师：然后呢？

生（魏江平）：说："我以这个为凭据册封你。"史佚于是请——

师：这个"因"是"于是"吗？这个"因"怎么翻译？"趁机"。史佚趁机请求成王择日来立封叔虞。然后呢？

生（魏江平）：成王说："我是在和他玩闹罢了。"

师：这个"戏"怎么翻译？

生（魏江平）："与之戏"（因为后面没有跟"曰"）就不能翻译成"玩笑"了。

师：就是和他闹着玩。

生（魏江平）：史佚说："天子无戏言。如果天子有言语的话，则史官会把它书写下来，礼官则把它实现了，乐工就把它唱出去。"

师：你可能受到上面（"则史书之，工诵之，士称之"）的影响。"言则史书之，礼成之，乐歌之"。这里的"史"作状语，"用史书"。这里的"书"是什么意思？"书之"。

生（魏江平）：记载。

师：这个"礼"，就是"用礼仪"。"成之"呢？就是"完成程序"。"乐歌之"，就是"用乐歌来歌咏它"。然后呢？

生(魏江平)：在这种情况下，成王就把叔虞封到了唐这个地方。唐在黄河和汾河的东侧。

师：对。这个"河"要注意，不是我们今天的河，属古今异义，意思是黄河。

生(魏江平)：方圆百里。因此叔虞就叫"唐叔虞"。姓姬，字子于。

师：这里请同学们稍微注意一下，原来这地方是"唐国"，叔虞被封到唐国去。叔虞到唐国去了之后，兴修水利，老百姓安居乐业。因为唐的境内有一条河叫"晋水"，所以后来就把它(唐)改成了"晋"。所以有两种记载：一个封到唐，一个封到晋。大致在今天的山西境内。在悬瓮山下、晋水的源头有个晋祠就是来纪念唐叔虞的。山西今天还简称"晋"。《史记》里记载的劝说的人是谁？

生：史佚。

师：你注意这里的史佚和春秋时期的董狐一样，是秉笔直书的代表，是历史上著名的史家，又叫"史尹"。历史上有记载"成王问政于尹佚"，"尹佚"就是"史佚"。这里说是史佚促成的。司马迁这样写的目的是什么？换一句说，如果前面《吕氏春秋·审应览·重言》写周公通过自己作为一个谏臣劝谏他，从道理上说"天子无戏言"。那么在这里《史记·晋世家》写的是史官。史官的主要职责是什么？刚才我们说他们秉笔直书。"秉笔直书"指什么？就是你说的对，我把它记下来，你说的错，我也把它记下来。这对君王来说意味着什么？约束。是很可怕的。因为史官的"直书"而使得成王"重言"。所以，它们记载的是不一样的。这两个版本都写了成王重言，但是使成王重言的人不一样。《吕氏春秋》里讲的是周公，而《史记》里讲的是史佚。《吕氏春秋》里以吕不韦为代表的作者和《史记》的作者，他们的写作目的肯定是不一样的。《吕氏春秋》的目的侧重在哪一点？请大家想想编《吕氏春秋》的目的是什么？等会我们还要讲这个问题。然后，司马迁写《史记》的目的是什么？他们两者的目的是不一样的。我们再看这一篇《桐叶封弟辨》的作者柳宗元，他的观点是什么。他倾向于哪一个版本？是《吕氏春秋》，还是《史记》？

生：《史记》。

师：换句话说，他认为哪一个版本是不对的，哪个版本有可能是正确的？宋朝的吕祖谦说这篇文章写得非常好："此篇文字，一段好如一段。大抵做文字，须留意好意思在后，令人读一段好一段。"那我们来看它到底"好"在哪里。请大家看这篇的第二段到第四段文字。他说："吾意不然"。我们课文的第一段文字和哪个版本是一致的？

生：《吕氏春秋》。

师："吾意不然"，很显然是怎样？他认为《吕氏春秋》是不对的。"然"是什么意思？

生：对的。

师：作者说我认为这是不对的。不对在哪里呢？我们看他是怎么来论证自己的观点的。首先用诘问的方式（就像刚才邵瑞祥说的，"邪"的后面用了问号），从两方面来否定前面《吕氏春秋》的观点。先是从"当封"与"不当封"两个方面来批驳。成王的弟弟应当封吗？"周公宜以时言于王，不待其戏而贺以成之也。"这是什么意思？如果他当封的话，周公就应该及时（"以时"）向（"于"）成王说：你应该封这个弟弟到唐。周公应该老早就在正式的场合来促成它，而不应该选择在他开玩笑（做游戏）的时候来祝贺他，然后促成这件事（"之"）。成王的弟弟不当封吗？如果是不当封他的话，怎样？"周公乃成其不中之戏，以地以人与小弱者为之主，其得为圣乎？"这个"乃"字是什么意思？周公促成他不恰当的戏言。把他不恰当的戏言落实了。这里的"乃"是什么意思？

生：竟然。

师：竟然，表示惊讶的意思。竟然促成他不恰当的戏言，拿土地、拿人民给这个年幼弱小的人——"为之主"，这个"之"指什么？

生：地和人。

师：使动用法，"使……为……"，使他成为这片土地和人民的主人。"其得为圣乎"——这里的"其"指"他"——他能够成为圣贤吗？"且周公以王之言，不可苟焉而已，必从而成之邪？"况且周公认为成王的话，不能够随便（"苟"，随便，现在还用"蝇营狗苟""苟且"）罢了，一定要遵从他然后来促成这件事吗？这是什么意思？就是说，如果是周公讲的，周公仅仅是说君王说话不要随便而已，而不是周公要他封或者不封。它明明是一句戏言，如果是一句戏言，不管成王当封还是不当封，周公来促成此事，都是不恰当的。这里柳宗元否定的或者批评的是《吕氏春秋·审应览·重言》中的"天子无戏言"这句话。对"天子无戏言"本身进行否定。

"设有不幸，王以桐叶戏妇寺，亦将举而从之乎？"假如有不幸的事发生（"幸"，形容词作名词，不幸的事），王拿桐叶给他的嫔妃或者侍者这些人，那么也要赞成他然后来促成这件事吗？刚才邵瑞祥说这个"寺"是通假字，有这种说法吗？

生：有。

师：我知道"寺人"是古代对侍者的称呼，后来演变成称呼宦官。① 这是从对象这

---

① 宦官常自己建庙或供养已有寺庙以求福，死后也常葬在寺庙旁。

一面进行否定。先是对"天子无戏言"这个行为本身进行分析,然后从"戏言"的对象进行分析,如果对象是这些人,难道也应该这样做吗?他在这里其实用了归谬法。如果说天子是最重要的,天子说的话都是对的,只要是天子说的都应该去遵循的话,那么因为现在针对的是他的弟弟,可以这样。如果是对其他人呢?(板书:"×")就是首先假设你是对的,然后再举一个反面的例子,推出一个错误的结论,显然目的是否定你的观点。这就是运用归谬法,从"天子无戏言"的对象方面来否定它。大家再看:"凡王者之德,在行之何若。设未得其当,虽十易之不为病,要于其当,不可使易也,而况以其戏乎!若戏而必行之,是周公教王遂过也。"然后从正面论述王(天子)应该怎么去做,或者说,我们如何来评判这个王(天子)。大凡国君的德,在于他到底做得怎么样("之"在动词后面凑足音节,没有实在的意思),假如他做得不恰当("其"是语气词,没有实在意思),我们即使再多次改变它(王的错误的行为),也不是错。我现在还说"一曝十寒"。"十"是什么意思?

生:多次。"易",改变。

师:"之",王的错误行为。关键是,假如他是对的,我们就不能改变它。更何况它还是戏言呢("要",关键)?如果它是戏言还要照办的话,这是周公在教导王完成他的过错("是",这)。

师:这里的"遂"与上面的"于是遂封叔虞于晋"一样的吗?

生:不一样。

师:那个"遂"是什么意思?

生:就。

师:这地方的"遂"呢?我们经常讲"遂了你的愿","遂"是什么意思?

生:完成。

师:这里主要从正面来批驳,提出来评判君王言行的标准,并不在于是否为君王所说,而在于他所说的是否恰当。恰当就遵守,不恰当就不遵守。然后,我们看下面一段:"吾意周公辅成王……""吾意",我认为。显然他是从正面来确立论点了。前面是"吾意不然",是否定,从反面来一一地批驳。然后从正面来谈论这件事——周公应该怎样……上面这一段已经说了,如果这件事是周公促成的,周公的做法是不恰当的。那么,周公应该怎么去做呢?"我"(柳宗元)认为周公辅佐成王,应该引导他安逸舒缓、悠游安乐,关键是要让他回到光大中正罢了。"宜"是应该的意思。"以"是用的意思。"道"在这里是一个通假字,通"领导"的"导"、"导引"的"导",是"引导"的意思,如"道千乘之国"。一定不能迎合他的过错而为他找说辞(为他开脱)。"逢",我们常说有些人喜欢"逢迎拍马","逢"在这里是"迎合"的意思。"又不当束缚之,驰骤之,使若牛马然。"的意思是:又不应该使他过于受到束缚,使他奔忙,像驱遣牛马一样。"束缚"是使动用法,"使……受到束缚"。"驰骤"就是跑过来跑过去,就是"驱遣",让他奔忙,"使……驰骤,就是"使……驱遣"。"若","像……一样"。这地方的"然"和"吾意不然"的"然"不一样,刚才的"然"是正确的意思,这里的"然"是"……的样子"。"急则败矣"的意思是如果过于急切,就会坏事的。"且家人父子尚不能以此自克,况号为君臣者邪?是直小丈夫缺缺者之事,非周公所宜用,故不可信"的意思是:况且一个家里的父亲和儿子尚不能用这种方式自我管理(约束言行)。什么意思?你是周公,你是辅佐成王的,而你不是管束成王的,所以你不能去约束他,去使他奔忙,你应该去引导他。所以,不大可能是周公做的——我要你去封他。所以,柳宗元讲一个家里的父亲和儿子都不能这样,更何况按名分来说他们还是君臣呢?更不可能是这样。这是小男人、耍小聪明的、品行和能力都不行的人干的事,不应该是周公所应该采用的方法,所以不可信。"自克"是自我管理的意思。"号",按照名分,名词作状语。"是",这。"直",只是。"丈夫",古今异义,"大丈夫当如是","大丈夫",大男人,"小丈夫",小男人。"缺缺者",耍小聪明的人。请大家注意"小丈夫缺缺者"是不是定语后置?《石钟山记》里有一句"石之铿然有声者",铿然有声的石头。哪个是定语后置的语言标志?"之"。这里有没有语言标志。如果有,就是"小丈夫之缺缺者",就是定语后置,意思是耍小聪明的小男人。但"小丈夫缺缺者"不是一个定语后置句。小男人,涉及品格。耍小聪明,指一个人的能力方面。"故不可信",这里的"可"和前面的几个"可",又不一样。"天子不可戏"的"可"是什么意思?能够。这个"可"是什么意思呀?我们常说"可爱","可爱"中的"可"是什么意思?"可怜"中的"可"是什么意思?值得。还有,某某东西很"可口"。他从言行上来否定,认为这个不可能是周公做的事(周公不可能做这样的事)。在这里,他是通过说理的方式,把前面说的给否定了:一是对"天子无戏言"进行了否定,二是对说是周公做的进行了否定。

既然否定了第一个版本,那么正确的只有可能是第二个版本——司马迁的版本:是因史佚的劝谏,成王将唐封给了叔虞。"或曰:封唐叔,史佚成之",就是还有一种记载:封叔虞到唐这个地方,是史佚促成的。

好!再回到前面所说的,这篇文章是一篇"辨",是一种议论性的文体。我们在前面分析议论文阅读教学时,说过应该从哪些方面来考虑?首先是论题:为什么在《吕氏春秋》中促成成王封地的是周公,而在《史记》中是史佚?《吕氏春秋》是谁编的?

生:吕不韦。

师：吕不韦编《吕氏春秋》的目的是什么？

生：赚钱。

师：那你是看电视剧看多了，说吕不韦做生意做得很大，是个商人。《吕氏春秋》不是吕不韦编的，而是吕不韦召集门下的谋臣策士编的。它是"杂言"，把古代的许多为人处世的、治国的、经商的等相关的内容都往里面编，编的目的是为统治者统治、管理国家提供借鉴，所以在这里它强调君王的"重言"很重要。甚至《吕氏春秋》编出来之后，有种说法是吕不韦把它挂在城墙上，别人能改一个字，他给别人一千金。同时，吕不韦本身就是一个臣子，所以这也是赞扬谋臣的"善说"。那么，在这里正好是天子（成王）重言（无戏言），臣子（这件事是周公促成的，周公是一个臣子）善于劝谏。为什么司马迁不说这件事是周公做的，而说是史佚呢？有哪几种可能？这就是史官的职业习惯，当史官的人认为自己的职业是最重要的。司马迁是不是史官？史佚是什么？

生：也是史官。

师：而且是他（司马迁）学习的榜样。所以，在司马迁看来，史官的重要性可能远大于一般劝谏的臣子，史官的秉笔直书对君王的约束作用更大，比谋臣的理劝更能让君王"重言"，所以他有可能因为这个，而把促成这件事的人改成了周的史官史佚。因为史佚这个人除了前面说的像董狐那样秉笔直书外，历史上也有成王曾经向他问政的记载，在这里史官其实兼具了两种角色：一种是史官，通过记载来约束君王。还有一种什么角色呢？

生：劝谏。

师：谏臣，劝谏。司马迁不是吗？

生：是。

师：司马迁也是的。他自己在《史记》里对古代的，包括他自己所处的汉朝的帝王的言行进行记载（板书：不溢美，不隐恶），所以帝王对他无可奈何。另外，他之所以遭受"李陵之祸"，是因为他同时扮演的是一个谏臣的角色。所以，史官在他的记载里成了这种形象。当然，还有一种可能是史料来源的问题。关于"桐叶封弟"的故事，最初的记载是《吕氏春秋》，其次就是《史记》了。在另外一个地方——刘向的《说苑》——也有记载，但《说苑》的记载和《吕氏春秋》是一样的。换句话说，只有两种版本。这两种版本，除了我刚才说的目的不同外，还有可能就是史料来源不同。这个我们不清楚。例如，北大藏西汉简《赵正书》所讲的秦朝的历史与《史记》里记载的秦朝的历史完全不同：《史记》里记载的秦二世继位是赵高、李斯密谋辅佐他篡位的，但是《赵正书》里写的是秦始皇生前就已经确立了。① 所以，也有可能是史料来源的问题。

大家再看论点：作者认为《吕氏春秋》里的记载不可信，他提及了《史记》，但是没有明说。《吕氏春秋》比《史记》产生的年代要早，按说更可信，他（柳宗元）反而说不可信。这里面可能还有一个原因是，《吕氏春秋》属于"杂家"的著作，所以里面有许多寓言的成分，像《战国策》里面也有许多寓言一样。既然是寓言，就可能是编的。所以，《吕氏春秋》不可信。② 刚才说了，史书对史佚的记载以及司马迁的史官身份促使柳宗元认为这件事可能是史佚促成的而不是周公促成的。再请大家思考一下，《桐叶封弟辨》的论据充分吗？论证严密吗？这里有没有例证？有没有举例？

生：没有。

师：要说有一个例证的话，就是后面提到的"或曰：封唐叔，史佚成之"这一段，但是他又没有去分析。所以，柳宗元只是从道理上去分析，他在讲道理时否定促成成王封弟的是周公，说不可能是周公的主要依据是什么？他从"君（天子）无戏言"这个角度来批评，他的批评是对的。柳宗元说这件事不可能是周公做的，他的依据是这种做法只有可能是哪一种人的做法？

生："小丈夫䣕䣕者"。

师：不大可能是周公做的。这种说法正确吗？这种论断是否严密？我们能不能举一些反例？周公是贤能，贤能未必就不会不去劝说他。原因有两个：首先，从历史来看，当时，就是在这件事发生的时候，前面我们看到《史记》里面说了，哪地方有叛乱？就是唐这个地方。这个地方有叛乱，周公派兵刚刚把它平息。诸侯有叛乱，平息之后，急需什么？重新给它找一个新的君王（诸侯）。从这个角度来说，完全有可能是周公促成这件事的。因为他是一个政治家，是一个谋臣，先从武力上把判乱平息，然后从政治上安排一个君王来统治，这是有可能的。选一个领导人，又不能选一个和他没有血缘关系的人，或者势力过于强大的人。让一个年幼体弱的小孩象征性地在那里作为一个象征（板书：最佳人选），然后周公自己来把持这种局面，这是有可能的。另外，周公是贤能，但做什么事都贤能（正确）吗？好人做什么事都是好事，坏人就坏透顶了？我们

---

① 辛德勇认为《赵正书》与《新序》《说苑》之类均是多虚构故事的书，其与《史记》记载秦始皇的史事不同，因为《新序》《说苑》这些书里谈到的史事，不是为了纪事而是要拿它"说事儿"，是要通过这些事例讲说为人处事乃至治国平天下的道理，就像曾巩在《说苑目录序》中说的，刘向"尤欲有为于世"（曾巩《元丰类稿》）。选自辛德勇《辛德勇读〈赵正书〉——史官之守：顺天道，写人事》，澎湃新闻，2019年2月2日。他在讨论《赵正书》的另一篇文章《聚语诗书不避世》中还引用了鲁迅在《中国小说史略》中对《说苑》之类的书的评价："诸书大抵或托古人，或记古事，托人者似子而浅薄，记事者近史而悠缪（谬）者也。"选自辛德勇《辛德勇读〈赵正书〉——汉以前的"小说家"：说事儿不纪事》，澎湃新闻，2019年2月27日。
② 刘知几在《史通·杂说篇》中就称：对"桐叶封弟"有相同记载的《说苑》一书，"广陈虚事，多构伪辞"。

常说:"智者千虑,必有一失;愚者千虑,必有一得。"换句话说,我们不能够因为周公在历史上是一个贤能的形象就认为他不会有这种作者认为不好的做法。既然论据不充分,论证又不严密,柳宗元为什么还要这么说?他为什么要写这篇文章?刚才邵瑞祥同学讲了写这篇文章的目的是什么?邵瑞祥,你说一下。

生(邵瑞祥):我其实没有得出一个最后的结论。我下一节课应该是要讨论作者究竟是要讨论为臣之道,还是辨别史事的真伪。

师:这到底是辨别一个史事的真伪,还是在探讨为臣之道?你认为呢?

生(邵瑞祥):我们小组讨论的结果是:这篇文章的作者是想说明这件事不是真的,其实是想通过这件事情来说明为臣之道。

师:就像历史上的咏史诗一样,历史上的咏史诗一直是借古事来讽今朝,历史上传统的知识分子写的史论往往也是这样,借历史来谈现实。就像刚才邵瑞祥讲的是借辨别史事来讨论为臣之道。这里说为臣之道,它的核心观点是什么?就是怎样做一个大臣。换句话说,就是作为一个人臣怎么来对待国君,原文里是怎么说的?

生:"凡王者之德,在行之何若。设未得其当,虽十易之不为病,要于其当,不可使易也,而况以其戏乎!"

师:也就是说,我们做人臣的对待国君,并不在于他是不是国君这种至尊的身份,而在于他说的话恰当不恰当。如果是恰当的,我们就去遵从它,如果不恰当,我们就来阻止它,进而改变它。林纾在《韩柳文研究法》里说:"文中大要,在'王者之德行之何若。设未得其当,虽十易之不为病,要于其当,不可使易也'数语,实深明大体之言。"什么叫"深明大体之言"?就是《桐叶封弟辨》谈为君、为臣之道谈得非常透彻。而且,他说这是这篇文章的关键。柳宗元写这篇文章到底是为了什么?这篇文章写作于什么时候?公元805年之前。这一年的正月,唐顺宗即位时,辅政的王叔文有意推行政治改革,减免税赋,废止我们在初中学的白居易的《卖炭翁》里写的官市制度("刺官市也")。王叔文等人让柳宗元等一批人出任改革的重臣。但是,紧跟着八月立宪宗,王叔文集团被镇压,王叔文被赐死,柳宗元等八司马被贬,后来我们读到的柳宗元的"永州八记"系列就是在这一被贬时期创作的。"永贞革新"宣告失败。这是在"永贞革新"之前写的一篇文章,它的主要目的是什么?其实就是一篇政治宣言。我在另外一篇文章看到,有人认为这篇文章、上述论断"实际上是为政治革新制造舆论,抨击阻挠社会进步的旧势力",所以"意义深远"。就是说,这篇文章主要是为后面的改革造势的。为什么要这样说?大凡否定君王的身份而只重视君王的言行本身,这种人往往都是革命者或者是改革者,你看《陈涉世家》里"王侯将相宁有种乎?"——王侯将相难道是天生的贵种吗？我们只管他做的对不对，不管他是不是天子。请大家看下面这一段文字：

> 自来教育研究，有三个时期。第一个时期为权威的时期。例如，有疑难问题，往往取决于名人学说或在上的意旨。第二个时期为研求的时期。有问题发生时，先多方讨论，然后折衷群言，藉以探真相的究竟。第三个时期为实验的时期。先采取各人的意见，定为"假设"，然后用科学方法，证明假设的确否。是三种方法，虽因性质不同，分为三时期；实则相互为用，缺一不可。
> ——廖世承编《东大附中道尔顿制实验报告》，商务印书馆1925年版，第2页。

这是1925年我们华师大的教授，后来到上海师大做第一任校长的廖世承先生在《东大附中道尔顿制实验报告》前写的一段话：第一个时期是权威的时期，有问题来了，谁的官大、谁的地位高，我们就相信谁的。第二个时期是研求的时期，我不管谁说的，把它们放在一起比较。第三个是实验时期，我来实验，不管说的人本身的地位。这就是改革者、革新者最基本的价值取向。

我们今天的课主要的内容就上到这里。大家要注意目前的文言文教学有两大问题：第一大问题就是，许多人说学文言文应该从"言"（板书："文字"）入手，然后学后面的三个"文"（板书："文章""文学"和"文化"）。我认为这是不对的，"文章""文学"和"文化"这些是附带学的，学文言文最主要的是学文言文的字词知识，因为这是我们以后在阅读一个新的文言语段时首先要解决的，它既是出发点，也是归宿。第二个大问题是，许多人在教文言文时，前半截在梳理字词，后半截在分析文章、鉴赏文学和探究文化，所以前半截上得像古汉语课，后半截上得像现代文课。其实，对文言的语言文字的理解必须结合一定的语境，这个语境既指文章的前后文，也指外语境（相关的一些东西）。只有这样，以后我们在遇到一个陌生的文言文本的时候，就可以用在这节课中所学习的来解读，不管是解读它的词语，还是解读它的内容。最后，我把这节课的字词，按这几个方面来整理了一下。

一、实词

1. 古之传者　　　　　　　　　传：撰写史书
2. 成王以桐叶与小弱弟　　　　与：给
3. 吾意不然　　　　　　　　　然：正确
4. 不待其戏而贺以成之　　　　成：促成

5. 周公乃成其不中之戏　　　　　　不中：不恰当
6. 不可苟焉而已　　　　　　　　　苟：随便
7. 王以桐叶戏妇寺,亦将举而从之乎?　妇：妻妾
　　寺：寺人。寺人本为王宫内供使役的小吏,后也称宦官为"寺人"
　　举：赞成
8. 在行之何若　　　　　　　　　　行：实行
9. 虽十易之不为病　　　　　　　　易：改变
　　病：错误
10. 是周公教王遂过也　　　　　　　遂：完成
11. 要归之大中而已　　　　　　　　要：关键
　　大中：光大中正
12. 必不逢其失而为之辞　　　　　　逢：迎合
　　为之辞：为他开脱,替他文饰
13. 是直小丈夫缺缺者之事　　　　　直：只是
　　小丈夫：平庸的人
　　缺缺者：玩小聪明的人

二、虚词

1. 之

(1) 相当于现代汉语"的",位于定语和中心语之间。

古之传者

王之弟

不中之戏

王之言

王者之德

是直小丈夫缺缺者之事

明爱弟之义

有辅王室之固

例句：虎兕出于柙,龟玉毁于椟中,是谁之过与?(《季氏将伐颛臾》)

(2) 用在时间词或动词（多为不及物动词）后面，凑足音节，没有实在意义。

在行之何若

要归之大中而已

若戏而必从之

例句：填然鼓之，兵刃既接，弃甲曳兵而走。(《寡人之于国也》)

(3) 指示代词，这，此。

不待其戏贺以成之也（代指成王封弟这件事）

必从而成之邪？（代指成王封弟这件事）

亦将举而从之乎？（代指"王以桐叶戏妇寺"这件事）

史佚成之（代指成王封弟这件事）

例句：夫子欲之，吾二臣者皆不欲也。(《季氏将伐颛臾》)

(4) 第三人称代词，他、她、它（包括复数）。

以地以人与小弱者为之主（代指前文"地"和"人"，即"它们"）

虽十易之不为病（代指前文所提到的"未得其当"的地方）

必不逢其失而为之辞（代指成王，即"他"）

又不当束缚之，驰骤之（代指成王，即"他"）

史书之，工诵之，士称之（代指"天子言"）

余与之唐（代指虞）

故遂因命之曰虞（代指刚出生的孩子，即"他"）

吾与之戏耳（代指唐叔虞）

言则史书之，礼成之，乐歌之（代指"言"，即"它"）

例句：太后盛气而揖之。(《触龙说赵太后》)

2. 与

(1) 动词，给，替。

成王以桐叶与小弱弟

以地以人与小弱者为之主

余与之唐

削桐叶为珪以与叔虞

例句：陈涉少时，尝与人佣耕。(《陈涉世家》)

(2) 介词,和。

成王与唐叔虞燕居

余一人与虞戏也

武王与叔虞母会时

成王与叔虞戏

吾与之戏耳

例句:沛公军霸上,未得与项羽相见。(《鸿门宴》)

3. 于

(1) 介词,在,从,到。

乃封小弱弟于唐

要于其当

于是遂封叔虞于晋

于是遂封叔虞于唐

例句:于是秦王不怿,为一击缶。(《廉颇蔺相如列传》)

(2) 介词,向,对。

周公宜以时言于王

例句:请奉命求救于孙将军。(《赤壁之战》)

4. 所

放在动词前,同动词组成"所"字结构,表示"所……的人""所……的事物""所……的情况"等。

非周公所宜用

例句:道之所存,师之所存也。(《师说》)

5. 其

(1) 第三人称代词,作主谓短语中的小主语,应译为"他""它"(包括复数)。

不待其戏而贺以成之也(代指"他",即成王)

周公乃成其不中之戏(代指"他",即成王)

(2) 活用为第一人称或第二人称,译为"我的""我(自己)"或者"你的""你"

天子其封虞邪?(天子你封了虞吗?)

例句:今肃迎操,操当以肃还付乡党,品其名位,犹不失下曹从事。(《赤壁之战》)

(3) 第三人称代词,作领属性定语,可译为"他的""它的"(包括复数)。

文在其手曰"虞"(代指刚出生的孩子,即"他的")

其得为圣乎(代指周公的,即"他的")

例句:臣从其计,大王亦幸赦臣。(《廉颇蔺相如列传》)

(4) 用作语气助词,起调节音节的作用,可不译。

设未得其当

要于其当

例句:路漫漫其修远兮,吾将上下而求索。(《离骚》)

6. 且

表递进关系,况且。

且周公以王之言

且家人父子尚不能以此自克

例句:且壮士不死即已,死即举大名耳。(《陈涉世家》)

7. 乎

表疑问语气。可译为"吗""呢"。

其得为圣乎

亦将举而从之乎

例句:儿寒乎? 欲食乎? (《项脊轩志》)

8. 因

(1) 副词,于是,就;因而。

故遂因命之曰虞

例句:相如因持璧却立。(《廉颇蔺相如列传》)

(2) 介词,趁着,趁此。

史佚因请择日立叔虞

例句:不如因而厚遇之。(《鸿门宴》)

9. 而

(1) 表示承接关系。可译为"就""接着",或不译。

不待其戏而贺以成之也

一称而令成王益重言

例句:择其善者而从之,其不善者而改之。(《论语》)

(2) 而已;放在句末,表示限止的语气助词,相当于"罢了"。

不可苟焉而已

例句:闻道有先后,术业有专攻,如是而已。(《师说》)

(3) 表示递进关系。可译为"并且"或"而且"。

必从而成之耶

亦将举而从之乎

若戏而必行之

例句:君子博学而日参省乎己。(《劝学》)

(4) 即"何况",用反问的语气表示更进一层的意思。

而况以其戏乎

例句:技经肯綮之未尝,而况大軱乎!(《庖丁解牛》)

(5) 表示目的关系。

必不逢其失而为之辞

例句:籍吏民,封府库,而待将军。(《鸿门宴》)

(6) 表示并列关系。一般不译,有时可译为"又"。

周武王子而成王弟

例句:蟹六跪而二螯,非蛇鳝之穴无可寄托者。(《劝学》)

10. 以

(1) 介词,表示工具。译为"拿""用""凭着"。

成王以桐叶与小弱弟戏

周公宜以时言于王

以地以人与小弱者为之主

王以桐叶戏妇寺

例句:愿以十五城请易璧。(《廉颇蔺相如列传》)

(2) 连词,表示目的关系,后一动作行为往往是前一动作行为的目的或结果。可译"而""来""用来""以致"等。

削桐叶为珪以与叔虞

叔虞喜,以告周公

周公以请曰:"天子其封虞邪?"

戏曰:"以封汝。"

例句：不效则治臣之罪,以告先帝之灵。(《出师表》)

(3) 表示承接关系,前一动作行为往往是后一动作行为的手段或方式。可译为"而"或省去。

不待其戏而贺以成之也

例句：余与四人拥火以入。(《石钟山记》)

(4) 认为,把……当作或看作。

援梧叶以为珪

例句：虎视之,庞然大物也,以为神。(《黔之驴》)

11. 则

连词。表示承接关系。译为"就""便",或译为"原来是""已经是"。

急则败矣

言则史书之,礼成之,乐歌之

例句：项王曰："壮士！赐之卮酒。"则与斗卮酒。(《鸿门宴》)

12. 者

放在主语后面,引出判断,不必译出。

古之传者有言

晋唐叔虞者

例句：廉颇者,赵之良将也。(《廉颇蔺相如列传》)

13. 乃

(1) 于是,就。

乃封小弱弟于唐

例句：陈涉乃立为王。(《陈涉世家》)

(2) 强调某一行为出乎意料或违背常理,可译为"却""竟(然)""反而"等。

周公乃成其不中之戏

例句：今其智乃反不能及。(《师说》)

14. 也

句末语气词,表示陈述或解释语气。

王曰："戏也。"

不待其戏而贺以成之也

余一人与虞戏也

例句：雷霆乍惊,宫车过也。(《阿房宫赋》)

15. 为

(1) 有"做""作为""充当""变成""成为"等义,翻译比较灵活。

以地以人与小弱者为之主

成王与唐叔虞燕居,援梧叶以为珪

削桐叶为珪以与叔虞

例句：斩木为兵,揭竿为旗。(《过秦论》)

(2) 介绍涉及的对象。译为"给""替"。

必不逢其失而为之辞

例句：于是秦王不怿,为一击缶。(《廉颇蔺相如列传》)

(3) 判断词,译为"是"。

况号为君臣者耶

例句：如今人方为刀俎,我为鱼肉。(《鸿门宴》)

16. 若

(1) 如何、怎么样。

凡王者之德,在行之何若

例句：以闲敝邑,若何?(《殽之战》)

(2) 用作连词。表假设,相当于"如果""假设"等。

若戏而必行之,是周公教王遂过也

例句：若据而有之,此帝王之资也。(《赤壁之战》)

(3) 动词,译为"像""好像"。

又不当束缚之,驰骤之,使若牛马然

例句：山有小口,仿佛若有光。(《桃花源记》)

(4) 用作代词。相当于"你""你们",作定语时则译为"你的"。

以此封若

例句：若入前为寿,寿毕,请以剑舞。(《鸿门宴》)

三、词类活用

1. 名词作状语

况号为君臣者邪(号：名词作状语,按照名分)

言则史书之,礼成之,乐歌之(史、礼、乐:皆为名词作状语,意思分别为用史书、用礼仪、用乐歌)

例句: 失期,法皆斩。(《陈涉世家》,法:按照律法)

2. 动词作名词

非周公所宜用(用:动词作名词,采用的方法)

例句: 盖其又深,则其至又加少矣。(《游褒禅山记》,至:到达的地方)

3. 动词的使动用法

驰骤之(驰骤:使动用法,本意是驰骋、疾奔,这里指使成王驰骋疾奔,犹言驱使,使成王忙碌不停)

例句: 项伯杀人,臣活之。(《鸿门宴》,活:使……活)

4. 形容词作名词

设有不幸(幸:形容词作名词,幸运的事)

例句: 将军身披坚执锐,伐无道。(《陈涉世家》,坚:坚硬的盔甲,锐:锐利的兵器)

5. 形容词意动用法

一称而令成王益重言(重:形容词意动用法,以……为重)

例句: 且庸人尚羞之。(《廉颇蔺相如传》,羞:以……为羞)

6. 形容词使动用法

明爱弟之义(明:形容词使动用法,使……彰明)

例句: 凄神寒骨,悄怆幽邃。(《小石潭记》,凄:使……凄凉,寒:使……寒冷)

四、通假字

1. 邪:通"耶",表疑问,相当于"吗"

天子其封虞邪

例句: 其真无马邪?其真不知马也!(《马说》)

2. 寺:通"侍",侍者

王以桐叶戏妇寺

例句: 匪教匪诲,时维妇寺。(《诗经·大雅》)

3. 道:通"导",引导

宜以道从容优乐

例句:"道千乘之国,敬事而信,节用而爱人,使民以时。"(《论语·学而》)

4. 燕:通"宴",安逸,安闲

成王与唐叔虞燕居

例句:今夫膏粱之子,燕坐于华堂之上。(《苦斋记》)

5. 女:通"汝",人称代词,你

余以此封女

余命女生子

例句:三岁贯女,莫我肯德。(《硕鼠》)

6. 弟:通"悌",尊敬兄长,也指尊敬长辈

明爱弟之义

例句:其为人也孝弟,而好犯上者鲜矣。(《论语·学而》)

7. 有:通"又",还能

有辅王室之故

例句:虽有槁暴,不复挺者。(《劝学》)

五、古今异义

1. 丈夫:此处指男人,今指女子的配偶

是直小丈夫缺缺者之事

例句:大丈夫当如是也。(《史记·高祖本纪》)

2. 于是:此处指在这种情况下,今表示承接关系

于是遂封叔虞于晋

于是遂封叔虞于唐

例句:于是焉河伯始旋其面目。(《庄子·秋水》)

3. 河:此处指黄河,今泛指河流

唐在河、汾之东

例句:将军战河北,臣战河南。(《鸿门宴》)

六、特殊句式

1. 判断句

是周公教王遂过也

> 晋唐叔虞者,周武王子而成王弟
>
> **例句:** 此则岳阳楼之大观也。(《岳阳楼记》)
>
> 师者,所以传道受业解惑也。(《师说》)
>
> 2. 介词结构后置句
>
> 乃封小弱弟于唐
>
> 周公宜以时言于王
>
> 于是遂封叔虞于晋
>
> 于是遂封叔虞于唐
>
> **例句:** 青,取之于蓝而青于蓝。(《劝学》)
>
> 3. 宾语前置句
>
> 且家人父子尚不能以此自克。
>
> **例句:** 古之人不余欺也(《石钟山记》)

师: 大家再看一下,把邵瑞祥上的和我上的比较一下,区别在哪里? 我在这里更重视字词。而在重视字词的教学过程中又是不是像我们过去的老师那样第一节课自己慢慢地串讲,或者让学生去总结字词知识,是不是? 又不是。我是把字词落实在对文章的理解里面的,在过程中去落实,最后再来总结。这可能是我们未来的文言文阅读教学要努力的。我有一个图给大家看一看(文言文阅读教学模型图,见正文,此处略):我的文言文阅读教学的中心是语言文字,主要指语言文字的现象及效果,包括实词的一词多义、虚词的多种用法、通假字、古今字、词类活用、古今异义、特殊句式,但是我在上的时候主要是通过这三个手段——原文重现,把这个故事放在它的前后文里;评点引入,把历代对它的评点作为一个非常重要的资源;同类比较。但是,我的切入点,也就是我围绕的是"文章"(它本身怎么写的)、"文学"(它里面的一些好的表达方式)、"文化"(它里面的思想内涵)。我是这么来组织教学的。文言的阅读教学,如果这样来组织,上得可能就不会让人感觉到学语言很枯燥或者学了语言也不能用,我们解决了这个问题。这节课我们就上到这里,这学期的课也就上到这里。

《桐叶封弟辨》课例评析

张心科老师的《桐叶封弟辨》的教学设计以及课堂施教,有很多能启人思考、可给人指导的地方。

　　从总体上看,《桐叶封弟辨》的教学设计和实施体现了心科老师所提出的应根据教学材料的文体和语体的特征来确定教学内容、安排教学过程、选择教学方法的主张。这篇课外文本,从文体看属议论文,从语体看是文言文。心科老师就是针对他所指出的目前的议论文、文言文阅读教学存在的诸多问题并根据这篇文本的这两大属性来设计的:首先,将其当成一篇议论文,按照心科老师建构的"五个要素——三大步骤"的议论文阅读教学模型,从总体上围绕论题、论点、论据、论证和意图五大要素,大致以理解、批评、讨论三大步骤来设计教学;然后,将其作为文言文,按照心科老师建构的以"言"为本位的文言文阅读教学模型,综合运用原文重现、评点引入、同类比较三种手段,利用"文章"("文学")和"文化"的教学来完成"文言"的教学,让学生掌握"文言"的意义、用法和表达效果。

　　我尤为钦佩的就是他把文言文上成了文言文课,由课而影响学生扎实地学习文言作品,从而凭借所学而自主思考和应用。

　　现代人要读懂文言文当然要通过"文言文课"而更快捷地突破"文言"这一关。文言文的词汇、句式及章法有其特点,是现代人感到陌生的地方。掌握了特点,熟知了陌生,就能形成自主学习文言的能力。心科老师抓住这个核心问题,贴着文言的基本要素组织教学,扎实而稳妥,细密而周全,不仅体现了深厚的文言功底,而且更重要的是对学生有具体而微的指导与示范,看似漫不经心,实则独具匠心!

　　要突破文言文的语言关,当然要紧扣内容来学习。内容下的形式,形式中的内容,无法分开。心科老师的教学,"实"在字词,他所点拨的字词都在内容的体悟中而更加鲜活;也"实"在比较,如引入《石钟山记》《短歌行》等课文的词例,通过互证,更加夯实了新旧认知;还"实"在思想材料的辨识,如引入《吕氏春秋》和《史记》的相关材料,以激发学生在比较中更深入地理解课文的思想内涵。这样的思想材料是培养学生思考力的中介和酵母,自然催生了新的思想,孕育了新的认识方法。心科老师的这个设计无疑体现了开阔的学术视野,足以成为值得我们借鉴的用"思想"激活"思想"的典型案例。

　　总之,无论是教学设计还是课堂实施,都体现了"实"与"活"的统一。

　　(上海市特级校长、上海市正高级语文特级教师、市北中学校长、上海市"名校长名教师"培养工程"陈军语文基地"主持人　陈军)

第三节
关于文言文阅读教学的反思与回应

专门针对文言文及《桐叶封弟辨》这一课的教学反思，主要是文言文的阅读教学内容与方法以及这篇课文写作的背景和动机。最后，也会补充一些与文本相关的材料，便于理解其内容与形式。不过，因为这堂课是本学期的最后一课，我还是想先谈谈本学期一直在采用的"同课异构"的教学方式。同时，由于这也是本书最后一篇有关单篇选文阅读教学的反思与回应，所以在此提及与之相对的整本书阅读教学的问题。

一、关于"同课异构"

从《三块钱国币》到这篇《桐叶封弟辨》，我一直在和学生采用"同课异构"的方式教学，希望学生能比较我和他们在教学内容与教学形式方面的异同，进而去思考教学内容的选择与教学形式的安排问题。一般是他们先上，我后上。学生的收获很大，我也能不时地从他们的教学中获得启发，从上面几篇教学实录中可以发现，我在上课时常会提及刚上过课的同学对文章的解读，在结束后会比较他们和我的不同教法等，这就是所谓的"教学相长"吧。

与数学、物理、化学等自然科学以及政治、历史、地理等人文科学的学科不同的是，其他学科在"同课异构"时"异"在教学形式上，主要的教学内容是"同"的，因为其他学科主要就是教具体、明确的知识和技能（公式、原理等）。但是，因为语文学科的教材内容是一篇篇的选文，可以借此教多种不同的知识和技能，也就是说，没有明确固定的教学内容，或者说，可以借一篇选文开发出多种教学内容；又因为课程标准中只有相应学段的教学要求而并没有明确规定具体的教学内容（更不要说某一单元、某一课的教学内容了），教科书编者预设的选文功能也可能不恰当，学生和教师的情况又各不相同，所以语文学科的"同课异构"，往往是不同的人在教同一篇课文时，其教学内容和教学形式都是"异"的。可见，语文学科的"同课异构"往往难以评价，一个重要的原因是教学内容不能确定，评价标准难以统一，所以无法比较，也就难断优劣。当然，准确地选定教学内容很重要，因为这是教学形式安排的前提。不过，如果大家对"教什么"取得了一致的认识，或者说教学内容被规定好了，那么采用什么样的形式来体现教学内容，即"怎么教"就变得更重要了。不同的人对"怎么教"的认识是不同的，采用的教学形式

（过程和方法）就各自存在差异。但是，从理论上说，肯定有一种教学形式是最适宜的，即它与已确定好的教学内容是最匹配的。这样一来，因为有了"最适宜的形式"这个统一的评价标准，也就能相对客观地作出评价。可见，与其他学科相比，语文教学会更难，因为既要准确地设定教学内容，又要开发与之相匹配的教学形式。

二、文言文的阅读教学内容和方法

关于文言文的阅读教学内容和方法，还有两个具体问题需要讨论。

一是词句知识的理解与归纳。在理解和归纳词句知识时，除了借助上文所说的、本次课所用的多种切入角度和实施手段外，还应该多联系学生过去所学的文言课文中出现过的，以及现代书面语、口语（尤其是成语）中含有的相同或类似的词语或语言现象。这样，可在新与旧、课内与课外的比较中获得某种知识图式，而这种图式可在新的情境中被激活，并可用来加工新的文言文本，从而促使其迁移转化成阅读技能（根据某种图式获取文本信息）。

二是词句表达效果的揣摩与体会。揣摩和体会词句的表达效果的方法可能有三：一是文白比较。例如，讲解"石之铿然有声者"，并不直接告诉学生这是定语后置句，而是让学生将其翻译成白话"铿然有声的石头"，将文言与白话比较，让学生理解作者在用文言表述时将"铿然有声"这个定语后置了。再将"铿然有声之石"与"石之铿然有声者"进行比较，体会后置所体现的限制和强调的意图。二是瞻前顾后。就是结合上下文的语境来推断词句的功能及其表达效果。三是联系其他文本。比较相同题材的不同文本，体会其词句表述形式的差异及表意效果的不同。以上还需要进一步研究和实验。

我在前文提出以学"言"为本位，而分析文章、鉴赏文学、品味文化都只是手段。不过，从郝敬宏老师设计的《邹忌讽齐王纳谏》教案来看，他一方面认同我的"言"本位主张，教学时以"言"为主，另一方面又分析了一些汉字文化、讽谏文化等。也就是说，他不仅仅是把学"文"作为学"言"的手段，而是把学"文"本身也作为目的之一。可能在他看来，一方面，文言文固然是学文言的重要材料，而另一方面，相对于那些研究古代文学的论著、介绍古代文化知识的读物，一些经典的文言文也是学习古代文学、了解古代文化的重要凭借。这个问题，还可以进一步讨论。

三、课文的写作背景和目的

我在课上根据朱一清主编的《古文观止鉴赏集评》的说法，认为《桐叶封弟辨》作于永贞革新之前,写作目的是为改革造势。① 不过,《古文观止鉴赏集评》没有标注此说的出处。课后,有学生告诉我,网络上根据尚永亮撰《柳宗元诗文选评》的相关内容,认为此文作于永贞革新失败之后作者柳宗元在遭贬流放外地时。此时作者柳宗元大量阅读史书,深入思考历史和现实,此文就是他借辨析"桐叶封弟"的故事,探讨君臣之道,反思刚刚失败的革新。今查尚著,见其将《桐叶封弟辨》与"永州八记"、《捕蛇者说》《黔之驴》等一道归入柳宗元"谪居永州(805—814)"时期所作的诗文,并在《桐叶封弟辨》文后的评析中称:"永贞革新失败后,柳宗元花费大量精力阅读古今史书,对历史和现实问题进行深入的思考,辩其误,指其失,其中充满着对现实政治的关怀。这篇史评,就是这样一篇短小精当而见解甚深的力作。"②此说同样没有标明所本。总之,有关《桐叶封弟辨》写作动机的两种说法似乎都有道理,只是语焉不详,不知本自何处,但是确切的写作时间一般不会有两个,所以本文确切的写作时间和写作目的,还需要进一步考辨。

四、教科书编者的评点与翻译

《桐叶封弟辨》虽然在 20 世纪后期至今的语文教科书中不常见,但常出现在 20 世纪前期的中学国文教科书中,尤其是在清末民初的中学国文教科书中。清末民初的中学国文教科书常选择不同时代的代表性作家的代表性作品或者不同时代典型文体的代表性作品,按时代逆溯或按文体分类的方式组织。《桐叶封弟辨》便被作为"唐宋八大家"之一的柳宗元的代表性作品或者作为论辩类的代表性作品选入。清末八股改为策论,科举废、考试兴,平时的写作训练和升学考试的作文命题多以议论性文体为主,所以选入教科书中的课文主要是当写作的范文来使用的。为了让学生明确这些文章的写法,教科书的编者会就其旨意("命意")及作法("经营结构之法")进行评点。下面梳理、辑录几种,供研读此文时参考。

清吴曾祺评选的《中学国文教科书》(商务印书馆,1913 年版)的第三册选录了《桐叶封弟辨》。课文题下总评揭示了该文特殊作法,即在无从援引事实论据的情况下,通过对事理层层深入地辨别、反驳而最终得出结论:"其事之不近理,本不待辨自明。而传既有之,则固无从援引他书,以驳其必无。文惟以理为断,使其理穷,而事之虚实自见。作解经之文,有遍觅图史,终不得其证据者,亦用此法。"眉批只有一条,即"吾意周公辅成王,宜以道从容优乐,要归之大中而已……是直小丈夫缺缺者之事"上之"揭出

---

① 朱一清.古文观止鉴赏集评(第三卷)[M].合肥:安徽文艺出版社,1997:354.
② 尚永亮.柳宗元诗文选评[M].上海:上海古籍出版社,2003:23,121.

正论"四字。

刘法曾、姚汉章评辑的《中华中学国文教科书》(中华书局,1912年版)的第一册也选录此文。文中有夹批三处,评析该文论证过程与方法:一是"吾意不然"后之"以上虚虚一断",二是"是周公教王遂过也"之"以上层层驳尽",三是"故不可信"后之"以上揭出正论"。文后有总评,和上述林纾对其主旨的判断不同,评点者称:"据理断案,正意在'吾意周公辅成王'数语。"

1920年,"国文"(文言)改成"国语"(白话)之后,文言文的教学功能发生了很大的变化,不再作为写作文言文的范文而是作为学习文言的语料来使用。1922年,实行新学制。新学制时期的中学国语、国文教科书有纯用白话、纯用文言和文白混编三种。无论是在文白混编的教科书中还是在纯用文言的教科书中,文言文的主要教学功能均不是作为文章写作的示范,而是作为训练文言阅读技能的凭借。

秦同培编辑的初级中学用《言文对照国文读本》(世界书局,1923年版)是文言教科书,其第三册也选入了《桐叶封弟辨》。文中有夹批三处:一是"乃封小弱弟于唐"后之"以上言桐叶封弟事",二是"故不可信"后之"以上言桐叶封弟不成事实",三是"或曰:封唐叔,史佚成之"后之"以上用或说作结"。文后之"要旨"认为此文是在讨论"改过"还是"遂过"的问题:"过宜改,不宜遂。改过以回其向善之心;遂过则长其从恶之念。人能无过自嘉,若必不得已,要以能改为贵。"关于其写法,文后之"评论"称:"前幅连设数层翻驳,后幅连下数层断案,俱以理胜,非尚口舌便便也。读之反复重叠,愈不生厌,如眺层峦,但见苍翠。"不过,《言文对照国文读本》书名中的"言文对照"四字已标明本书的旨趣主要是让学生在文白对比中理解文言词句的含义和特殊的文言现象[①],因此每篇文言课文后面都有一项"译俗",以便于学生自学和教师讲解时将文言与白话对比。其编辑大意称:"原文与译俗文,有密切之关系。学者预习,可先阅译俗文,得其大意,然后再聆教师讲解,则自然尤为亲切矣。"即先通过阅读白话文了解大意,然后看文言文是如何表述的,目的是学习文言词汇及一些特殊的语言现象。现照录《桐叶封弟辨》的"译俗"如下。

古时的传记上有句话,说:"成王曾经拿桐叶当做玉圭,对他的小弟弟玩戏道:'把

[①] 中国中等教育协进社编《中等教育》1924年2月第2卷第5期第15页所登范祥善、叶绍钧等人编辑的初级中学用《新学制国语教科书》的广告附有教育部审定该书时的批词:"中间有数课将语体文与文言文对照,可以领导学生从语体文进习文言文,用意颇好。"该书将《桃花源记》《新丰折臂翁》等古诗文的原文与译文同时呈现,白话译文置于前,文言原文置于后,也说明对照的目的是便于学习文言文。

这个封给你。'周公便进去朝贺。成王道：'我是玩戏啊。'周公道：'做君主的，不能够玩戏的。'便把唐的地方封给他小弟弟。"我的意思却不以为然，成王的弟（弟）该应封的呢？周公宜依时及节的告诉成王，不必要等他玩戏，方去朝贺赞成他啊！如果不该应封的呢？那末周公竟这一来，是赞成他不正当的玩戏了。把那重要的土地和人民，给了一个小弟弟，使做他们的君主，他这样子，还可算圣人么？况且周公因为王者的说话，是不可忽略的，所以一定要顺水推船的赞成他啦？那末倘使碰得不巧，成王却拿桐叶和妇人宦官玩戏，也便拿来赞成他么？凡是王者的德气，全看他干事干得怎么样？如果是不该应的，就是改换十次，也不算害处；如果是该应的，那就不可叫他改换了，况且他现在明是玩戏，可以叫他不改的么？若应（因）为他玩戏了，就定要照样做去，这就是周公教成王顺着过走啦。天下那（哪）有这道理呢？我的意思，周公帮辅成王，该应依着道理，总要慢慢地宽心乐意，使他合那大中至正才好；决不可迎合了他的差处，就装点些说话赞成他的！也不该应束缚他，逼走他，使他像牛马一般。逼得过分了，那便要坏事的！就是家人父子，也还不能够用这法子治家，何况是号称君臣的么？这简直是大丈夫做小聪明的一件事，并不是周公该应做的，所以决不可相信他。有的人说："封唐叔这件事，是史轶做成功的。"

这篇半文半白的"译俗"带有非常明显的国文改为国语初期的白话文特征。

其他如北平文化学社编的《初中三年级国文读本》（北平文化学社，1932 年印行）第五册也选录此文，有注释，无评点。

五、关于整本书阅读教学

有人说"整本书阅读"中的"整本书"是一个很含混的概念，如与活页相对的"整本书"是指其为装订成册的，与长篇节选的单篇相对的"整本书"是指长篇单行本，由零散单篇构成的"整本书"是指按某个作家、某个主题、某种体裁、某种语体、某个国别等中的一个或几个标准选辑并以一定的体系呈现的集子，与阅读对象只是书中部分内容相对的"整本书"又是指书的全部内容。关于"整本书"阅读及其教学的利弊的争议也是有的。其实早在 1922 年周邦道就已综述过国外关于"整篇"（"整本书"）阅读利弊的研究：与单篇阅读相比，整本书阅读的优点是学生阅读的兴趣会更浓厚；整本书能完整地呈现作者的思想，学生阅读时不会片面、孤立地理解作者的思想；整本的叙事性作品的情节往往更加完整、更合逻辑，学生阅读时思路更顺畅、理解更深入；整本书能反映某一时代的方方面面,学生阅读也能获得多方面的收益。其弊端是文本的难易不易确定,尤其是有些长篇文本学生理解起来很不容易,有时会让人厌倦,如称,"文章过长者,有单调疲惫之苦,儿童尚未卒篇,已不堪负累"。① 更何况教育是受特定时空限制的,作为教材的整本书阅读的目的是训练学生的阅读能力而不是像平时阅读那样仅仅是为了消遣而可泛览,所以中小学生不可能有大量的时间去阅读大量的整本书;同时,课堂教学又带有示范性质,教学的目的是将在教材的阅读教学中所获得的技能迁移到课外材料的阅读中去,技能的获得需要反复训练,而专书阅读周期太长,反复起来不易;更何况学生作为初学者其能力水平相对较低,整本书的测量评价也很困难;此外,并不是任何书都值得整本地读,等等,这些都决定了语文教材及教学都很难,也不应该以整本书阅读及其教学为主。

现在很多人因为《普通高中语文课程标准(2017年版)》强调了整本书阅读及其教学的重要就以为单篇选文的阅读及其教学不重要了。其实,前者很重要并不意味着后者就不重要。他们在强调整本书阅读重要时常以叶圣陶的相关论述为据。叶圣陶在年轻时致信李石岑、周予同讨论教科书编写时,确实曾对"短篇零幅"的国文教科书很不满,而主张读"有系统的成卷帙的书籍",他甚至极端地认为"最合理想的办法,就是不用教科书,也不采用短章零幅,而指定许多趣味不同内容互异的书籍任他们自由阅读"②。事实上,后来叶圣陶自己就编写了多种教科书,这些教科书也都是由单篇选文构成的,而不是他所说的"有系统的成卷帙的书籍"或"书册"。历来语文课程标准大都会推荐课外阅读书目。有段时间也曾将整本书阅读列入高中课程。如1929年颁布的《高级中学普通科国文暂行课程标准》在"教材大纲"中将阅读分为精读与略读,精读教材包括"专书精读"与"选文精读"。不过,是以选文精读为主、专书精读为辅的,如称:专书精读"以助长学生作文与看书的能力为主要目的,增益知识启发思想涵养品性为副作用,依照各学年之程度,选定名著,每学期约一部"③。此后,1932、1936、1940、1941年颁布的高中语文课程标准均如此处理,如1932年颁布的《高级中学国文课程标准》所确定的专书精读数量为每学期一部或两部,其"实施方法概要"为"选定精读之专书,共同的或个别的略讲其在历史上之地位,文学上之价值,作者时代背景,及个人作风等;并指示阅读方法,分量,时间,及参考书,随时养成学生运用工具书

---

① 周邦道.儿童的文学之研究[J].中华教育界,1922,11(06):10—11.
② 叶绍钧.叶绍钧致李石岑、周予同信[J].教育杂志,1923,15(04):1.
③ 课程教材研究所.20世纪中国中小学课程标准·教学大纲汇编(语文卷)[M].北京:人民教育出版社,2001:287.

及参考材料之能力"①。名为"精读",实近略读。当时的教科书由单篇选文构成,少数会在单元指导或全书附录中开列阅读书目,也是作为略读用的,如1934年世界书局出版的由朱剑芒编的《朱氏初中国文》在每册书后以"本学期略读书目表"的形式推荐专书,如第一册推荐的有冰心的《寄小读者》、叶绍钧的《稻草人》、夏丏尊翻译的《爱的教育》等。未来的阅读教学肯定仍以教读单篇选文为主、整本书为辅。如2019年人民教育出版社开始陆续出版的统编普通高中教科书《语文》(必修)中的整本书阅读只有《乡土中国》和《红楼梦》两个专题,其他课文全是单篇。

单篇选文阅读教学存在的问题,并不是因为读的是单篇,或者说采用了整本书阅读教学就能解决单篇选文阅读教学存在的问题,这是两回事。在单篇选文的阅读教学中所学得的阅读技能不可能完全迁移到整本书的阅读中,反之亦然,因为二者的对象不同。即便单篇选文与整本书属于同一种文体、语体,因为有单篇与整本的区别,所以二者的教学模型会有相似和不同之处。如果说单篇选文阅读教学的问题是一个老问题,那么整本书阅读教学的问题就是一个新问题。针对前者,我们在本书中提出了"精要的内容与适宜的形式"理念,就是要根据单篇选文的不同文体、语体确定不同的精要的教学内容,然后根据不同的内容选定不同的适宜的教学形式。那么,这种理念是不是同样适合于整本书阅读教学呢?如果适合,那么整本书阅读教学的内容如何确定,教学过程如何安排,教学方法如何选用?整本书阅读教学的模型如何建构,又有哪几种?可见,基于"精要的内容与适宜的形式"理念的整本书阅读教学问题,还需要进一步探讨。

---

① 课程教材研究所.20世纪中国中小学课程标准·教学大纲汇编(语文卷)[M].北京:人民教育出版社,2001:294.

主要参考文献

[1] 童庆炳,程正民.文艺心理学教程[M].北京：高等教育出版社,2001.
[2] 童庆炳.现代心理美学[M].北京：中国社会科学出版社,1993.
[3] 叶苍岑.中学语文教学通论[M].北京：北京教育出版社,1984.
[4] 于亚中,鱼浦江.中学语文教育学[M].北京：高等教育出版社,1992.
[5] 张鸿苓.语文教育学[M].北京：北京师范大学出版社,1993.
[6] 王世堪.中学语文教学法[M].北京：高等教育出版社,1995.
[7] 阎立钦.语文教育学引论[M].北京：高等教育出版社,1996.
[8] 陈毛美,郑蓉芳.中学语文教材教法[M].长春：东北师范大学出版社,1997.
[9] 周庆元.语文教育研究概论[M].长沙：湖南人民出版社,2005.
[10] 郑国民.新世纪语文课程改革研究[M].北京：北京师范大学出版社,2003.
[11] 王荣生.语文科课程论基础[M].上海：上海教育出版社,2003.
[12] 王荣生.新课标与"语文教学内容"[M].南宁：广西教育出版社,2004.
[13] 王荣生.语文教学内容重构[M].上海：上海教育出版社,2007.
[14] 王荣生.听王荣生教授评课[M].上海：华东师范大学出版社,2007.
[15] 王荣生.阅读教学设计的要诀——王荣生给语文教师的建议[M].北京：中国轻工业出版社,2014.
[16] 王荣生,宋冬生.语文学科知识与教学能力[M].北京：高等教育出版社,2011.
[17] 王荣生,高晶.阅读教学教什么[M].上海：华东师范大学出版社,2016.
[18] 王荣生,李冲锋.小说教学教什么[M].上海：华东师范大学出版社,2015.
[19] 王荣生,步进.散文教学教什么[M].上海：华东师范大学出版社,2014.
[20] 王荣生,陈隆升.实用文教学教什么[M].上海：华东师范大学出版社,2014.
[21] 王荣生,童志斌.文言文教学教什么[M].上海：华东师范大学出版社,2014.
[22] 曹刚.课文可以这样读[M].上海：上海教育出版社,2017.

［23］张心科.语文课程论[M].福州：福建教育出版社,2014.
［24］张心科.清末民国儿童文学教育发展史论[M].北京：北京师范大学出版社,2011.
［25］张心科.接受美学与中学文学教育[M].上海：华东师范大学出版社,2019.
［26］张心科.清末民国中学文学教育研究[M].北京：高等教育出版社,2018.
［27］张心科.近代文学与语文教育互动[M].上海：华东师范大学出版社,2019.

后 记

我1995年大学毕业后曾在安徽省宣城孙埠中学、合肥工业大学附属中学等学校前后教过九年高中语文。读硕士时，我的毕业论文的题目是"接受美学与高中文学阅读教学的理论和实验研究"。所以，2004年到黄山学院中文系工作时，系里安排我教"语文课程与教学论"和"文艺心理学"两门课。由于我上大学时学的"文学概论"相当于现在的"马列文论"，所以对现代西方文论十分陌生。为了上好"文艺心理学"课程，我花了近一年时间广泛阅读国内外的相关著作。这门课的教材是童庆炳先生主编的《文艺心理学教程》，我用的参考书是他主编的《现代心理美学》。两本书中关于形式与内容的论述新颖别致，让人难忘。他在书中认为内容吁求形式、形式征服内容。2007年，我考入北京师范大学，跟随郑国民先生攻读博士学位。平时舍不得浪费一点时间，不过童庆炳先生的讲座我是必去的。2010年，我博士毕业，在华中师范大学短暂停留后，又追随潘新和先生到福建师范大学工作。此时，长期的语文教育史研究导致我的思辨力严重退化。我告诉一位本科生，自己曾对教学的形式与内容问题很感兴趣，希望她能以此作为毕业论文的选题，我来指导她写作。结果她写出来的论文仍是在重复"内容决定形式，形式反作用于内容"的观点。此后，教学内容与教学形式之间的关系问题一直在我的脑中盘桓。2013年，我到华东师范大学工作后，给中文系本科师范生上"语文教学设计"课，既要"授之以渔"（传授教法），又要"授之以鱼"（评析案例）。因为有中学教学的经验，所以有时我干脆挑选课外的文章作为课文来设计教案，并把自己当成高中语文老师来示范上课。在设计教学时，我对提倡教学内容重构者注重静态文本形式（写作知识）而少关注阅读技能的建构，对提倡文本细读者只重"这一篇"的解读结果而不重视"这一类"读法的学习的做法均有不同的看法；对那种普遍存在的按文体要素来切块拼接教学过程，并且似乎成了"集体无意识"的做法更是怀疑。因为，在现实生活中，没有人是按照先梳理故事情节，再分析人物形象，最后联系时代背景分析作者旨意的方式来读小说的，也没有人是按照先概括说明对象的特征，再理清说明顺序或结构,之后分析说明方法,最后揣摩说明文语言特点的方式来读说明文的。如果说语文阅读教学的最终目的是提高学生日常的自然阅读能力,那么语文阅读教学必须基于日常的自然阅读,而不是一种只存在于语文课堂上的所谓"教学阅读"。如果因为这种"教学阅读"是在课堂上发生而且有助于自然阅读,那么这样称呼它也未尝不可,而且应大力提倡;但如果仅是在课堂上发生却在很大程度上违背了自然阅读的规律,那么这就是一种"伪阅读教学",是要坚决反对的。另外,一线语文教师平时更多的是关注"这一篇"课文的教学,很少思考"这一类"课文的教学,而作为一名高校语文课程与教学论研究者则应与之相反。总之,我必须回答学生在教学每一类文本"教什么"和"怎么教"这个涉及规则确立的问题。

我国语文阅读教学的问题到底出在哪里? 如何解决? 这是我近年来反复思考的问题。针对语文教学,我主张要有专门的阅读教学,反对将阅读教学与写作教学混淆。在我看来,目前的语文课既不是阅读课也不是写作课,因为只教了静态的文本形式,而既没有教阅读技能,也没有进行写作训练,所以读、写应该适度地分离,建构出各自独立的阅读、写作技能体系,作为确定专门的阅读教学和写作教学内容的主要依据,并根据教学内容开发出不同的教学方法。[①] 针对阅读教学,我主张侧重教学阅读技能,反对只教静态的言语形式知识。如果说阅读是读者获取文本信息进而与文本、作者展开交流与对话的话,那么阅读教学就应该是教师教学生如何获取文本信息进而与文本展开交流与对话,即教阅读技能。在我看来,目前的语文课是把通过文本形式获取文本信息——这个众多阅读手段中的一种当成了唯一的手段,而且大多数的语文课在围绕文本形式来分析课文时,并不是以文本形式为获取文本信息的手段,而是以学习文本形式为目的,即整堂课的目标就是让学生通过某篇课文的学习来掌握某类文章的某一种或几种文本形式知识。总之,是将通过文本形式获取文本信息这个阅读手段之一当成了唯一手段,并将这个手段当成了目的。所以,要重新确定言语形式在阅读教学与写作教学中的功能与地位,确立阅读教学应以教学阅读技能为主的认识。[②] 针对阅读技能,我主张建构"某一类"而非"某一篇"的阅读技能,反对一味地进行文本细读。因为,采用何种阅读方法要考虑不同文本的体式特征(文学作品、实用文章),编者预设不同的教学功能(全息、例子、凭借、引子),不同的课型(精读、略读),不同的学情(学段差异、个体差异),等等,如果这些是不同的,那么读法也应该不同,所以不能针对任何课

[①] 张心科,郑国民.20世纪前期语文课程分合论——兼说"阅读教学"的含义[J].教育学报,2009,5(06):45—54.
[②] 张心科.论言语形式在阅读与写作教学中的归属[J].课程·教材·教法,2016,36(08):60—68.

文,在任何情况下,对任何对象都要求细读文本。更何况目前的所谓的"文本细读法",也多停留在原则层面(如主张"还原"之类)而没有多少具体可行的操作方法(只有"替换""比较"等屈指可数且极其简单的方法),诸多倡导者也多凭自己的艺术直觉在不停地解读单个的文本。这除了给普通教师备课、一般读者解读文本提供了一些参考资料外,对语文学科的发展并无多大帮助。这就好比切西瓜,我们要去设法开发、总结切的方法,而不是沉湎于重复去切的行为。切几个西瓜,检验一下方法的有效性,或者向其他人示范一下切法,这是可以的,也是有必要的,如果只是自己反复运用某种方法不停地切着不同的西瓜,即便你切了一万个,也只能说明你体力好而已。① 这些讨论,针对的就是魏小娜教授在《反思与聚焦:探寻我国阅读教学的本体》②一文中所批评的当下以"基于写作""教言语形式"及"单篇精读教学"为表征的阅读教学。

　　语文学科教学论该研究什么？追求学科独立性是我研究的主要旨趣。多年来,在高校,语文学科教学论这门学科一直是"寄生"在汉语言文学和教育学之中的。很多人,包括语文学科教学论研究者,往往以为这一学科就是汉语言文学与教育学的简单相加,换句话说,就是要研究怎么运用教育学的知识将汉语言文学的知识传达出来。这种对语文学科教学论的认识显然是偏颇的。一个学科要独立必须要有本体性知识。语文学科教学论的本体性知识绝对不是汉语言文学知识和普通教育学知识(包括一般性的课程与教学论知识),因为这是语文学科教学论与这两大学科所共有的知识,语文学科教学论所独有的知识应该是识字、写字、阅读、写作和口语等的技能性知识(规则、程序、方法,即语文技能),以及如何教会学生运用这些技能的技能性知识(语文教学技能),这两类知识不仅是语文学科教学论所独有的,而且相对于其他两类知识显得更为重要,所以语文学科教学论这一学科的本体性知识,即使不能说就是其独有的语文技能性知识以及语文教学技能性知识,至少也是这四种知识的综合,而其中语文学科教学论所独有的两类知识是重点。总之,语文教学论知识＝汉语言文学知识＋语文技能性知识＋语文教学技能性知识＋教育学知识。

　　如果说汉语言文学知识和一般教育学的知识尽可由这两个专业的学者去研究的话,那么对于语文学科教学论学者来说,语文技能性知识以及语文教学技能性知识的研制则属责无旁贷。然而,就目前来看,中小学的语文学科教学并没有以语文技能性知识的教学为主,高校的语文学科教学论研究也没有针对这些独有的技能研制出独特的教学技能性知识。这是语文学科教学效果不理想的一个主要的原因,也是语文学科

---

① 张心科.审视文本细读及其教学[J].语文建设,2014(01):18—20.
② 魏小娜.反思与聚焦:探寻我国阅读教学的本体[J].课程・教材・教法,2014,34(03):43—48.

教学论这一学科长期以来被轻视的原因。这并不是说从哲学等更上位的层面探讨语文教育问题没有必要,而是说相对于提出语文教育要注意"立人""审美"等主张,知识、技能的研究显得更为重要。如果我们把语文教育比作一个人,那么知识和技能相当于骨骼,课文相当于血肉,情意相当于精神。只有骨骼,自然不能算是人,但是如果没有骨骼,即便看上去很美,也只能瘫倒在地,即便志向再高远,也是寸步都难行。所以,我们更应该根据语文学科的特点,从课程与教学论的层面讨论语文教育问题。而且,研究不能是整天热衷写作发表论文,不是动辄宣称取得了认知上的突破,而是要研究那些看得见、摸得着的,可以用、有效果的语文(教学)知识与技能。

就语文阅读教学研究来说,当务之急是建构阅读技能性知识以及阅读教学技能性知识体系。和其他学科不同的是,当下的语文学科主要还是用由一篇篇的课文组成的教科书来教学生静态的汉语言文学知识和动态的语文技能。如何开发出阅读技能及阅读教学技能呢?如果能根据不同的文体和语体的课文有针对性地开发出不同的教学模型,那么这个问题就有可能解决,因为运用这个模型来阅读课文,对于学生来说是一种阅读技能,运用这个模型来组织教学,对于教师来说就是一种阅读教学技能。

如果将以上总结一下,就是我主张读、写分开,阅读教学主要教阅读技能,要根据不同的文体、语体建构阅读(教学)模型。那么,这些模型建构的触媒、依据的原理、提出的核心命题是什么?其建构的要求、方法、过程又是怎样的?

2017年4月23日,上海市教委教研室陈祾老师邀请我到兰生复旦附中去听评曹刚老师执教的《煮酒论英雄》。听完课我非常激动,在评课时我只说了一句话:"这就是我心目中的小说教学",便没多说。回来后的当天下午我就写了《重回"三要素":小说教学的问题与对策》的初稿。我意识到,教学设计要寻找文本内容要素之间的有机联系并以适宜的形式表现出来,让学生掌握这种形式,其实就是掌握一种阅读策略。我想建构适合不同文体阅读教学的各种教学结构(模型)。这种结构可以让学生的文本阅读过程、学习认知过程及师生的教学过程基本一致,三者自然地融合在一起。或者说,学生可以据此阅读、学习,教师可以据此教学,这些模型可以使阅读过程、学习过程、教学过程基本统一。这样一来,在一般情况下,老师带领学生依据这个结构把课文从头到尾读讲完了,学生对课文也就理解了,教学活动也就完成了。我对阅读教学模型建构的认识逐渐变得清晰起来,也似乎找到了切实可行的解决办法。

2018年3月31日,我开始思考酝酿讨论教学的内容与形式问题,并重读了上述童庆炳先生主编的两本书中的相关部分。我意识到,如果说一堂好课就像一篇好作品,那么教学设计就该像文学创作一样。在文学创作时,先要对大量的素材进行筛选,将其中的一部分确定为可以进入作品的题材,当选定好某个题材后,如果要将题材转变成作品的内容,就需用某种形式加工题材。同一个题材,加工的形式可以有多种,但是肯定有一种是最适宜的形式,也就是说,会有一种最能够表现内容,与内容最匹配的形式。教学设计也是如此,先要确定好某篇选文的教学内容,然后寻找到一个最适宜的教学形式。于是,"阅读教学:精要的内容与适宜的形式"这个命题就最终确定了下来。2018年4月1日上午,我开始写作本书的概论部分。此后因为父母生病住院等相继发生的七八件事让人身心交瘁。7月初,在暑期给教育硕士集中上课之前,我抽时间开始思考、写作。8月中旬,完成了小说之外的各种文体阅读教学的理论阐述部分。在理论阐释部分,我以中学语文教科书中大家熟悉的经典课文的教学为例,如《林教头风雪山神庙》《雨霖铃》《雷雨》《谈骨气》《中国石拱桥》《人民解放军百万大军横渡长江》《邹忌讽齐王纳谏》以及朱自清的散文,分析了四十多年来八种不同文体、语体的课文在教学内容和形式方面存在的问题,在此基础上,建构了八个新的阅读教学模型,并在文中按照新的阅读教学模型重新设计了这些篇目的教案(其中两篇选择的是与新模型基本一致的、其他教师设计的已发表的教案)。其中较为艰难的是问题的阐释和模型的建构。这些根据不同文体、语体的特征建构出来的阅读教学模型,不仅要做到特定的教学内容与教学形式相匹配,而且力求使阅读过程、认知过程(阅读一个文本时思考问题的过程)和教学过程相统一。

稍作休息后,8月下旬,我又选择八篇大家不太熟悉的不同文体、语体的课外文本,如《不称心的强盗》(小说)、《过故人庄》(现代诗)、《爸爸教我读中国诗》(散文)、《三块钱国币》(剧本)、《谈写文章》(议论文)、《天灾,一直威胁人类安全》(说明文)、《为圆女儿公主梦 男子沙漠插旗建国自封国王》(应用文)和《桐叶封弟辨》(文言文),按照所建构的新的阅读教学模型分别设计了八篇教案。从2018年9月初一直到2019年1月初,我在本科师范生中开展教学实验,依据八篇课外文本的教案上了八堂中学语文课(其中《过故人庄》在2014年完整地上过,本次分成了几个片段教学)。在执教这八篇文本的过程中,我的心中充满着紧张,也常遇到惊喜。设计教案和组织教学这两件事是必须要做的,因为教育学毕竟是应用性科学,学科教育研究更应重视应用,不能光说不练,或者说起来有理但做起来不行。在理论阐述的基础上设计教案和组织教学,是对理论阐述部分所揭示的问题的回答,是促进理论逐步向现实转化,以达到理论与实践统一的重要环节。用课外的典型文本设计和实施教学,更是为了验证所建构的八种阅读教学模型的有效性及其普适性,使其可被移植使用。责任编辑师文觉得实录太长,为了便于读者从整体上把握这堂课的教学内容与形式,再理解一些局部的做法,她建议我请著名的语文特级教师来稍作评析。我也想借此机会与一线专家进行交流，请他们提提意见。于是，我邀请了陈赣老师、王林老师、王伟娟老师、王白云老师、成龙老师、余党绪老师、沈国全老师、陈军老师八位上海市语文特级教师分别对这八篇教学实录进行了评点。在此特别要感谢这八位老师的指点。当我请王伟娟老师评点《爸爸教我读中国诗》时，她问我是不是急要，因为一年来她每天有很多时间要在医院陪护母亲，她说："尽孝等不得。"虽然八位老师均是从正面评析，很少提意见，但是我知道其中还有许多不足，他们的很多看法也给了我很大的启发。教学反思，就是结合前面的理论阐释，对教学设计和实施（有时也会涉及正文的理论阐述）中出现的问题，进行纠正、补充，有时也侧重讨论某个具体的课外文本的教学，没有讨论这一类文体的教学。现在呈现在大家面前的每章的第三节最初就是原稿每章第二节后附的"教学反思"。后来，陆续在一些文章中见到对我的有些观点进行评述的文字，在平时交流时，同行、学生也常会提出不同意见，于是我尝试回应，或解释自己的观点，或者在他们的启发下继续思考。这样尽可能地使理论更完备一点、实践更可行一些。因为各章得到的反馈信息有多有少，我回应的内容也就或多或少，所以每章第三节的反思与回应部分的写法和篇幅各不相同。由于不是对理论阐述部分的所有观点都进行反思，所以难以将这些文字纳入理论阐述部分之中；又因为有些反思的篇幅过长，不宜附在教学设计和实录之后。于是，干脆像现在这样将其独立成节。清代阎若璩的《古文尚书疏证》在正文后附札记，今人王元化的《文心雕龙讲疏》在"创作论八说释义"后加"附释"，可能都是不得已而为之。不过这种体例反而使写作少了束缚而变得自由灵活，因为可不追求结构的严整，只讨论想继续探讨的内容，也不必考虑篇幅的划一，有话则长无话则短。

　　需要说明的是，教学内容的确定以及与之相关的教学过程的安排和教学方法的选用，涉及许多影响因素，本书所论只是从课文的体式这个角度出发来分析教学内容的确定与教学形式的安排。目前的文本体式论者认为，体式就是与文本内容相对的形式，体式特征就是静态的、外显的形式特征，根据体式组织教学就是要教这些形式知识，或者从这种形式知识入手讲解文本。与文本体式论者看法不同的是，在我看来，体式是文本内容与形式的结合体（内容与形式结合后呈现出的风貌样态）。文本的体式特征，或者说某种文体和其他文体最大的不同，不单是文本在体裁形式方面的特点，而是文本内容和形式作为一个整体所呈现出的总特征。正如人与人之间的不同，肯定不单是外形，还有气质、性格、神态，等等。每一种文体的写作目的、方式以及所呈现的文本形态都不同，例如，作者创作诗歌就会尽量不直接把自己的情绪、感受表达得过于明白，而写作说明文就会尽量把事物和事理说得很明白，所以诗歌和说明文的写作方式及最终形成的文本形态也截然不同。例如，诗歌的文体特征绝不仅仅是静态的文体形式特征，诸如是律诗还是绝句，是格律诗还是散体诗，甚至是否有意象、意境，是否用了典故、象征等手法之类，这些都是外在的形式特征。诗歌最重要的文体特征就是本书在正文中所说的：其独特的言语形式和内容在整体上呈现出的特征，即语言的私人性、模糊性、多义性以及作者情感的隐秘性。还有就是音乐性，包括押韵、对仗、平仄等产生的韵律感。又如说明文最大的特点是将事物和事理说得很明白，而不是说明对象、说明结构、说明顺序、说明方法、说明语言之类外在的静态的体式特征。无论是诗歌阅读教学，还是说明文阅读教学，都要根据上述各自的特点来确定教学内容、安排教学过程、选择教学方法。诗歌阅读教学就是要教学生根据这诸多的特性设法去获取作者内在的情感及其变化；说明文阅读教学就是要教学生设法将作者没有说明白，或者作者没有说但是读者想弄明白的地方弄明白，而不是只是讲解静态的形式知识（书中反复指出，静态的形式知识应该主要是写作教学的内容，例如，说明文写作教学是要指导学生学习作者是如何将事物和事理说明白的），也不是按这些静态的形式知识依次讲解文本。书中各种文体、语体的阅读教学模型都是基于文体特征而建构的。

　　上述其他影响因素，包括课程标准对语文学科性质的阐释与确定及其规定的课程目标与要求，教科书编者预设的选文功能以及教学内容与形式，课文本身的内容与形式，课型（选修与必修、精读与略读），不同年段和个体的学生的心理与能力，教师自己的理念与水平，等等。这些影响因素对教学内容的确定与教学形式的安排也都十分重要，我曾在《论语文教学内容的确定》和《语文教学目标确定的根据》两篇文章中分析过它们对教学内容的确定的影响，大家可以参阅。

　　本书所论多为"这一类"文体的教学内容、教学过程与方法，但是我并没有否定要顾及"这一篇"的教学，只是反对专注"这一篇"，而主张在"这一类"的基础上再关注"这一篇"。书中每篇教学设计、教学实录中也都体现了将"这一类"与"这一篇"结合起来确定教学内容并选择教学过程与方法的意图，这一点也想提醒大家。

　　另外，本书主要是从整个文本的体式的角度来思考的，所设计的模型针对的是特定体式文本的完整的教学内容、过程与方法。如果撇开文体的规定，只从一个文本的外在形式构成的角度来看，我们还应该进一步研究阅读任何一个文本都会涉及的词语的掌握、句子的理解、段落的辨析、篇章的概括等多种技能。关于词、句、段、篇理解的技能的研究，目前多散落在一些特级教师的论著中，也有少数专门的著述，但是在分类、解释、举例等方面存在着诸多问题，亟待清理和修正。所以，从文本的外在形式构成的角度，建构词、句、段、篇等的阅读技能体系，并针对这些不同的技能开发出不同的教学方法,是阅读教学研究面临的新问题。

特别要说明的是,本书在分析各种文体、语体的教学存在的问题时,列举了一些观点,评析了一些课例,目的不是为了批评,而是为了说明某个时段的群体的某种认识、说法和做法。任何个人的认识、说法和做法都受制于其所处的时代,例如,如果在某个时段的教科书中,编者所规定的课文的教学目标中既有阅读又有写作的内容,那又怎么能苛求当时的普通教师在教学时不用读写结合的方法呢?我只是想说,以今天的眼光来看,当初许多不得已而为之或者习以为常的做法其实是存在着问题的。人类对事物的认识往往是在"否定之否定"中前进的。我们应该感谢前人的积极探索,并继续前行。

再说一下让人颇费思量的书名。书中没有涉及识字、写字、写作、口语教学,所以不能叫"语文教学:精要的内容与适宜的形式"。每章第一节的标题都出现了"问题与对策"字样,且对阅读教学的内容、过程与方法进行了研究,按说应该叫"阅读教学内容与形式重构"之类,因为书中虽有"破"但还是为了"立",所以还是采取了正面立论的方式取名为"语文阅读教学:精要的内容与适宜的形式"。也不能叫"语文阅读教学设计:精要的内容与适宜的形式",因为书中不仅有教学设计,还有理论分析和实践验证。我也曾想用"语文阅读教学举隅"的书名,但又不能确定其能否起到"举一反三"的作用。虽然书名很难确定,但是本书的核心观点——"阅读教学,应确定精要的内容,选择适宜的形式"——是确定不移的。所以,从学术表述的角度来说,"语文阅读教学:精要的内容与适宜的形式"应该是最确切的,从读者接受的角度来说,"语文阅读教学:教什么与怎么教"或者"语文阅读教学:理论、模型与实践"也许较合适。不过,后来我把责任编辑和我拟的二十余个书名制成问卷,在听我讲这个专题的语文老师中进行调查,统计结果显示,他们认为最好的是"语文有效阅读教学:精要的内容与适宜的形式"。我们觉得也可以,故以此为书名。

最后还是要说一下本书追求的学术旨趣。如果说我在已完成的多部教育史研究著作中采用了关注现实、回溯历史、预设未来的思路,是试图将"照着讲"与"接着讲"结合起来并以"照着讲"为主,那么2015年完成的专著《语文课程分合论》和本书则是试图"接着讲"。"接着讲"就是发现别人不知道的大问题,提出别人没有设计过的新思路,采用别人没有使用过的新方法,得出别人没有说过的新观点。"语文课程的分与合"以及"阅读教学的内容与形式匹配"问题,不仅仅是语文课程与教学论中长期存在而没法解决的大问题,也是导致诸多论争、不当做法的关键性问题。然而,现代语文独立设科一百年来,人们还没有意识到这是一个大的关键性问题,或者虽然有人意识到了但是认为难解或者无解。"语文课程的分与合"和"阅读教学：精要的内容与适宜的形式"这两大命题的提出、考察的角度、提出的观点乃至于研究的方法，都力求做到与前人、与今人不同。这两本专著是我多年的历史研究结出的理论果实。历史研究并不是我的研究目的而是研究手段，先在长期的历史研究中积累、修炼，然后进行理论创新，才是我的研究目的。

  以上就是本书酝酿、写作的过程和其他一些要交代的问题。感谢《语文建设》编辑部主任张兰老师，她刊发了本书的绪论和小说阅读教学这一章的理论部分。感谢《语文教学通讯·高中刊》主编王建锋兄，他在杂志特辟"语文教学内容与形式重构"专栏，连载了本书其他各章的理论部分。感谢本书的责任编辑师文的付出，课例评析就是2019年9月她在审读书稿后建议增加的。此外，她在编校过程中指出了书稿的许多不当。感谢元枝，她一直是我所有论著的第一读者。另外，需要说明的是，以本书内容为主体的在线课程"语文阅读教学设计"也已在"中国大学 MOOC"平台上线。本书中肯定还有许多不妥之处，当由我负责，不过我现在还不知如何修改，真心希望能得到大家的批评指正！

张心科
2020 年 5 月 10 日